Vladimir Nabokov

Sprich, Erinnerung, sprich

Wiedersehen mit einer Autobiographie

Rowohlt

Die Originalausgabe erschien unter dem Titel «Speak, Memory»
bei McGraw-Hill Book Company, New York
Umschlag- und Einbandgestaltung Klaus Detjen

1. Auflage März 1984

Gesamtherstellung Clausen & Bosse, Leck
Printed in Germany
ISBN 3 498 04621 7

Für Véra

VORWORT

Das vorliegende Werk ist eine systematisch abgestimmte Assemblage persönlicher Erinnerungen, die geographisch von St. Petersburg bis St. Nazaire und über siebenunddreißig Jahre hinweg vom August 1903 bis zum Mai 1940 reichen; in eine spätere Raumzeit gibt es nur wenige Ausfälle. Der Essay, der die Serie eröffnete, entspricht dem jetzigen Kapitel Fünf. Ich schrieb ihn vor dreißig Jahren auf französisch unter dem Titel *Mademoiselle O* in Paris, wo Jean Paulhan ihn 1936 im zweiten Heft von *Mesures* veröffentlichte. Ein Photo (unlängst in Gisèle Freunds *James Joyce in Paris* publiziert) hält das Ereignis fest, nur daß ich (in der *Mesures*-Gruppe, die sich entspannt um einen steinernen Gartentisch schart) fälschlich als «Audiberti» identifiziert bin.

In Amerika, wohin ich am 28. Mai 1940 weiterwanderte, wurde *Mademoiselle O* von der inzwischen verstorbenen Hilda Ward ins Englische übersetzt, von mir revidiert und 1943 von Edward Weeks in der Januar-Ausgabe von *The Atlantic Monthly* veröffentlicht (das auch die erste Zeitschrift war, die meine in Amerika geschriebenen Geschichten druckte). Meine Verbindung mit *The New Yorker* hatte (durch die Vermittlung von Edmund Wilson) im April 1942 mit einem kurzen Gedicht begonnen, dem andere flüchtige Stücke folgten; meine erste Prosaarbeit erschien dort jedoch erst am 3. Januar

1948: Es war das *Portrait meines Onkels* (Kapitel Drei des vollständigen Werks), im Juni 1947 in der Columbine Lodge, Estes Park, Colorado, geschrieben, wo meine Frau, mein Sohn und ich selber nicht viel länger hätten bleiben können, wäre Harald Ross mit dem Geist meiner Vergangenheit nicht so gut gefahren. Dieselbe Zeitschrift veröffentlichte ebenfalls Kapitel Vier (*Meine englische Erziehung*, 27. März 1948), Kapitel Sechs (*Schmetterlinge*, 12. Juni 1948), Kapitel Sieben (*Colette*, 31. Juli 1948) und Kapitel Neun (*Meine russische Erziehung*, 18. September 1948), alle in Cambridge, Massachusetts, in einer Zeit großer geistiger und körperlicher Anspannung geschrieben, sowie Kapitel Zehn (*Kurzes Vorspiel*, 1. Januar 1949), Kapitel Zwei (*Portrait meiner Mutter*, 9. April 1949), Kapitel Zwölf (*Tamara*, 10. Dezember 1949), Kapitel Acht (*Bilder der Laterna magica*, 11. Februar 1950; H. R.s Rückfrage: Waren die Nabokovs eine Familie mit einem einzigen Nußknacker?), Kapitel Eins (*Vollkommene Vergangenheit*, 15. April 1950) und Kapitel Fünfzehn (*Gärten und Parks*, 17. Juni 1950), allesamt in Ithaca, New York, geschrieben.

Von den übrigen drei Kapiteln erschienen Kapitel Elf und Vierzehn in der *Partisan Review* (*Erstes Gedicht*, September 1949, und *Exil*, Januar/Februar 1951), während Kapitel Dreizehn an *Harper's Magazine* ging (*Eingemietet in der Trinity Lane*, Januar 1951).

Die englische Fassung von *Mademoiselle O* wurde in *Neun Geschichten* (New Directions 1947) und *Nabokovs Dutzend* neugedruckt (Doubleday 1958, Heinemann 1959, Popular Library 1959 und Penguin Books 1960); in diese Sammlung nahm ich auch *Erste Liebe* auf, die zu einem Liebling der Anthologisten wurde.

Obwohl ich diese Kapitel in der erratischen Reihenfolge niederschrieb, die sich in den oben mitgeteilten Daten der Erstveröffentlichungen widerspiegelt, hatten sie in meinem Geist schon vorher hübsch in numerierte Lücken gepaßt, die der jetzigen Kapitelfolge entsprachen. Diese Ordnung war 1936 bei der Legung des Grundsteins etabliert worden, der in seiner versteckten Höhlung bereits verschiedene Landkarten, Fahrpläne, eine Sammlung von Streichholzschachteln, eine Scherbe rubinroten Glases und – wie mir jetzt klar wird – auch die Aussicht von meinem Balkon auf den Genfer See enthielt, auf seine Wellen und Lichtschneisen, heute zur Teestunde von Wasserhühnern und Haubenenten schwarz getüpfelt. Es fiel somit nicht schwer, einen Band zu versammeln, den der Verlag Harper & Bros in New York 1951 unter dem Titel *Conclusive Evidence* (Schlüssige Beweise) herausbrachte; schlüssige Beweise dafür, daß es mich tatsächlich gegeben hat. Dummerweise schien die Formel einen Kriminalroman anzudeuten, und so hatte ich vor, die britische Ausgabe *Speak, Mnemosyne* (Sprich, Mnemosyne) zu betiteln, wurde indessen darauf hingewiesen, daß «alte Damen kein Buch verlangen würden, dessen Titel sie nicht aussprechen können». Ich spielte auch mit *The Anthemion* (Das Anthemion), der Bezeichnung für ein Geißblattornament mit komplizierten Verflechtungen und ausgreifenden Häufungen, doch gefiel der niemandem; so entschieden wir uns schließlich für *Speak, Memory* (Sprich, Erinnerung; Gollancz 1951 und The Universal Library, New York 1960). Es gibt davon bisher folgende Übersetzungen: eine russische vom Autor (*Drugije Berega*, Andere Ufer, The Chekhov Publishing House, New York 1954), eine französische von Yvonne Davet (*Autres Rivages*, Gallimard 1961), eine italienische von Bruno Oddera (*Parla, Ricordo*, Mondadori 1962), eine spanische von Jaime Piñeiro Gonzales (*¡Habla, memoria!*, Plaza & Janés 1963) und eine deutsche von Dieter E. Zimmer (*Andere Ufer*, Rowohlt 1964). Dies erschöpft das notwendige Maß an bibliographischer Information, die zappelige Kritiker, welche unzufrieden waren mit der Anmerkung am Ende von *Nabokovs Dutzend*, nun hoffentlich fasziniert am Anfang des vorliegenden Werks entgegennehmen werden.

Als ich in Amerika die erste Fassung niederschrieb, standen mir nahezu keine Daten zur Familiengeschichte zur Verfügung, und so war es mir hinderlicherweise unmöglich, meine Erinnerung nachzuprüfen, wann immer ich das Gefühl hatte, daß sie sich täuschen könnte. Nunmehr konnte ich die Biographie meines Vaters erweitern und revidieren. Auch zahlreiche andere Berichtigungen und Hinzufügungen wurden vorgenommen – vor allem in den früheren Kapiteln. Gewisse pralle Klammern wurden geöffnet und durften ihren noch immer aktiven Inhalt ausschütten. Oder ein Gegenstand, der eine bloße, zufällig gewählte Attrappe gewesen war und ohne wirkliche Bedeutung in der Schilderung eines wichtigen Ereignisses, störte mich jedesmal aufs neue, wenn ich die Korrekturen verschiedener Ausgaben las, und die willkürliche Brille (die Mnemosyne dringender als sonst jemand benötigt hätte) wurde zu einem deutlich erinnerten Zigarettenetui in der Form einer Austernschale, das im nassen Gras am Fuß einer Espe auf dem Chemin du Pendu glänzte, wo ich an jenem Junitag im Jahre 1907 einen Schwärmer fand, der so weit im Westen selten anzutreffen ist, und wo ein Vierteljahrhundert zuvor mein Vater in seinem Netz ein Tagpfauenauge gefangen hatte, das in unseren nördlichen Wäldern eigentlich kaum vorkommt.

Im Sommer 1953 gelang es mir auf einer Ranch nahe Portal, Arizona, und in einem gemieteten Haus in Ashland, Oregon, sowie in verschiedenen Motels im Westen und Mittelwesten zwischen der Schmetterlingsjagd und der Niederschrift von *Lolita* und *Pnin* mit Hilfe meiner Frau, *Speak, Memory* ins Russische zu übersetzen. Wegen der psychischen Schwierigkeit, ein in meinem Roman *Dar* (*Die Gabe*) entwickeltes Thema noch einmal durchzuspielen, ließ ich ein ganzes Kapitel aus (das elfte). Andererseits revidierte ich etliche Passagen und versuchte gegen die amnestischen Defekte des Originals anzugehen – leere Flächen, unscharfe Areale, Distrikte des Dämmers. Ich entdeckte, daß mittels intensiver Konzentration der neutrale Schmutzfleck zu gestochener Schärfe gezwungen und so die unvermittelte Ansicht identifiziert, der anonyme Diener mit einem Namen versehen werden konnte. Für die vorliegende, endgültige Fassung von *Speak, Memory* habe ich jedoch nicht nur grundlegende Änderungen vorgenommen und reichliche Ergänzungen in den ursprünglichen englischen Text eingefügt, sondern mich auch der Korrekturen bedient, die ich bei der Übersetzung ins Russische angebracht hatte. Diese Wieder-Anglisierung einer russischen Wieder-Durcharbeitung dessen, was ganz am Anfang eine englische Wiedergabe russischer Erinnerungen gewesen war, erwies sich als eine höllische Aufgabe, doch bezog ich einigen Trost aus dem Bewußtsein, daß eine solche mehrfache Metamorphose, wie sie Schmetterlingen geläufig ist, von einem Menschen noch nie versucht worden war.

Unter den Anomalien eines Gedächtnisses, dessen Besitzer und Opfer niemals hätte versuchen dürfen, ein Autobiograph zu werden, ist die übelste die Neigung, in der Rückschau mein Alter mit dem des Jahrhunderts gleichzusetzen. In der ersten Fassung dieses Buchs hat das zu einer Reihe erstaunlich übereinstimmender chronologischer Patzer geführt. Ich bin im April 1899 geboren und war im ersten Drittel von meinetwegen 1903 natürlich ungefähr drei; doch im August desselben Jahres sollte sich die mir offenbarte scharfe «Drei» (wie in *Vollkommene Vergangenheit* beschrieben) auf das Alter des Jahrhunderts beziehen, nicht auf mein eigenes, welches «Vier» war und so quadratisch und elastisch wie ein Gummikissen. Gleicherweise war ich im Frühsommer 1906 – dem Sommer, in dem ich mit dem Schmetterlingssammeln begann – sieben und nicht sechs, wie es in dem schlimmen zweiten Abschnitt von Kapitel Sechs ursprünglich hieß. Mnemosyne, muß man einräumen, hat sich als ein sehr leichtfertiges Mädchen erwiesen.

Alle Daten sind im Neuen Stil angegeben: Im neunzehnten Jahrhundert hinkten wir dem Rest der zivilisierten Welt um zwölf Tage hinterher und mit Beginn des zwanzigsten um dreizehn. Nach dem Alten Stil wurde ich am 10. April im letzten Jahr des letzten Jahrhunderts bei Tagesanbruch geboren, und das war (hätte man mich auf der Stelle über die Grenze katapultieren können) beispielsweise in Deutschland der 22. April; doch da alle meine Geburtstage, und zwar mit abnehmendem Gepränge, im zwanzigsten Jahrhundert gefeiert wurden, zählte jedermann und ich selber ebenfalls dreizehn Tage und nicht zwölf zum 10. April hinzu, als Revolution und Exil mich aus dem Julianischen in den Gregorianischen Kalender versetzt hatten. Es ist ein gravierender Fehler. Was ist zu tun? In meinem Paß finde ich als Geburtsdatum «23. April», und das ist auch der Geburtstag von Shakespeare, meinem Neffen Vladimir Sikorski, Shirley Temple und Hazel Brown (mit der ich mir außerdem auch noch den Paß teile). Dies also ist das Problem. Rechnerisches Ungeschick hindert mich daran, seine Lösung auch nur zu versuchen.

Als ich nach einer Abwesenheit von zwanzig Jahren zu Schiff nach Europa zurückkehrte, knüpfte ich Bindungen neu, die noch vor meinem Weggang gelöst worden waren. Bei diesen Familientreffen wurde *Speak*, *Memory* in Augenschein genommen. Einzelne Daten und Umstände wurden kontrolliert, und es ergab sich, daß ich in vielen Fällen geirrt hatte oder einer dunklen, aber auslotbaren Erinnerung nicht tief genug nachgegangen war. Gewisse Dinge wurden von meinen Ratgebern als Legenden oder Gerüchte abgetan, oder es zeigte sich nachweislich, daß sie zwar zutrafen, aber mit anderen Ereignissen oder Zeitabschnitten in Verbindung standen als jenen, an die mein gebrechliches Gedächtnis sie geheftet hatte. Mein Cousin Sergey Sergeevich Nabokov gab mir unschätzbare Auskünfte zur Geschichte unserer Familie. Meine beiden Schwestern erhoben ärgerlich Einspruch gegen meine Beschreibung der Reise nach Biarritz (zu Beginn von Kapitel Sieben) und überschütteten mich dermaßen mit genauen Einzelheiten, daß sie mich davon überzeugten, sie («bei Kinderfrauen und Tanten»!) zu Unrecht zu Hause zurückgelassen zu haben. Was ich in Ermangelung einschlägiger Zeugnisse immer noch nicht verifizieren konnte, habe ich jetzt um der Wahrheit des Ganzen willen lieber weggelassen. Andererseits sind zahlreiche Tatsachen über Vorfahren und andere Personen ans Licht gekommen und wurden mit in diese endgültige Fassung von *Speak, Memory* aufgenommen. Eines Tages hoffe ich ein *Speak on*, *Memory* zu schreiben, das die in Amerika verbrachten Jahre 1940 bis 1960 umfaßt: Die Verdunstung gewisser ätherischer Öle und das Schmelzen gewisser Metalle sind in meinen Rohrschlangen und Tiegeln noch nicht abgeschlossen.

Der Leser findet im vorliegenden Werk verstreute Hinweise auf meine Romane, doch insgesamt hatte ich das Gefühl, daß ihre Komposition gerade genug Mühe gekostet hatte und sie hier nicht wiedergekäut werden sollten. Meine neueren Einleitungen in die englischen Übersetzungen von *Saschtschita Lushina*, 1930 (*The Defense*, Putnam 1964), *Ottschajanije*, 1936 (*Despair*, Putnam 1966), *Priglashenije na kasnj*, 1938 (*Invitation to a Beheading*, Putnam 1959), *Dar*, 1952, in Fortsetzungen veröffentlicht 1937/38 (*The Gift*, Putnam 1963) und *Sogljadatoj*, 1938 (*The Eye*, Phaedra 1965) schildern den kreativen Teil meiner europäischen Vergangenheit ausreichend detailliert und pikant. Für jene, die eine vollständigere Liste meiner Veröffentlichungen wünschen, gibt es die ins einzelne gehende Bibliographie, die Dieter E. Zimmer erarbeitet hat (*Vladimir Nabokov: Bibliographie des Gesamtwerks*, Rowohlt, 1. Ausgabe Dezember 1963; 2. revidierte Ausgabe Mai 1964).

Der im letzten Kapitel beschriebene Zweizüger ist in *Chess Problems* von Lipton, Matthews & Rice (Faber, London 1963, Seite 252) neu veröffentlicht worden. Meine amüsanteste Erfindung ist jedoch ein «retrogrades» Problem, E. A. Snosko-Borovski gewidmet, der es in den dreißiger Jahren (1934?) in der Emigrantenzeitung *Poslednije Nowosti*, Paris, veröffentlichte. Mir ist die Position nicht klar genug in Erinnerung, um sie hier zu notieren, doch vielleicht wird irgendein «Märchenschach»-Liebhaber (sie gehört zu jenem Typ) sie eines Tages in einer jener gesegneten Bibliotheken ausfindig machen, wo alte Zeitungen auf Mikrofilm festgehalten werden, wie alle unsere Erinnerungen festgehalten werden sollten. Rezensenten lasen die erste Fassung unaufmerksamer, als sie diese Neuausgabe lesen werden: Nur einer von ihnen bemerkte meinen «boshaften Seitenhieb» auf Freud im ersten Absatz von Kapitel Acht, Abschnitt 2, und niemand entdeckte im letzten Satz von Abschnitt 2, Kapitel Elf, den Namen eines großen Cartoonisten und einen Tribut an ihn. Es ist für einen Schriftsteller äußerst peinlich, auf dergleichen selber hinweisen zu müssen.

Um Lebende nicht zu verletzen oder Tote nicht zu bekümmern, wurden einige Namen geändert. Im Register sind sie durch Anführungsstriche gekennzeichnet. Sein Hauptzweck besteht darin, zu meinem eigenen Gewinn einige der Menschen und Themen aufzuführen, die mit meinen vergangenen Jahren verbunden sind. Sein Vorhandensein wird Banausen ärgern, doch den Unterscheidungsfähigen möglicherweise einleuchten, und sei es auch nur, weil

Durch das Fenster dieses Index
Eine Rose späht
Und zuweilen sacht ein Wind ex
Ponto weht.

Vladimir Nabokov
5. Januar 1966
Montreux

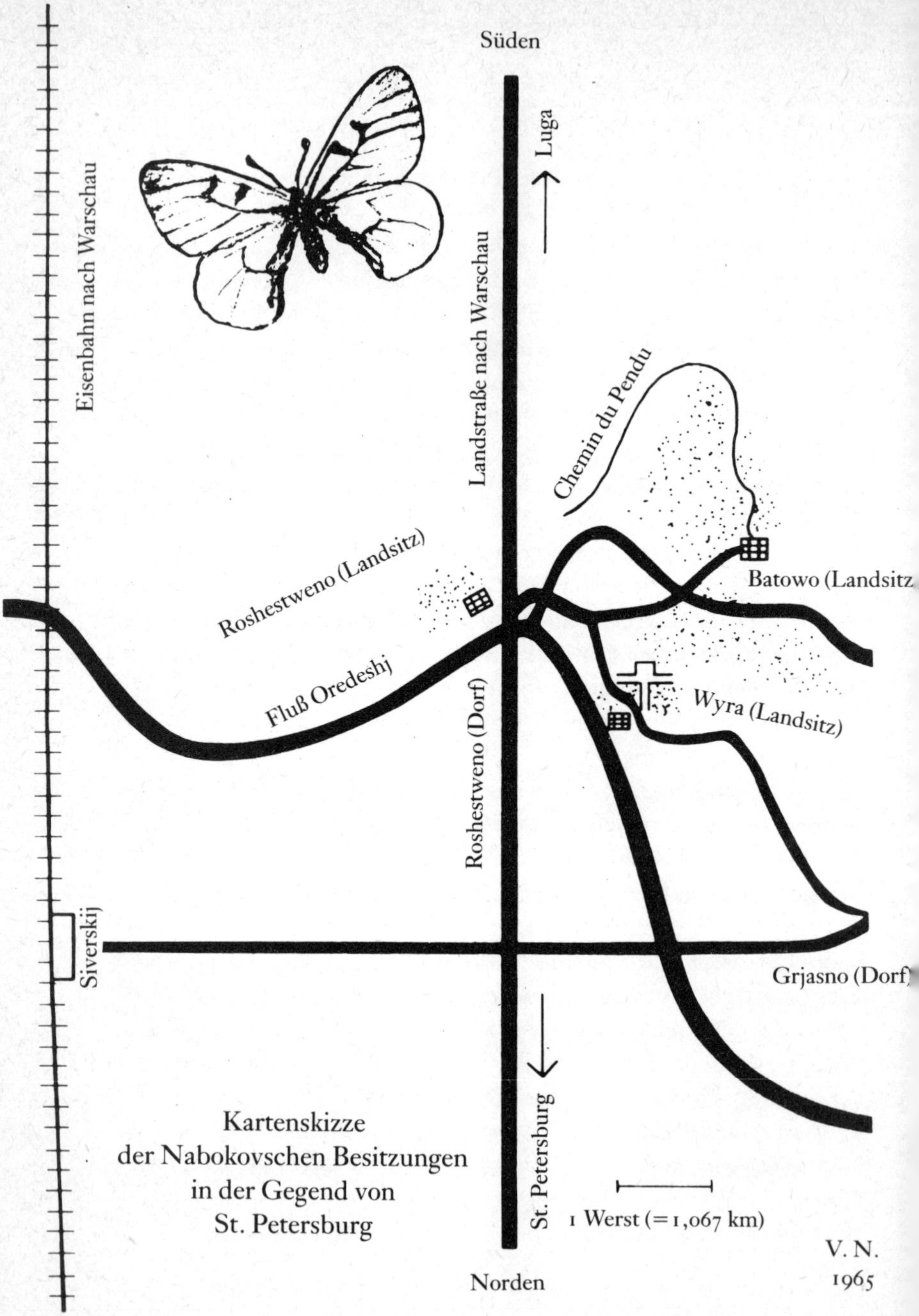

Kartenskizze
der Nabokovschen Besitzungen
in der Gegend von
St. Petersburg

KAPITEL EINS

I

Die Wiege schwingt über einem Abgrund, und der Hausverstand sagt uns, daß unser Leben nur ein kurzer Lichtspalt zwischen zwei Ewigkeiten des Dunkels ist. Obschon die beiden eineiige Zwillinge sind, betrachtet man in der Regel den Abgrund vor der Geburt mit größerer Gelassenheit als jenen anderen, dem man (mit etwa viereinhalbtausend Herzschlägen in der Stunde) entgegeneilt. Ich weiß jedoch von einem Chronophobiker, den so etwas wie Panik ergriff, als er zum ersten Male einige Amateurfilme sah, die ein paar Wochen vor seiner Geburt aufgenommen worden waren. Er erblickte eine praktisch unveränderte Welt – dasselbe Haus, dieselben Leute –, und dann wurde ihm klar, daß es ihn dort nicht gab und daß niemand sein Fehlen betrauerte. Er sah seine Mutter aus einem Fenster im ersten Stock winken, und diese unvertraute Geste verstörte ihn, als wäre sie irgendein geheimnisvolles Lebewohl. Aber was ihm besonderen Schrecken einjagte, war der Anblick eines nagelneuen Kinderwagens, der dort vor der Haustür selbstgefällig und anmaßend stand wie ein Sarg; selbst er war leer, als hätte sich im umgekehrten Lauf der Dinge sogar sein Skelett aufgelöst.

Jungen Menschen sind dergleichen Phantasien nicht fremd. Oder anders ausgedrückt: die ersten und die letzten Dinge haben oft etwas Pubertäres an sich – es sei denn, eine ehrwürdige und strenge Reli-

Diese Aufnahme, die ein gefälliger amerikanischer Tourist 1955 gemacht hat, zeigt das Nabokovsche Haus aus rosa Granit mit Fresken und anderen italienisierenden Ornamenten in St. Petersburg, heute Leningrad, Morskaja-Straße 47, der heutigen Herzen-Straße. Alexander Iwanowitsch Herzen (1812–1870) war ein berühmter Liberaler (den diese Ehrung durch einen Polizeistaat kaum gefreut hätte) wie auch der talentierte Autor von *Byloje i Dumy* (*Erlebtes und Gedachtes*), einem der Lieblingsbücher meines Vaters. Mein Zimmer befand sich im dritten Stock über dem Erker. Die Linden, die die Straße säumen, existierten nicht. Diese grünen Emporkömmlinge kaschieren jetzt das östliche Eckfenster des Zimmers im zweiten Stock, in dem ich geboren wurde. Nach der Verstaatlichung beherbergte das Haus die dänische Mission und später eine Architekturschule. Die kleine Limousine am Rinnstein gehört vermutlich dem Photographen.

gion ordnete sie. Die Natur erwartet vom erwachsenen Menschen, daß er die schwarze Leere vor sich und hinter sich genauso ungerührt hinnimmt wie die außerordentlichen Visionen dazwischen. Die Einbildungskraft, die höchste Wonne des Unsterblichen und des Unreifen, soll ihre Grenzen haben. Um das Leben zu genießen, dürfen wir es nicht zu sehr genießen.

Ich lehne mich auf gegen diesen Zustand. Ich verspüre den Wunsch, meine Auflehnung nach außen zu tragen und die Natur zu bestreiken. Ein um das andere Mal habe ich in Gedanken enorme Anstrengungen unternommen, um auch nur den allerschwächsten persönlichen Lichtschimmer in der unpersönlichen Dunkelheit auf beiden Seiten meines Lebens wahrzunehmen. Daß an dieser Dunkelheit nur die Mauern der Zeit schuld sind, die mich und meine zerschundenen Fäuste von der freien Welt der Zeitlosigkeit trennen, das ist eine Überzeugung, die ich freudig mit dem buntestbemalten Wilden teile. Im Geist bin ich in entlegene Gegenden zurückgereist – und der Geist ermattete dabei hoffnungslos –, auf der Suche nach irgendeinem geheimen Ausweg, nur um zu entdecken, daß das Gefängnis der Zeit eine Kugel und ohne Ausweg ist. Bis auf Selbstmord habe ich alles versucht. Ich habe meine Identität abgelegt, um für ein gewöhnliches Gespenst zu gelten und mich in Bereiche einzuschleichen, die bereits vor meiner Zeugung existierten. Ich habe im Geist die entwürdigende Gesellschaft viktorianischer Romanschriftstellerinnen und pensionierter Obristen auf mich genommen, die sich erinnern, in einem früheren Leben Sklavenboten auf einer Landstraße Roms oder Weise unter den Weiden Lhasas gewesen zu sein. Ich habe meine ältesten Träume nach Aufschlüssen und Fingerzeigen durchwühlt – und ich möchte gleich sagen, daß ich die vulgäre, schäbige, durch und durch mittelalterliche Welt Freuds mit ihrer spinnerten Suche nach sexuellen Symbolen (vergleichbar etwa der Suche nach Baconschen Akrostichen in Shakespeares Werk) und ihren verbitterten kleinen Embryos, die von ihrem natürlichen Versteck aus das Liebesleben ihrer Eltern bespitzeln, ganz und gar ablehne.

Anfangs merkte ich nicht, daß die Zeit, die auf den ersten Blick so grenzenlos scheint, ein Gefängnis ist. Wenn ich meine Kindheit erkunde (was nahezu der Erkundung der eigenen Ewigkeit gleichkommt), sehe ich das Erwachen des Bewußtseins als eine Reihe vereinzelter Helligkeiten, deren Abstände sich nach und nach verringern, bis lichte Wahrnehmungsblöcke entstehen, die dem Gedächtnis schlüpfrigen Halt bieten. Zählen und Sprechen hatte ich sehr früh und mehr oder weniger gleichzeitig gelernt, doch das innere Wissen, daß ich ich war und meine Eltern meine Eltern, hat sich anscheinend erst später eingestellt und hing unmittelbar damit zusammen, daß ich ihr Alter im Verhältnis zu meinem begriff. Nach dem hellen Sonnenlicht und den ovalen Sonnenflecken unter den sich überlagernden Mustern grünen Laubes zu urteilen, die mein Gedächtnis überfluten, wenn ich an diese Offenbarung denke, war es vielleicht am Geburtstag meiner Mutter im Spätsommer auf dem Land, und ich hatte Fragen gestellt und die Antworten abgewogen. All das ist genau, wie es dem biogenetischen Grundgesetz zufolge sein soll; der Anfang reflektierenden Bewußtseins im Gehirn unseres entferntesten Vorfahren ist ganz gewiß mit dem Erwachen des Zeitsinns zusammengefallen.

Als die mir eben enthüllte, noch frische und adrette Formel meines eigenen Alters, vier, den elterlichen Formeln, dreiunddreißig und siebenundzwanzig, entgegengehalten wurde, geschah etwas mit mir. Ich erhielt einen ungeheuer belebenden Schock. Als hätte ich eine zweite Taufe hinter mir, von göttlicherer Art als die griechisch-orthodoxe Tauchübung, die ein schreiender, halbertrunkener Halbviktor fünfzig Monate zuvor über sich hatte ergehen lassen (meiner Mutter war es durch die halb geöffnete Tür, hinter die sich einer alten Sitte gemäß die Eltern zurückzuziehen hatten, gelungen, den stümpernden Erzpriester zu korrigieren, Pater Konstantin Wetwenizkij), fühlte ich mich mit einem Male in ein strahlendes und bewegliches Medium gestürzt, das nichts anderes war als das reine Element Zeit. Man teilte es – genau wie erregte Schwimmer das flimmernde Meer – mit Wesen, die anders waren als man selber und einem doch verbunden durch den allen gemeinsamen Strom der Zeit, eine Umgebung, die grundverschieden war von der des Raumes, welchen nicht nur der Mensch, sondern auch Affen und Schmetterlinge wahrnehmen können. In diesem Augenblick wurde mir deutlich bewußt, daß das siebenundzwanzigjährige Wesen in weichem Weiß und Rosa, das meine linke Hand hielt, meine Mutter war, und das dreiunddreißigjährige in hartem Weiß und Gold, das meine Rechte hielt, mein Vater. Zwischen ihnen, die gleichmäßig ausschritten, stolzierte ich, trippelte und stolzierte von Sonnenfleck zu Sonnenfleck in der Mitte eines Weges, den ich heute ohne Schwierigkeiten als eine Allee ornamentaler junger Eichen im Park unseres Landsitzes Wyra im ehemaligen Gouvernement St. Petersburg, Rußland, identifiziere. Ja, von meinem jetzigen Höhenzug entlegener, isolierter, fast unbewohnter Zeit aus sehe ich mein diminutives Selbst an jenem Augusttag im Jahre 1903 die Geburt meines fühlenden Lebens feiern. Wenn die beiden, die mich rechts und links hielten, auch zuvor in meiner vagen Kinderwelt gegenwärtig gewesen waren, so unter der Maske eines zarten Inkognitos; jetzt aber kam die Kleidung meines Vaters, die prächtige Garde-Kavallerie-Uniform mit der glatten goldenen Wölbung ihres Harnischs, der ihm auf Brust und Rücken flammte, wie die Sonne zum Vorschein, und auf mehrere Jahre hinaus blieb mein Interesse am Alter meiner Eltern lebendig, hielt ich mich darüber auf dem laufenden, wie ein nervöser Passagier, der nach der Zeit fragt, weil er einer neuen Uhr nicht traut.

Mein Vater, das sei hinzugefügt, hatte seine Militärzeit lange vor meiner Geburt hinter sich gebracht; ich vermute darum, daß es ein festlicher Scherz war, wenn er an jenem Tag die Paradeuniform seines alten Regiments angelegt hatte. Einem Scherz verdanke ich den ersten Schimmer völligen Bewußtseins – was wiederum seinen biogenetischen Sinn hat, denn die ersten Wesen auf der Welt, die sich der Zeit bewußt wurden, waren auch die ersten, die lächelten.

2

Es war die Höhle des Urmenschen (und nicht, was freudianische Mystiker vermuten könnten), die hinter meinen Spielen lag, als ich vier war. Ein großer, kretonnebezogener Diwan – weiß mit schwarzen Kleeblättern – in einem der Salons in Wyra steigt in mir auf wie irgendein massiges Produkt einer geologischen Umwälzung in vorgeschichtlichen Zeiten. Die Geschichte nimmt (mit einer Verheißung des lichten Lands der Griechen) nicht weit von dem einen Ende des Diwans ihren Anfang, wo eine große Topfpflanze, ein Hortensienstrauch mit hellblauen und einigen grünlichen Blüten, zur Hälfte den Sockel einer marmornen Dianabüste in einer Ecke des Zimmers verdeckt. Ein grauer Stich in einem Ebenholzrahmen bezeichnet an der Wand, wo der Diwan steht, einen anderen Geschichtsabschnitt – es ist eins jener napoleonischen Schlachtenbilder, auf denen das Episodische und das Allegorische die eigentlichen Gegner sind und wo man auf einer Bildebene vielerlei zusammengewürfelt findet: einen verwundeten Trommler, ein totes Pferd, Trophäen, einen Soldaten, der mit seinem Bajonett auf einen anderen einsticht, sowie den unverletzlichen Kaiser, der mit seinen Generalen inmitten des erstarrten Kampfgewühls posiert.

Mit Hilfe irgendeines Erwachsenen, der zunächst beide Hände und dann ein kraftvolles Bein gebrauchte, konnte der Diwan eine Spanne weit von der Wand weggerückt werden, so daß ein enger Gang entstand, den ich, gleichfalls vermittels fremder Unterstützung, mit den Diwanpolstern überdachte und an den Enden mit ein paar Kissen schloß. Dann hatte ich das phantastische Vergnügen, durch jenen stockdunklen Tunnel zu kriechen, kurz zu verweilen, um dem Summen in meinen Ohren zu lauschen – jenem einsamen Vibrieren, das kleinen Jungen in staubigen Verstecken so vertraut ist –, und schließlich in einem Ausbruch köstlicher Panik auf hastig auftappenden Händen und Knien das andere Ende des Tunnels zu erreichen, das Kissen zur Seite zu schieben und von einer Matte aus Sonnenlicht auf dem Parkett unter dem Flechtwerk eines Wiener Stuhls und zwei sich wechselweise niederlassenden verspielten Fliegen willkommen geheißen zu werden. Einen träumerischeren und anspruchsvolleren Genuß verschaffte mir ein anderes Höhlenspiel, bei dem ich nach dem Erwachen am frühen Morgen aus meinem Bettzeug ein Zelt baute und meine Phantasie auf tausenderlei unbestimmte Weise mit den schattigen Schneehängen aus Leinen und dem schwachen Licht spielen ließ, das aus einer ungeheuren Entfernung, in der ich mir seltsame, blasse, in einer Seenlandschaft herumstreifende Tiere vorstellte, in mein halbdunkles Schlupfloch zu fallen schien. Die Erinnerung an mein Kinderbett mit seinen Netzen aus flaumigen Baumwollschnüren an den Seiten ruft mir auch das Vergnügen zurück, mit dem ich ein gewisses wunderschönes, herrlich festes, granatdunkles Kristallei anfaßte, das von einem vergessenen Osterfest übriggeblieben war; ich pflegte an einem Zipfel des Bettuchs so lange zu kauen, bis er durch und durch naß war, und dann das Ei fest darin einzuwickeln, so daß ich den rötlichen Glanz der eng umschlossenen Facetten bewundern und von neuem belekken konnte, die mit herrlich unverminderter Leuchtkraft und Farbe hindurchschimmerten. Jedoch bin ich der Kunst, mich mit Schönheit zu sättigen, noch nähergekommen.

Wie klein der Kosmos ist (eine Känguruhtasche nähme ihn auf), wie dürftig und belanglos, verglichen mit menschlichem Bewußtsein, mit einer einzigen individuellen Erinnerung und ihrem sprachlichen Ausdruck! Vielleicht sind mir meine frühesten Eindrücke übermäßig lieb, aber schließlich habe ich Grund, ihnen dankbar zu sein. Sie geleiteten mich in ein wahres Paradies der Augen- und Tasteindrücke. Ich erinnere mich, wie ich eines Nachts im Herbst 1903 während einer Reise ins Ausland auf dem (ziemlich flachen) Kissen am Fenster eines Schlafwagens kniete (wahrscheinlich im Mittelmeerexpreß, jenem seit langem ausgestorbenen *train de luxe*, dessen sechs Wagen unten dunkelbraun und oben cremefarben gestrichen waren) und mit einem unerklärlichen, stechenden Schmerz eine Handvoll sagenhafter Lichter sah, die mir von den Falten eines entfernten Hügels her zuwinkten und dann in einer Tasche von schwarzem Samt verschwanden: Diamanten, die ich später an meine Figuren verschenkte, um die Bürde meines Reichtums zu erleichtern. Wahrscheinlich hatte ich das festsitzende geprägte Rouleau am Kopfende meines Bettes losgemacht, und meine Fersen waren kalt, und trotzdem kniete und spähte ich weiter. Nichts ist angenehmer und seltsamer, als über diese ersten Entzückungen nachzudenken. Sie gehören der harmonischen Welt einer vollkommenen Kindheit an und leben darum mit einer natürlichen Anschaulichkeit im Gedächtnis, die sich fast mühelos wiedergeben läßt; erst mit den Erinnerungen an die Jahre des Heranwachsens wird Mnemosyne wählerisch und verdrossen. Außerdem möchte ich die Behauptung unterbreiten, daß russische Kinder meiner Generation in der Fähigkeit, Eindrücke in sich aufzunehmen und aufzubewahren, eine Periode der Genialität durchmachten, so, als versuchte ein wohlgesonnenes Schicksal angesichts des kataklysmischen Umsturzes, der die ihnen bekannte Welt vollständig auslöschen sollte, für sie soviel wie nur möglich zu tun und ihnen mehr zu schenken, als ihnen eigentlich zustand. Die genialen Fähigkeiten schwanden, als alles verwahrt war, genau wie bei jenen anderen, spezialisierteren Wunderkindern – hübschen, lockenköpfigen Knirpsen, die Taktstöcke schwingen oder gewaltige Klaviere zähmen und am Ende zu zweitklassigen Musikern mit traurigen Augen, obskuren Leiden und irgendwie unförmigen eunuchoiden Hinterpartien werden. Aber wie dem auch sei, das individuelle Geheimnis bleibt und irritiert den Memoirenschreiber. Weder in meiner Umwelt noch in meinem Erbe vermag ich mit Sicherheit das Werkzeug zu sehen, das mich formte, jene anonyme Walze, die meinem Leben ein bestimmtes kunstvolles Wasserzeichen aufdrückte, dessen einzigartiges Muster zum Vorschein kommt, wenn man das Schreibpapier des Lebens mit der Lampe der Kunst durchleuchtet.

3

Um einige meiner Kindheitserinnerungen zeitlich genau zu bestimmen, muß ich mich an Kometen und Finsternisse halten, genau wie Historiker, die sich an den Fragmenten einer Saga zu schaffen machen. Doch in anderen Fällen besteht kein Mangel an Daten. Ich sehe mich zum Beispiel am Meer über nasse schwarze Felsen klettern, während Miss Norcott, eine träge und melancholische Gouvernante, in der Meinung, ich sei ihr auf den Fersen, mit meinem jüngeren Bruder Sergej den weiten Bogen des Strandes entlangwandert. Ich trage ein Spielzeugarmband. Während ich über diese Felsen klettere, wiederhole ich – gleichsam als eine behagliche, üppige und tief befriedigende Beschwörung – das englische Wort *«childhood»*, das geheimnisvoll und neu klingt und immer fremdartiger wird, als es sich in meinem kleinen, überladenen, hektischen Geist mit Robin Hood, dem englischen Rotkäppchen Little Red Riding Hood und den braunen *hoods*, den Kapuzen alter buckliger Feen, vermengt. In den Felsen gibt es Vertiefungen, die voll sind von abgestandenem Meerwasser, und mein magisches Gemurmel begleitet gewisse Zauber, mit denen ich diese winzigen Saphirlachen belege.

Bei dem Ort handelt es sich natürlich um Abbazia an der Adria. Das Ding um mein Handgelenk, das wie ein ausgefallener Serviettenring aussieht und aus halb durchsichtigem, blaßgrünem und rosarotem zelluloidhaften Zeug besteht, ist die Frucht eines Weihnachtsbaums, die mir Onja, eine hübsche, gleichaltrige Cousine, einige Monate zuvor in St. Petersburg gegeben hatte. Sentimental hob ich sie auf, bis sich im Innern dunkle Streifen bildeten, angesichts deren ich wie in einem Traum zu dem Schluß kam, es handele sich um meine abgeschnittenen Haare, die während eines entsetzlichen Besuches bei einem verhaßten Friseur im nahen Fiume zusammen mit meinen Tränen irgendwie in die glänzende Substanz hineingelangt waren. Am selben Tag bemerkte mein Vater in einem Café am Wasser, gerade als wir bedient wurden, an einem der Nebentische zwei japanische Offiziere, und sofort verließen wir das Lokal – nicht ohne daß ich mir schnell noch eine ganze Kugel Zitroneneis griff und sie in meinem schmerzenden Mund verstaute. Es war 1904. Ich war fünf. Rußland führte Krieg gegen Japan. Mit innigem Wohlbehagen brachte die englische Illustrierte, auf die Miss Norcott abonniert war, Kriegsbilder von der Hand japanischer Künstler, auf denen zu sehen war, wie russische Lokomotiven – in der japanischen Malerei wirkten sie seltsam spielzeughaft – versinken würden, wenn unsere Armee versuchte, Schienen über das tükkische Eis des Baikalsees zu verlegen.

Doch nicht so eilig. Eine noch frühere Erinnerung hing mit diesem Krieg zusammen. An einem Nachmittag am Anfang desselben Jahres führte man mich in unserem Petersburger Haus aus dem Kinderzimmer hinab ins Arbeitszimmer meines Vaters, damit ich einem Bekannten, dem General Kuropatkin, guten Tag sagte. Während sein untersetzter, von einer Uniform umschlossener Körper leise knarrte, breitete er zu meiner Belustigung auf dem Diwan, wo er Platz genommen hatte, eine Handvoll Streichhölzer aus, legte zehn von ihnen hintereinander, so daß sie eine waagerechte Reihe bildeten, und sagte: «Das ist das Meer bei ruhigem Wetter.» Dann richtete er jedes Paar auf, bis die Gerade in eine Zickzacklinie verwandelt war – und das war «eine stürmische See». Er raffte die Streichhölzer zusammen und war, so wenigstens hoffte ich, im Begriff, ein besseres Kunststück vorzuführen, als man uns unterbrach. Sein Adjutant wurde hereingeführt und machte ihm eine Mitteilung. Mit einem aufgeregten russischen Kehllaut erhob sich Kuropatkin schwerfällig, und die losen Streichhölzer hüpften auf dem Diwan, als dieser von seinem Gewicht befreit wurde. An jenem Tag hatte er den Befehl erhalten, das Oberkommando über die russische Armee im Fernen Osten zu übernehmen.

Dieser Vorfall hatte fünfzehn Jahre später ein eigentümliches Nachspiel, als mein Vater auf der Flucht aus dem bolschewistisch besetzten St. Petersburg nach Südrußland auf einer Brücke von einem Greis angesprochen wurde, der aussah wie ein alter graubärtiger Bauer in seinem Schaffellmantel. Er bat meinen Vater um Feuer. Im nächsten Augenblick erkannten sie sich. Ich hoffe, dem alten Kuropatkin ist es gelungen, in seiner bäuerlichen Verkleidung der Gefangennahme durch die Sowjets zu entgehen, doch darauf kommt es mir hier nicht an. Was mir gefällt, ist die Entwicklung des Streichholzthemas: Mit jenen magischen Zündhölzern, die er mir gezeigt hatte, war leichtfertig umgegangen worden, sie waren verlorengegangen, und auch seine Armeen waren verschwunden, alles war versunken, wie meine Spielzeugeisenbahn, die ich im Winter 1904/05 in Wiesbaden über die zugefrorenen Pfützen auf dem Gelände des Hotels Oranien fahren lassen wollte. Derlei thematische Muster das Leben hindurch zu verfolgen, sollte, so meine ich, der wahre Zweck einer Autobiographie sein.

4

Heftige innere Unruhen begleiteten das Ende von Rußlands katastrophalem Feldzug im Fernen Osten. Ohne sich davon einschüchtern zu lassen, kehrte meine Mutter mit ihren drei Kindern nach fast einem Jahr in ausländischen Kurorten nach St. Petersburg zurück. Es war Anfang 1905. Staatsangelegenheiten zwangen meinen Vater, in der Hauptstadt zu bleiben; die Konstitutionell-Demokratische Partei, die er mitbegründet hatte, sollte das Jahr darauf in der ersten Duma die Mehrheit erlangen. Während eines seiner kurzen Aufenthalte bei uns auf dem Land stellte er mit patriotischem Unwillen fest, daß mein Bruder und ich wohl Englisch, aber (mit Ausnahme von KAKAO und MAMA) nicht Russisch lesen und schreiben konnten. Es wurde beschlossen, daß der Dorfschullehrer uns jeden Nachmittag Stunden geben und spazierenführen sollte.

Mit dem schrillen und fröhlichen Klang der Trillerpfeife, die zu meinem ersten Matrosenanzug gehörte, ruft mich meine Kindheit in jene ferne Vergangenheit zurück, damit ich meinem ergötzlichen Lehrer noch einmal die Hand schüttele. Wassilij Martynowitsch Shernosekow hatte einen struppigen braunen Bart, einen kahl werdenden Kopf und porzellanblaue Augen, von denen eines am oberen Lid einen faszinierenden Auswuchs aufwies. Am ersten Tag brachte er einen Kasten mit mächtig anregend aussehenden Klötzen mit, bei denen auf jede Seite ein anderer Buchstabe gemalt war; er ging mit diesen Würfeln um, als wären sie unendlich kostbar, und das waren sie ja auch (außerdem ließen sich aus ihnen hervorragende Tunnel für Spielzeugeisenbahnen bauen). Er verehrte meinen Vater, der unlängst die Dorfschule hatte neu bauen und modernisieren lassen. Als altmodisches Zeichen für Freisinn trug er einen wehenden schwarzen Binder, der nachlässig zu einem Arrangement verknotet war, das eine Fliege vorstellen sollte. Wenn er mich anredete, einen kleinen Jungen, gebrauchte er stets die zweite Person Pluralis – nicht so steif wie die Dienstboten und nicht wie meine Mutter in jenen Augenblicken unbändiger Zärtlichkeit, wenn ich im Fieber lag oder mir ein winziger Eisenbahnpassagier abhanden gekommen war (so als wäre der Singular zu schwach, die

Last ihrer Liebe zu tragen), sondern mit der einfachen Höflichkeit eines Mannes, der mit einem anderen spricht und ihn nicht gut genug kennt, um «du» zu sagen. Ein feuriger Revolutionär, pflegte er während unserer ländlichen Spaziergänge wild zu gestikulieren und von Menschlichkeit, Freiheit, den Übeln des Krieges und der traurigen (aber, wie ich fand, interessanten) Notwendigkeit, Tyrannen in die Luft zu sprengen, zu sprechen, und manchmal zog er das damals vielgelesene pazifistische Buch *Doloj Orushije!* (eine Übersetzung von Bertha von Suttners *Die Waffen nieder!*) hervor und traktierte mich, einen Sechsjährigen, mit langweiligen Zitaten; ich versuchte sie zu widerlegen: In jenem zarten und kriegerischen Alter setzte ich mich zornig fürs Blutvergießen ein, um meine Welt der Spielzeugpistolen und Artusritter in Schutz zu nehmen. Unter Lenins Regime, als alle nichtkommunistischen Radikalen erbarmungslos verfolgt wurden, wurde Shernosekow in ein Zwangsarbeitslager gesteckt, konnte jedoch ins Ausland fliehen und starb 1939 in Narwa.

In gewisser Weise verdanke ich ihm die Möglichkeit, noch eine Weile meinen privaten Fußweg zu gehen, der parallel zur Landstraße jenes unruhigen Jahrzehnts verlief. Als der Zar im Juli 1906 die Duma verfassungswidrig auflöste, kamen eine Reihe ihrer Mitglieder, darunter mein Vater, in Wyborg zu einer rebellischen Beratung zusammen und setzten ein Manifest auf, das das Volk aufforderte, sich gegen das Regime aufzulehnen. Anderthalb Jahre später wurden sie dafür ins Gefängnis geworfen. Mein Vater verbrachte drei ruhige, wenn auch etwas einsame Monate in Einzelhaft, zusammen mit seinen Büchern, seiner zusammenlegbaren Badewanne und einem Exemplar von J. P. Müllers *Mein System – 15 Minuten tägliche Arbeit für die Gesundheit*. Bis ans Ende ihrer Tage bewahrte meine Mutter die Briefe auf, die er ihr heimlich zukommen ließ – muntere Episteln, mit Bleistift auf Toilettenpapier geschrieben (ich habe sie 1965 in der vierten Ausgabe der von Roman Grynberg in New York herausgegebenen russischsprachigen Zeitschrift *Wosduschnyje puti* veröffentlicht). Wir waren auf dem Land, als er freigelassen wurde, und es war der Dorfschulmeister, der die Festlichkeiten arrangierte und für den (zum Teil unverhohlen roten) Fahnenschmuck sorgte, der meinen Vater auf der Heimfahrt vom Bahnhof begrüßte, entlang unter Archivolten aus Tannennadeln und Kronen aus Kornblumen, den Lieblingsblumen meines Vaters. Wir Kinder waren ins Dorf hinuntergefahren, und wenn ich mir jenen außergewöhnlichen Tag ins Gedächtnis rufe, sehe ich den sonneglitzernden Fluß in größter Klarheit; die Brücke, das blendende Blech einer Konservendose, die ein Angler auf dem hölzernen Geländer stehengelassen hatte; den lindenbestandenen Hügel mit seiner rosaroten Kirche und dem Marmormausoleum, wo die toten Angehörigen meiner Mutter ruhten; die staubige Straße zum Dorf; den Streifen kurzen, pastellgrünen Grases mit kahlen Flecken sandigen Bodens zwischen der Straße und den Fliederbüschen, hinter denen bemooste, triefäugige Holzhütten in wackliger Reihe standen; das Steingebäude der neuen Schule neben der hölzernen alten; und im Vorbeisausen den kleinen schwarzen Hund mit seinen blendend weißen Zähnen, der in mächtiger Eile, aber ohne jeden Laut, zwischen den Hütten hervorgeschossen kam, um seine Stimme für den kurzen Ausbruch aufzusparen, der ihm vergönnt war, als sein stummer Spurt ihn endlich an die eilig dahinrollende Kutsche heranbrachte.

5

Das Alte und das Neue, das Liberale und das Patriarchalische, fatale Armut und fatalistischer Reichtum waren in jenem seltsamen ersten Jahrzehnt unseres Jahrhunderts phantastisch ineinander verwebt. Im Laufe eines Sommers konnte es mehrmals vorkommen, daß sich Alexej, der Butler, mit unglücklicher Miene mitten beim Essen im hellen, vielfenstrigen, walnußgetäfelten Speisezimmer in der ersten Etage unseres Landhauses in Wyra über meinen Vater beugte und ihm leise (besonders leise, wenn wir Besuch hatten) mitteilte, daß eine Gruppe von Bauern aus dem Dorf draußen sei und den *barin* zu sprechen begehre. Rasch nahm mein Vater die Serviette vom Schoß und bat meine Mutter, ihn zu entschuldigen. Durch eins der Fenster an der Westseite des Speisezimmers war ein Teil der Einfahrt in der Nähe des Haupteingangs zu sehen. Man konnte den oberen Teil der Geißblattsträucher gegenüber der Veranda erkennen. Aus dieser Richtung erreichte uns das höfliche Gesumm eines bäuerlichen Willkommens, wenn die unsichtbare Gruppe meinen unsichtbaren Vater begrüßte. Die anschließende Verhandlung, in normaler Lautstärke geführt, war nicht zu verstehen, da die Fenster, unter denen sie stattfand, geschlossen waren, um die Hitze abzuhalten. Wahrscheinlich ging es um irgendeinen lokalen Streit, in dem man ihn zu vermitteln bat, um eine Geldbeihilfe oder die Erlaubnis, ein Stück unseres Landes abzuernten oder eine begehrte Gruppe unserer Bäume zu fällen. Wenn die Bitte, wie es gewöhnlich geschah, auf der Stelle gewährt war, ertönte jenes Gesumm von neuem, und der gute *barin* mußte die typisch russische Prüfung über sich ergehen lassen, zum Zeichen der Dankbarkeit geschaukelt, in die Höhe geworfen und von zwei Dutzend starken Armen sicher wieder aufgefangen zu werden.

Derweil hielt man meinen Bruder und mich im Speisezimmer an, weiterzuessen. Mit einem Bissen zwischen Zeigefinger und Daumen schaute meine Mutter unter dem Tisch nach, ob ihr nervöser und mürrischer Dackel da war. *«Un jour ils vont le laisser tomber»*, äußerte Mlle Golay, eine gedrechselt pessimistische alte Dame, die einst die Gouvernante meiner Mutter gewesen war und immer noch (auf schrecklich gespanntem Fuße mit unseren eigenen Gouvernanten) bei uns lebte. Von meinem Platz am Tisch aus konnte ich plötzlich in einem der Westfenster einen wunderbaren Fall von Levitation erleben. Für einen Augenblick war dort die Gestalt meines Vaters in seinem windgekräuselten weißen Sommeranzug zu sehen, prächtig mitten in der Luft ausgebreitet, die Glieder in einer seltsam lässigen Haltung, seine wohlgestalten, unerschütterlichen Gesichtszüge dem Himmel zugewandt. Dreimal flog er solchermaßen zum mächtigen Hau-ruck seiner unsichtbaren Werfer in die Höhe, beim zweitenmal ging es höher als beim ersten, und dann, bei seinem letzten, luftigsten Flug, lehnte er sich wie für alle Zeiten gegen das Kobaltblau des Sommermittags, einem jener paradiesischen Wesen gleich, die mit dem ganzen Faltenreichtum ihrer Gewänder mühelos am Deckengewölbe einer Kirche schweben, indes unten schmale Wachskerzen in sterblichen Händen eine nach der anderen aufflammen, um im Weihrauchnebel einen Schwarm winziger Feuer zu bilden, der Priester von ewiger Ruhe singt und Trauerlilien das Antlitz des Menschen verdecken, der dort unter den schwebenden Lichtern in dem offenen Sarge liegt.

KAPITEL ZWEI

I

So weit ich auch (mit Interesse, mit Erheiterung, selten mit Bewunderung oder Widerwillen) zurückdenke, bin ich milden Halluzinationen ausgesetzt gewesen. Einige sind akustischer Art, andere optischer, und keine hat mir viel genützt. Die prophetischen Stimmen, die Sokrates zurückhielten oder Joaneta Darc anspornten, sind bei mir auf das Niveau von Gesprächen abgesunken, deren zufälliger Zeuge man wird, wenn man den Telephonhörer abhebt und an einen besetzten Sammelanschluß gerät. Kurz vor dem Einschlafen bemerke ich des öfteren eine Art einseitiger Konversation im Nachbarbezirk meines Gehirns, ganz unabhängig von dem eigentlichen Gang meiner Gedanken. Es ist eine neutrale, teilnahmslose, anonyme Stimme, die völlig belanglose Worte zu mir sagt – einen englischen oder russischen Satz, der noch nicht einmal an mich gerichtet und so trivial ist, daß ich kaum Beispiele zu geben wage, da sie in der Plattheit, die ich zum Ausdruck bringen möchte, einen störenden Maulwurfshügel von Sinn aufwerfen könnten. Diese alberne Erscheinung scheint mir das akustische Gegenstück zu gewissen Visionen vor dem Einschlafen, die mir ebenfalls wohlbekannt sind. Ich meine nicht das helle geistige Bild (etwa das Gesicht eines schon lange toten, geliebten Angehörigen), das ein Flügelschlag des Willens heraufbeschwört; das ist eine der tapfersten Regungen, deren der menschliche Geist fähig ist. Noch spreche ich von den sogenannten *muscae volitantes* – Schatten, von kleinen Teilchen im Glaskörper des Auges auf die Stäbchen der Netzhaut geworfen, die als durchsichtige, quer über das Gesichtsfeld treibende Fäden wahrgenommen werden. Den hypnagogen Phantomen, die ich im Sinne habe, ist vielleicht der farbige Fleck näher, jener Stich eines Nachbildes, mit dem die gerade abgeschaltete Lampe die Nacht hinter den Lidern versehrt. Ein Schock dieser Art allerdings ist nicht unbedingt nötig, um die Bilder in Bewegung zu setzen, die vor meinen geschlossenen Augen langsam und stet vorüberziehen. Sie kommen und gehen ohne die Beteiligung des schläfrigen Betrachters und sind doch grundsätzlich verschieden von Traumbildern, denn noch ist er Herr seiner Sinne. Oft sind sie grotesk. Schurkenprofile belästigen mich, irgendein grobgesichtiger und rotbäckiger Zwerg mit einem geschwollenen Nasenloch oder Ohr. Zeitweise dann zeigen sich meine Photismen wieder von einer beruhigend milden Seite, und dann sehe ich – wie auf die Innenseite des Lides projiziert – graue Gestalten, die zwischen Bienenstöcken auf und ab gehen, kleine schwarze Papageien, die langsam im Gebirgsschnee verschwinden, oder eine blaue Ferne, die zwischen schwankenden Masten zerfließt.

Zu alldem kommt, daß ich einen guten Fall von *audition colorée*, von Farbenhören abgebe. «Hören» ist vielleicht nicht ganz das richtige Wort, denn die Farbempfindung scheint dadurch hervorgerufen zu werden, daß ich mit dem Mund einen Buchstaben bilde, während ich mir seinen Umriß vorstelle. Das *a* des englischen Alphabets (und sofern nicht anders angegeben, habe ich dieses bei allem, was folgt, im Sinn) hat für mich die Farbe verwitterten Holzes, während ein französisches *a* mich an poliertes Ebenholz erinnert. Diese schwarze Gruppe enthält außerdem das *g* (vulkanisierter Kautschuk) und das *r* (ein rußiger Lappen, der zerrissen wird). Das hafermehlige *n*, das nudelweiche *l* und der Handspiegel des *o* mit seiner elfenbeinernen Rückseite wären die weißen Buchstaben. Mein französisches *on*, das ich als die Oberflächenspannung von Alkohol in einem randvollen kleinen Glas sehe, stellt mich vor ein Rätsel. In der blauen Gruppe befinden sich das stählerne *x*, die Gewitterwolke des *z* und das heidelbeerfarbene *k*. Da zwischen Klang und Form eine subtile Wechselwirkung herrscht, sehe ich das *q* brauner als das *k*, während *s* nicht hellblau wie *c* ist, sondern eine merkwürdige Mischung von Azurblau und Perlmutt. Nachbarwerte gehen nicht ineinander über, und Diphthonge haben keine eigenen Farben, es sei denn, sie würden in irgendeiner anderen Sprache durch einen einzigen Buchstaben bezeichnet (so beeinflußt der wolliggraue, dreistämmige russische Buchstabe für *sch*, der so alt ist wie das Schilf am Ufer des Nils, sein englisches Gegenstück).

Ich bringe meine Liste schnell zu Ende, ehe man mich unterbricht. In der grünen Gruppe gibt es das erlenblattgrüne *f*, den unreifen Apfel *p* und das pistazienfarbige *t*. Ein irgendwie mit Violett vermischtes stumpfes Grün ist das Passendste, was ich für *w* finden kann. Gelb umfaßt verschiedene *e*'s und *i*'s, das sahnige *d*, das goldglänzende *y* und das *u*, dessen alphabetischen Wert ich nur als Messing mit einem Schimmer von Oliv bezeichnen kann. In der braunen Gruppe gibt es den satten, gummiartigen Farbton des weichen *g*, das blassere *j* und den verschossenen Schnürsenkel *h*. Unter den roten Buchstaben endlich hat *b* den Farbton, den die Maler Gebrannt Siena nennen, *m* ist eine rosa Flanellfalte, und heute habe ich endlich in März' und Pauls Farblexikon in «Rosenquarz» die vollkommene Entsprechung zum *v* gefunden. Das Wort für Regenbogen, ein primärer, wenngleich entschieden unreiner Regenbogen, ist in meiner Privatsprache das kaum aussprechbare *kzspygv*. Der erste Autor, der über *audition colorée* schrieb, war meines Wissens 1812 ein Albinoarzt in Erlangen.

Die Bekenntnisse eines Synästheten müssen Leute, die von festeren Wänden, als die meinen es sind, vor Zugluft und Durchregnen bewahrt werden, langweilig und anmaßend klingen. Meiner Mutter hingegen schien das alles ganz normal. Die Sache kam in meinem siebenten Lebensjahr zur Sprache, als ich eines Tages aus einem Haufen alter Buchstabenbauklötze einen Turm baute. Beiläufig bemerkte ich, daß die Farben alle nicht stimmten. Daraufhin entdeckten wir, daß einige ihrer Buchstaben die gleichen Farben hatten wie meine und daß sie darüber hinaus von musikalischen Tönen optisch beeinflußt wurde. Diese wiederum riefen bei mir gar keine Farbvorstellungen hervor. Musik wirkt auf mich leider nur als eine willkürliche Folge mehr oder weniger irritierender Klänge. In gewissen Stimmungen kann ich die Spasmen einer klangvollen Violine ertragen, aber ein Konzertflügel und alle Blasinstrumente langweilen mich in geringeren Mengen, und in größeren martern sie mich. Trotz all den Opern, denen ich jeden Winter ausgesetzt wurde (ich muß *Ruslan* und *Pikowaja Dama* im Laufe von sechs Jahren mindestens doppelt so oft gesehen haben), wurde meine schwache Empfänglichkeit für Musik ganz und gar von der visuellen Qual überwältigt, Pimen beim Schreiben nicht über die Schulter sehen zu können oder vergebens zu versuchen, mir die Schwärmer in der undeutlichen Blütenfülle von Julias Garten vorzustellen.

Meine Mutter tat alles, um meine allgemeine Sensibilität für optische Reize zu fördern. Wie viele Aquarelle malte sie für mich; welche Offenbarung war es, als sie mir den blühenden Fliederbusch zeigte, der aus einer Mischung von Blau und Rot erwuchs! In unserem Petersburger Haus nahm sie manchmal aus einem Geheimfach in der Wand ihres Ankleidezimmers (und meines Geburtszimmers) einen Haufen Schmuck, mit dem ich vor dem Einschlafen spielen durfte. Ich war damals noch sehr klein, und all diese funkelnden Stirnreifen und Halsbänder und Ringe schienen mir an Geheimnis und Zauber kaum der Festbeleuchtung bei Kaiserfeiern nachzustehen, wenn in der gepolsterten Stille einer Frostnacht riesige Monogramme, Kronen und andere Wappenzeichen aus bunten Glühlampen – Saphire, Smaragde, Rubine – mit gleichsam verzauberter Zurückhaltung über den schneebedeckten Mauervorsprüngen an den Hausfassaden herrschaftlicher Straßen erstrahlten.

2

Meine zahlreichen Kinderkrankheiten brachten meine Mutter und mich einander noch näher. Als kleiner Junge zeigte ich eine ungewöhnliche mathematische Begabung, die mir während meiner höchst untalentierten Jugend völlig abhanden kam. Diese Gabe spielte eine furchtbare Rolle, wenn ich mit Angina oder Scharlach kämpfte und ungeheure Kugeln und gewaltige Zahlen in meinem schmerzenden Gehirn erbarmungslos anwachsen fühlte. Ein törichter Hauslehrer hatte mir viel zu früh die Logarithmen erklärt, und in einer englischen Zeitung (dem *Boy's Own Paper*, glaube ich) hatte ich von einem gewissen Hindu-Rechenkünstler gelesen, der in genau zwei Sekunden die siebzehnte Wurzel etwa aus 3529471 145 760 275 132 301 897 342 055 866 171 392 finden konnte (ich bin nicht sicher, ob ich die Zahl richtig hinbekommen habe; jedenfalls war das Ergebnis 212). Solches waren die Ungeheuer, die in meinem Delirium gediehen, und die einzige Art, zu verhindern, daß sie mich aus mir selbst verdrängten, war, ihnen das Herz aus dem Leib zu reißen. Doch sie waren viel zu stark, und ich setzte mich auf und formte mühselig verstümmelte Sätze, um meiner Mutter alles zu erklären. Durch mein Delirium hindurch erkannte sie Empfindungen wieder, die ihr selber nicht fremd geblieben waren, und ihr Verständnis brachte mein sich ausdehnendes Universum auf eine Newtonsche Norm zurück.

Der künftige Spezialist für so ödes literarisches Gut, wie es das Selbstplagiat darstellt, wird sicher gern das Erlebnis eines Protagonisten in meinem Roman *Die Gabe* mit dem ursprünglichen Ereignis kollationieren. Eines Tages, nach einer langen Krankheit, als ich noch sehr geschwächt im Bett lag, kam es mir vor, als sonnte ich mich in einer ungewöhnlichen Euphorie von Gewichtslosigkeit und Ruhe. Ich wußte, meine Mutter war ausgegangen, um mir das tägliche Geschenk zu besorgen, das diese Tage der Genesung so wundervoll machte. Was es diesmal sein würde, konnte ich nicht ahnen, aber durch den Kristall meines seltsam transparenten Zustands sah ich lebhaft, wie sie fort von mir und die Morskaja hinunter zum Newskij-Prospekt fuhr. Ich erkannte den leichten Schlitten, den ein kastanienbrauner Traber zog. Ich hörte seinen schnaufenden Atem, das rhythmische Klatschen seines Geschröts und die Brocken gefrorenen Schnees, die dumpf gegen die Vorderwand des Schlittens schlugen. Vor meinen Augen und vor denen meiner Mutter erhob sich gewaltig die Rückseite des Kutschers in seinem dick gefütterten blauen Gewand und das Lederfutteral der Uhr (zwanzig Minuten nach zwei), das hinten an seinem Gürtel befestigt war, unter dem sich die kürbisartigen Falten seines mächtigen, dick gepolsterten Rumpfes wölbten. Ich sah den Sealskinmantel meiner Mutter und, als die eisige Geschwindigkeit zunahm, auch den Muff, den sie vor ihr Gesicht hob – jene graziöse Schlittenfahrtgeste einer Petersburger Dame. Zwei Zipfel des stattlichen Bärenfells, das sie bis zur Taille bedeckte, waren mit übergeworfenen Schlingen an zwei Stäben auf beiden Seiten der niedrigen Rückenlehne befestigt. Und hinter ihr, die Hände um diese Griffe geklammert, stand ein Diener mit kokardenbesetztem Hut auf dem schmalen Fußbrett über den rückwärtigen Enden der Kufen.

Immer noch den Schlitten vor Augen, sah ich, wie er vor Treumann (Schreibwaren, Bronzeklimbim, Spielkarten) hielt. Wenig später kam meine Mutter wieder aus dem Laden, gefolgt von ihrem Diener. Er hielt, was sie gekauft hatte und mir wie ein Bleistift aussah. Ich war verwundert, daß sie etwas so Kleines nicht selber trug, und diese unangenehme Frage der Größenverhältnisse löste aufs neue, wenn auch glücklicherweise nur sehr kurz, im Kopf jenen «Weitungseffekt» aus, den ich mit dem Fieber überwunden geglaubt hatte. Als sie wieder im Schlitten verstaut wurde, sah ich den Dampf, den sie alle ausatmeten, das Pferd eingeschlossen. Ich sah auch den vertrauten Schmollmund, den sie zog, um das Netz ihres zu eng über das Gesicht gestreiften Schleiers zu lockern, und da ich dies schreibe, kommt – nein, fliegt die netzartig gemusterte Zärtlichkeit, die meine Lippen spürten, wenn ich ihre verschleierte Wange küßte, mit einem Freudenschrei aus der schneeblauen, blaufenstrigen (die Vorhänge sind noch nicht zugezogen) Vergangenheit zu mir zurück.

Ein paar Minuten darauf trat sie in mein Zimmer. In den Armen hielt sie ein großes Paket. In meiner Vision hatte ich es stark verkleinert – vielleicht, weil ich unterschwellig korrigiert hatte, was mir die Logik warnend als die gefürchteten Überreste der sich ausdehnenden Fieberwelt ausgab. Jetzt erwies sich der Gegenstand als ein riesiger, kantiger Faber-Bleistift, über einen Meter lang und entsprechend dick. Er hatte als Ausstellungsstück im Schaufenster des Ladens gehangen, und sie hatte angenommen, daß ich ihn mir wünschte, wie ich mir alles wünschte, was nicht eigentlich käuflich war. Der Verkäufer hatte einen Vertreter anrufen müssen, einen «Doktor» Libner (so als komme dem Handel tatsächlich irgendeine pathologische Bedeutung zu). Einen schrecklichen Augenblick lang fragte ich mich, ob die Spitze aus richtigem Graphit war. Sie war's. Und indem ich ein Loch in die Seite bohrte, überzeugte ich mich einige Jahre später zu meiner Genugtuung davon, daß die Bleimine bis hinten durchging – ein vollkommener Fall von *l'art pour l'art* seitens Fabers und Dr. Libners, denn der Stift war viel zu groß, um je benutzt zu werden, und zum Gebrauch auch gar nicht bestimmt.

«O ja», pflegte sie zu sagen, wenn ich diese oder jene ungewöhnliche Empfindung erwähnte. «Ja, das kenne ich alles», und mit leicht unheimlich wirkender Freimütigkeit sprach sie über Dinge wie das Zweite Gesicht, leise Klopfgeräusche im Holz dreibeiniger Tische, Vorahnungen und das Gefühl des *déjà vu*. Ihre direkte Ahnenreihe enthielt eine Strähne Sektierertum. Nur zu Fasten und zu Ostern ging sie zur Kirche. Ihre schismatische Stimmung äußerte sich in ihrer gesunden Abneigung gegen das Ritual der griechisch-orthodoxen Kirche und ihrer Priester. Die moralische und poetische Seite des Evangeliums rührte sie tief an, aber nach der Stütze irgendeines Dogmas hatte sie keinerlei Bedürfnis. Die entsetzliche Unsicherheit eines Lebens nach dem Tode und sein Mangel an Einsamkeit kamen ihr gar nicht in den Sinn. Ihre starke und reine Religiosität gab ihr gleiches Vertrauen in das Vorhandensein einer jenseitigen Welt wie in die Unmöglichkeit, dieser mit irdischen Begriffen beizukommen. Man konnte nicht mehr tun, als zwischen dem Dunst und den Chimären vor sich einen Blick auf etwas Wirkliches zu erhaschen, genau wie Leute, deren Gehirn tagsüber ungewöhnlich rege ist, noch im tiefsten Schlaf, irgendwo jenseits der Pein eines wirren und abgeschmackten Albtraums, die geordnete Wirklichkeit der Stunde des Erwachens wahrzunehmen vermögen.

3

Mit ganzer Kraft zu lieben und den Rest dem Schicksal zu überlassen war die einfache Regel, der sie gehorchte. «*Wot sapomni* (nun vergiß nicht)», pflegte sie mit verschwörerischer Stimme zu sagen, wenn sie meine Aufmerksamkeit auf diesen oder jenen geliebten Gegenstand in Wyra lenkte – auf eine Lerche, die an einem trüben Frühlingstag in einen Himmel aus geronnener Milch stieg, auf das Wetterleuchten, das des Nachts Aufnahmen von entfernten Baumreihen machte, auf die Palette der Ahornblätter auf braunem Sand, auf die keilschriftförmigen Spuren eines kleinen Vogels im Neuschnee. Als fühle sie, daß in wenigen Jahren der greifbare Teil ihrer Welt untergehen würde, kultivierte sie einen außergewöhnlichen Sinn für die Spuren der Zeit, die überall auf unserem Landsitz zu finden waren. An ihrer eigenen Vergangenheit hing sie mit der gleichen rückgewandten Inständigkeit, mit der ich heute an ihrem Bild und an meiner Vergangenheit hänge. In gewisser Weise bekam ich so ein einzigartiges Scheinbild mit auf den Weg – die Schönheit ungreifbaren Besitzes, unirdischer Immobilien –, und das erwies sich als vorzügliche Übung, spätere Verluste zu ertragen. Alle ihre Etiketts und Abdrücke wurden mir genauso lieb und ehrwürdig, wie sie ihr es waren. Da war der Raum, der früher der Lieblingsbeschäftigung ihrer Mutter vorbehalten gewesen war, ein chemisches Laboratorium; da war die Linde neben der Straße, die sich zu dem Dorf Grjasno (Betonung auf der letzten Silbe) hinaufwand und an deren steilster Stelle man besser das «Rad bei den Hörnern» (*byka sa roga*) nahm, wie mein Vater, ein hingebungsvoller Radfahrer, gerne sagte, die Linde, die den Ort bezeichnete, wo er um ihre Hand angehalten hatte; und da war im sogenannten «alten» Park der obsolete Tennisplatz, jetzt eine Region aus Moos, Maulwurfshügeln und Pilzen, der in den achtziger und neunziger Jahren Schauplatz fröhlicher Ballwechsel gewesen war (selbst ihr finsterer Vater legte seinen Rock ab und schüttelte abschätzend den schwersten Schläger), den die Natur bis zu meinem zehnten Lebensjahr indessen so gründlich ausgelöscht hatte, wie ein Filz eine Geometrieaufgabe wegwischt.

In der Zwischenzeit war von Facharbeitern, die eigens zu diesem

Zweck aus Polen herbeigeholt worden waren, am Ende des «neuen» Parks ein hervorragender moderner Platz gebaut worden. Der Maschendraht einer reichlichen Umzäunung trennte ihn von einer Blumenwiese, die seine rote Asche einrahmte. Nach einer feuchten Nacht nahm die Oberfläche einen bräunlichen Glanz an, und Dmitrij, der kleinste und älteste unserer Gärtner, ein sanftmütiger Zwerg mit schwarzen Stiefeln und rotem Hemd, zog die weißen Linien mit flüssiger Kreide aus einem grünen Eimer nach, indem er, den Kopf tief gesenkt, mit seinem Pinsel längs des Striches langsam zurückwich. Eine Erbsenstrauchhecke (die «gelbe Akazie» Nordrußlands) mit einer Öffnung auf halbem Wege, die den Zugang zur Drahttür des Courts freiließ, verlief parallel zu der Einzäunung und hin zu einem Pfad, der wegen der Schwärmer, die in der Abenddämmerung die wuscheligen blauen Fliederbüsche entlang seinem der Hecke gegenüberliegenden und gleichfalls auf halbem Wege unterbrochenen Saum besuchten, *tropinka Sfinksow* (Pfad der Sphingiden) genannt wurde. Dieser Pfad bildete den Querbalken eines großen Ts, dessen Senkrechte die Allee schlanker, mit meiner Mutter gleichaltriger Eichen war, die (wie schon gesagt) den neuen Park in seiner ganzen Länge durchzog. Sah man vom Fuß des Ts nahe der Auffahrt diese Allee hinunter, so konnte man die helle kleine Lichtung fast fünfhundert Meter entfernt genau erkennen – oder fünfzig Jahre entfernt von meinem heutigen Aufenthaltsort. Unser jeweiliger Hauslehrer oder, wenn er bei uns auf dem Land war, mein Vater spielte in unseren eigenwilligen Familiendoppeln unweigerlich mit meinem Bruder zusammen. *«Play!»* rief meine Mutter nach der Art von ehedem, wenn sie ihren kleinen Fuß nach vorn schob und ihren Kopf mit dem weißen Hut senkte, um einen eifrigen, aber schwachen Aufschlag wie mit einer Kelle zu servieren. Ich ärgerte mich leicht über sie und sie sich über die Balljungen, zwei barfüßige Bauernkinder (Dmitrijs stupsnasiger Enkel und der Zwillingsbruder der hübschen Polenka, der Tochter des ersten Kutschers). Um die Erntezeit herum wurde der nördliche Sommer tropisch. Tief gerötet klemmte Sergej seinen Schläger zwischen die Knie und wischte umständlich seine Brille ab. Ich sehe mein Schmetterlingsnetz am Zaun lehnen – für alle Fälle. Wallis Myers' Tennisbuch liegt aufgeschlagen auf einer Bank, und pedantisch erkundigt sich mein Vater (ein erstklassiger Spieler mit einem kanonenkugelgleichen Aufschlag im Stil von Frank Riseley und einem wunderschönen *lifting drive*) nach jedem Ballwechsel bei meinem Bruder und mir, ob wir des *follow through*, jenes Stands der Gnade, endlich teilhaftig geworden seien. Und zuweilen ließ uns ein mächtiges Gewitter unter einer Überdachung an der Ecke des Platzes Zuflucht suchen, während der alte Dmitrij zum Haus geschickt wurde, um Schirme und Regenmäntel zu holen. Eine Viertelstunde später tauchte er unter einem Berg von Kleidungsstücken am Ende der langen Allee wieder auf, die bei seiner Annäherung ihre Leopardenfleckung zurückgewann, da die Sonne aufs neue brannte und seine gewaltige Last nicht mehr benötigt wurde.

Sie hatte eine Vorliebe für alle Glücks- und Geschicklichkeitsspiele. Unter ihren erfahrenen Händen bildeten die tausend Stücke eines Puzzlespiels langsam eine englische Jagdszene; was wie der Teil eines Pferdes ausgesehen hatte, erwies sich als einer Ulme zugehörig, ein bis dahin nicht unterzubringendes Stück fügte sich genau in ein Loch im gesprenkelten Hintergrund und gewährte einem die köstliche Empfindung abstrakter und doch greifbarer Befriedigung. Eine Zeitlang spielte sie gern Poker, der über diplomatische Kreise in die Petersburger Gesellschaft gedrungen war, so daß einige der Kombinationen hübsche französische Namen trugen – *brelan* für Triplet, *couleur* für Flush und so weiter. Gewöhnlich wurde regulärer Draw-Poker gespielt, und gelegentlich gab es den zusätzlichen Reiz eines «Potts» und einen generalbevollmächtigten Joker. In der Stadt pokerte sie im Haus von Bekannten oft bis drei Uhr morgens, eine Gesellschaftsvergnügung der letzten Jahre vor dem Ersten Weltkrieg; und später im Exil stellte sie sich (mit der gleichen Verwunderung und Bestürzung, mit der sie an den alten Dmitrij zurückdachte) den Chauffeur Pirogow vor, der im unnachgiebigen Frost einer endlosen Nacht immer noch auf sie zu warten schien, obwohl in seinem Fall Tee mit Rum in einer gastlichen Küche einiges dazu beigetragen haben dürfte, diese Nachtwachen zu lindern.

Eins ihrer größten Sommervergnügen war der sehr russische Sport des *chodit j po griby* (der Pilzsuche). In Butter gedünstet und mit saurer Sahne verdickt, erschienen ihre delikaten Funde regelmäßig auf dem Mittagstisch. Nicht daß es besonders auf das Geschmacksmoment ankam. Ihre Hauptfreude war die Suche, und die hatte ihre Regeln. Blätterpilze etwa wurden nie gesammelt; sie nahm nur einzelne Arten, die zum eßbaren Teil der Gattung Boletus gehörten (den gelbbraunen *edulis*, den braunen *scaber*, den roten *aurantiacus* und ein paar enge Verbündete), welche von manchen als «Röhrenpilze» bezeichnet und von den Pilzforschern kalt als «auf dem Erdboden wachsende, fleischige, saprophytische Pilze mit Mittelstiel» definiert werden. Ihre kompakten Hüte – eng anliegend bei Baby-Exemplaren, robust und appetitlich gewölbt bei reifen – haben eine glatte (nicht gefächerte) Unterseite und einen sauberen, kräftigen Stiel. In der klassischen Einfachheit ihrer Form unterscheiden sich die Röhrenpilze beträchtlich vom «echten Pilz» mit seinen hanebüchenen Lamellen und der schlaffen Manschette um den Stiel. Auf gerade diesen jedoch, auf den gemeinen und häßlichen Blätterpilz, beschränken Völker mit furchtsamen Geschmacksnerven ihre Kenntnis und ihren Appetit, so daß die aristokratischen Röhrlinge für den angloamerikanischen Laienverstand bestenfalls umerzogene Giftpilze sind.

Regenwetter brachte diese schönen Pflanzen unter den Tannen, Birken und Espen unseres Parks im Überfluß ans Licht, vor allem in seinem älteren Teil östlich des Kutschweges, der den Park in zwei teilte. In den schattigen Tiefen herrschte dann jener eigentümlich boletische Geruch, der einem Russen die Nüstern weitet – eine dunkle, dumpfige, befriedigende Mischung aus feuchtem Moos, satter Erde, verfaulendem Laub. Doch man mußte eine ganze Weile Ausschau halten und im nassen Unterholz stochern, bevor etwas wirklich Hübsches wie eine Familie von haubenbedeckten Babysteinpilzen oder die marmorierte Abart des Birkenpilzes entdeckt war und sorgsam aus dem Erdreich gelöst werden konnte.

An bedeckten Nachmittagen ging meine Mutter ganz allein im Nieselregen mit einem (innen von Heidelbeeren blaugefleckten) Korb auf eine lange Pilzsuche. Zur Abendessenszeit sah man sie dann aus den diesigen Tiefen eines Parkweges auftauchen, ihre kleine Gestalt in grünlichbraune Wollsachen gemummt, auf denen kleine Wassertropfen eine Art Nebel um sie schufen. Wenn sie unter den triefenden Bäumen näher kam und meiner ansichtig wurde, lag in ihren Zügen ein seltsamer, freudloser Ausdruck, der Mißerfolg hätte bedeuten können, hätte ich in ihm nicht die angespannte, eifersüchtig beherrschte Seligkeit des erfolgreichen Sammlers erkannt. Kurz bevor sie mich erreichte, ließ sie dann mit einer abrupten, matten Arm- und Schulterbewegung und einem «Phhhh!» übertriebener Erschöpfung den Korb sinken, um sein Gewicht, seine ungeheure Fülle deutlich zu machen.

Auf einem runden, eisernen Gartentisch neben einer weißen Gartenbank legte sie ihre Pilze in konzentrischen Kreisen aus, um sie zu zählen und zu sortieren. Alte mit schwammigem, schmutzigem Fleisch wurden ausgesondert, so daß nur die jungen, frischen übrigblieben. Ehe der Diener sie an einen Ort schaffte, über den sie nichts wissen wollte, in ein Schicksal, das sie nicht interessierte, stand sie einen Augenblick lang da und bewunderte sie, glühend vor stiller Befriedigung. Wie oft nach einem Regentag warf die Sonne kurz vor dem Untergehen ein gleißendes Licht, und dort auf dem feuchten runden Tisch lagen ihre Pilze, sehr bunt sie alle und einige mit Spuren fremder Vegetation – ein Grashalm, der an einem schmierigen braunen Pilzhut klebte, oder ein wenig Moos, das den knolligen Unterteil eines dunkel getüpfelten Stiels umhüllte. Auch eine winzige Spannerraupe war da, maß den Rand des Tisches aus, wie es ein Kind mit Daumen und Zeigefinger tut, und reckte sich hin und wieder nach oben, um vergeblich nach dem Strauch zu tasten, von dem sie losgerissen worden war.

4

Die Küche und der Dienstbotenraum wurden von meiner Mutter nicht nur niemals aufgesucht, sie waren ihrem Bewußtsein ebenso entrückt wie die entsprechenden Räumlichkeiten in einem Hotel. Auch mein Vater hatte keine Neigung, den Haushalt zu führen. Die Mahlzeiten bestellte er dennoch. Mit einem leisen Seufzer schlug er eine Art Album auf, das der Butler nach dem Dessert auf die Tafel gelegt hatte, und trug in seiner eleganten, flüssigen Schrift den Speisezettel für den kommenden Tag ein. Er hatte die seltsame Angewohnheit, seinen Bleistift oder Füllfederhalter dicht über dem Papier vibrieren zu lassen, während er über die nächste Wortwelle nachdachte. Meine Mutter nickte, um vages Einverständnis mit seinen Vorschlägen zu bekunden, oder schnitt ein Gesicht. Offiziell lag der Haushalt in den Händen ihrer früheren Kinderfrau, einer triefäugigen, unglaublich runzligen (um 1830 als Leibeigene geborenen) Greisin mit dem Gesicht einer melancholischen Schildkröte und großen schlurfenden Füßen. Sie trug ein nonnenhaftes braunes Kleid und strömte einen leichten, aber unvergeßlichen Geruch nach Kaffee und Verfall aus. Ihre gefürchtete Gratulation zu unseren Geburts- und Namenstagen bestand in dem Schulterkuß der Leibeigenen. Das Alter hatte einen krankhaften Geiz in ihr herausgebildet, vor allem was Zucker und Eingemachtes betraf, so daß allmählich und mit Billigung meiner Eltern andere häusliche Ordnungen, die vor ihr geheimgehalten wurden, in Kraft getreten waren. Ohne etwas zu ahnen (das Wissen hätte ihr das Herz gebrochen), blieb sie weiter sozusagen an ihrem eigenen Schlüsselring hängen, während meine Mutter ihr Bestes tat, um mit beschwichtigenden Worten den Verdacht zu zerstreuen, der hin und wieder in dem nachlassenden Verstand der alten Frau keimte. Als der einzigen Beherrscherin ihres schimmligen und abseitigen kleinen Königreichs, das sie für das wirkliche hielt (wir wären verhungert, wäre es so gewesen), folgten ihr die spöttischen Blicke der Lakaien und Mädchen, wenn sie unbeirrbar durch lange Korridore schlurfte, um einen halben Apfel oder ein paar zerbrochene Petit-Beurre-Kekse wegzustecken, die sie auf einem Teller gefunden hatte.

Mit einem ständigen Personal von etwa fünfzig Dienstboten, denen weiter keine Fragen gestellt wurden, war unser Haushalt in der Stadt und auf dem Land indessen der Schauplatz eines phantastischen Diebstahlskarussells. Schnüffelnden alten Tanten zufolge, auf die niemand hörte und die doch recht hatten, wie sich am Ende herausstellte, waren der Küchenchef Nikolaj Andrejewitsch und der Obergärtner Jegor die Rädelsführer, beides gesetzte, bebrillte Männer mit den grauen Schläfen vertrauenswürdiger Gefolgsleute.

Jedesmal, wenn er sich stupenden und unverständlichen Rechnungen oder einem plötzlichen Versiegen der Gartenerdbeeren oder Treibhauspfirsiche gegenübersah, ärgerte sich mein Vater, ein Rechtswissenschaftler und Staatsmann, von Berufs wegen, der Wirtschaft seines eigenen Haushalts nicht gewachsen zu sein; aber immer, wenn ein schlimmer Fall von Veruntreuung ans Licht kam, hinderte ihn ein rechtlicher Zweifel oder Skrupel daran, etwas dagegen zu unternehmen. Verlangte gesunder Menschenverstand, daß ein schuftiger Diener hinausgeworfen wurde, so erkrankte der kleine Sohn des Mannes mit Sicherheit lebensgefährlich, und der Entschluß, ihm die besten Ärzte der Stadt zu holen, machte alle anderen Erwägungen zunichte. So zog es mein Vater alles in allem vor, die häusliche Situation in einem Zustand prekären Gleichgewichts zu belassen (der eines gewissen stillen Humors nicht entbehrte), während meine Mutter einigen Trost aus der Hoffnung schöpfte, daß die illusorische Welt ihrer alten Kinderfrau nicht zu Bruch ginge.

Meine Mutter wußte wohl, wie schmerzhaft eine zerstörte Illusion sein kann. Die geringfügigste Enttäuschung nahm für sie die Dimensionen einer Katastrophe an. An einem Heiligen Abend in Wyra, nicht lange bevor ihr viertes Kind zur Welt kam, lag sie mit einer leichten Unpäßlichkeit zu Bett und nahm mir und meinem Bruder (er fünf, ich sechs) das Versprechen ab, nicht in die Weihnachtsstrümpfe zu blicken, die am nächsten Morgen an unseren Bettpfosten hängen würden, sondern sie mit in ihr Zimmer zu bringen und erst dort auszupacken, damit sie unsere Freude mitansehen könne. Nach dem Erwachen hielt ich mit meinem Bruder eine eilige Konferenz ab, auf die hin jeder von uns mit gierigen Händen seinen angenehm knisternden Strumpf befühlte, der mit kleinen Geschenken vollgestopft war; vorsichtig angelten wir eins nach dem anderen heraus, knüpften die Bänder auf, lockerten das Seidenpapier, nahmen bei dem schwachen Licht, das durch einen Spalt in den Fensterläden drang, alles in Augenschein, wickelten die Sächelchen wieder ein und stopften sie zurück an ihren alten Ort. Als nächstes erinnere ich mich, wie wir auf dem Bett unserer Mutter saßen, die ausgebeulten Strümpfe in der Hand, und unser Bestes taten, ihr die

Szene vorzuspielen, die sie zu sehen wünschte; doch wir hatten die Verpackungen so in Unordnung gebracht, und so amateurhaft waren unsere Darstellungen begeisterter Überraschung (ich sehe noch, wie mein Bruder seine Augen nach oben verdrehte und unserer neuen französischen Gouvernante gleich ausrief: *«Ah, que c'est beau!»*), daß unser Publikum, nachdem es uns einen Augenblick lang beobachtet hatte, in Tränen ausbrach. Zehn Jahre vergingen. Der Erste Weltkrieg begann. Eine patriotische Menschenmenge und mein Onkel Ruka steinigten die deutsche Botschaft. *Peterburg* wurde wider alle Regeln nomenklatorischer Priorität zu *Petrograd* degradiert. Beethoven entpuppte sich als Holländer. Die Wochenschauen zeigten photogene Explosionen, die Zuckung einer Kanone, Poincaré in seinen hohen Ledergamaschen, trostlose Pfützen, den armen kleinen Zarewitsch in einer Tscherkessenuniform mit Degen und Patronen, seine so schlampert gekleideten großen Schwestern, lange, mit Truppen vollgestopfte Eisenbahnzüge. Meine Mutter richtete ein Privatlazarett für verwundete Soldaten ein. Ich sehe sie in der modischen grauweißen Schwesterntracht, die ihr ein Greuel war, mit den gleichen kindlichen Tränen die unergründliche Demut dieser verkrüppelten Bauern und die Fruchtlosigkeit des Sonntagsmitleids verwünschen. Und später noch, im Exil, wenn sie Rückschau hielt auf ihre Vergangenheit, beschuldigte sie sich oft (ungerechterweise, wie ich jetzt meine), daß ihr menschliches Elend weniger zu Herzen gegangen wäre als die Last der Gefühle, die der Mensch der unschuldigen Natur auflädt – alten Bäumen, alten Pferden, alten Hunden.

Ihre besondere Vorliebe für braune Dachshunde verwunderte meine kritischen Tanten. In den Familienalben, die ihre Jugendjahre illustrierten, gab es kaum eine Gruppe, auf der nicht ein solches Tier zu sehen war – gewöhnlich war irgendein Teil seines flexiblen Körpers verwackelt, und immer hatte es jene seltsamen, paranoiden Augen, wie sie Dackeln auf Photographien eigentümlich sind. Ein paar dieser korpulenten, ältlichen Kreaturen, Box I. und Lulu, faulenzten noch in der Sonne auf der Terrasse, als ich ein Kind war. Irgendwann im Jahre 1904 kaufte mein Vater auf einer Hundeausstellung in München einen Welpen, der zu dem übellaunigen, aber wunderbar schönen Trainy heranwuchs (wie ich ihn nannte, weil er so lang und braun war wie ein Schlafwagen). Eins der musikalischen Themen meiner Kindheit ist Trainys hysterische Zunge auf den Fersen eines niemals erjagten Hasen in den Tiefen unseres Parks in Wyra, aus dem er in der Abenddämmerung (nachdem meine besorgte Mutter in der Eichenallee lange nach ihm gepfiffen hatte) mit dem alten Kadaver eines Maulwurfs zwischen den Lefzen und Kletten in den Ohren zurückkehrte. 1915 etwa wurden seine Hinterpfoten gelähmt, und bis man ihn chloroformieren ließ, schleppte er sich elendiglich wie ein *cul de jatte* über lange, glänzende Streifen Parkettfußboden. Dann schickte uns jemand einen anderen jungen Hund, Box II., dessen Großeltern Doktor Anton Tschechows Quina und Brom gewesen waren. Dieser letzte Dackel begleitete uns ins Exil, und 1930 konnte man ihn in einem Prager Vorort (wo meine verwitwete Mutter ihre letzten Jahre mit einer kleinen Rente der tschechischen Regierung verbrachte) immer noch unwillig mit seiner Herrin spazierengehen sehen – eingeschnappt watschelte er weit hinter ihr her, schrecklich alt und wutgeladen mit seinem langen tschechischen Drahtmaulkorb, ein Emigrantenhund in einem geflickten und schlecht sitzenden Paletot.

Während unserer beiden letzten Jahre in Cambridge verbrachten mein Bruder und ich die Ferien gewöhnlich in Berlin, wo unsere Eltern mit den beiden Mädchen und dem damals zehn Jahre alten Kirill eine jener großen, finsteren, in hohem Maß bürgerlichen Wohnungen ihr eigen nannten, die ich in meinen Romanen und Kurzgeschichten an so viele Emigrantenfamilien vermietet habe. Am Abend des 28. März 1922 etwa um zehn Uhr las ich ihr im Wohnzimmer, wo meine Mutter wie gewöhnlich auf dem Ecksofa aus rotem Plüsch lehnte, zufällig gerade Bloks Italienlyrik vor – war gerade ans Ende des kurzen Gedichts über Florenz gelangt, das Blok mit der zarten, rauchigen Blüte einer Schwertlilie verglich, und sie sagte über ihrer Strickerei: «Ja, ja, Florenz wirkt wie eine *dimnyj iris*, wie wahr! Ich erinnere mich ...», als das Telephon klingelte.

Nach 1923, als sie nach Prag zog und ich in Deutschland und Frankreich wohnte, konnte ich sie nicht mehr oft besuchen; auch bei ihrem Tod am Vorabend des Zweiten Weltkriegs konnte ich nicht bei ihr sein. Jedesmal, wenn es mir gelang, nach Prag zu fahren, gab es zunächst jenen stechenden Schmerz, ehe die unvorbereitet angetroffene Zeit wieder ihre Maske aufsetzte. In der erbärmlichen Wohnung, die sie mit ihrer liebsten Freundin Jewgenija Konstantinowna Hofeld (1884–1957) teilte, die 1914 Miss Greenwood (ihrerseits Nachfolgerin von Miss Lavington) als Gouvernante meiner beiden Schwestern ersetzt hatte (Olga, geboren am 5. Januar 1903, und Elena, geboren am 31. März 1906), lagen Alben, in die sie während der letzten Jahre ihre Lieblingsgedichte von Majkow bis Majakowskij abgeschrieben hatte, auf allen möglichen klapprigen, gebraucht erworbenen Möbelstücken herum. Ein Abguß der Hand meines Vaters und ein Aquarell seines Grabes auf dem griechisch-katholischen Friedhof von Tegel, jetzt in West-Berlin, teilten sich ein Regal mit den Büchern von Exilschriftstellern, die sich in ihren billigen Pappeinbänden so leicht auflösten. Auf einer mit grünem Tuch bezogenen Seifenkiste standen in zerfallenden Rahmen die verblichenen kleinen Photographien, die sie neben ihrer Couch haben wollte. Eigentlich brauchte sie sie nicht, denn nichts war verloren. Wie eine Gesellschaft fahrender Komödianten eine windige Heide, ein nebliges Schloß und eine verzauberte Insel mit sich herumführen, solange sie nur ihre Zeilen im Kopf haben, so hatte sie alles bei sich, was in ihrer Seele verwahrt war. In größter Genauigkeit sehe ich sie vor mir an einem Tisch sitzen und gelassen die ausgelegten Karten einer Patience betrachten: auf ihren linken Ellbogen gestützt und den freien Daumen ihrer linken Hand, in der sie eine Zigarette in Mundnähe hält, an die Wange gedrückt, während sie die rechte nach der nächsten Karte ausstreckt. Der doppelte Glanz an ihrem Ringfinger rührt von zwei Eheringen her – ihrem eigenen und dem meines Vaters, der ihr zu groß und mit einem Stück schwarzen Fadens an den eigenen gebunden ist.

Immer wenn ich in meinen Träumen die Toten sehe, erscheinen sie schweigsam, besorgt und seltsam bedrückt, ganz anders als ihr eigentliches, geliebtes, strahlendes Selbst. Ohne das mindeste Erstaunen gewahre ich sie in einer Umgebung, die sie in ihrem irdischen Leben niemals aufgesucht, im Hause irgendeines meiner Freunde, den sie nie gekannt hatten. Sie sitzen jeder für sich und starren finster auf den Fußboden, als wäre der Tod ein dunkler Makel, ein beschämendes Familiengeheimnis. Gewiß nicht in solchen Augenblicken – nicht in Träumen –, sondern im Zustand heller Wachheit, in Momenten der Erfüllung und in denen starker Freude, auf der höchsten Terrasse des Bewußtseins hat Sterbliches eine Chance, über seine Grenzen hinwegzuspähen: vom Mastkorb aus, von der Vergangenheit und ihrem Bergfried. Und wenn auch durch den Nebel nicht viel zu erkennen ist, hat man doch irgendwie das selige Gefühl, in die richtige Richtung zu blicken.

KAPITEL DREI

I

Ein unerfahrener Heraldiker ähnelt einem mittelalterlichen Reisenden, der aus dem Osten eben jene Faunaphantastereien zurückbringt, die sein eigenes heimatliches Bestiarium angeregt hatte, und nicht die Ergebnisse unmittelbarer zoologischer Erkundung. So kam es, daß ich in der ersten Fassung dieses Kapitels, als ich das Nabokovsche Familienwappen beschrieb (das ich viele Jahre zuvor unter diversem Familientrödel ohne besondere Aufmerksamkeit in Augenschein genommen hatte), irgendwie das Kunststück fertigbrachte, es in das Kaminwunder zweier Bären zu verdrehen, zwischen denen ein großes Schachbrett steht. Inzwischen habe ich es nachgeschlagen, dieses Wappen, und zu meiner Enttäuschung schrumpft es auf ein Paar Löwen zusammen – bräunliche und vielleicht etwas zu zottige Viecher, doch nicht wirklich bärenhaft –, die, steigend-widersehend, arrogant eines unglücklichen Ritters Schild halten, der nur ein Sechzehntel eines aus abwechselnden Farben, einem heraldischen Blau & Rot, bestehenden Schachbretts mit einem silbernen Kleeblattkreuz in jedem Geviert ausmacht. Darüber sieht man die Überreste des Rittersmanns: seinen zähen Spangenhelm und einen tapfren Arm, der aus ornamentalem Blattwerk in Rot und Blau hervorragt und immer noch ein kurzes Schwert schwingt. *Sa chrabrostj*, «nur Mut», lautet die Devise.

Wladimir Wiktorowitsch Golubzow zufolge, dem Cousin meines Vaters und einem Liebhaber russischer Altertümer, den ich 1930 befragte, war der Gründer unserer Familie Nabok Murza (*floruit* 1380), ein russifizierter Tatarenprinz der Moskowei. Mein eigener Cousin Sergey Sergeevich Nabokov, ein erfahrener Genealoge, teilte mir mit, daß unsere Vorfahren im fünfzehnten Jahrhundert Land im Fürstentum Moskau besaßen. Er weist mich hin auf ein Dokument (veröffentlicht von Juschkow in den *Acta des XIII.–XVII. Jahrhunderts*, Moskau 1899), in dem es um eine ländliche Auseinandersetzung geht, die der Landedelmann Kuljakin im Jahre 1494 unter Iwan dem Dritten mit seinen Nachbarn hatte, Filat, Jewdokim und Wlas, den Söhnen eines Luka Nabokov. Während der folgenden Jahrhunderte waren die Nabokovs Beamte und Militärs. Mein Ururgroßvater, General Alexander Iwanowitsch Nabokov (1749 bis 1807), war in der Regierungszeit von Paul dem Ersten Befehlshaber des Regiments der Garnison Nowgorod, das in den offiziellen Dokumenten als «Nabokov-Regiment» bezeichnet wird. Sein jüngster Sohn, mein Urgroßvater Nikolaj Alexandrowitsch Nabokov, nahm 1817 als junger Marineoffizier mit den zukünftigen Admiralen Baron von Wrangel und Graf Litke unter der Führung von Kapitän (später Vizeadmiral) Wassilij Michajlowitsch Golownin an einer Expedition teil, die (ausgerechnet) Nowaja Semlja kartographierte, wo «Nabokovs Fluß» nach meinem Vorfahren benannt wurde. Das Andenken an den Leiter der Expedition ist in zahlreichen Ortsnamen erhalten, etwa in Golownins Lagune, Seward-Halbinsel, West-Alaska, wo von Dr. Holland ein Schmetterling beschrieben wurde, *Parnassius phoebus golovinus* (der ein großes *sic* verdient); mein Urgroßvater indessen hat nichts vorzuweisen außer jenem sehr blauen, fast indigoblauen, geradezu indigniert blauen Flüßchen, das sich zwischen nassen Felsen entlangschlängelt; denn er quittierte bald die Marine, *n'ayant pas le pied marin* (wie mein Cousin Sergey Sergeevich sagt, der mich über ihn aufklärte), und wechselte zur Moskauer Garde über. Er heiratete Anna Alexandrowna Nasimow (eine Schwester des Dekabristen). Über seine militärische Karriere weiß ich nichts; auf jeden Fall kann sie nicht an die seines Bruders Iwan Alexandrowitsch Nabokov (1787–1852) herangekommen sein, eines der Helden der antinapoleonischen Kriege und im Alter Kommandant der Peter-Pauls-Festung in St. Petersburg, wo (1849) einer seiner Gefangenen der Schriftsteller Dostojewskij war, Autor von *Der Doppelgänger* usw., dem der gütige General Bücher auslieh. Wesentlich interessanter jedoch ist der Umstand, daß er mit Jekaterina Puschtschin verheiratet war, der Schwester von Iwan Puschtschin, Puschkins Schulkamerad und enger Freund. Achtung, Setzer: zweimal «tschin» und einmal «kin».

Iwans Neffe und Nikolajs Sohn war mein Großvater väterlicherseits, Dmitrij Nabokov (1827–1904), acht Jahre lang unter zwei Zaren Justizminister. Er heiratete (am 24. September 1859) Maria, die siebzehnjährige Tochter von Baron Ferdinand Nicolaus Viktor von Korff (1805–1869), eines deutschen Generals in russischen Diensten.

In hartnäckigen alten Familien kehren gewisse Gesichtszüge als Markierungen und Schöpfersignets immer wieder. Die Nabokovsche Nase (z. B. die meines Großvaters) ist mit ihrer weichen, runden, aufwärts gebogenen Spitze und einer sanften Einwärtskrümmung im Profil typisch russisch; die Korffsche Nase (z. B. meine) ist ein hübsches germanisches Organ mit kühn knochigem Rücken und einer leicht abwärtsgeneigten, deutlich eingekerbten fleischigen Spitze. Die hochmütigen oder erstaunten Nabokovs haben Augenbrauen, die nur proximal behaart sind und somit zu den Schläfen hin ausgehen; die Korffschen Brauen sind feiner gewölbt, aber gleicherweise recht spärlich. Im übrigen gesellen sich die Nabokovs, während sie durch die Bildergalerie der Zeit in die Schatten zurückweichen, bald den undeutlichen Rukawischnikows, von denen ich nur meine Mutter und ihren Bruder Wassilij gekannt habe, eine zu kleine Stichprobe für den gegenwärtigen Zweck. Andererseits habe ich deutlich die Frauen der Korff-Linie vor Augen, schöne, lilienweiße und rosenrote Mädchen, ihre hohen, geröteten *pommettes*, hellblauen Augen und jenes kleine Muttermal auf einer Wange, eine Art Schönheitspflästerchen, das meine Großmutter, mein Vater, drei oder vier seiner Geschwister, einige meiner fünfundzwanzig Cousins und Cousinen, meine jüngere Schwester und mein Sohn Dmitri in verschiedenen Intensitätsstadien als mehr oder minder deutliche Kopien des gleichen Drucks geerbt haben.

Mein deutscher Urgroßvater, Baron Ferdinand von Korff, der Nina Alexandrowna Schischkow (1819–1895) heiratete, wurde 1805 in Königsberg geboren und starb 1869 nach einer erfolgreichen Militärlaufbahn auf der Domäne seiner Frau an der Wolga bei Saratow. Er war der Enkel von Wilhelm Carl, Baron von Korff (1739 bis 1799) und Eleonore Margarethe, Baronin von der Osten-Sacken (1731–1786), und der Sohn von Nicolaus von Korff (gestorben 1812), einem Major der preußischen Armee, und Antoinette Theodora Graun (1859 verstorben), die die Enkelin des Komponisten Carl Heinrich Graun war.

Antoinettes Mutter, Elisabeth geborene Fischer (geboren 1760), war die Tochter von Regina geborene Hartung (1732–1805), der Tochter von Johann Heinrich Hartung (1699–1765), dem Chef eines bekannten Verlagshauses in Königsberg. Elisabeth war eine gefeierte Schönheit. Nachdem sie 1795 von ihrem ersten Mann geschieden war, Justizrat Graun, dem Sohn des Komponisten, heiratete sie den nicht sonderlich bedeutenden Dichter Christian August von Stägemann und war, wie mein deutscher Gewährsmann es ausdrückt, die «mütterliche Freundin» eines wesentlich bekannteren Schriftstellers, Heinrich von Kleist (1777–1811), der sich mit dreiunddreißig Jahren leidenschaftlich in ihre zwölfjährige Tochter Hedwig Marie (spätere von Olfers) verliebte. Es heißt, vor seiner Reise nach Wannsee – wo er einen enthusiastischen Selbstmordpakt mit einer kranken Dame in die Tat umsetzte – habe er der Familie einen Abschiedsbesuch abgestattet, sei jedoch nicht vorgelassen worden, da es im Stägemann-Haushalt gerade große Wäsche gab. Die Menge und die Verschiedenartigkeit der Kontakte, die meine Ahnen mit der Welt der Literatur hatten, sind wahrhaftig bemerkenswert.

Carl Heinrich Graun, der Urgroßvater *meines* Urgroßvaters Ferdinand von Korff, wurde 1701 in Wahrenbrück in Sachsen geboren. Sein Vater August Graun (geboren 1670), ein Steuerbeamter («Königlicher Polnischer und Kurfürstlicher Sächsischer Akziseneinnehmer» – der betreffende Kurfürst war sein Namensvetter August II., König von Polen), kam aus einem alten Pfarrersgeschlecht. Sein Urgroßvater Wolfgang Graun war 1575 Organist in Plauen (in der

Nähe von Wahrenbrück), wo ein Denkmal seines Nachkommen, des Komponisten, einen städtischen Park schmückt. Carl Heinrich Graun starb 1759 im Alter von achtundfünfzig Jahren in Berlin, wo siebzehn Jahre zuvor das neue Opernhaus mit seinem *Cäsar und Cleopatra* eröffnet worden war. Er war einer der bedeutendsten Komponisten seiner Zeit und Berliner Nachrufschreibern zufolge, die die Trauer seines königlichen Gönners rührte, sogar der größte. Graun ist (postum gemalt) etwas auf Abstand bedacht und mit verschränkten Armen auf Menzels Gemälde zu sehen, auf dem Friedrich der Große Grauns Komposition auf der Flöte spielt; Reproduktionen davon folgten mir durch alle deutschen Pensionen, in denen ich in den Jahren meines Exils wohnte. Wie ich höre, befindet sich im Schloß von Sanssouci in Potsdam ein zeitgenössisches Gemälde, auf dem Graun und seine Frau, Dorothea Rehkopp, zusammen am Cembalo zu sehen sind. In Musikenzyklopädien findet man oft das Portrait aus der Berliner Staatsoper, auf dem er meinem Cousin, dem Komponisten Nikolaj Dmitrijewitsch Nabokov sehr ähnlich sieht. Ein amüsantes kleines Echo all jener Konzerte unter den ausgemalten Decken einer vergoldeten Vergangenheit erreichte mich zur Melodie von 250 Dollar gütigerweise 1936 im heilhitlernden Berlin, als das Graunsche Familienerbe, im wesentlichen eine Sammlung hübscher Tabakdosen und anderer Kinkerlitzchen, dessen Wert beim Durchmessen vieler Avataras in der preußischen Staatsbank auf 43000 Reichsmark (etwa 10000 Dollar) zusammengeschrumpft war, unter den Nachkommen des vorsorglichen Komponisten verteilt wurde, den Familien der von Korff, von Wissmann und Nabokov (eine vierte Linie, die Grafen Asinari di San Marzano, war ausgestorben).

Zwei Baroninnen von Korff haben ihre Spuren in den Polizeiakten von Paris hinterlassen. Die eine, geborene Anna-Christina Stegelman, die Tochter eines schwedischen Bankiers, war die Witwe von Baron Fromhold Christian von Korff, Oberst in der russischen Armee, Urgroßonkel meiner Großmutter. Anna-Christina war ebenfalls die Cousine oder Geliebte oder beides eines anderen Soldaten, des berühmten Grafen Axel von Fersen; und sie war es, die 1791 ihren Paß und ihre nagelneue Reisekutsche (eine luxuriöse Spezialanfertigung auf hohen roten Rädern, mit weißem Utrechter Samt gepolstert, dunkelgrünen Vorhängen und allem möglichen damals modernen Zubehör wie einer *vase de voyage*) der königlichen Familie für ihre Flucht nach Varennes lieh, wobei die Königin sie und der König den Hauslehrer der beiden Kinder spielte. Die andere Polizeigeschichte dreht sich um eine weniger dramatische Maskerade.

Als in Paris vor über hundert Jahren die Karnevalswoche näherrückte, lud der Graf de Morny zu einem Kostümball in seinem Haus auch *«une noble dame que la Russie a prêtée cet hiver à la France»* (wie Henrys im *Gazette du Palais*-Teil der *Illustration*, 1859, S. 251, berichtet). Es war Nina, Baronin von Korff, die ich bereits erwähnt habe; die älteste ihrer fünf Töchter, Maria (1842–1926), sollte im September desselben Jahres, 1859, Dmitrij Nikolajewitsch Nabokov (1827–1904) heiraten, einen Freund der Familie, der sich zur gleichen Zeit in Paris aufhielt. Zu dem Ball bestellte die Dame für Maria und Olga zwei Blumenmädchen-Kostüme, von denen jedes zweihundertzwanzig Francs kostete. Dem klatschsüchtigen Reporter von *Illustration* zufolge repräsentierten sie einen Wert von sechshundertdreiundvierzig Tagen *«de nourriture, de loyer et d'entretien du père Crépin»* (Essen, Miete, Schuhwerk), was sonderbar klingt. Als die Kostüme fertig waren, fand Mme de Korff sie *«trop décolletés»* und verweigerte die Annahme. Die Schneiderin schickte ihr einen *huissier* (Gerichtsvollzieher) ins Haus, woraufhin es zu einem großen Krach kam und meine gute Urgroßmutter (sie war schön, leidenschaftlich und in ihrem Lebenswandel leider viel weniger streng, als man auf Grund ihrer Einstellung zu tiefausgeschnittenen Kleidern meinen könnte) die Schneiderin auf Schadensersatz verklagte.

Sie behauptete, die *demoiselles de magazin*, welche die Kleider gebracht hatten, wären «*des péronelles* (freche Weibsstücke)», die auf ihren Einwand, die Kleider wären für vornehme Damen zu tief dekolletiert, «*se sont permis d'exposer des théories égalitaires du plus mauvais goût* (sich herausgenommen hatten, egalitäre Gedanken von schlechtestem Geschmack zu äußern)», es sei zu spät gewesen, andere Kostüme anfertigen zu lassen, und ihre Töchter wären dem Ball also ferngeblieben; den *huissier* und seine Gehilfen beschuldigte sie, sich auf Polsterstühle geflätzt zu haben, indes die Damen mit ungepolsterten vorliebnehmen mußten; wütend und bitter beklagte sie sich auch darüber, daß der *huissier* tatsächlich gedroht habe, Monsieur Dmitrij Nabokoff, «*Conseiller d'État, homme sage et plein de mesure* (einen gesetzten, beherrschten Mann)» in Haft zu nehmen, nur weil besagter Herr den Versuch gemacht hatte, den *huissier* aus dem Fenster zu werfen. Ein bedeutender Fall war es nicht, doch die Schneiderin verlor. Sie nahm die Kleider zurück, erstattete die Kosten und zahlte der Klägerin darüber hinaus tausend Francs; auf der anderen Seite wurde die Rechnung, die der Wagenbauer 1791 Christina vorgelegt hatte und die sich immerhin auf fünftausendneunhundertvierundvierzig Pfund belief, niemals beglichen.

Dmitrij Nabokov (die Endung ff war alter kontinentaleuropäischer Brauch), Justizminister von 1878 bis 1885, tat, was in seinen Kräften stand, um die liberalen Reformen der sechziger Jahre (ordentliche Schwurgerichtsverfahren beispielsweise) gegen wüste reaktionäre Angriffe in Schutz zu nehmen, wenn nicht zu stärken. «Er handelte», meint ein Biograph (Brockhaus' *Enzyklopädie*, zweite russische Auflage), «ähnlich wie der Kapitän eines Schiffes in Seenot, der einen Teil der Ladung über Bord werfen läßt, um den Rest zu retten.» Wie ich sehe, bildet der als Epitaph angebotene Vergleich unbewußt das Echo eines epigraphischen Motivs – des früheren Versuchs meines Großvaters, das Gesetz aus dem Fenster zu stürzen.

Als er sich zur Ruhe setzte, ließ ihn Alexander der Dritte zwischen einem Grafentitel und einer vermutlich hohen Geldsumme wählen – ich weiß nicht genau, was die Grafenwürde in Rußland wert war, aber entgegen den Hoffnungen des sparsamen Zaren wählte mein Großvater undelikaterweise (wie auch schon sein Onkel Iwan, dem Nikolaus der Erste eine ähnliche Wahl freigestellt hatte) den solideren Lohn («*Encore un comte raté*», bemerkt dazu Sergey Sergeevich trocken). Danach lebte er meist im Ausland. In den ersten Jahren dieses Jahrhunderts umwölkte sich sein Geist, doch er klammerte sich an den Glauben, alles wäre in Ordnung, solange er nur am Mittelmeer bliebe. Die Ärzte waren der entgegengesetzten Ansicht und meinten, daß er im Gebirge oder in Nordrußland länger zu leben hätte. Eine merkwürdige Geschichte, die ich niemals zu rekonstruieren imstande war, berichtet, wie er in Italien seinen Wärtern entfloh. Er wanderte dort umher und beklagte sich mit der Vehemenz eines Königs Lear vor grinsenden Fremden über seine Kinder, bis ihn einige nüchterne Carabinieri in felsiger Einöde festnahmen. Im Winter 1903 war meine Mutter, der einzige Mensch, den der alte Mann in den Augenblicken des Wahnsinns um sich duldete, in Nizza mehrere Monate lang ununterbrochen an seiner Seite. Mein Bruder und ich, er drei, ich vier Jahre alt, waren mit unserer englischen Gouvernante ebenfalls dort; ich erinnere mich an die Fensterscheiben, die in der hellen Brise klirrten, und an den erstaunlichen Schmerz, den ein Tropfen heißen Siegellacks auf meinem Finger verursachte. Ich hatte mit der Flamme einer Kerze hantiert (die Sonne, welche die Steinfliesen unter meinen Knien überflutete, entkräftete sie zu trügerischer Blässe), um tropfende Stangen in klebrige, wunderbar duftende, scharlachrote und blaue und bronzene Klümpchen zu verwandeln. Einen Augenblick später lag ich brüllend auf dem Fußboden, meine Mutter kam mir zur Hilfe geeilt, und irgendwo in der Nähe hämmerte mein Großvater in einem Rollstuhl mit seinem Gehstock auf die hallenden Fliesen. Sie hatte ihre liebe Not mit ihm. Er gebrauchte ungehörige Worte. Hartnäckig hielt er den Wärter, der ihn die Promenade des Anglais entlangschob, für Graf Loris-Melikow, einen seiner (längst verstorbenen) Kollegen aus dem Kabinett der achtziger Jahre. *«Qui est cette femme – chassez-la!»* rief er meiner Mutter zu und deutete mit einem zittrigen Finger auf die belgische oder niederländische Königin, die angehalten hatte, um sich nach seiner Gesundheit zu erkundigen. Dunkel erinnere ich mich, wie ich zu seinem Stuhl gelaufen komme, um ihm einen hübschen Kieselstein zu zeigen, den er sich gemächlich betrachtet und ebenso gemächlich in den Mund steckt. Ich wünschte, daß ich später, wenn meine Mutter sich auf jene Zeit besann, etwas neugieriger gewesen wäre.

Für immer längere Zeitspannen verfiel er in Bewußtlosigkeit; während einer solchen Periode wurde er in seine Stadtwohnung am Palastkai in St. Petersburg zurückgebracht. Als er langsam wieder zu Bewußtsein kam, tarnte meine Mutter seine neue Behausung so, daß sie aussah wie sein Schlafzimmer in Nizza. Es ließen sich einige ähnliche Möbelstücke auftreiben, ein Bote schaffte eigens aus Nizza eilig eine Reihe von Gegenständen zur Stelle, die Blumen, an die seine dämmernden Sinne gewöhnt waren, wurden in aller Mannigfaltigkeit und Fülle besorgt, und der Teil einer Hauswand, den man vom Fenster aus sehen konnte, wurde blendend weiß gestrichen, so daß er sich in seinen vergleichsweise lichten Momenten sicher an der vermeintlichen Riviera wiederfand, die meine Mutter ihm kunstvoll eingerichtet hatte; und eben dort verschied er am 28. März 1904 auf den Tag genau achtzehn Jahre vor meinem Vater in Frieden.

Er hinterließ vier Söhne und fünf Töchter. Der älteste war Dmitrij, der das Nabokovsche Majorat im damaligen Zarentum Polen erbte; dessen erste Frau war Lidia Jeduardowna Falz-Fein, seine zweite Marie Redlich; als nächster kam mein Vater; dann Sergej, der Gouverneur von Mitau, der Daria Nikolajewna Tutschkoff heiratete, die Ururenkelin von Feldmarschall Kutusow, Prinz von Smolensk. Der jüngste war Konstantin, ein eingefleischter Junggeselle. Die Schwestern waren: Natalia, die Frau von Iwan de Peterson, russischer Konsul in Den Haag; Vera, die Frau von Iwan Pychatschew, Jäger und Landbesitzer; Nina, die sich von Baron Rausch von Traubenberg, dem Militärgouverneur von Warschau, scheiden ließ, um Admiral Nikolaj Kolomejzew zu heiraten, den Helden des Kriegs gegen Japan; Jelisaweta, verheiratet mit Henri, Prinz Sayn-Wittgenstein-Berleburg, und nach dessen Tod mit Roman Leikmann, dem ehemaligen Hauslehrer ihrer Söhne; sowie Nadeshda, die Frau von Dmitrij Wonljarljarskij, von dem sie sich später scheiden ließ.

Onkel Konstantin war im diplomatischen Dienst und focht im letzten Stadium seiner Laufbahn in London mit Sablin eine erbitterte und erfolglose Fehde über die Frage aus, wer von ihnen die russische Mission leiten sollte. Sein Leben war nicht besonders ereignisreich, doch ein paarmal entkam er elegant einem weniger zahmen Schicksal, als es der Luftzug in einem Londoner Krankenhaus war, der ihn 1929 umbrachte. Das eine Mal bot ihm am 17. Februar 1905, eine halbe Minute vor der Explosion, in Moskau ein älterer Freund, der Großfürst Sergej, an, ihn in seiner Kutsche mitzunehmen, mein Onkel sagte nein danke, er gehe lieber zu Fuß, und die

Kutsche rollte davon zu ihrem tödlichen Rendezvous mit der Bombe eines Terroristen; das andere Mal verpaßte er sieben Jahre später eine andere Verabredung, diesmal mit einem Eisberg, als er zufällig seine Passage auf der *Titanic* zurückgab. Nach unserer Flucht aus Lenins Rußland sahen wir ihn in London recht häufig. Unser Treffen am Victoria-Bahnhof im Jahre 1919 bildet eine lebhafte Vignette in meiner Erinnerung: wie mein Vater auf seinen steifen Bruder mit einer raumgreifenden Bärenumarmung zugeht und dieser zurückweicht und wiederholt: «*My w Anglii*, *my w Anglii* (wir sind in England).» Seine bezaubernde kleine Wohnung war voll von Souvenirs aus Indien, etwa den Photos junger britischer Offiziere. Er war der Verfasser von *The Ordeal of a Diplomat* (Die Leiden eines Diplomaten, 1921), das in großen öffentlichen Bibliotheken leicht zu finden ist, sowie einer englischen Fassung von Puschkins *Boris Godunow*; und er ist samt seinem Spitzbart (zusammen mit Graf Witte, den beiden japanischen Delegierten und einem gutmütigen Theodore Roosevelt) auf einem Wandgemälde abgebildet, das die Unterzeichnung des Vertrags von Portsmouth zeigt und sich links in der Haupteingangshalle des Amerikanischen Museums für Naturgeschichte findet – ein überaus angemessener Ort, meinen Nachnamen in goldenen kyrillischen Lettern zu entdecken, wie ich es tat, als ich dort das erste Mal vorbeiging – zusammen mit einem anderen Lepidopterologen, der meinen Ruf des Wiedererkennens mit einem «Ach so» quittierte.

2

Im Diagramm können die drei Familienbesitzungen an der Oredesh, knapp achtzig Kilometer südlich von St. Petersburg, als drei verbundene Ringe in einer fünfzehn Werst langen Kette dargestellt werden, die sich über die Landstraße nach Luga hinweg in westöstlicher Richtung erstreckt; in der Mitte liegt das meiner Mutter gehörige Wyra, rechts das ihrem Bruder gehörige Roshestweno und links das meiner Großmutter gehörige Batowo; die Verbindungen sind die Brücken über die Oredesh (genauer Oredeshj), deren geschlängelter und verzweigter Verlauf Wyra auf beiden Seiten netzte.

Zwei andere, sehr viel entferntere Landsitze in der Gegend hingen mit Batowo zusammen: das meinem Onkel Prinz Wittgenstein gehörige Drushnoselje einige Werst jenseits des Bahnhofs Siverskij, der zehn Kilometer nordöstlich unseres Anwesens lag; und das meinem Onkel Pychatschew gehörige Mitjuschino etwa achtzig Kilometer weiter im Süden an der Straße nach Luga: Dort war ich kein einziges Mal, aber recht häufig fuhren wir die ungefähr sechzehn Kilometer zu den Wittgensteins, und einmal (im August 1911) besuchten wir sie auf ihrem herrlichen Landsitz Kamenka in der Provinz Podolsk, Südwestrußland.

Das Gut Batowo betritt die Geschichte im Jahre 1805, als es in den Besitz von Anastasia Matwejewna Rylejew geborene Essen überging. Ihr Sohn Kondratij Fjodorowitsch Rylejew (1795–1826), ein nicht besonders bedeutender Dichter, Journalist und berühmter Dekabrist, verbrachte die meisten seiner Sommer in der Gegend, widmete der Oredesh Elegien und besang Prinz Alexejs Schloß, das Juwel ihrer Gestade. Legende und Logik, eine seltsame, aber starke Partnerschaft, scheinen darauf hinzudeuten, wie ich in meinen Anmerkungen zu *Onegin* ausführlicher erklärt habe, daß Rylejews Pistolenduell mit Puschkin, über das so wenig bekannt ist, zwischen dem 6. und 9. Mai (Alter Stil) 1820 im Park von Batowo ausgetragen wurde. Puschkin war mit zwei Freunden, Baron Anton Delwig und Pawel Jakowlew, die ihn auf der ersten Strecke seiner langen Reise von St. Petersburg nach Jekaterinoslaw ein Stück weit begleiteten, einfach in Roshestweno von der Landstraße nach Luga abgebogen, hatte die Brücke überquert (die dumpfen Hufschläge verwandelten sich kurz zu einem Klappern) und war dann der alten, ausgefahrenen Straße westwärts nach Batowo gefolgt. Dort vor dem Herrenhaus erwartete ihn Rylejew schon ungeduldig. Er hatte seine Frau im letzten Monat ihrer Schwangerschaft soeben auf ihren Landsitz in der Nähe von Woronesh geschickt und wollte das Duell gerne hinter sich bringen – und, wenn es Gott gefiel, dorthin nachreisen. Auf meiner Haut und in meinen Nasenlöchern kann ich die köstlich rauhe Landluft des nördlichen Frühlingstages fühlen, der Puschkin und seine zwei Sekundanten begrüßte, als sie aus ihrer Kutsche ausstiegen und die Lindenallee jenseits der noch jungfräulich schwarzen Rabatten von Batowo betraten. Aufs deutlichste kann ich die drei jungen Männer sehen (die Summe ihrer Jahre entspricht meinem jetzigen Alter), die ihrem Gastgeber und zwei unbekannten Personen in den Park folgten. Zu jener Jahreszeit waren über dem Teppich aus dem toten Laub des vergangenen Jahres kleine, knittrige Veilchen zu sehen, und frisch ausgeschlüpfte Aurorafalter ließen sich auf dem erzitternden Löwenzahn nieder. Einen Augenblick lang mag das Schicksal gezaudert haben, ob es einen heldenhaften Rebellen vor dem Galgen bewahren oder Rußland *Eugen Onegin* vorenthalten sollte; dann tat es weder das eine noch das andere.

Ein paar Jahrzehnte, nachdem Rylejew 1826 auf der Bastion der Peter-Pauls-Festung hingerichtet worden war, kaufte die Mutter meiner Großmutter väterlicherseits, Nina Alexandrowna Schischkow, die spätere Baronin von Korff, dem Staat Batowo ab; um 1855 verkaufte sie es an meinen Großvater weiter. Zwei von Hauslehrern und Gouvernanten erzogene Generationen von Nabokovs kannten einen gewissen Pfad in den Wäldern hinter Batowo als *«Le Chemin du Pendu»*, den Lieblingsweg des Gehenkten, wie Rylejew von der Gesellschaft genannt wurde: gefühllos, doch auch euphemistisch und nachdenklich (denn Herren wurden in jenen Tagen nicht oft gehängt) lieber als «der Dekabrist» oder «der Aufrührer». Leicht kann ich mir vorstellen, wie Rylejew als junger Mann ein Buch lesend im grünen Gewirr unserer Wälder umhergestreift war, eine Form romantischen Lustwandelns im Stil seiner Zeit, und ebenso leicht kann ich mir vor Augen führen, wie der furchtlose Leutnant mit seinen Kameraden und verdutzten Truppen auf dem öden Senatsplatz dem Despotismus Trotz geboten hatte; doch der Name des langen «Erwachsenen»-Spazierwegs, auf den sich brave Kinder freuten, blieb während der gesamten Jugend für uns ohne Verbindung zu dem Schicksal des unglücklichen Herrn von Batowo: Mein Cousin Sergey Nabokov, der in Batowo in *la Chambre du Revenant* geboren wurde, stellte sich ein konventionelles Gespenst vor, und ich mutmaßte mit meinem Hauslehrer oder meiner Gouvernante vage, daß man einen geheimnisvollen Fremden an der Espe hängend gefunden hatte, an der ein seltener Schwärmer sein Gelege hatte. Daß Rylejew für die Bauern der Gegend einfach «der Gehenkte» war (*poweshennyj* oder *wisseljnik*), ist nicht unnatürlich; in den herrschaftlichen Familien jedoch verhinderte offenbar ein bizarres Tabu, daß die Eltern den Geist identifizierten, so als könne jeder eindeutige Hinweis einen unangenehmen Ton in die prachtvolle Vagheit der Wendung bringen, die einen malerischen Wanderweg auf einem geliebten Landgut bezeichnete. Dennoch erscheint es mir merkwürdig, daß selbst mein Vater, der so viel über die Dekabristen wußte und so viel mehr Sympathie für sie empfand als seine Verwandten, meines Wissens Kondratij Rylejew während unserer Wanderungen oder Fahrradtouren in der Gegend kein einziges Mal erwähnte. Mein Cousin macht mich auf den Umstand aufmerksam, daß General Rylejew, der Sohn des Dichters, mit Zar Alexander II. und meinem Großvater D. N. Nabokov eng befreundet war und daß *on ne parle pas de corde dans la maison du pendu*.

Von Batowo aus führte die alte, ausgefahrene Landstraße (die wir mit Puschkin entlanggefahren waren und nun zurückgehen) einige Kilometer in östlicher Richtung nach Roshestweno. Kurz vor der Hauptbrücke konnte man im offenen Gelände entweder nach Norden zu unserem Wyra und seinen beiden Parks abbiegen oder nach Osten weiterfahren, einen steilen Hügel hinab, vorbei an einem alten Friedhof, der überwuchert war von Himbeersträuchern und Racemosen, und dann die Brücke überqueren, die zu dem einsam auf seinem Hügel stehenden Haus meines Onkels mit seinen weißen Säulen hinführte.

Der Landsitz Roshestweno mit einem großen Dorf gleichen Namens, ausgedehnten Ländereien und einem Herrenhaus, hoch über dem Oredesh-Fluß an der Landstraße nach Luga (oder Warschau) im Kreis Zarskoje Selo (heute Puschkin), etwa achtzig Werst südlich von St. Petersburg (heute Leningrad) gelegen, war vor dem achtzehnten Jahrhundert als die Domäne Kurowiz im alten Kreis Koporsk bekannt. Um 1715 war er im Besitz von Prinz Alexej gewesen, dem unglückseligen Sohn jenes Erztyrannen Peter der Erste. Der Teil eines *escalier dérobé* und etwas anderes, das mir nicht wieder einfallen will, waren in der neuen Anatomie des Gebäudes erhalten. Ich habe jenes Geländer angefaßt und das andere, vergessene Detail gesehen (oder bin ich draufgetreten?). Aus jenem Schloß, auf jener

Straße nach Polen und Österreich war der Prinz geflohen, nur um von dem Agenten des Zaren, Graf Pjotr Andrejewitsch Tolstoj, dem einstigen Botschafter in Konstantinopel (wo er für seinen Herrn den kleinen Mohren erworben hatte, dessen Urenkel Puschkin sein sollte), aus dem tiefen Süden, aus Neapel ins väterliche Folterhaus zurückgelockt zu werden. Roshestweno gehörte später, glaube ich, einem Günstling Alexanders des Ersten, und das Herrenhaus war teilweise neu erbaut worden, als mein Großvater mütterlicherseits die Domäne um 1880 für seinen ältesten Sohn Wladimir erwarb, der ein paar Jahre später mit sechzehn starb. Sein Bruder Wassilij erbte sie 1901 und verbrachte dort zehn der fünfzehn Sommer, die ihm noch verblieben. Besonders in Erinnerung sind mir der kühle und hallende Charakter des Gebäudes, die Schachbrettfliesen der Eingangshalle, zehn Porzellankatzen auf einem Bord, ein Sarkophag und eine Orgel, die Oberlichter und die oberen Galerien, die farbige Dämmerung geheimnisvoller Gemächer und die Nelken und Kruzifixe allerenden.

3

In der Jugend hatte Carl Heinrich Graun einen schönen Tenor; als er eines Abends in einer Oper des Braunschweiger Kapellmeisters Schurmann singen mußte, widerten ihn einige ihrer Melodien dermaßen an, daß er sie durch eigene Kompositionen ersetzte. Hier verspüre ich den Schock einer freudigen Verwandtschaft; dennoch ziehe ich zwei andere meiner Ahnen vor, den bereits erwähnten jungen Forschungsreisenden und den großen Pathologen Nikolaj Illarionowitsch Koslow (1814–1889), den Großvater meiner Mutter mütterlicherseits, den ersten Präsidenten der Kaiserlich-Russischen Medizinischen Akademie und Autor von Arbeiten wie «Über die Entwicklung des Krankheitsbegriffs» oder «Über die Coarctatio des Foramen jugulare bei Geisteskranken». An dieser passenden Stelle könnte ich auch gleich meine eigenen wissenschaftlichen Arbeiten erwähnen, vor allem die drei mir liebsten, «Anmerkungen über neotropische *Plebejinae*» (*Psyche*, Band 52, Nr. 1–2 und 3–4, 1945),

«Eine neue Spezies von *Cyclargus* Nabokov» (*The Entomologist*, Dezember 1948) und «Die nearktischen Angehörigen der Gattung *Lycaeides* Hübner» (*Bulletin Mus. Comp. Zool.*, Harvard Coll., 1949); nach jenem Jahr fand ich es physisch nicht mehr möglich, wissenschaftliche Forschung mit Vorlesungen, Belles-Lettres und *Lolita* zu verbinden (denn sie war unterwegs – eine schwere Geburt, ein schwieriges Kind).

Das Wappen der Rukawischnikows ist bescheidener, aber auch weniger konventionell als das der Nabokovs. Das Blason besteht aus der stilisierten Fassung einer *domna* (eines primitiven Hochofens), zweifellos in Anspielung auf das Schmelzen der Uralerze, die meine unternehmenden Vorfahren entdeckten. Ich möchte bemerken, daß diese Rukawischnikows – sibirische Pioniere, Goldsucher und Bergbauingenieure – *nicht*, wie einige Biographen unvorsichtigerweise angenommen haben, mit den nicht weniger wohlhabenden Moskauer Kaufleuten gleichen Namens verwandt sind. *Meine* Rukawischnikows gehörten (seit dem achtzehnten Jahrhundert) zum Landadel der Provinz Kasan. Ihre Minen lagen in Alopajewsk bei Nishnij-Tagilsk in der Provinz Perm auf der sibirischen Seite des Ural. Mein Vater war zweimal mit dem früheren Sibirienexpreß hingefahren, einem schönen Zug aus der Familie der Nordexpreßzüge, den ich in Bälde ebenfalls zu besteigen vorhatte, obwohl auf einer entomologischen eher denn mineralogischen Reise, doch die Revolution vereitelte den Plan.

Meine Mutter Jelena Iwanowna (29. August 1876–2. Mai 1939) war die Tochter von Iwan Wassiljewitsch Rukawischnikow (1841 bis 1901), Landbesitzer, Friedensrichter und Philanthrop, Sohn eines Industriellen und Millionärs, und Olga Nikolajewna (1845 bis 1901), Tochter von Dr. Koslow. Die Eltern meiner Mutter starben beide im selben Jahr an Krebs, er im März, sie im Juni. Von ihren sieben Geschwistern starben fünf als Kinder, und von ihren älteren Brüdern starb Wladimir in den achtziger Jahren mit sechzehn in Davos und Wassilij 1916 in Paris. Iwan Rukawischnikow hatte ein schreckliches Temperament, und meine Mutter hatte Angst vor ihm. In meiner Kindheit kannte ich von ihm nur seine Portraits (seinen Bart, die Amtskette um den Hals) und einige Attribute seines

Hauptsteckenpferds, etwa künstliche Lockenten und Elchsköpfe. Ein Paar besonders großer, von ihm geschossener Bären stand mit bedrohlich erhobenen Vordertatzen im mit Eisengittern versehenen Vestibül unseres Landhauses. Jeden Sommer maß ich meine Größe an der Fähigkeit, ihre faszinierenden Krallen zu erreichen, erst die der unteren und dann die der oberen Pfoten. Ihre Bäuche erwiesen sich als enttäuschend hart, wenn die Finger (die gewöhnt waren, lebende Hunde oder Spielzeugtiere anzufassen) in ihr grobes braunes Fell eingedrungen waren. Hin und wieder wurden sie in eine Ecke des Gartens hinausgeschafft, um gründlich ausgeklopft und gelüftet zu werden, und wenn dann die arme Mademoiselle aus dem Park kam, stieß sie beim Anblick der beiden wilden Tiere, die im beweglichen Schatten der Bäume ihrer harrten, einen Ruf des Schreckens aus. Mein Vater hatte für die Jagd nichts übrig, darin ganz anders als sein Bruder Sergej, der ein leidenschaftlicher Jäger war und ab 1908 Oberster Jagdleiter Seiner Majestät des Zaren.

Eine der glücklicheren Kindheitserinnerungen meiner Mutter war die an eine sommerliche Reise mit ihrer Tante Praskowia auf die Krim, wo ihr Großvater väterlicherseits in der Nähe von Feodosia ein Gut besaß. Ihre Tante und sie gingen mit ihm und einem anderen alten Herrn spazieren, dem bekannten Marinemaler Ajwasowskij. Sie erinnerte sich, daß der Maler (wie zweifellos häufig) gesagt hatte, er habe 1836 auf einer Gemäldeausstellung in St. Petersburg Puschkin gesehen, «einen häßlichen kleinen Kerl mit einer großen hübschen Frau». Das war über ein halbes Jahrhundert zuvor, als Ajwasowskij Kunststudent war, und weniger als ein Jahr vor Puschkins Tod. Sie erinnerte sich auch an den Pinselstrich, den die Natur aus ihrer eigenen Palette hinzufügte – den weißen Klecks, den ein Vogel auf dem grauen Zylinder des Malers hinterließ. Die Tante Praskowia, die neben ihr ging, war die Schwester ihrer Mutter, die den gefeierten Syphilologen W. M. Tarnowskij (1839–1906) geheiratet hatte und selber Ärztin war, Autorin von Büchern über Psychiatrie, Anthropologie und Wohlfahrt. In Ajwasowskijs Villa bei Feodosia traf Tante Praskowia eines Tages bei einem Abendessen den achtundzwanzig Jahre alten Dr. Anton Tschechow, den sie im Verlauf einer medizinischen Unterhaltung irgendwie kränkte. Sie war eine sehr gelehrte, sehr gütige, sehr elegante Dame, und es ist schwer vorstellbar, womit genau sie den unglaublich rüden Ausbruch veranlaßte, den sich Tschechow in einem veröffentlichten Brief an seine Schwester vom 3. August 1888 gestattet. Tante Praskowia oder Tante Pascha, wie wir sie nannten, besuchte uns in Wyra oft. Sie hatte eine bezaubernde Art, uns zu begrüßen, wenn sie mit einem klangvollen *«Bonjour, les enfants!»* in das Kinderzimmer gefegt kam. Sie starb 1910. Meine Mutter war an ihrem Bett, und Tante Paschas letzte Worte lauteten: «Das ist interessant. Jetzt begreife ich. Alles ist Wasser, *wsjo – woda.*»

Wassilij, der Bruder meiner Mutter, war im diplomatischen Dienst, den er indessen weniger schwer nahm als mein Onkel Konstantin. Für Wassilij Iwanowitsch war es keine Laufbahn, sondern eine mehr oder minder plausible Szenerie. Französische und italienische Freunde, die seinen langen russischen Nachnamen nicht aussprechen konnten, hatten diesen zu «Ruka» (mit dem Ton auf der letzten Silbe) verkürzt, und das paßte weit besser zu ihm als sein Vorname. In meiner Kindheit schien mir Onkel Ruka einer Welt der Spielsachen, der lustigen Bilderbücher und Kirschbäume anzugehören, die schwer waren von glänzenden dunklen Früchten: In einem Winkel seines Landsitzes, den ein gewundener Flußlauf von unserem trennte, hatte er einen ganzen Obstgarten in einem Gewächshaus untergebracht. Im Sommer sah man seine Kutsche fast jeden Tag zur Mittagszeit über die Brücke rollen und an einer Hecke junger Tannen entlang schnell auf unser Haus zufahren. Als ich acht oder neun war, nahm er mich nach dem Mittagessen (während zwei junge Diener im leeren Speisezimmer den Tisch abräumten) auf den Schoß und hätschelte mich unter süßem Gesäusel und mit phantasievollen Kosenamen, und ich schämte mich im Beisein der Diener für meinen Onkel und war erleichtert, wenn mein Vater ihn aus der Veranda rief: *«Basile, on vous attend.»* Als ich ihn einmal vom Bahnhof abholte (ich muß damals elf oder zwölf gewesen sein) und ihn aus dem langen internationalen Schlafwagen steigen sah, blickte er mich kurz an und sagte: «Was sind Sie gelb und häßlich (*jaune et laid*) geworden, mein armer Junge.» An meinem fünfzehnten Namenstag nahm er mich beiseite und ließ mich in seinem brüsken, genauen und ein wenig altmodischen Französisch wissen, daß er mich zu seinem Erben mache. «Und jetzt können Sie gehen», fügte er hinzu, *«l'audience est finie. Je n'ai plus rien à vous dire.»*

Im Gedächtnis habe ich ihn als einen schmalen, zierlichen, kleinen Mann mit dunkler Hautfarbe, graugrünen, rostfleckigen Augen, einem dunklen, dichten Schnurrbart und einem beweglichen Adamsapfel, der über dem schlangenförmigen goldenen Opalring, welcher den Knoten seiner Krawatte hielt, auf und ab tanzte. Auch an den Fingern und in seinen Manschettenknöpfen trug er Opale. Eine kleine goldene Kette umspannte sein zartes behaartes Handgelenk, und im Knopfloch seines tauben- oder maus- oder silbergrauen Sommeranzugs steckte gewöhnlich eine Nelke. Ich bekam ihn immer nur im Sommer zu Gesicht. Nach einem kurzen Aufenthalt in Roshestweno fuhr er nach Frankreich oder Italien zurück auf sein (Perpigna genanntes) Château bei Pau, in seine (Tamarindo genannte) Villa bei Rom oder in sein geliebtes Ägypten, woher er mit seiner dicken Kritzelhandschrift bedeckte Ansichtskarten schickte (Palmen und ihre Spiegelbilder, Sonnenuntergänge, Pharaos mit den Händen auf den Knien). Im Juni dann wieder, wenn die duftige *tscherjomucha* (die razemose europäische Vogelkirsche oder einfach Racemosa, wie ich sie in meinem Werk über *Onegin* getauft habe) in schaumiger Blüte stand, wurde auf seinem schönen Haus in Roshestweno seine Privatflagge gehißt. Er reiste mit einem halben Dutzend gewaltiger Koffer, bestach den Nordexpreß, eigens seinetwegen auf unserem kleinen Bahnhof zu halten, und als wolle er mir ein wundervolles Geschenk machen, führte er mich auf kleinen, trippelnden Füßen in hochhackigen weißen Schuhen geheimnisvoll zum nächsten Baum, pflückte mir mit zarter Hand ein Blatt, reichte es mir und sagte: *«Pour mon neveu, la chose la plus belle au monde – une feuille verte.»*

Oder er brachte mir aus New York feierlich die *Foxy Grandpa*-Serie oder *Buster Brown* mit – einen vergessenen Knaben in rötlichem Anzug: Wenn man genau hinsah, konnte man erkennen, daß die Farbe in Wirklichkeit aus einer Menge dichter roter Punkte bestand. Jede Episode endete mit einer fürchterlichen Tracht Prügel für Buster, die ihm von seiner grazilen, doch kräftigen Mama verabreicht wurde; sie nahm dazu einen Pantoffel, eine Haarbürste, einen zerbrechlichen Regenschirm, alles – selbst den Knüppel eines hilfsbereiten Polizisten –, und entlockte Busters Hosenboden Wolken von Staub. Da ich niemals geschlagen worden war, wirkten jene Bilder auf mich wie fremde exotische Folterungen, ganz als würde ein gefesselter Verbrecher bei lebendigem Leibe bis zum Kinn im glühendheißen Wüstensand begraben, wie ich es auf der Titelseite eines Buches von Mayne Reid gesehen hatte.

4

Onkel Ruka scheint ein untätiges und seltsam chaotisches Leben geführt zu haben. Seine diplomatische Laufbahn war denkbar vage. Er war jedoch stolz darauf, chiffrierte Botschaften in jeder der fünf Sprachen, die er beherrschte, fachmännisch entschlüsseln zu können. Einmal unterzogen wir ihn einer Prüfung, und im Handumdrehen verwandelte er die Folge «5.13 24.11 13.16 9.13.5 5.13 24.11» in den Anfang eines berühmten Shakespeare-Monologs.

In einem blaßroten Jagdrock nahm er in England oder Italien an Parforcejagden teil; in einem Pelzmantel versuchte er, mit dem Auto von St. Petersburg nach Pau zu fahren; in einem kurzen, seidengefütterten Umhang wäre er bei einem Flugzeugabsturz an der Küste bei Bayonne fast ums Leben gekommen. (Als ich ihn fragte, wie der Pilot der zertrümmerten Voisin die Sache aufnahm, dachte er einen Augenblick nach und erwiderte dann ohne eine Spur von Unsicherheit: *«Il sanglotait assis sur un rocher.»*) Er sang Barkarolen und modische Verse (*«Ils se regardent tous deux, en se mangeant des yeux ...»*, *«Elle est morte en février, pauvre Colinette! ...»* *«Le soleil rayonnait encore, j'ai voulu revoir les grands bois ...»* und Dutzende anderer). Er komponierte selber Musik der lieblichen, plätschernden Art und schrieb französische Verse, die sich eigentümlicherweise als englische oder russische Jamben lesen ließen und von einer fürstlichen Geringschätzung der Annehmlichkeiten des stummen e geprägt waren. Er war ein meisterlicher Pokerspieler.

Weil er stotterte und Schwierigkeiten mit der Aussprache von Labialen hatte, änderte er den Namen seines russischen Kutschers von Peter zu Lew; und mein Vater (der immer ein wenig kurz angebunden mit ihm umging) warf ihm vor, die Mentalität eines Sklavenbesitzers zu haben. Davon abgesehen sprach er eine gewählte Mischung aus Französisch, Englisch und Italienisch, Sprachen, die ihm alle mit bedeutend größerer Leichtigkeit von der Zunge gingen als seine Muttersprache. Wenn er sich des Russischen bediente, so verdrehte oder entstellte er unweigerlich irgendeinen redensartlichen oder gar jargonhaften Ausdruck, etwa wenn er bei Tisch mit einem unvermittelten Seufzer bemerkte (denn stets war irgend etwas nicht, wie es sein sollte – ein Anfall von Heuschnupfen, der Tod eines Pfaus, ein verlaufener Barsoi): «*Je suis triste et seul comme une bylinka w pole* (einsam wie ein Grashalm auf dem Feld).»

Er beharrte darauf, daß er ein unheilbares Herzleiden hätte und sich bei den Anfällen nur Linderung verschaffen könne, wenn er sich mit dem Rücken flach auf den Fußboden lege. Niemand nahm ihn ernst, und als er Ende 1916 im Alter von fünfundvierzig Jahren in Paris völlig einsam tatsächlich an Angina pectoris starb, mußte man mit einem ganz eigentümlichen Schmerz an jene Vorfälle nach dem Essen im Salon zurückdenken: Ahnungslos kam der Diener mit dem türkischen Kaffee herein, mein Vater sah (mit komischer Resignation) meine Mutter an, dann (mißbilligend) seinen Schwager, der mit ausgebreiteten Armen dem Diener im Weg lag, und schließlich faßte er (neugierig) das komische Klirren des Kaffeegeschirrs auf dem Tablett in den weißen Baumwollhandschuhen des scheinbar ungerührten Dieners ins Auge.

Gegen andere, merkwürdigere Qualen, die ihm im Laufe seines kurzen Lebens zusetzten, suchte Onkel Ruka – wenn ich diese Dinge recht verstehe – Linderung in der Religion, zunächst bei der einen oder anderen russischen Sekte, endlich bei der katholischen Kirche. Er hatte jene farbige Neurose, die mit Genie gepaart sein müßte und es doch in seinem Fall nicht war, daher seine Suche nach einem schattenhaften Begleiter. In seiner Jugend hatte er unter der heftigen Abneigung seines Vaters zu leiden gehabt, eines Landedelmannes alter Schule (Bärenjagd, ein Privattheater, ein paar schöne alte Meister unter einer Menge Kitsch), dessen zügelloses Temperament, wie es hieß, für den Jungen geradezu lebensbedrohlich gewesen war. Später erzählte mir meine Mutter von den Spannungen, die es während ihrer Mädchenjahre im Haushalt von Wyra gegeben hatte, von den grausigen Szenen in Iwan Wassiljewitschs Arbeitszimmer, einem düsteren Eckraum, von dem aus man ein rostiges Schöpfrad unter fünf Pyramidenpappeln sehen konnte. Niemand außer mir benutzte dieses Zimmer. Auf seinen schwarzen Borden verwahrte ich meine Bücher und Spannbretter, und später bewog ich meine Mutter, einen Teil seines Mobiliars in mein eigenes sonniges kleines Kabinett auf der Gartenseite schaffen zu lassen, und herein wankte eines Morgens sein gewaltiger Schreibtisch mit nichts auf der dunklen Ledereinöde als einem riesigen gebogenen Brieföffner, einem regelrechten Krummsäbel aus gelbem Elfenbein, geschnitzt aus dem Stoßzahn eines Mammuts.

Als Onkel Ruka Ende 1916 starb, hinterließ er mir eine Summe, die sich heute auf ein paar Millionen Dollar belaufen würde, dazu seine Besitzung: das Herrenhaus mit seinem weißen Säulenportal auf einem grünen, abgeböschten Hügel und zweitausend Morgen Naturwald und Torfmoor. Wie ich hörte, stand das Haus 1940 noch, volkseigen zwar, aber Abstand wahrend, ein Museumsstück für jeden Touristen, der etwa die Straße Petersburg–Luga benutzte, welche unterhalb durch das Dorf Roshestweno und über den verzweigten Fluß führt. Schwimmende Inseln aus Wasserlilien und Algenbrokat verliehen der schönen Oredesh an jenem Ort ein festliches Aussehen. Weiter ihren gewundenen Lauf hinunter, wo die Uferschwalben aus ihren Löchern im steilen roten Lehmufer hervorschossen, war sie tief durchdrungen von den Spiegelungen hoher, romantischer Tannen (der Saum unseres Wyra); und noch weiter stromabwärts gab der endlos tosende Abfluß einer Wassermühle dem (die Ellbogen auf das Geländer stützenden) Betrachter das Gefühl, weiter und weiter zurückzuweichen, als wäre dies das Heck der Zeit selbst.

5

Der folgende Absatz ist nicht für den normalen Leser bestimmt, sondern allein für den Schwachkopf, der mich zu verstehen glaubt, nur weil er in irgendeinem Börsenkrach ein Vermögen verloren hat.

Meine alte (von 1917 her datierende) Fehde mit der sowjetischen Diktatur hat nicht das mindeste mit Besitzfragen zu tun. Für einen Emigranten, der «die Roten haßt», weil sie ihm Geld und Land «gestohlen» haben, empfinde ich nichts als Verachtung. Die Sehnsucht, die ich all diese Jahre lang gehegt habe, ist das hypertrophische Bewußtsein einer verlorenen Kindheit, nicht der Schmerz um verlorene Banknoten.

Und schließlich: Ich behalte mir das Recht vor, mich nach einer ökologischen Nische zu sehnen:

> ... Unterm Himmelszelt
> Meiner Neuen Welt
> Nach *einem* Ort in Rußland zu seufzen.

Der normale Leser mag hier weiterlesen.

6

Ich ging auf den achtzehnten Geburtstag zu, dann war ich über achtzehn; Liebesaffairen und Gedichteschreiben nahmen den größten Teil meiner freien Zeit ein; materielle Fragen ließen mich gleichgültig, und gegen den Hintergrund unseres Reichtums konnte sich ohnehin keine Erbschaft sehr großartig ausnehmen; doch wenn ich über jenen transparenten Abgrund hinweg zurückschaue, finde ich es kurios und etwas unangenehm, daran zu denken, daß ich während des kurzen Jahres, in dem ich all diesen Reichtum mein eigen nannte, von den gewöhnlichen Freuden der Jugend – einer Jugend, die rasch ihr anfängliches unübliches Ungestüm einbüßte – zu sehr in Anspruch genommen war, um diese Hinterlassenschaft besonders zu genießen oder mich irgendwie zu ärgern, als die bolschewistische Revolution sie über Nacht abschaffte. Bei der Erinnerung daran ist mir, als sei ich Onkel Ruka undankbar gewesen, als hätte ich mich der allgemeinen Haltung lächelnder Herablassung angeschlossen, mit der ihm selbst jene begegneten, die ihn mochten. Nur mit dem größten Widerwillen kann ich mich dazu zwingen, an die sarkastischen Bemerkungen zu denken, mit denen Monsieur Noyer, mein Schweizer Hauslehrer (sonst eine überaus gütige Seele), die beste Komposition meines Onkels abzutun pflegte, eine Romanze, von ihm gedichtet und in Musik gesetzt. Auf der Terrasse seines Schlosses in Pau, die bernsteinhellen Weingärten unter sich und die violetten Berge in der Ferne, zu einer Zeit, als er von Asthma, nervösem Herzklopfen, Schüttelfrost und einer proustschen Wundheit der Sinne geplagt war und sich gleichsam mit der Wucht der Herbstfarben auseinanderzusetzen hatte (von ihm selber als *«chapelle ardente de feuilles aux tons violents»* beschrieben), mit den fernen Stimmen aus dem Tal und einer Schar von Tauben, die den zarten Himmel tüpfelte, hatte er eines Tages jene einflügelige Romanze komponiert (und der einzige, der die Musik und den ganzen Text behielt, war mein Bruder Sergej, den er kaum je bemerkte, der ebenfalls stotterte und der heute auch tot ist).

«L'air transparent fait monter de la plaine ...» sang er in seinem hohen Tenor, wenn er am weißen Klavier unseres Landhauses saß – und wenn ich zur selben Zeit durch das nahe Gehölz zum Mittagessen nach Hause eilte (bald nachdem ich seinen forschen Strohhut und die in schwarzen Samt gekleidete Büste seines Kutschers in assyrischem Profil mit ausgestreckten, scharlachroten Ärmeln über der Hecke, die unseren Park von der Zufahrt trennte, vorübergleiten gesehen hatte), erreichten mich die klagenden Laute

Un vol de tourterelles strie le ciel tendre,
Les chrysanthèmes se parent pour la Toussaint

– mich und mein grünes Schmetterlingsnetz auf dem schattigen, zitternden Pfad, an dessen Ende rötlicher Sand und eine Ecke unseres kürzlich neugestrichenen Hauses zu sehen waren; sein Grün war das junger Tannenzapfen, und aus dem offenen Salonfenster klang die verwundete Musik zu mir herüber.

7

Mir ein Stück Vergangenheit lebhaft zu vergegenwärtigen ist eine Beschäftigung, der ich mein Leben lang mit dem größten Eifer nachgegangen bin, und ich habe Grund zu glauben, daß diese fast krankhafte Wachheit meines Erinnerungsvermögens ein ererbter Charakterzug ist. Es gab einen bestimmten Fleck im Wald, einen Steg über einen braunen Bach, wo mein Vater immer wieder andächtig stehenblieb und sich den seltenen Schmetterling ins Gedächtnis rief, den sein deutscher Hauslehrer am 17. August 1883 dort für ihn gefangen hatte. Noch einmal wurde dann die dreißig Jahre alte Szene rekapituliert. Er und seine Brüder waren in hilfloser Erregung stehengeblieben, als sie des begehrten Insekts auf dem gefällten Baumstamm ansichtig wurden, wo es gleichsam besorgt atmend seine vier kirschroten Flügel mit einem pfauenhaften Augenfleck auf jedem auf und nieder bewegte. Er selber wagte nicht zuzuschlagen, und in angespanntem Schweigen reichte er sein Netz Herrn Rogge, der die Hand danach zurückstreckte, den Blick starr auf den prächtigen Falter gerichtet. Mein Sammelschrank erbte ein Vierteljahrhundert später jenes Exemplar. Ein rührendes Detail: die Flügel waren «gesprungen», weil es zu früh, zu begierig vom Spannbrett abgenommen worden war.

Wenn ich im Alter von fünf Jahren in einer Villa, die wir im Sommer 1904 zusammen mit der Familie meines Onkels Iwan de Peterson an der Adria gemietet hatten (sie hieß entweder «Neptun» oder «Apollo» – in Ansichten von Abbazia kann ich noch immer ihren krenelierten cremefarbenen Turm ausmachen), nach dem Mittagessen in meinem Kinderbett döste, legte ich mich auf den Bauch und zeichnete auf meinem Kopfkissen mit dem Zeigefinger sorgfältig, liebevoll, hoffnungslos und auf eine Weise künstlerisch detailliert, die schwer mit der lächerlich kleinen Zahl der Jahreszeiten in Einklang zu bringen war, welche mein unerklärlich sehnsüchtiges Bild des «Zuhause» geprägt hatten (das ich seit September 1903 nicht mehr gesehen hatte), den Weg nach, der sich im Bogen zu unserem Haus in Wyra hinaufschwang, zur Rechten die steinernen Stufen, zur Linken die geschnitzte Rückenlehne einer Bank, jenseits der

Geißblattbüsche der Beginn der Allee junger Eichen und glänzend im rötlichen Staub der Auffahrt etwas für Sammler, ein Hufeisen (viel größer und glänzender als die verrosteten, die ich an der Küste zu finden pflegte), das unlängst dort abgefallen war. Die Erinnerung an jene Erinnerung ist sechzig Jahre älter als diese, doch längst nicht so ungewöhnlich.

1908 und 1909 vertiefte sich Onkel Ruka eines Tages in ein paar französische Kinderbücher, auf die er in unserem Haus gestoßen war; mit ekstatischem Stöhnen entdeckte er einen Absatz, der ihm als Kind lieb gewesen war und anhob: *«Sophie n'était pas jolie ...»*, und viele Jahre später bildete mein Stöhnen ein Echo zu seinem, als ich in irgendeinem Kinderzimmer eben jene gleichen Bände der Bibliothèque Rose fand, diese Geschichten von Knaben und Mägdlein, die in Frankreich eine idealisierte Version der *vie de château* führten, die das Leben meiner Familie in Rußland gewesen war. Die Geschichten selber (alle diese *Les Malheurs de Sophie*, *Les Petites Filles Modèles*, *Les Vacances*) erscheinen mir heute als eine schreckliche Mischung aus Geziertheit und Vulgarität; doch als die sentimentale und selbstgefällige Mme de Ségur, geborene Rostoptschin, sie niederschrieb, hatte sie die authentische Umgebung ihrer russischen Kindheit, die der meinen genau ein Jahrhundert vorausging, auf französische Verhältnisse übertragen. Wenn ich meinerseits wieder an Sophies Kümmernisse gerate – ihre fehlenden Augenbrauen und ihre Vorliebe für dicke Sahne –, empfinde ich die gleiche Qual und das gleiche Entzücken wie mein Onkel und habe darüber hinaus noch eine zusätzliche Bürde zu bewältigen – die Erinnerung daran, wie er mit Hilfe dieser gleichen Bücher seine Kindheit noch einmal durchlebte. Meinem Blick zeigen sich mein Schulzimmer in Wyra, die blauen Rosen der Tapete, das offene Fenster. Sein Spiegelbild füllt den ovalen Spiegel über dem Ledersofa, auf dem mein Onkel sitzt und sich an einem zerlesenen Buch weidet. Ein Gefühl von Sicherheit, Wohlbehagen und Sommerwärme durchdringt meine Erinnerung. Jene robuste Wirklichkeit macht die Gegenwart zu einem bloßen Schemen. Der Spiegel strömt über vor Helligkeit; eine Hummel ist hereingekommen und stößt gegen die Decke. Alles ist, wie es sein sollte, nichts wird sich je ändern, niemand wird jemals sterben.

Dmitrij Nikolajewitsch Nabokov, der Großvater des Autors (1827–1904), Justizminister (1878 bis 1885)

Die Großmutter väterlicherseits des Autors, Baronin Maria von Korff (1842–1926), in den späten fünfziger Jahren des 19. Jahrhunderts

KAPITEL VIER

I

Eine russische Familie wie meine – die Art ist heute ausgestorben – hatte unter anderen Tugenden eine traditionelle Neigung zu den angenehmen Produkten der angelsächsischen Zivilisation. Pears' Seife, pechschwarz im Trockenzustand und topasfarben, wenn man sie zwischen nassen Fingern gegen das Licht hielt, besorgte das Morgenbad. Wohltuend war das abnehmende Gewicht der zusammenfaltbaren englischen Badewanne, wenn man sie dazu brachte, ihre Gummiunterlippe vorzuschieben und ihren schaumigen Inhalt in den Spüleimer zu ergießen. «Die Creme konnten wir nicht verbessern, darum verbesserten wir die Tube», war auf der englischen Zahnpasta zu lesen. Zum Frühstück umwickelte Golden Syrup, aus London importiert, mit seinen leuchtenden Windungen den rotierenden Löffel, von dem sich eine genügende Menge auf eine Scheibe russischen Butterbrots hinabgeschlängelt hatte. Alle Arten behaglicher, freundlicher Dinge kamen in ununterbrochener Prozession aus dem englischen Laden auf dem Newskij-Prospekt: *fruitcake*, Riechsalze, Spielkarten, Puzzlespiele, gestreifte Blazer, puderweiße Tennisbälle.

Englisch lernte ich früher lesen als Russisch. Meine ersten englischen Freunde waren vier schlichte Gemüter in meinem Schulbuch – Ben, Dan, Sam und Ned. Um ihre Identität und ihren Aufenthaltsort wurde immer viel Aufhebens gemacht – «Wer ist Ben?» – «Er ist Dan» – «Sam ist im Bett» und so weiter. Obwohl das alles ziemlich steif und bruchstückhaft blieb (der Urheber war in seiner Freiheit dadurch eingeschränkt gewesen, daß er – zumindest in den ersten Lektionen – kein Wort von mehr als drei Buchstaben Länge benutzen durfte), gelang es meiner Phantasie, sich die nötigen Unterlagen zu verschaffen. Als bleichgesichtige, großknochige, schweigsame Schwachköpfe, stolze Besitzer bestimmter Arbeitsgeräte («Ben hat eine Axt») zotteln sie im Zeitlupentempo vor der hintersten Kulisse des Gedächtnisses vorüber; und wieder sehe ich die Buchstaben des Schulbuches groß vor mir, ähnlich dem verrückten Alphabet auf einer Optikertafel.

Die Schulstube war in Sonne getaucht. In einem schwitzenden Glasgefäß waren mehrere stachelige Raupen damit beschäftigt, Nesselblätter zu fressen (und interessante zylindrische Röllchen olivgrünen Kots auszuscheiden). Das Wachstuch auf dem runden Tisch roch nach Kleister. Miss Clayton roch nach Miss Clayton. Wunderbarerweise war der blutigrote Alkohol des Thermometers draußen auf 24° Réaumur (30° Celsius) im Schatten gestiegen. Durch das Fenster konnte man sehen, wie Bauernmädchen mit Kopftüchern auf Händen und Knien einen Gartenweg jäteten oder mit sanften Bewegungen den sonnengesprenkelten Sand harkten. (Die glücklichen Tage, da sie für den Staat Straßen fegen und Kanäle graben sollten, waren noch jenseits des Horizonts.) Im Laub ließen Pirole ihre vier hellen Noten hören: dideldi-oh!

Vor dem Fenster zottelte Ned vorbei, als stelle er mit einigem Geschick Iwan, den Gesellen des Gärtners, dar (der 1918 ein Mitglied des lokalen Sowjets werden sollte). Auf späteren Seiten tauchten längere Wörter auf; und ganz am Ende des braunen, mit Tintenklecksen bedeckten Bandes entfaltete eine richtige, vernünftige Geschichte ihre erwachsenen Sätze («Eines Tages sagte Ted zu Ann: Laß uns . . .») – der endliche Triumph, die endliche Belohnung des kleinen Lesers. Daß ich selber eines Tages eine solche Fertigkeit erlangen könnte, war ein Gedanke, der mich erschauern ließ. Der Zauber ist nicht gewichen, und jedesmal, wenn mir ein Schulbuch über den Weg kommt, schlage ich sogleich die letzte Seite auf, um einen verbotenen Blick in die Zukunft des fleißigen Schülers zu werfen, in jenes Land der Verheißung, wo endlich die Wörter bedeuten sollen, was sie bedeuten.

2

Sommerliche *ssumerki* – das schöne russische Wort für Abenddämmerung. Die Zeit: eine undeutliche Stelle im ersten Jahrzehnt dieses unbeliebten Jahrhunderts. Der Ort: 59° nördlicher Breite von Ihrem Äquator, 100° westlicher Länge von meiner schreibenden Hand. Der Tag brauchte Stunden, um zu verdämmern, und alles – Himmel, hohe Blumen, stilles Wasser – verharrte in einem Zustand unendlicher abendlicher Spannung, vertieft eher als aufgehoben von dem klagenden Muh einer Kuh auf einer fernen Weide oder dem noch ergreifenderen Schrei eines Vogels vom jenseitigen Ufer des Flusses herauf, wo die weite Fläche eines neblig-blauen Torfmoores ihres Geheimnisses und ihrer Ferne wegen von den Rukawischnikow-Kindern auf den Namen Amerika getauft worden war.

Im Salon unseres Landhauses las mir meine Mutter vor dem Zubettgehen oft aus englischen Büchern vor. Wenn sie zu einer besonders dramatischen Stelle kam, wo der Held in sonderbare, vielleicht tödliche Gefahr geriet, wurde ihre Stimme langsamer, zog sie die Worte unheilverkündend auseinander, und bevor sie die Seite umblätterte, legte sie die Hand mit dem wohlbekannten Taubenblutrubin- und Diamantring darauf (in dessen klaren Facetten ich ein Zimmer, Leute, Lichter, Bäume im Regen hätte erkennen können, wäre ich ein besserer Kristallseher gewesen – einen ganzen Abschnitt unseres Emigrantenlebens, der aus dem Erlös dieses Ringes bestritten werden sollte).

In den Geschichten ging es etwa um Ritter, deren entsetzliche, aber wunderbar aseptische Wunden in Grotten von vornehmen Fräulein benetzt wurden. Von der Höhe einer sturmumbrausten Klippe spähten eine mittelalterliche Maid mit wehendem Haar und ein Jüngling in Pagenhosen zu den runden Inseln der Glückseligen hinüber. Humphreys Los in *Mißverstanden* schnürte einem die Kehle viel eigentümlicher zu als irgend etwas bei Dickens oder Daudet (sie beide große Kehlenzuschnürer), während eine schamlos allegorische Geschichte, *Hinter den Blauen Bergen*, die von zwei Paar kleinen Wanderern handelte – die guten: Klee und Primel; die bösen: Butterblume und Maßliebchen –, genug aufregende Einzelheiten enthielt, um darüber ihre «Botschaft» vergessen zu lassen.

Daneben gab es diese großen, flachen, glänzenden Bilderbücher. Besonders hatte es mir Golliwog angetan, eine männliche, rabenschwarze Negerpuppe mit blauem Rock, roten Hosen, Wäscheknopfaugen und einem dürftigen Harem von fünf Holzpuppen. Indem sie sich aus der amerikanischen Fahne verbotenerweise Kleider schneiderten (Peg nahm die mütterlichen Streifen, Sarah Jane die hübschen Sterne), erwarben zwei der Puppen eine gewisse sanfte Weiblichkeit, sobald ihre neutralen Gelenke bekleidet waren. Die Zwillinge (Meg und Weg) und der Knirps blieben splitternackt und folglich geschlechtslos.

Wir sehen, wie sie sich mitten in der Nacht nach draußen schleichen und einander mit Schneebällen bewerfen, bis die Schläge einer fernen Uhr («Doch horch!» bemerkt der dazugehörige gereimte Text) sie zurück in die Spielzeugschachtel im Kinderzimmer rufen. Ein frecher Krampus schießt hervor und erschreckt meine entzükkende Sarah, und dieses Bild mißfiel mir von Herzen, denn es erinnerte mich an Kinderfeste, auf denen dies oder jenes anmutige Mädchen, das mich bezaubert hatte, sich zufällig den Finger klemmte oder das Knie stieß und sogleich in einen rotgesichtigen Kobold aus nichts als Knitterfalten und einem brüllenden Mund verwandelte. Ein anderes Mal gingen sie auf eine Radtour und fielen Kannibalen in die Hände; unsere ahnungslosen Reisenden hatten ihren Durst an einem palmengesäumten Teich gelöscht, als die Tamtams erschollen. Über die Schulter meiner Vergangenheit bestaune ich noch einmal das entscheidende Bild: Immer noch kniet Golliwog, doch er trinkt nicht mehr; seine Haare sträuben sich, und das normale Schwarz seines Gesichts ist einem unheimlichen Aschgrau gewichen. Des ferneren gab es das Automobilbuch (in dem Sarah Jane, die mir immer die liebste war, einen langen, grünen Schleier trug) mit dem üblichen Gang der Dinge – Krücken und bandagierten Köpfen.

Und dann natürlich – das Luftschiff. Viele, viele Meter gelber Seide wurden zu seinem Bau benötigt, und für den glücklichen Knirps fiel zu seinem Gebrauch ein winziger Ballon mit ab. In der ungeheuren Höhe, zu der das Luftschiff aufstieg, schmiegten sich die Luftschiffer aneinander, um sich gegenseitig zu wärmen, während der verlorene kleine Solist, trotz seiner schlimmen Lage immer noch Gegenstand meines lebhaften Neids, in einen Abgrund von Frost und Sternen trieb – völlig allein.

3

Als nächstes sehe ich, wie meine Mutter mich durch die gewaltige Eingangshalle zu Bett bringt, in deren Mitte eine Treppe höher und immer höher aufwärts führte, und zwischen dem oberen Treppenabsatz und dem hellgrünen Abendhimmel war nichts als eine gewächshausartige Glaskuppel. Man blieb zurück und scharrte und rutschte ein wenig auf dem glatten Steinfußboden der Halle, was die sanfte Hand im Kreuz veranlaßte, die widerstrebende kleine Gestalt mittels nachsichtiger Stöße voranzuschieben. Wenn wir die Treppe erreichten, zwängte ich mich gewöhnlich zwischen dem Treppenpfosten und der ersten Docke unter dem Geländer hindurch auf die Stufen. Mit jedem neuen Sommer fiel es mir schwerer; heutzutage bliebe selbst mein Geist stecken.

Ein anderer Teil des Rituals war, mit geschlossenen Augen hinaufzugehen. «*Step, step, step* – noch einen Schritt und noch einen Schritt», hörte ich meine Mutter sagen, wenn sie mich hinaufführte – und mit Sicherheit bot sich der Auftritt der nächsten Stufe dem vertrauensvollen Fuß des blinden Kindes; man mußte ihn nur ein wenig höher heben als üblich, um nicht mit den Zehen gegen die Steigung zu stoßen. Dieser langsame, ein wenig nachtwandlerische Aufstieg in selbsterzeugter Dunkelheit barg offenkundige Freuden. Die größte war, nicht zu wissen, wann die letzte Stufe kam. Oben angelangt, hob sich der Fuß zum trügerischen Ruf «Und noch einen Schritt» von selbst, um dann mit einem flüchtigen Gefühl herrlicher Panik, einer wilden Zusammenziehung der Muskeln, in das Phantom einer Stufe zu sinken, die sozusagen mit dem unendlich elastischen Material ihrer Nichtexistenz gepolstert war.

Überraschend, wieviel Methode in meiner Bummelei vor dem Zubettgehen lag. Gewiß, diese ganze Treppensteigerei offenbart mir heute bestimmte transzendente Werte. Doch in Wahrheit suchte ich nur Zeit zu gewinnen, indem ich jede Sekunde bis zum äußersten dehnte. Das hörte auch nicht auf, als mich meine Mutter zum Ausziehen an Miss Clayton oder Mademoiselle übergab.

Es gab fünf Badezimmer und eine bunte Gesellschaft ehrwürdiger Waschständer im Haus (immer wenn ich geweint hatte, suchte ich einen von ihnen in seinem dunklen Winkel auf, um auf meinem geschwollenen Gesicht, das zu zeigen ich mich schämte, die sanfte Berührung seines tastenden Wasserstrahls zu spüren, während ich auf den rostigen Fußhebel trat). Das richtige Bad wurde abends genommen. Für die Morgenwäsche gab es die runden englischen Gummiwannen. Meine hatte einen Durchmesser von über einem Meter und einen kniehohen Rand. Ein Diener mit Schürze goß eine Kanne voll Wasser vorsichtig über den eingeseiften Rücken des kauernden Kindes. Die Temperatur änderte sich mit den hydrotherapeutischen Vorstellungen der verschiedenen Erzieher. Es gab da etwa jene rauhe Zeit heraufdämmernder Pubertät, als unser damaliger Hauslehrer, der ausgerechnet Medizin studierte, eine eisige Sintflut verordnete. Die Temperatur des Abendbades hingegen blieb erfreulicherweise konstant bei 28° Réaumur (35° Celsius), gemessen von einem großen, gütigen Thermometer, dessen hölzerne Verkleidung (mit einem Ende feuchter Schnur im Loch des Griffes) ihm erlaubte, es den schwimmenden Zelluloidgoldfischen und Schwänchen gleichzutun.

Die Toiletten waren von den Badezimmern getrennt, und die älteste von ihnen war ein ziemlich prächtiges, aber düsteres Gelaß mit schöner Holztäfelung und einer quastengeschmückten roten Samtschnur, die beim Ziehen ein wundervoll moduliertes, diskret gedämpftes Gurgeln und Glucksen hervorrief. Von dieser Ecke des Hauses aus konnte man den Abendstern sehen und die Nachtigallen hören, und an diesem Ort verfaßte ich später meine unumarmten Schönen gewidmeten jugendlichen Verse und verfolgte in einem dunklen Spiegel mürrisch die prompte Errichtung eines fremdartigen Luftschlosses. Als kleinem Kind jedoch wurde mir etwas Bescheideneres zugewiesen, zwischen einem Weidenkorb und der Tür zum Kinderbadezimmer in einer engen Nische gelegen. Diese Tür ließ ich gerne ein wenig geöffnet; so konnte ich schlaftrunken den Dampfschimmer über der Mahagoniwanne beobachten, die phantastische Flottille aus Schwänen und Booten, mich selber mit einer Harfe in einem der Boote, einen pelzigen Nachtfalter, der an den Reflektor der Kerosinlampe stieß, das bemalte Glasfenster drüben, seine zwei Hellebardiere aus farbigen Rechtecken. Es bereitete mir Vergnügen, mich auf meinem warmen Sitz vorzubeugen und die Mitte meiner Stirn, ihr Ophryon, um genau zu sein, gegen die seltsam angenehme Türkante zu pressen und meinen Kopf ein wenig zu drehen, so daß sich die Tür hin und her bewegte, indes ihre Kante die ganze Zeit in beruhigender Berührung mit meiner Stirn blieb. Ein träumerischer Rhythmus durchdrang mein ganzes Wesen. Das kurze Zeit zurückliegende *«step, step, step»* meiner Mutter wurde von einem tropfenden Wasserhahn aufgenommen, und durch die erfolgreiche Verquickung von rhythmischem Muster mit rhythmischem Klang entwirrte ich die labyrinthischen Schnörkel auf dem Linoleum und entdeckte Gesichter, wo ein Riß oder Schatten dem Auge einen Anhaltspunkt bot. Mein Appell an alle Eltern: nie, nie «mach schnell» zu einem Kind zu sagen.

Das letzte Stadium meiner vagen Seefahrt war erreicht, wenn ich zu meiner Bettinsel gelangte. Aus der Veranda oder dem Salon, wo das Leben ohne mich weiterging, kam meine Mutter um des warmen Gemurmels ihres Gutenachtkusses willen herauf. Geschlossene Fensterläden, eine brennende Kerze, ich bin klein, mein Herz ist rein, dimdamdimdimdam als Jesus allein, ein Kind, das auf dem Kissen kniet, welches sogleich seinen dröhnenden Kopf aufnehmen wird. Englische Gebete und die kleine Ikone mit einem sonnengebräunten griechisch-orthodoxen Heiligen bildeten eine unschuldige Gemeinschaft, an die ich mich mit Freude erinnere; und hoch über der Ikone an der Wand, wo im warmen Kerzenschein irgendein Schatten (war es der der Bambuswand zwischen Bett und Tür?) wellenförmige Linien zeichnete, sah man auf einem gerahmten Aquarell einen dämmerigen Pfad, der sich durch einen jener unheimlich dichten europäischen Buchenwälder wand, wo Farne und Winden die einzige Vegetation sind und das Pochen des Herzens das einzige Geräusch. In einem englischen Märchen, das mir meine Mutter einmal vorgelesen hatte, kam ein kleiner Junge vor, der aus seinem Bett in ein Bild stieg und auf seinem Steckenpferd einen gemalten Weg zwischen schweigenden Bäumen entlangritt. Während ich in einem Nebel von Schläfrigkeit und gepudertem Wohlbehagen auf meinem Kissen kniete und, halb auf meine Waden gekauert, mein Gebet herunterhaspelte, stellte ich mir vor, mit welcher Bewegung ich in das Bild über meinem Bett klettern und in jenen verzauberten Buchenwald hineintauchen würde – den ich zu gegebener Zeit dann auch betrat.

4

Eine wunderliche Reihe englischer Kindermädchen und Gouvernanten kommt mir entgegen, da ich meine Vergangenheit wieder betrete; einige ringen die Hände, andere lächeln mir rätselhaft zu.

Da wäre etwa die undeutliche Miss Rachel, an die ich mich hauptsächlich im Zusammenhang mit Huntley & Palmer-Keksen erinnere (die schönen Makronen obenauf in der Blechdose mit ihrem blauen Papier, unten die faden Brezeln), die sie verbotenerweise mit mir teilte, wenn ich mir schon die Zähne geputzt hatte. Da wäre Miss Clayton, die mir immer, wenn ich nachlässig in einen Stuhl sank, den Finger gegen einen Brustwirbel drückte und dann lächelnd ihre Schultern zurückwarf, um zu demonstrieren, was sie von mir wünschte. Sie erzählte mir, daß einer ihrer Neffen in meinem Alter (vier) Raupen gezüchtet habe, doch jene, die sie für mich in einem offenen Glasgefäß mit Nesseln gesammelt hatte, krochen eines Morgens alle auf und davon, und der Gärtner sagte, sie hätten sich erhängt. Da wäre die hübsche dunkelhaarige aquamarinäugige Miss Norcott, die in Nizza oder Beaulieu einen weißen Glacéhandschuh verlor, nach dem ich auf dem steinigen Strand zwischen bunten Steinchen und blaugrünen Flaschenglasklumpen, die das Meer glattgeschliffen hatte, vergebens suchte. Eines Abends in Abbazia wurde die hübsche Miss Norcott fristlos hinausgeworfen. Sie umarmte mich im bleichen Regenmantel und wie eine Trauerweide in Tränen aufgelöst im Morgenzwielicht des Kinderzimmers, und ich war den ganzen Tag über untröstlich, trotz der heißen Schokolade, die die alte Nanny der Petersons extra für mich machte und trotz der extra Butterbrote, auf deren glatte Oberfläche meine Tante Nata, um mich behende abzulenken, erst ein Gänseblümchen, dann eine Katze und dann die kleine Meerjungfrau zeichnete, über die ich mit Miss Norcott gerade unter Tränen gelesen hatte, so daß ich wieder zu weinen anfing. Da wäre die kurzsichtige kleine Miss Hunt, deren kurzer Aufenthalt bei uns in Wiesbaden an dem Tag ein Ende fand, als mein Bruder und ich – er vier, ich fünf Jahre alt – es fertigbrachten, ihrer nervösen Wachsamkeit zu entrinnen, indem wir an Bord eines Dampfers gingen, mit dem wir eine ganze Strecke rheinabwärts fuhren, ehe man uns wieder fing. Da wäre die rosanasige Miss Robinson. Da wäre noch einmal Miss Clayton. Da wäre ein schreckliches Weibsbild, das mir *Das mächtige Atom* von Marie Corelli vorlas. Da wären noch andere. Zu einem bestimmten Zeitpunkt schwanden sie aus meinem Leben. Französisch und Russisch kamen an die Reihe; und die wenige Zeit, die für das Englische übrigblieb, war gelegentlichen Konversationsstunden bei zwei Herren vorbehalten, Mr. Burness und Mr. Cummings, von denen keiner bei uns wohnte. Für mich blieben sie mit Wintern in St. Petersburg verbunden, wo wir in der Morskaja-Straße ein Haus besaßen.

Mr. Burness war ein großer Schotte mit gerötetem Gesicht, hellblauen Augen und glattem, strohblondem Haar. Vormittags unterrichtete er an einer Sprachenschule, und in den Nachmittag zwängte er mehr Privatstunden, als der Tag beim besten Willen fassen konnte. Da er zu seinen Schülern von einer Ecke der Stadt zur anderen fahren mußte und dabei auf den trägen Trott verdrossener Pferdedroschken (*iswostschik*) angewiesen war, kam er, falls er Glück hatte, zu seiner Stunde um zwei Uhr (wo immer diese stattfand) nur eine Viertelstunde zu spät, doch zu seiner Vier-Uhr-Stunde traf er erst nach fünf ein. Auf ihn zu warten und zu hoffen, daß seine übermenschliche Hartnäckigkeit einmal wenigstens vor der grauen Wand eines besonders starken Schneesturms kapitulieren könnte, war eines jener spannenden Gefühle, die man im späteren Leben für ganz ausgeschlossen hält (und das ich doch wieder erfuhr, als mich die Verhältnisse zwangen, meinerseits Privatstunden zu geben, und ich in meinem möblierten Zimmer in Berlin auf einen undurchdringlichen Schüler wartete, der trotz aller Hindernisse, mit denen ich ihm in Gedanken den Weg verbaute, unweigerlich erschien).

Selbst die Dunkelheit, die sich draußen ansammelte, schien ein Abfallprodukt von Mr. Burness' Anstrengungen, zu unserem Haus zu gelangen. Schon kam der Diener, um die blauen weiten Stores herabzulassen und die geblümten Vorhänge zuzuziehen. Das Ticktack der Großvateruhr im Schulzimmer nahm allmählich einen öden, nörgelnden Tonfall an. Die Enge meiner kurzen Hosen, die in der Leistengegend spannten, und das rauhe Gefühl gerippter schwarzer Strümpfe, welche die zarte Innenseite meiner gebeugten Beine kratzten, vermischten sich mit dem dumpfen Druck eines niederen Bedürfnisses, dessen Befriedigung ich weiter und weiter hinausschob. Fast eine Stunde verging ohne ein Zeichen von Mr. Burness. Mein Bruder ging auf sein Zimmer, spielte eine Klavierübung und tauchte dann immer wieder aufs neue in eine der Melodien ein, die ich nicht ausstehen konnte – die Unterweisung der künstlichen Blumen in *Faust* («... *dites-lui qu'elle est belle* ...») oder Wladimir Lenskijs Klage («... *Ku-daaa, ku-daaa, ku-daaa wy udalilissj*»). Ich verließ die obere Etage, auf der wir Kinder wohnten, und rutschte langsam das Treppengeländer in den zweiten Stock hinunter, wo die Zimmer meiner Eltern lagen. Meist waren sie um diese Zeit nicht zu Hause, und in der einfallenden Abenddämmerung wirkte der Raum auf meine jungen Sinne in seltsam teleologischer Weise, als täte die Anhäufung vertrauter Gegenstände im Dunkel ihr Äußerstes, ein endgültiges und bleibendes Bild abzugeben, welches wiederholte Aufnahmen dann auch endlich in meinem Geist zurückließen.

Das Sepiadunkel eines arktischen Mittwinternachmittags vertiefte sich zu bedrückendem Schwarz. Hier und da in der Dunkelheit spiegelten ein Bronzewinkel, ein Stück Glas oder poliertes Holz die diversen Lichtreste von der Straße, über deren Mitte die Kugeln hoher Laternen bereits ihr Mondlicht verbreiteten. Florartige Schatten huschten an der Decke entlang. In der Stille ließ das trockene Geräusch, mit dem das Blütenblatt einer Chrysantheme auf den Marmor des Tisches niederfiel, die Nerven wie eine Saite erklingen.

Das Boudoir meiner Mutter hatte einen Erker, von dem aus man die Morskaja in Richtung Marienplatz bequem übersehen konnte. Die Lippen gegen den dünnen Stoff vor der Fensterscheibe gedrückt, schmeckte ich durch den Voile hindurch immer deutlicher die Kälte des Glases. Vom gleichen Erker aus verfolgte ich einige Jahre später, beim Ausbruch der Revolution, verschiedene Kampfhandlungen und erblickte meinen ersten Toten: Er wurde auf einer Bahre weggetragen, und trotz aller Knuffe und Schubser der Bahrenträger versuchte ein schlecht beschuhter Genosse den Stiefel von einem herabbaumelnden Bein zu zerren – all dies im eiligen Laufschritt. Doch in Mr. Burness' Tagen gab es nichts zu sehen als die dunkle gedämpfte Straße und ihre lange Reihe hoch oben hängender Laternen, um die mit anmutiger, fast mutwillig verlangsamter Bewegung die Schneeflocken immer von neuem streiften, als wollten sie zeigen, wie das Kunststück gemacht wird und wie einfach es ist. Aus einem anderen Winkel konnte man im helleren, violett gefärbten Nimbus des Gaslichts den Schnee dichter fallen sehen, und dann schien es mir, als höbe und senke sich der Gebäudevorsprung, auf dem ich stand, langsam wie ein Ballon. Endlich hielt einer der Geisterschlitten, die die Straße entlangglitten, und mit schlaksiger Eile stakte Mr. Burness mit seiner *schapka* aus Fuchspelz auf unsere Tür zu.

Von der Schulstube, in die ich ihm vorausgegangen war, hörte ich seine kräftigen, krachenden Schritte näher und näher kommen, und so kalt der Tag auch sein mochte – wenn er hereinkam, stand ihm dichter Schweiß im freundlichen, geröteten Gesicht. Ich entsinne mich der mächtigen Energie, mit der er den spritzenden Federhalter aufdrückte, wenn er mir in der rundesten aller Handschriften die Schularbeiten für den nächsten Tag aufschrieb. Am Ende der Stunde wurde gewöhnlich ein bestimmter Limerick erbeten und gewährt; die Pointe der Darbietung bestand darin, daß man selber unfreiwillig das Wort *screamed* (schrie) wahrzumachen hatte, wenn Mr. Burness meine Hand in seiner Pranke zusammendrückte, während er folgende Verse rezitierte:

There was a young lady from Russia
Who (quetsch) *whenever you'd crush her.*
She (quetsch) *and she* (quetsch) ...

Inzwischen war der Schmerz so unerträglich geworden, daß wir niemals weiterkamen.

5

Der ruhige, bärtige, vornübergebeugte, altmodische Mr. Cummings, der mir 1907 oder 1908 Zeichenunterricht gab, war auch schon der Zeichenlehrer meiner Mutter gewesen. In den frühen neunziger Jahren war er als Auslandskorrespondent und Illustrator der Londoner Zeitschrift *Graphic* nach Rußland gekommen. Es ging das Gerücht, daß eheliches Unglück sein Leben verdüsterte. Eine melancholische Liebenswürdigkeit machte die Dürftigkeit seines Talents wett. Er trug einen Ulster, wenn das Wetter nicht gerade sehr mild war und er ihn mit einem grünlichbraunen Lodenmantel vertauschte.

Mich faszinierte, wie er den Spezialradiergummi gebrauchte, den er in der Westentasche bei sich trug, wie er das Blatt straff hielt und hinterher mit den Fingerrücken die «Guttalein des Percha» (wie er sagte) wegschnippte. Schweigend und traurig illustrierte er mir die marmornen Gesetze der Perspektive: Lange gerade Striche seines elegant gehaltenen, unglaublich scharfen Bleistifts ließen die Linien des von ihm aus dem Nichts geschaffenen Raumes (abstrakte Wände, zurückweichender Plafond und Fußboden) mit quälender und steriler Genauigkeit in einem entfernten hypothetischen Punkt zusammenlaufen. Quälend, weil sie mich an Eisenbahnschienen erinnerten, die symmetrisch und raffiniert vor den blutunterlaufenen Augen meiner Lieblingsmaske, eines rußbeschmierten Lokomotivführers, konvergierten; steril, weil der Raum unmöbliert und ganz und gar leer blieb, bar selbst der neutralen Statuen, die man in der uninteressanten Eingangshalle eines Museums antrifft.

Der Rest der Bildergalerie machte ihr mageres Vestibül wett. Mr. Cummings war ein Meister des Sonnenuntergangs. Seine kleinen

Aquarelle, die Angehörige unseres Haushalts gelegentlich für fünf oder zehn Rubel das Stück gekauft hatten, führten ein ziemlich gefährdetes Leben, bei dem sie in immer dunklere Winkel gerieten und schließlich von irgendeinem glatten Porzellantier oder einer neugerahmten Photographie vollends verfinstert wurden. Als ich gelernt hatte, Würfel und Kegel nicht nur zu zeichnen, sondern jene Teile, die für alle Zeiten abgewandt bleiben sollten, mit flüssigen, verschmelzenden Strichen zu schattieren, begnügte sich der freundliche alte Herr damit, unter meinem bezauberten Blick seine eigenen nassen kleinen Paradiese zu malen, Variationen einer einzigen Landschaft: einen Sommerabend mit einem orangeroten Himmel, eine Wiese, die mit dem schwarzen Saum eines fernen Waldes endete, und einen leuchtenden Fluß, der den Himmel wiederholte und sich in immer größere Ferne davonschlängelte.

Später, etwa von 1910 bis 1912, löste ihn der bekannte «Impressionist» (ein Begriff jener Zeit) Jaremitsch ab, ein humor- und formloser Mensch, der sich für einen «kühnen» Stil stark machte, für Kleckse aus stumpfen Farben, sepia- und olivbraune Schmierflekken, mittels deren ich auf gewaltigen Bogen grauen Papiers humanoide Gestalten reproduzieren mußte, die wir aus Knetmasse modellierten und in «dramatischen» Haltungen vor einem Samttuch mit Falten und Schatteneffekten aller Art aufbauten. Es war eine deprimierende Verbindung mindestens drei verschiedener Künste, alle nur ungefähr, und schließlich rebellierte ich.

An seine Stelle trat der gefeierte Dobushinskij, der mir seine Stunden gern auf dem *piano nobile* unseres Hauses in einem seiner hübschen Empfangssalons im Erdgeschoß gab, das er besonders geräuschlos betrat, als scheue er sich, mich aus meinem Versifizierungsstupor aufzuschrecken. Er ließ mich aus dem Gedächtnis so detailliert wie nur möglich Dinge zeichnen, die ich sicher schon tausendmal gesehen hatte, ohne sie doch richtig zu erfassen: eine Straßenlaterne, einen Briefkasten, das Tulpenmuster im bunten Glas unserer eigenen Haustür. Er suchte mir beizubringen, wie man das geometrische Verhältnis zwischen den schlanken Zweigen eines kahlen Alleebaumes fand, ein System visuellen Gebens und Nehmens, das eine Genauigkeit des linearen Ausdrucks verlangte, die ich in meiner Jugend nicht zuwege brachte, jedoch in meinem erwachsenen Entwicklungsstadium dankbar nicht nur anwandte, als ich während meiner sieben Jahre am Harvard Museum of Comparative Zoology Schmetterlingsgenitalien zeichnen mußte und mich in den hellen Brunnenschacht eines Mikroskops versenkte, um mit Ausziehtusche diese oder jene neue Struktur zu erfassen; sondern vielleicht auch in gewissen Momenten, wenn die literarische Komposition nach einem Zeichenprisma verlangte. Gefühlsmäßig jedoch bin ich den früheren Farbwonnen, die mir meine Mutter und ihr ehemaliger Lehrer zuteil werden ließen, doch mehr verpflichtet. Wie bereitwillig doch setzte sich Mr. Cummings auf einen Hocker, teilte mit beiden Händen im Rücken die – was? trug er einen Gehrock? ich habe nur noch die Geste vor Augen – und schickte sich an, den schwarzen blechernen Malkasten aufzumachen. Ich sah es gern, wie er seinen Pinsel behende in die verschiedenen Farben zu tauchen verstand; begleitet von dem Geklapper der Emaillenäpfchen, die appetitlich die satten, vom Pinsel eingedellten Rots und Gelbs umschlossen, saugte er sich voll; und wenn er seinen Honig gesammelt hatte, fand das Umhertasten und Zustoßen ein Ende, und mit zwei oder drei Strichen seiner saftigen Spitze durchtränkte er das «Watmanskij»-Papier mit einer gleichmäßigen Fläche orangenen Himmels, über den, solange er noch feucht war, eine langgestreckte purpurschwarze Wolke gelegt wurde. «Und das ist alles, Schätzchen», sagte Mr. Cummings. «Mehr ist nicht dabei.»

Bei einer Gelegenheit bat ich ihn, mir einen Expreßzug zu zeichnen. Ich sah zu, wie sein Stift geschickt den Kuhfänger und die detaillierten Scheinwerfer einer Lokomotive hervorbrachte, die wirkte, als sei sie gebraucht für die transsibirische Eisenbahn gekauft worden, nachdem sie in den sechziger Jahren in Promontory Point, Utah, Dienst getan hatte. Dann kamen fünf enttäuschend einfache Waggons. Als er mit ihnen fertig war, schattierte er sorgsam den reichlichen Rauch, der aus dem gewaltigen Schornstein quoll, legte den Kopf zurück und reichte mir nach einem Augenblick zufriedener Betrachtung die Zeichnung. Auch ich versuchte, zufrieden auszusehen. Er hatte den Tender vergessen.

Ein Vierteljahrhundert später erfuhr ich zweierlei: Burness, inzwischen nicht mehr am Leben, war in Edinburgh ein bekannter gelehrter Übersetzer jener romantischen russischen Gedichte gewesen, die ich in meinen Knabenjahren bis zur Raserei angehimmelt hatte; und mein bescheidener Zeichenlehrer, dessen Alter ich mit dem von Großonkeln und alten Dienern der Familie gleichgesetzt hatte, hatte etwa zur gleichen Zeit, als ich selber heiratete, ein junges estländisches Mädchen zur Frau genommen. Als ich von diesen späteren Entwicklungen erfuhr, versetzte es mir einen sonderbaren Stich; es war, als hätte das Leben selbst in meine schöpferischen Rechte eingegriffen, indem es über die subjektiven Grenzen hinausgeschlichen war, die von verbrieft und besiegelt geglaubten Kindheitserinnerungen eleganter- und billigerweise gezogen werden.

«Und was ist mit Jaremitsch?» fragte ich M. W. Dobushinskij eines Sommernachmittags in den vierziger Jahren, als wir durch einen Buchenwald in Vermont wanderten. «Ist er vergessen?» «Keineswegs», erwiderte Mstislaw Walerianowitsch. «Er war außerordentlich begabt. Ich habe keine Ahnung, was er für ein Lehrer war, aber ich weiß, Sie waren der hoffnungsloseste Schüler, den ich jemals hatte.»

KAPITEL FÜNF

I

Immer wieder habe ich die Feststellung machen müssen, daß jeder mir teure Bestandteil meiner Vergangenheit, mit dem ich die Figuren meiner Romane ausgestattet hatte, in der künstlichen Welt unweigerlich verkümmerte, der er sich so unvermittelt ausgesetzt fand. Obwohl er in meinem Geist fortlebte, hatte er seine persönliche Wärme, seinen retrospektiven Charme eingebüßt, und fortan war er meinem Roman enger zugehörig als meinem früheren Selbst, wo er dennoch einst vor der Zudringlichkeit des Künstlers so sicher schien. In meiner Erinnerung sind Häuser so lautlos wie in den Stummfilmen von einst zusammengestürzt, und das Portrait meiner alten französischen Gouvernante, die ich einmal an einen Knaben in einem meiner Bücher auslieh, verblaßt zusehends, da es nun in die Beschreibung einer Kindheit eingefügt ist, die mit der meinen nicht das mindeste zu tun hat. Der Mensch in mir empört sich gegen den Romanschriftsteller, und hier ist mein verzweifelter Versuch, zu retten, was von der armen Mademoiselle noch übrig ist.

Eine Frau von stattlicher Körperfülle, so schneite Mademoiselle im Jahre 1905 in unser Leben, als ich sechs war und mein Bruder fünf. Da wäre sie denn. Mit aller Deutlichkeit sehe ich ihr volles dunkles Haar, das hoch nach oben gebürstet ist und insgeheim ergraut; die drei Falten auf ihrer strengen Stirn; die buschigen Augenbrauen; die stahlharten Augen hinter dem schwarzrandigen Zwikker; den Anflug eines Schnurrbarts; den fleckigen Teint, der in Augenblicken des Zorns in der Gegend der dritten und fülligsten Kinnfalte, die sich stattlich über den Rüschenberg ihrer Bluse breitet, ein zusätzliches Erröten zustande bringt. Und nun setzt sie sich, oder vielmehr: sie macht sich an die Arbeit des Hinsetzens, das Gelee ihrer Wangen erbebt, ihr gewaltiges Hinterteil mit den drei Knöpfen an der Seite senkt sich behutsam; dann, in letzter Minute, liefert sie ihre Fülle dem Korbsessel aus, der aus schierer Angst in eine Salve von Knackgeräuschen ausbricht.

Wir waren etwa ein Jahr lang im Ausland gewesen. Nachdem wir den Sommer 1904 in Beaulieu und Abbazia und mehrere Monate in Wiesbaden verbracht hatten, reisten wir Anfang 1905 nach Rußland zurück. Der Monat will mir nicht einfallen. Ein Indiz ist, daß ich in Wiesbaden in die russische Kirche mitgenommen worden war – das erste Mal, daß ich überhaupt in der Kirche war –, und das könnte in der Fastenzeit gewesen sein (während des Gottesdienstes fragte ich meine Mutter, wovon der Priester und der Diakon da redeten; sie flüsterte auf englisch zurück, daß sie sagten, wir sollten uns alle lieben, doch ich verstand, daß jene beiden prächtigen Figuren in kegelförmigen schimmernden Gewändern einander versicherten, sie würden immer gute Freunde bleiben). Aus Frankfurt trafen wir in Berlin während eines Schneesturms ein und nahmen am nächsten Morgen den Nordexpreß, der aus Paris hereindonnerte. Zwölf Stunden später erreichte er die russische Grenze. Vor dem Hintergrund des Winters nahm der zeremonielle Wagen- und Lokomotivenwechsel eine seltsame neue Bedeutung an. Ein aufregendes Gefühl von *rodina*, Heimat, war zum erstenmal organisch vermischt mit dem angenehmen knirschenden Schnee, den tiefen Fußspuren darin, dem roten Glanz des Lokomotivschornsteins, den unter ihrer privaten Schicht transportablen Schnees auf dem roten Tender hoch gestapelten Birkenscheiten. Ich war knapp sechs, doch dieses Jahr im Ausland, ein Jahr schwieriger Entscheidungen und liberaler Hoffnungen, hatte einen kleinen russischen Jungen Zeuge von Erwachsenengesprächen werden lassen. Er konnte nicht umhin, in seiner eigenen Art von dem Heimweh einer Mutter und dem Patriotismus eines Vaters berührt

Die Großmutter des Autors mütterlicherseits, Olga Nikolajewna Rukawischnikow geborene Koslow (1845–1901) um 1885 in St. Petersburg

Der Vater des Autors, Wladimir Dmitrijewitsch Nabokov (1870–1922) um 1885 als Schüler mit seinen drei Brüdern (von links nach rechts: Dmitrij, Konstantin und Sergej). Mein Vater war gerade dabei, das Dritte Gymnasium abzuschließen und erstaunlich jung mit dem Studium zu beginnen. Onkel Konstantin, elf oder zwölf Jahre alt, wurde noch zu Hause unterrichtet, Onkel Dmitrij und Onkel Sergej waren *prawoweds*, d. h. Studenten der schicken Kaiserlichen Schule der Jurisprudenz.

zu werden. Als Folge davon erscheint mir jene Rückkehr nach Rußland, meine erste *bewußte* Rückkehr, jetzt, sechzig Jahre später, eine Probe – nicht der großen Heimkehr, die es niemals geben wird, sondern des unausgesetzten Traums von ihr während der langen Jahre des Exils.

Noch hatte der Sommer 1905 in Wyra keine Lepidoptera hervorgebracht. Der Dorfschulmeister unternahm lehrreiche Wanderungen mit uns («Was ihr da hört, ist das Geräusch einer Sense, die geschärft wird»; «Dieses Feld da kann sich in der nächsten Saison ausruhen»; «Ach, bloß ein kleiner Vogel – der hat keinen besonderen Namen»; «Wenn der Bauer da betrunken ist, dann wegen seiner Armut»). Der Herbst dann legte den Park mit einem Teppich aus buntem Laub aus, und Miss Robinson zeigte uns die schöne Erfindung – die dem Jungen des Botschafters, einer bekannten Figur in ihrer kleinen Welt, im Herbst zuvor solchen Spaß gemacht hatte –, Ahornblätter auf dem Boden zu sammeln und auf einem großen Blatt Papier so anzuordnen, daß sie ein fast vollständiges Spektrum bildeten (Blau fehlte allerdings – eine große Enttäuschung!), von Grün zu Zitronengelb, von Zitronengelb zu Orange und so weiter über die roten zu den purpurnen, den purpurbraunen, aufs neue den rötlichen und über die zitronengelben zurück zu den grünen (die kaum noch zu finden waren, es sei denn als Teil, als ein letzter tapferer Saum). Die ersten Fröste trafen die Astern, und immer noch zogen wir nicht in die Stadt zurück.

Jener Winter 1905/06, als Mademoiselle aus der Schweiz eintraf, war der einzige in meiner Kindheit, den ich auf dem Land verbrachte. Es war ein Jahr der Streiks, Unruhen und polizeilich gesteuerten Gemetzel, und vermutlich wollte mein Vater die Familie fern der Stadt auf unserem ruhigen Landsitz in Sicherheit wissen, wo seine Beliebtheit bei den Bauern das Risiko von Unruhen verringern würde, wie er mit Recht annahm. Es war auch ein besonders strenger Winter, der so viel Schnee brachte, wie Mademoiselle im hyperboreischen Dämmer der fernen Muskowei nur erwartet haben kann. Als sie auf dem kleinen Bahnhof Siverskij ausstieg, von dem sie bis Wyra noch etwa zehn Kilometer per Schlitten zurückzulegen hatte, war ich nicht da, sie zu begrüßen; doch hole ich es jetzt nach, wenn ich mir vorzustellen versuche, was sie während der letzten Etappe ihrer sagenhaften und unzeitigen Reise sah und fühlte. Ich weiß, ihr russischer Wortschatz bestand aus einem einzigen Wort, demselben einsamen Wort, das sie Jahre später in die Schweiz mit zurücknehmen sollte. Dieses Wort, das in ihrer Aussprache phonetisch als «giddieh» wiedergegeben werden könnte (in Wirklichkeit lautete es *gdje* mit einem offenen ä wie in «Lärm»), bedeutete «wo». Und das war nicht wenig. Wenn sie es wie den heiseren Schrei eines verirrten Vogels ausstieß, war ihm so viel fragende Gewalt eigen, daß es für alle ihre Bedürfnisse ausreichte. «Giddi-eh? Giddi-eh?» jammerte sie, nicht nur um sich zu orientieren, sondern auch, um tiefstes Elend auszudrücken: die Tatsache, daß sie ein Fremdling war, schiffbrüchig, mittellos, leidend, auf der Suche nach dem gesegneten Land, wo man sie endlich verstände.

Dank meinem Stellvertreter kann ich mir ein Bild davon machen, wie sie in der Mitte des Bahnsteigs steht, wo sie soeben ausgestiegen ist, und vergebens bietet ihr mein geisterhafter Gesandter einen Arm, den sie nicht sehen kann. («Da stand ich, von allen verlassen *comme la Comtesse Karenine*», klagte sie später beredt, wenngleich nicht ganz korrekt.) Die Tür des Warteraums geht mit jenem bebenden Wimmern auf, das Nächten starken Frosts eigentümlich ist; eine Wolke heißer Luft strömt heraus, fast so reichlich wie der Dampf aus dem großen Schornstein der keuchenden Lokomotive; und nun nimmt sich unser Kutscher Sachar ihrer an – ein stämmiger Mann im Schaffellmantel, dessen Leder nach außen gewendet ist; seine riesigen Handschuhe sehen unter der scharlachroten Schärpe hervor, unter die er sie geklemmt hat. Ich höre den Schnee unter seinen Filzstiefeln knirschen, während er sich mit dem Gepäck zu schaffen macht, das Klingeln des Pferdegeschirrs und dann seine eigene Nase, die er mit einem geschickten Schnippen und Ausschütteln von Zeigefinger und Daumen erleichtert, während er hinten um den Schlitten geht. Langsam, voller schlimmer Befürchtungen klettert «Madmaselja», wie ihr Helfer sie nennt, hinein; in Todesangst, daß der Schlitten sich in Bewegung setzen könnte, ehe ihre gewaltige Gestalt sicher untergebracht ist, klammert sie sich an ihn. Grunzend läßt sie sich schließlich fallen und schiebt die Fäuste in ihren unzureichenden Plüschmuff. Saftig schnalzt der Kutscher mit den Lippen, und die beiden Rappen Sojka und Sinka spannen die Schenkel, wechseln die Hufe und legen sich dann von neuem ins Zeug; und plötzlich macht Mademoiselles Torso einen Ruck nach hinten, der schwere Schlitten wird seiner Stahl-, Pelz- und Fleischwelt entrissen und gleitet davon in ein reibungsloses Medium, wo er eine geisterhafte Straße entlangjagt, die er kaum zu berühren scheint.

Dort, wo der Bahnhofsplatz zu Ende ist, leuchtet eine einsame Lampe und macht, daß einen Augenblick lang ein stark übertriebener Schatten, ebenfalls mit einem Muff in den Händen, neben dem Schlitten einherläuft, einen Schneebuckel erklimmt, verschwunden ist und Mademoiselle zurückläßt, um von einer Landschaft verschlungen zu werden, von der sie später mit Grausen und innigem Behagen als *«le steppe»* sprechen wird. In dem grenzenlosen Dunkel um sie herum hält sie das unstete Gefunkel ferner Dorflichter für die gelben Augen von Wölfen. Sie friert, ist steifgefroren, «bis in die Mitte des Gehirns erstarrt», denn sie schwingt sich gern mit dem wildesten hyperbolischen Ausdruck empor, wenn sie sich nicht an die platteste Redensart klammert. Hin und wieder sieht sie sich um, um sich zu vergewissern, daß der zweite Schlitten mit ihrem Koffer und der Hutschachtel auch richtig folgt – immer in demselbem Abstand, einem jener geselligen Geisterschiffe in polaren Gewässern gleich, wie sie von Entdeckungsreisenden beschrieben wurden. Den Mond nicht zu vergessen – denn gewiß durfte der Mond nicht fehlen, die volle, unglaublich klare Scheibe, die so gut zum kernigen russischen Frost paßt. Da erscheint er denn, sucht sich seinen Weg aus einer Schar kleiner fleckiger Wolken heraus, die er mit einem vagen Anflug irisierender Farben bedeckt; und wenn er dann höher steigt, versieht er die Kufenspuren, die auf dem Weg zurückbleiben, wo jeder glitzernde Schneeklumpen von einem geschwollenen Schatten hervorgehoben wird, mit einer Glasur.

Sehr schön und sehr einsam. Doch was tue ich in jenem stereoskopischen Traumland? Wie bin ich dorthin gelangt? Irgendwie sind die beiden Schlitten davongeglitten und haben auf der blauweißen Straße einen paßlosen Spion in neuenglischen Schneestiefeln und Wettermantel zurückgelassen. Das Klingen in meinen Ohren sind nicht mehr ihre sich entfernenden Glocken, es ist nur mehr mein altes summendes Blut. Alles ist still, gebannt, vom Mond verzaubert, dem Rückspiegel der Einbildungskraft. Der Schnee jedoch ist richtiger Schnee, und wenn ich mich bücke und eine Handvoll zusammenraffe, zerbröseln sechzig Jahre zwischen meinen Fingern zu glitzerndem Froststaub.

2

Eine große Petroleumlampe mit Alabasterfuß sucht sich ihren Weg ins Dämmerlicht. Sacht schwebt sie heran und senkt sich; die Hand der Erinnerung, die jetzt im weißen Baumwollhandschuh eines Dieners steckt, stellt sie in die Mitte des runden Tisches. Die Flamme wird zur Zufriedenheit eingestellt, und ein rosiger, gefältelter Seidenschirm mit eingefügten Rokoko-Wintersportansichten krönt das nunmehr nachgestellte Licht (Baumwolle in Kasimirs Ohr). Man erblickt: eine warme, helle, elegante Stube («russisches Empire») in einem verschneiten Haus – bald sollte es *le château* genannt werden –, das der Großvater meiner Mutter erbaut hatte; er hatte Angst vor Feuer gehabt und darum die Treppe aus Eisen machen lassen, so daß schließlich, als das Haus einige Zeit nach der russischen Revolution wirklich bis auf den Grund niedergebrannt wurde, diese feingeschmiedeten Stufen, durch deren offene Steigungen der Himmel zu sehen war, stehenblieben – einsam zwar, doch immer noch aufwärts führend.

Bitte noch etwas über diese Stube. Die glänzenden weißen Kehlungen der Möbel, die gestickten Rosen ihrer Polster. Das weiße Klavier. Der ovale Spiegel. An straffen Schnüren aufgehängt, die reine Stirn geneigt, bemüht er sich, ein abschüssiges Stück hellen Fußbodens und die fallenden Möbel zu halten, die sich alle seiner Umarmung entziehen. Die Glasbehänge des Lüsters. Sie geben ein sanftes Klirren von sich (einen Stock höher werden in dem Zimmer, in dem Mademoiselle wohnen wird, Sachen gerückt). Buntstifte. Ihr detailliertes Spektrum ist auf der Schachtel dargestellt, wird von denen im Innern aber niemals vollständig verwirklicht. Wir sitzen an einem runden Tisch, mein Bruder und ich und Miss Robinson, die hin und wieder auf ihre Uhr blickt: Bei diesem Schnee müssen die Wege in furchtbarem Zustand sein; und sowieso erwartet ihre Nachfolgerin, diese vage Französin, manches berufliche Ungemach.

Und jetzt die Buntstifte in Aktion. Den grünen konnte man mit einer bloßen wirbelnden Bewegung des Handgelenks dazu veranlassen, einen aufgeplusterten Baum hervorzubringen oder auch den Wasserwirbel über einem weggetauchten Krokodil. Der blaue zog einen einfachen Strich quer über das Blatt – und der Horizont aller Meere war da. Ein unbestimmter stumpfer war einem immer wieder im Weg. Der braune war ständig abgebrochen und der rote auch, aber manchmal konnte man ihn weiter benutzen, selbst wenn man es schon knacken gehört hatte; man mußte ihn nur so halten, daß die lose Spitze recht und schlecht gegen einen vorragenden Splitter gedrückt wurde. Der purpurne Knirps, mein besonderer Liebling, war derart aufgebraucht, daß er sich kaum noch handhaben ließ. Einzig der weiße, der schlanke Albino unter den Stiften, behielt seine ursprüngliche Länge bei, wenigstens bis ich herausfand, daß er alles andere war als ein Betrüger, der keine Spur auf der Seite zurückließ, sondern vielmehr das ideale Werkzeug, denn ich konnte mir beim Kritzeln vorstellen, was ich wollte.

Ach, auch diese Stifte sind unter die Gestalten in meinen Büchern verteilt worden, um erfundene Kinder zu beschäftigen; heute gehören sie mir nicht mehr ganz. Irgendwo im Wohnhaus eines Kapitels, in dem gemieteten Zimmer eines Absatzes, habe ich auch jenen geneigten Spiegel, die Lampe und die Glastropfen des Kronleuchters untergebracht. Wenig ist mir verblieben, viel ist vergeudet. Habe ich auch Box I. weggegeben (den Sohn und Gatten von Lulu, dem Schoßtier der Haushälterin), jenen alten braunen Dackel, der auf dem Sofa fest schläft? Nein, ich glaube, er gehört mir noch. Seine grauhaarige Schnauze mit der Warze im angezogenen Mundwinkel hat er in die Beugung seiner Flanke gebettet, und von Zeit zu Zeit dehnt ein tiefer Seufzer seinen Brustkorb. Er ist so alt, und sein Schlaf ist so ausgepolstert mit Träumen (von kaubaren Pantoffeln und ein paar letzten Gerüchen), daß er sich nicht rührt, als draußen leises Geläut ertönt. Dann keucht in der Diele eine pneumatische Tür und schlägt zu. Sie ist also doch eingetroffen; ich hatte so gehofft, daß sie nicht käme.

3

Ein anderer Hund, der sanftmütige Stammvater einer wütigen Familie, eine Dänische Dogge, die das Haus nicht betreten durfte, spielte bei einem Abenteuer an einem der nächsten Tage – wenn nicht schon den Tag darauf – eine wohlgefällige Rolle. Es ergab sich, daß mein Bruder und ich völlig der Obhut der neuen Gouvernante überlassen wurden. Wie ich es mir heute rekonstruiere, war meine Mutter wahrscheinlich mit ihrem Mädchen und dem jungen Trainy in das etwa achtzig Werst entfernte St. Petersburg gefahren, wo mein Vater tief in die ernsten politischen Ereignisse jenes Winters verwickelt war. Sie war schwanger und sehr nervös. Anstatt dazubleiben und Mademoiselle einzugewöhnen, war auch Miss Robinson verschwunden – zurück zu jener Botschafterfamilie, von der wir durch sie ebensoviel wußten wie sie mit Sicherheit von uns. Um zu zeigen, daß dies keine Art war, uns zu behandeln, faßte ich sofort den Plan, die aufregende Unternehmung vom Vorjahr zu wiederholen, als wir der armen Miss Hunt in Wiesbaden entwischt waren. Diesmal war die Landschaft ringsumher eine Schneewildnis, und es ist schwer zu sagen, was eigentlich das Ziel der von mir geplanten Reise gewesen sein könnte. Wir waren gerade von unserem ersten Nachmittagsspaziergang mit Mademoiselle zurückgekommen, und ich war geladen mit Enttäuschung und Haß. Mit ein wenig Nachhilfe hatte sich dem ergebenen Sergej ein Teil meiner Wut mitgeteilt. Mit einer fremden Sprache Schritt zu halten (unsere Französischkenntnisse beschränkten sich auf ein paar Brocken für den Hausgebrauch) und zu allem Überfluß auch noch unsere lieben Angewohnheiten über den Haufen geworfen zu sehen, das war mehr, als wir uns gefallen lassen konnten. Aus der *bonne promenade*, die sie uns versprochen hatte, war ein langweiliger Bummel um das Haus geworden, auf Wegen, wo der Schnee geräumt und Sand auf den eisigen Boden gestreut war. Auf Mademoiselles Geheiß hatten wir andere Sachen als sonst anzuziehen, selbst an den kältesten Tagen – schreckliche Gamaschen und Kapuzen, die uns in allen unseren Bewegungen hinderlich waren. Sie hatte uns zurückgehalten, als ich Sergej anstiftete, die sahnigen, glatten Schneehöcker zu erforschen, die im Sommer Blumenbeete gewesen waren. Sie hatte uns nicht erlaubt, unter dem orgelpfeifenartigen System gewaltiger Eiszapfen entlangzugehen, die von den Dachrinnen herunterhingen und in der späten Sonne prachtvoll glitzerten. Und sie hatte eine meiner von Miss Robinson erfundenen Lieblingsbeschäftigungen als *ignoble* untersagt – bäuchlings auf einem kleinen Plüschschlitten zu liegen, an dessen Vorderteil ein Stück Schnur befestigt war und den eine Hand in einem ledernen Fausthandschuh unter weißen Bäumen einen schneebedeckten Pfad entlangzog, indessen Sergej auf einem mit rotem Plüsch gepolsterten, hinten an meinen blauen gebundenen zweiten Schlitten nicht lag, sondern saß, und die Absätze zweier Filzstiefel direkt vor meinem Gesicht mit ein wenig einwärts gerichteten Zehen ziemlich rasch ausschritten und bald diese, bald jene Sohle über einen wunden Eisfleck schlidderte. (Hand und Füße gehörten Dmitrij, unserem ältesten und kleinsten Gärtner, und der Pfad war die Eichenallee, die die Hauptschlagader meiner Kindheit gewesen zu sein scheint.)

Ich setzte meinem Bruder einen tückischen Plan auseinander und brachte ihn dazu, sich darauf einzulassen. Sobald wir von diesem Spaziergang zurück waren, ließen wir Mademoiselle keuchend auf den Stufen zum Vestibül stehen und stürmten ins Haus, so daß sie den Eindruck haben mußte, wir wollten uns in irgendeinem entlegenen Zimmer verstecken. In Wirklichkeit liefen wir weiter, bis wir die andere Seite des Hauses erreichten und durch eine Veranda wieder in den Garten gelangten. Die oben erwähnte Dänische Dogge war im Begriff, sich umständlich auf eine nahegelegene Schneewehe einzurichten, doch während sie noch überlegte, welches Hinterbein sie heben sollte, bemerkte sie uns und kam sofort in fröhlichem Galopp herbei, um sich uns anzuschließen.

Zu dritt schlugen wir einen einigermaßen einfachen Pfad ein, wateten dann durch tieferen Schnee und erreichten schließlich die Straße, die zum Dorf führte. Inzwischen war die Sonne untergegangen. Die Dämmerung fiel mit unheimlicher Schnelligkeit ein. Mein Bruder erklärte, daß er friere und müde sei, doch ich nötigte ihn weiterzugehen und ließ ihn schließlich auf dem Hund reiten (dem einzigen in unserer Gesellschaft, dem noch wohl war). Wir waren über drei

Kilometer gelaufen, der Mond schien phantastisch klar, und seit einiger Zeit rutschte mein Bruder ohne einen Laut hin und wieder von seinem Reittier, als uns Dmitrij mit einer Laterne einholte und nach Hause brachte. «Giddi-eh, giddi-eh?» schrie Mademoiselle verzweifelt vom Hauseingang aus. Ich eilte ohne ein Wort an ihr vorbei. Mein Bruder brach in Tränen aus und kapitulierte. Die Dänische Dogge, die auf den Namen Turka hörte, kehrte zu ihren unterbrochenen Geschäften in Zusammenhang mit dienlichen und aufschlußreichen Schneewehen um das Haus herum zurück.

4

In der Kindheit verstehen wir viel von Händen, denn sie leben und schweben in unserer Höhe; die von Mademoiselle waren wegen des froschartigen Glanzes auf ihrer straffen, mit braunen Altersflecken gesprenkelten Haut wenig angenehm. Vor ihrer Zeit hatte kein Fremder je mein Gesicht gestreichelt. Mademoiselle dagegen hatte mich völlig überrumpelt, als sie mir zum Zeichen spontaner Zuneigung die Wange tätschelte. Alle ihre Angewohnheiten kommen mir wieder in den Sinn, wenn ich an ihre Hände denke. Ihr Trick, den Bleistift eher zu schälen als anzuspitzen, die Spitze auf den gewaltigen, sterilen, in grüne Wolle gehüllten Busen gerichtet. Ihre Art, den kleinen Finger ins Ohr zu stecken und schnell vibrieren zu lassen. Das Ritual, das sie jedesmal befolgte, wenn sie mir ein neues Schulheft gab. Da sie immer ein wenig außer Atem war, entfuhren ihrem ständig ein wenig geöffneten Mund in rascher Folge eine Reihe asthmatischer Atemstöße, wenn sie das Heft öffnete, um den Rand einzuknikken; das heißt, sie zog mit dem Daumennagel einen scharfen, senkrechten Strich, faltete den Blattrand nach innen, preßte ihn nach unten, ließ ihn los, glättete ihn mit dem Daumenballen, worauf das Heft flink umgedreht und gebrauchsfertig vor mich hingelegt wurde. Es folgte eine neue Feder; sie feuchtete die glänzende Stahlspitze zwischen ihren aufgeschürzten Lippen an, bevor sie sie im Tintenfaß taufte. Und glücklich über jedes Glied jedes klaren Buchstabens (um so mehr, als das vorangegangene Heft in völliger Schlamperei geendigt hatte), schrieb ich mit ungemeiner Sorgfalt das Wort *Dictée* hin, während Mademoiselle auf der Suche nach einer guten, schwierigen Stelle ihre Sammlung von Rechtschreibaufgaben durchstöberte.

5

Währenddessen ist das Bühnenbild gewechselt worden. Ein schweigsamer Requisiteur hat den bereiften Baum und die hohe Schneewehe mit ihrem xanthinfarbenen Loch beseitigt. Der Sommernachmittag wimmelt von steilen Wolken, die sich gegen die Bläue stemmen. Löchrige Schatten huschen über die Gartenwege. Kurz darauf sind die Schulstunden aus, und Mademoiselle liest uns auf der Veranda etwas vor, wo die Matten und die geflochtenen Korbstühle in der Hitze würzige, biskuitartige Gerüche ausströmen. Auf den weißen Fensterbrettern, den langen, mit ausgeblichenem Kaliko bezogenen Fensterbänken wird das Sonnenlicht, das durch Rhomboide und Quadrate farbigen Glases hereindringt, zu geometrischen Edelsteinen gebrochen. Das ist die Zeit, da sich Mademoiselle von ihrer besten Seite zeigt.

Wie viele Bände hat sie uns auf jener Veranda vorgelesen! Ihre schlanke Stimme eilte weiter und weiter, ohne je schwach zu werden, ohne das geringste Stocken oder Zögern, eine wunderbare Lesemaschine, völlig unabhängig von ihren kranken Bronchien. Es wurde uns alles zuteil: *Les Malheurs de Sophie*, *Le Tour du Monde en Quatre-Vingts Jours*, *Le Petit Chose*, *Les Misérables*, *Le Comte de Monte Christo* und vieles andere. Da saß sie und ließ dem stillen Gefängnis ihres Körpers die Lesestimme entrinnen. Außer ihren Lippen war eine ihrer Kinnfalten, die kleinste, aber richtige, der einzige bewegliche Teil ihrer buddhagleichen Masse. Das schwarzumrandete Pincenez spiegelte die Ewigkeit. Zuzeiten ließ sich eine Fliege auf ihrer gestrengen Stirn nieder, und sofort sprangen ihre drei Falten in die Höhe wie drei Läufer über drei Hürden. Doch nicht das geringste änderte sich an dem Ausdruck ihres Gesichts – dieses Gesichts, das ich so oft in meinem Zeichenblock festzuhalten versuchte, denn seine unbewegte und einfache Symmetrie brachte meinen heimlichen Bleistift viel stärker in Versuchung als die Blumenschale oder die Lockente vor mir auf dem Tisch, die ich vermeintlich zeichnete.

Bald darauf war ich mit meinen Gedanken noch weiter weg, und dann vielleicht erfüllte die seltene Reinheit ihrer rhythmischen Stimme ihren wahren Zweck. Ich sah zu einem Baum hin, und die Bewegung seiner Blätter entlieh sich diesen Rhythmus. Jegor machte sich zwischen den Päonien zu schaffen. Eine Bachstelze tat ein paar Schritte, blieb stehen, als sei ihr etwas eingefallen – und stelzte ihrem Namen getreu mit wippendem Schwanz weiter. Aus dem Nirgendwo kam ein C-Falter herbei und ließ sich auf der Schwelle nieder, breitete die eckigen, rötlichgelben Flügel aus, um sie von der Sonne bescheinen zu lassen, schloß sie plötzlich, nur um die winzigen Kreideinitiale auf ihrer dunklen Unterseite zu zeigen, und schoß ebenso plötzlich davon. Aber die beständigste Quelle des Entzückens während dieser Lesestunden bildete das Harlekinmuster der bunten Glasscheiben auf beiden Seiten der Veranda, die in ein weißgetünchtes Rahmengestänge eingefaßt waren. Wenn man den Garten durch diese Zaubergläser betrachtete, so wirkte er seltsam still und fern. Sah man durch das blaue Glas, dann verwandelte sich der Sand in Asche, während tintige Bäume in einem tropischen Himmel schwammen. Das gelbe schuf eine Ambrawelt, die mit einem extra starken Sonnenscheingebräu durchtränkt war. Das rote ließ die Blätter der Bäume dunkel wie Rubine auf einen rosa Fußweg niederhangen. Das grüne badete das grüne Laub in einem grüneren Grün. Und wenn man sich nach all diesem Reichtum einem kleinen Quadrat gewöhnlichen, faden Glases mit seiner einsamen Mücke oder lahmen langbeinigen Schnake zuwandte, war es, als nehme man einen Schluck Wasser, ohne durstig zu sein, und unter bekannten Bäumen erblickte man eine nüchterne weiße Bank. Doch von allen Fenstern ist gerade dies die Scheibe, durch die in späteren Jahren dürstende Sehnsucht zu spähen wünschte.

Mademoiselle erfuhr nie, welche machtvolle Wirkung der gleichmäßige Strom ihrer Stimme hatte. Die Ansprüche, die sie später geltend machte, waren ganz anderer Art. «Ach», seufzte sie, «*comme on s'aimait* – wie lieb hatten wir uns! Die guten alten Zeiten im *château*! Die tote Wachspuppe, die wir einmal unter der Eiche begruben! (Nein – eine mit Wolle ausgestopfte Negerpuppe.) Und wie ihr beide, du und Sergej, einmal weggerannt seid und mich stolpernd und jammernd mitten im Wald allein gelassen habt! (Übertrieben.) *Ah, la fessée que je vous ai flanquée* – Puh, was habe ich euch für eine Tracht Prügel verabreicht! (Sie hatte wirklich einmal versucht, mich zu ohrfeigen, aber der Versuch war nie wiederholt worden.) *Votre tante, la Princesse*, die du mit deinem Fäustchen geschlagen hast, weil sie frech zu mir gewesen war! (Nicht daß ich wüßte.) Und wie du mir deine kindlichen Kümmernisse ins Ohr geflüstert hast! (Nie.) Und die gemütliche Ecke in meinem Zimmer, in die du dich so gerne gekuschelt hast, weil du dich dort so warm und geborgen fühltest!»

Mademoiselles Zimmer, das auf dem Land wie das in der Stadt, war mir ein nicht geheurer Ort – eine Art Gewächshaus, das eine dickblättrige Pflanze beherbergte und von einem schweren, enuretischen Geruch erfüllt war. Obwohl es gleich neben dem unseren lag, als wir noch klein waren, schien es doch nicht zu unserem angenehmen, gut gelüfteten Haus zu gehören. In jenem widerwärtigen Nebel, in dem unter anderen wolligeren Ausdünstungen der braune Geruch oxidierter Apfelschalen hing, brannte die Lampe mit niedriger Flamme, und seltsame Dinge schimmerten auf dem Schreibtisch: eine Lackschachtel mit Lakritzestangen, von denen sie mit ihrem Federmesser schwarze Stückchen abhackte und unter der Zunge zergehen ließ; eine Ansichtskarte mit einem See und einem Schloß, dem glitzernde Perlmuttplättchen als Fenster dienten; eine höckrige Kugel aus fest zusammengerolltem Stanniolpapier, das von all der Schokolade stammte, an der sie sich abends gütlich tat; Photographien des verstorbenen Neffen, seiner Mutter, die ihr Portrait *Mater Dolorosa* gezeichnet hatte, und eines gewissen Monsieur de Marante, den seine Familie gezwungen hatte, eine reiche Witwe zu ehelichen.

Ein Bild in einem verschnörkelten granatbesetzten Rahmen stach alle anderen aus; es zeigte im Dreiviertelprofil ein rankes brünettes Mädchen mit engsitzendem Kleid, tapferen Augen und vollem Haar. «Ein Zopf, so dick wie mein Arm, der mir bis an die Fußgelenke reichte!» war Mademoiselles melodramatischer Kommentar.

Denn dies war sie gewesen – doch vergebens musterten meine Augen die vertraute Gestalt, um das liebliche Geschöpf, das sie verschlungen hatte, wieder zu extrahieren. Entdeckungen, wie mein entgeisterter Bruder und ich sie machten, erschwerten das Vorhaben nur noch; und die Erwachsenen, die tagsüber eine dichtbekleidete Mademoiselle vor Augen hatten, sahen nie, was wir Kinder sahen, wenn einer von uns schreiend aus einem bösen Traum aufschrak und sie weckte; aufgelöst, eine Kerze in der Hand, einen Schimmer goldener Spitzen auf ihrem blutroten Morgenrock, der ihre quabbelige Masse nicht ganz zu umwickeln vermochte, kam die gräßliche Jézabel aus Racines absurdem Stück barfuß in unser Schlafzimmer gestampft.

Im Einschlafen bin ich mein ganzes Leben lang schlecht gewesen. Eisenbahnreisende, die ihre Zeitung beiseite legen, die einfältigen Arme verschränken und in beleidigender Vertraulichkeit auf der Stelle zu schnarchen anfangen, setzen mich ebenso in Erstaunen wie der ungenierte Kerl, der im Beisein eines geschwätzigen Badenden defäkiert, der an Massendemonstrationen teilnimmt oder einer Vereinigung beitritt, um in ihr aufzugehen. Die des Schlafens ist die schwachsinnigste Korporation der Welt, die mit den höchsten Beiträgen und den rohesten Ritualen. Er ist eine geistige Tortur, die ich erniedrigend finde. Die Mühe und Not des Schreibens zwingen mich leider oft, eine starke Tablette zu schlucken, die mir eine oder zwei Stunden fürchterlicher Albträume schenkt, oder gar die komische Erleichterung eines mittäglichen «Nickerchens» zu akzeptieren, so wie ein seniler Wüstling zum nächsten Euthanasium wanken mag; doch ich kann mich einfach nicht an den allnächtlichen Verrat der Vernunft, der Menschlichkeit, des Genies gewöhnen. Wie groß meine Müdigkeit auch ist – der Schmerz, mich vom Bewußtsein zu trennen, ist mir unaussprechlich zuwider. Ich verabscheue Somnus, diesen schwarz maskierten Scharfrichter, der mich an den Block fesselt; und wenn ich mich im Laufe der Jahre mit der Annäherung an eine weit gründlichere und noch viel lachhaftere Desintegration, die, wie ich zugebe, dem Schlaf heutzunacht viel von seinem Routineschrecken nimmt, genügend an meine allnächtliche Prüfung gewöhnt habe, um mich fast zu brüsten, wenn das vertraute Beil aus seinem großen samtgefütterten Kontrabaßkoffer genommen wird, hatte ich am Anfang keinen solchen Trost oder Schutz: Nichts hatte ich – außer einem Notlicht im potentiell strahlenden Kronleuchter von Mademoiselles Schlafzimmer, dessen Tür auf Anweisung unseres Hausarztes (Ihnen einen Gruß, Dr. Sokolow) einen Spaltweit aufblieb. Ihre Vertikale milden Lichts (welche die Tränen eines Kindes in die blendenden Strahlen des Mitleids verwandeln konnten) war etwas, woran ich mich halten konnte, denn im völligen Dunkel überkam mich Schwindel, und in einer Travestie des Todeskampfes löste mein Geist sich auf.

Immer konnte man sich auf die Samstagabende freuen oder hätte sich doch auf sie freuen können, denn dies war die Zeit, da sich Mademoiselle, die der klassischen Hygieneschule anhing und unsere *toquades anglaises* bloß als Quelle für Erkältungen betrachtete, den gefährlichen Luxus eines wöchentlichen Bades gönnte und so meinem dünnen Lichtstreif eine längere Frist gewährte. Doch dann hob eine ausgesuchtere Folter an.

Wir sind inzwischen in unser Stadthaus umgezogen, ein elegantes, italienisierendes Gebäude aus finnischem Granit mit Blumenfresken über dem dritten (obersten) Stockwerk und einem Erker im zweiten, das mein Großvater um 1885 in St. Petersburg (dem heutigen Leningrad), Morskaja-Straße 47 (der heutigen Herzen-Straße), hatte erbauen lassen. Die Kinder bewohnten den dritten Stock. In dem hier gewählten Jahr 1908 hatten mein Bruder und ich noch ein gemeinsames Kinderzimmer. Das Mademoiselle zugewiesene Badezimmer lag am Ende eines Z-förmigen Korridors, etwa zwanzig Herzschläge von meinem Bett entfernt, und während ich einerseits mit Schrecken Mademoiselles vorzeitige Rückkehr in ihr erleuchtetes Zimmer erwartete und andererseits das regelmäßige leichte Schnarchen meines Bruders hinter dem uns trennenden japanisierenden Wandschirm beneidete, gelang es mir niemals, die mir geschenkte Zeit zu nutzen, indem ich geschwind einschlief, solange ein Spalt im Dunkel von einem Stückchen meiner selbst im Nichts Zeugnis ablegte. Schließlich näherten sie sich, jene unerbittlichen Schritte, die den Korridor entlangschlurften und irgendeinen kleinen gläsernen Gegenstand, der im geheimen meine Wache geteilt hatte, auf seinem Regal vor Unmut erklirren ließen.

Jetzt ist sie wieder in ihrem Zimmer. Eine rasche Änderung der Lichtwerte sagt mir, daß die Kerze auf dem Nachttisch die Aufgabe der Glühbirnentraube an der Decke übernommen hat, die erst mit ein paar Klickgeräuschen zwei weitere Stufen natürlicher und dann übernatürlicher Helligkeit durchlaufen hatte und dann ganz ausgeknipst worden war. Mein Lichtstreif ist immer noch da, doch er ist alt und schwach geworden und flackert, wenn Mademoiselles Bett bei jeder Bewegung knarrt. Denn immer noch kann ich sie hören. Jetzt ist es ein silbriges Knistern, das «Suchard» bedeutet; jetzt das Ritsch-Ratsch eines Obstmessers, das die Seiten der *Revue des Deux Mondes* aufschneidet. Eine Periode des Niedergangs hat begonnen: Sie liest Bourget. Keins seiner Worte wird ihn überleben. Das Verhängnis ist nah. Ich bin in Not, versuche verzweifelt, den Schlaf zu betören, öffne alle paar Sekunden die Augen, um mich vom Vorhandensein des dunkler gewordenen Lichtschimmers zu überzeugen, und stelle mir das Paradies als einen Ort vor, wo ein schlafloser Nachbar beim Licht einer ewigen Kerze in einem endlosen Buche liest.

Das Unvermeidliche geschieht: Mit einem Schnappen schließt sich das Pincenez-Etui, die Zeitschrift wird raschelnd auf den Marmor des Nachttisches geschoben, und Mademoiselles gespitztem Mund entweicht ein böiger Luftstoß; der erste Versuch schlägt fehl, eine angeschlagene Flamme krümmt und duckt sich; dann folgt ein zweiter Angriff, und das Licht bricht zusammen. In der pechigen Schwärze verliere ich die Orientierung, mein Bett scheint langsam davonzutreiben, in panischer Angst setze ich mich auf und starre vor mich hin; endlich unterscheiden meine an die Dunkelheit gewöhnten Augen zwischen lauter entoptischen Schwebewesen gewisse kostbarere Flecken, die in zielloser Gedächtnislosigkeit herumwandern, bis sie sich schwach erinnern und als die undeutlichen Falten von Fenstervorhängen zur Ruhe kommen, hinter denen ferne Straßenlaternen am Leben sind.

Wie ganz und gar nicht paßten die Nöte der Nacht zu den erregenden Petersburger Morgen, wenn der wilde und sanfte, feuchte und blendende arktische Frühling Eisschollen die meerleuchtende Newa hinuntertrieb! Er ließ die Dächer erglänzen. Er verlieh dem Schneematsch auf den Straßen eine satte violette Färbung, die ich seitdem nirgends mehr gesehen habe. An diesen herrlichen Tagen *on allait se promener en équipage* – der altmodische europäische Ausdruck, der in unserem Milieu üblich war. Mühelos fühle ich aufs neue den erfreulichen Wechsel aus dem dick wattierten, knielangen *poluschubok* mit dem heißen Biberkragen in den kurzen marineblauen Mantel mit Ankerknöpfen aus Messing. Im offenen Landauer verbindet mich das Tal einer Schoßdecke mit den Inhabern des interessanteren Rücksitzes, der majestätischen Mademoiselle und dem triumphierenden, tränenverschmierten Sergej, mit dem ich mich zu Hause gerade gezankt hatte. Hin und wieder versetze ich ihm unter unserer gemeinsamen Decke einen leichten Fußtritt, bis Mademoiselle es mir ernsthaft untersagt. Wir treiben vorbei an den Schaufenstern von Fabergé, dessen Mineralmonstrositäten, juwelenbesetzte Trojkas auf marmornen Straußeneiern und dergleichen, von der kaiserlichen Familie sehr geschätzt, von unserer dagegen für Embleme grotesker Protzerei gehalten wurden. Kirchenglocken läuten, über dem Tor des Palasts fliegt der erste Zitronenfalter, in einem Monat kehren wir wieder zurück aufs Land; und wenn ich nach oben blicke, kann ich sehen, wie sich große, straffe, halbdurchsichtige Fahnen blähen, die hoch über der Straße von Hausfront zu Hausfront ausgespannt sind und deren drei breite Streifen – hellrot, hellblau und einfach hell – durch die Sonne und die ziehenden Wolkenschatten jedes zu direkten Zusammenhangs mit einem Kaiserfeiertag beraubt waren; heute, in der Stadt der Erinnerung, feiern sie jedoch unzweifelhaft das Wesen jenes Frühlingstages, das Platschen des Matsches, den Beginn von Ziegenpeter, den zerzausten exotischen Vogel mit einem blutunterlaufenen Auge auf Mademoiselles Hut.

6

Sieben Jahre lang wohnte sie bei uns, und die Unterrichtsstunden wurden immer seltener und ihre Laune immer schlechter. Dennoch schien sie im Vergleich zu der Ebbe und Flut englischer Gouvernanten und russischer Hauslehrer, die in unserem großen Haushalt kamen und gingen, wie ein Felsblock von ingrimmiger Beständigkeit. Sie stand mit allen von ihnen auf gespanntem Fuß. Im Sommer fanden sich zu den Mahlzeiten selten weniger als fünfzehn Leute ein, und zumal an Geburtstagen, wenn ihre Zahl auf dreißig oder mehr stieg, wurde die Frage der Tischordnung für Mademoiselle zu einem besonders brennenden Problem. Onkel und Tanten und Vettern kamen an solchen Tagen von den Nachbargütern herüber, der Dorfarzt traf in seinem Dogcart ein, und im kühlen Flur hörte man den Dorfschulmeister die Nase schneuzen, wenn er mit einem grünlichen, feuchten, knarrenden Maiglöckchenstrauß in der Faust oder einem aus himmelblauen, kurzlebigen Kornblumen von Spiegel zu Spiegel ging.

Wenn Mademoiselle meinte, daß sie zu weit unten am Tisch saß, und besonders wenn sie hinter einer gewissen armen Verwandten rangierte, die fast ebenso beleibt war wie sie (*«Je suis une sylphide à côté d'elle»*, pflegte Mademoiselle mit einem verächtlichen Achselzucken zu sagen), verzog ihr das Gefühl, daß ihr ein Schimpf angetan worden sei, die Lippen zu einem zuckenden, vermeintlich ironischen Lächeln – und wenn dann ein naiver Nachbar zurücklächelte, schüttelte sie, als komme sie aus tiefster Kontemplation, schnell den Kopf und bemerkte: *«Excusez-moi, je souriais à mes tristes pensées.»*

Und als hätte die Natur ihr nichts ersparen wollen, was einen überempfindlich macht, hörte sie schwer. Bei Tisch bemerkten wir Jungen bisweilen, wie zwei große Tränen Mademoiselles stattliche Wangen herunterkullerten. «Laßt euch nicht stören», sagte sie mit leiser Stimme und aß weiter, bis die nicht fortgewischten Tränen ihr die Sicht raubten; dann schluchzte sie gebrochenen Herzens auf, erhob sich und wankte aus dem Speisezimmer. Nach und nach kam die Wahrheit ans Licht. Das Tischgespräch hatte sich etwa um das Kriegsschiff gedreht, das unter dem Kommando meines Onkels stand, und sie hatte darin eine hinterhältige Stichelei gegen ihre Schweiz gesehen, die keine Marine besaß. Oder sie bildete sich ein, daß jedesmal, wenn Französisch gesprochen wurde, unser abgekartetes Spiel darin bestand, sie mutwillig daran zu hindern, die Konversation zu lenken und mit ihren Kleinodien zu zieren. Die arme

Frau, sie war immer in so nervöser Hast, sich verständlicher Tischgespräche zu bemächtigen, bevor sie wieder ins Russische verfielen, daß es kein Wunder ist, wenn sie ihr Stichwort verpaßte.

«Und Ihr Parlament, mein Herr, was treibt es so?» platzte sie etwa an ihrem Tischende pfiffig heraus, als Herausforderung an meinen Vater, der nach einem aufreibenden Tag wenig Lust verspürte, seine politischen Sorgen mit einem höchst unwirklichen Menschen zu erörtern, dem sie ebenso unbegreiflich wie gleichgültig waren. Glaubte sie, daß von Musik die Rede war, so sprudelte sie hervor: «Aber auch Stille kann schön sein. Wirklich, eines Abends habe ich in einem menschenleeren Alpental die Stille tatsächlich *gehört.*» Zumal als ihre zunehmende Taubheit sie Fragen beantworten ließ, die niemand gestellt hatte, führten Salven dieser Art zu peinlichem Schweigen, anstatt die Raketen einer angeregten *causerie* zu zünden.

Und dabei war ihr Französisch so wunderschön! Sollte man an der Seichtheit ihrer Bildung, der Bitternis ihrer Launen, der Banalität ihres Geistes Anstoß nehmen, wenn ihre perlende Sprache rieselte und funkelte, so bar jedes Sinns wie die alliterativen Sünden in Racines frommen Versen? Die Bibliothek meines Vaters und nicht ihr begrenzter Wissensschatz lehrte mich wahre Poesie schätzen; dennoch haben Glanz und Transparenz ihrer Sprache höchst erfrischend auf mich gewirkt, wie eins jener Brausesalze, die man einnimmt, um das Blut zu reinigen. Darum auch macht es mich heute so traurig, daran zu denken, welche Seelenqual es Mademoiselle bereitet haben muß, die Nachtigallenstimme, die aus ihrem Elefantenkörper drang, so wenig beachtet und so gering geschätzt zu wissen. Sie wohnte lange, viel zu lange bei uns und hoffte beharrlich auf irgendein Wunder, das sie in eine Art Madame de Rambouillet verwandeln würde, die einen gülden-seidenen Salon von Dichtern, Fürsten und Staatsmännern in ihrem geistvollen Bann hält.

Sie hätte weiter gehofft, wäre nicht Lenskij dazwischengekommen, ein junger russischer Hauslehrer mit milden kurzsichtigen Augen und entschiedenen politischen Ansichten, der engagiert worden war, um uns in verschiedenen Fächern zu unterrichten und mit uns Sport zu treiben. Er hatte mehrere Vorgänger gehabt, denen allen Mademoiselle nicht gewogen war, doch er, er war *«le comble»*, wie sie sich ausdrückte. Während er meinen Vater verehrte, gingen ihm gewisse Aspekte unseres Haushalts ziemlich wider den Strich, Diener und Französisch zum Beispiel, welch letzteres er für einen aristokratischen Brauch hielt, der im Hause eines Liberalen nichts zu suchen hätte. Auf der anderen Seite kam Mademoiselle zu dem Schluß, daß es nicht an Lenskijs fehlenden Französischkenntnissen lag, wenn er ihre unverblümten Fragen nur mit kurzen Grunzlauten beantwortete (die er in Ermangelung einer besseren Sprache zu germanisieren suchte), sondern daß er sie vor allen Leuten beleidigen wollte.

Ich höre und sehe noch, wie Mademoiselle ihn mit honigsüßer Stimme und einem unheilvollen Beben ihrer Oberlippe ersuchte, ihr das Brot zu reichen; und ebenso sehe und höre ich Lenskij unbeirrt und bar aller Französischkenntnisse seine Suppe weiterlöffeln; schließlich stieß Mademoiselle mit einem schneidenden *«Pardon, Monsieur»* direkt über seinen Teller hinweg auf den Brotkorb nieder, raffte ihn an sich und lehnte sich mit einem *«Merci!»* zurück, in das so viel Ironie gepackt war, daß Lenskijs flaumige Ohren geranienrot anliefen. «Der Halunke! Der Lump! Der Nihilist!» schluchzte sie später in ihrem Zimmer – das nicht mehr neben unserem, aber noch immer auf der gleichen Etage lag.

Wenn Lenskij zufällig die Treppe heruntergesprungen kam, während sie sich hinaufschleppte und alle zehn Schritte eine asthmatische Pause einlegen mußte (denn der kleine hydraulische Fahrstuhl in unserem Petersburger Haus verweigerte ständig und in ziemlich gemeiner Weise den Dienst), behauptete Mademoiselle, er habe sie boshaft angerempelt, zur Seite gestoßen, niedergeschlagen, und wir sahen schon, wie er ihren hingestreckten Körper mit Füßen trat. Immer häufiger verließ sie die Tafel, und das Dessert, welches ihr entgangen wäre, wurde ihr diplomatisch nachgeschickt. Aus ihrem entlegenen Zimmer schrieb sie einen sechzehnseitigen Brief an meine Mutter, die hinaufeilte und sie dabei antraf, wie sie theatralisch den Koffer packte. Und eines Tages hinderte man sie nicht am Weiterpacken.

7

Sie kehrte in die Schweiz zurück. Der Erste Weltkrieg kam, dann die Revolution. In den frühen zwanziger Jahren, lange nachdem unser Briefwechsel versickert war, fügte es eine zufällige Wendung in meinem Emigrantendasein, daß ich mit einem Kommilitonen nach Lausanne kam; ich sagte mir, daß ich ruhig Mademoiselle aufsuchen könne, falls sie noch am Leben wäre.

Sie lebte noch. Fülliger denn je, stark ergraut und fast völlig taub, begrüßte sie mich mit einem ungestümen Ausbruch von Herzlichkeit. Die Stelle der Ansichtskarte von Schloß Chillon nahm jetzt ein Prunkstück von einer Trojka ein. Sie fand so warme Worte für ihr Leben in Rußland, als handelte es sich um ihre eigene verlorene Heimat. Und wirklich entdeckte ich in der Nachbarschaft eine ganze Kolonie solcher alten Schweizer Gouvernanten. Sie hatten sich zusammengetan, um ihre konkurrierenden Reminiszenzen immer wieder von neuem durchzuhecheln, und bildeten ein kleines Eiland in einer Umwelt, die ihnen fremd geworden war. Mademoiselles Busenfreundin war jetzt die mumiengleiche Mlle Golay, die frühere Gouvernante meiner Mutter, mit fünfundachtzig immer noch gedrechselt und pessimistisch; sie war lange nach der Heirat meiner Mutter in der Familie geblieben und nur ein paar Jahre vor Mademoiselle in die Schweiz zurückgekehrt; als beide noch unter unserem Dach wohnten, hatten sie nicht miteinander geredet. In seiner Vergangenheit ist man immer zu Hause, was zu einem Teil wenigstens die postume Liebe erklärt, die diese rührenden Damen einem fernen und offen gesagt ziemlich grausigen Land entgegenbrachten, das sie niemals wirklich gekannt hatten und in dem keine von ihnen so recht glücklich gewesen war.

Da Mademoiselles Taubheit keine Unterhaltung zuließ, beschlossen mein Freund und ich, ihr am nächsten Tag das Gerät zu bringen, das sie sich anscheinend nicht leisten konnte. Anfangs hielt sie den unhandlichen Gegenstand falsch, aber kaum hatte sie ihn angesetzt, da wandte sie sich mir mit einem betroffenen Ausdruck feuchter Verwunderung und Glückseligkeit in ihren Augen zu. Sie schwor, daß sie jedes Wort, jedes Murmeln von mir hören könne. Sie konnte es nicht, denn da ich meine Zweifel hatte, hatte ich kein Wort gesprochen. Hätte ich es getan, so hätte ich ihr gesagt, daß sie sich bei meinem Freund, der das Instrument bezahlt hatte, bedanken solle. War es die Stille, die sie damals hörte, jene alpine Stille, von der sie einstmals gesprochen hatte? Einst hatte sie sich selber angelogen; jetzt log sie mich an.

Bevor ich nach Basel und Berlin weiterreiste, geschah es, daß ich in der kalten, nebligen Nacht am See entlangging. An einer Stelle verdünnte ein einsames, trübes Licht die Dunkelheit und verwandelte den Nebel in einen sichtbaren Nieselregen. *«Il pleut toujours en Suisse»*, war eine jener beiläufigen Bemerkungen, die Mademoiselle früher zu Tränen gerührt hatten. Unten zogen eine weite Kräuselung, fast eine Welle und etwas undeutlich Weißes meinen Blick auf sich. Als ich mich dem platschenden Wasser näherte, sah ich, was es war – ein alter Schwan, ein großes, schwerfälliges, drontenhaftes Tier, das lächerliche Anstrengungen machte, in ein vertäutes Boot hinaufzuklettern. Er schaffte es nicht. Das schwere, ohnmächtige Flappen seiner Flügel, das schlüpfrige Geräusch, das sie an dem schwankenden und plätschernden Boot machten, der klebrige Glanz der dunklen Wogen, wo der Lichtschein sie traf – all dem schien für einen Augenblick jene seltsame Bedeutung eigen, die in Träumen bisweilen einem Finger zukommt, der an stumme Lippen gedrückt wird und dann auf etwas hinweist, das der Träumer nicht mehr zu erkennen vermag, ehe er aus seinem Schlaf hochfährt. Obwohl ich jene düstere Nacht bald vergaß, war es seltsam genug gerade sie, gerade dieses komplexe Bild – Schauder und Schwan und schwellende Welle –, das mir zuerst in den Sinn kam, als ich einige Jahre darauf erfuhr, daß Mademoiselle gestorben war.

Sie hatte ihr ganzes Leben damit zugebracht, sich elend zu fühlen; diese Misere war ihr ureigenes Element; allein ihre Schwankungen, ihre wechselnden Tiefen hatten ihr das Gefühl gegeben, sich zu bewegen und zu leben. Was mich stört, ist, daß die Empfänglichkeit für Elend und nichts außer ihm nicht hinlangt für eine dauerhafte Seele. Meine gewaltige und verdrossene Mademoiselle ist wohl auf Erden, nicht aber in der Ewigkeit möglich. Habe ich sie wirklich aus der Dichtung gerettet? Kurz bevor der Rhythmus, den ich vernehme, stockt und verklingt, ertappe ich mich bei der Frage, ob mir nicht während all der Jahre, da ich sie gekannt hatte, irgend etwas in ihr völlig entgangen war, das viel mehr war als ihre Kinnfalten oder ihre Eigenheiten oder selbst ihr Französisch – irgend etwas, das möglicherweise ihrem letzten Anblick verwandt war, dem sinnreichen Täuschungsmanöver, zu dem sie ihre Zuflucht genommen hatte, damit ich zufrieden über meine eigene Güte von ihr gehe, oder jenem Schwan, dessen Qual künstlerischer Wahrheit so viel näher kam als die bleichen Arme einer niedersinkenden Tänzerin; kurz, irgend etwas, das ich erst gewahren konnte, als die Dinge und Wesen, die ich in der Sicherheit meiner Kindheit am meisten geliebt hatte, zu Asche geworden oder mitten ins Herz getroffen waren.

Mademoiselles Geschichte hat einen Anhang. Als ich sie niederschrieb, wußte ich nicht, daß es auch noch andere erstaunliche Langlebigkeiten gegeben hatte. So erzählte mir 1960 mein Londoner Cousin Peter de Peterson, daß ihre englische Nanny, welche mir schon 1904 in Abbazia alt vorgekommen war, inzwischen über neunzig sei und bei bester Gesundheit; auch hatte ich keine Ahnung, daß die Gouvernante der beiden jüngeren Schwestern meines Vaters, Mlle Bouvier (die spätere Mme Conrad), meinen Vater um fast ein halbes Jahrhundert überlebte. Sie war 1889 ins Haus gekommen und als letzte in einer Serie von Gouvernanten sechs Jahre lang geblieben. Ein hübsches kleines Andenken, das Peters Vater Iwan de Peterson 1895 gezeichnet hatte, zeigt Vignetten verschiedener Ereignisse des Lebens in Batowo und darunter eine Inschrift in der Handschrift meines Vaters: *A celle qui a toujours su se faire aimer et qui ne saura jamais se faire oublier*; angefügt waren die Unterschriften vier junger männlicher Nabokovs und dreier ihrer Schwestern, Natalia, Jelisaweta und Nadeshda, desgleichen von Natalias Mann, ihrem kleinen Sohn Mitik, zwei Cousinen und von Iwan Alexandrowitsch Tichozkij, dem russischen Hauslehrer. Fünfundsechzig Jahre später entdeckte meine Schwester Elena in Genf Mme Conrad, die sich in der zehnten Dekade ihres Lebens befand. Die greise Dame übersprang eine Generation und hielt Elena naiverweise für unsere Mutter, damals ein achtzehnjähriges Mädchen, das mit Mlle Golay von Wyra nach Batowo herübergefahren kam – in jener fernen Zeit, deren Licht so viele ingeniöse Weisen findet, mich zu erreichen.

KAPITEL SECHS

I

An Sommermorgen im sagenhaften Rußland meiner Kindheit galt mein erster Blick nach dem Erwachen dem Spalt zwischen den inneren Fensterläden. Zeigte er eine wässerige Farblosigkeit, so tat man besser daran, die Läden gar nicht zu öffnen und so des Anblicks eines trüben Tages, der seinem Bild in einer Pfütze Modell stand, enthoben zu sein. Wie widerwillig schloß man von einem Strich matten Lichts auf den bleiernen Himmel, den aufgeweichten Sand, das haferbreiartige Tohuwabohu abgerissener brauner Blüten unter den Fliederbüschen – und auf jenes flache, fahle Blatt (das erste Opfer der Jahreszeit), welches auf einer nassen Gartenbank klebte!

Doch war der Spalt ein langer Strahl tauiger Helligkeit, dann konnte ich das Fenster nicht schnell genug veranlassen, seinen Schatz preiszugeben. Mit einem Schlag wurde das Zimmer in Licht und Schatten gespalten. Das Laub der Birken, das sich in der Sonne regte, war durchsichtig grün wie Weinbeeren, und als Kontrast dazu gab es den dunklen Samt von Tannen vor einem ungewöhnlich intensiven Blau, wie ich es erst viele Jahre später im gebirgigen Teil von Colorado wiederfand.

Von meinem siebenten Lebensjahr an wurde alles, was ich im Zusammenhang mit einem Rechteck eingerahmten Sonnenscheins empfand, von einer einzigen Leidenschaft beherrscht. Gehörte der erste Blick am Morgen der Sonne, so gehörte mein erster Gedanke den Schmetterlingen, die sie hervorbringen würde. Das ursprüngliche Ereignis war banal genug gewesen. Mein Schutzengel (dessen Flügel denen von Fra Angelicos Gabriel ähneln, nur daß ihnen der florentinische Limbus fehlt) hatte mich auf einen seltenen Besuch auf der Heckenkirsche hingewiesen, die über der geschnitzten Rükkenlehne einer Bank direkt gegenüber dem Haupteingang hing, ein herrliches, blaßgelbes Geschöpf mit schwarzen Flecken, blauen Zackungen und einem zinnoberroten Augenfleck über jedem der chromgelb eingefaßten schwarzen Schwänze. Während er die geneigte Blume untersuchte, an der er mit leicht gekrümmtem Puderkörper hing, zuckten seine großen Flügel ruhelos, und mein Wunsch, ihn zu besitzen, war einer der heftigsten, die ich je verspürt habe. Der wendige Ustin, unser Hausmeister in der Stadt, der in jenem Sommer aus einem (an anderer Stelle erklärten) komischen Grund bei uns auf dem Land war, fing ihn irgendwie in meiner Mütze, worauf er mitsamt der Mütze in eine Kleiderkammer befördert wurde, wo ihn, wie Mademoiselle in übertriebener Zuversicht hoffte, der Naphthalingeruch über Nacht töten sollte. Als sie am andern Morgen jedoch die Garderobe aufschloß, um irgend etwas herauszunehmen, flatterte ihr mein Schwalbenschwanz mit kraftvollem Rascheln ins Gesicht, schoß aufs Fenster zu und war kurz darauf nur noch ein goldener Fleck, der taumelnd und sich duckend gen Osten segelte, über Wälder und Tundra nach Wologda, Wjatka und Perm und über die hagere Uralkette hinweg nach Jakutsk und Werchne-Kolimsk, und von Werchne-Kolimsk, wo er einen Schwanz einbüßte, zur schönen St. Lorenz-Insel und durch Alaska nach Dawson und südwärts die Rocky Mountains entlang – um schließlich nach vierzigjähriger Jagd auf einem immigrierten Löwenzahn unter einer endemischen Espe in der Nähe von Boulder eingeholt und gefangen zu werden. In einem in der Bodleian-Sammlung befindlichen Brief von Mr. Brune an Mr. Rawlins vom 14. Juni 1735 heißt es, ein gewisser Mr. Vernon habe einen Schmetterling neun Meilen weit verfolgt, ehe er ihn fangen konnte (*The Recreative Review or Eccentricities of Literature and Life*, Band 1, Seite 144, London 1821).

Bald nach der Geschichte mit der Garderobe fand ich einen herrlichen Nachtfalter, der in einer Fensterecke des Vestibüls festsaß, und meine Mutter beförderte ihn mit Äther ins Jenseits. In späteren Jahren benutzte ich viele Tötungsmittel, doch bei dem geringsten Kontakt mit dem ursprünglichen Giftstoff wird die Vorhalle zur Vergangenheit wieder hell, um jene irrende Schönheit anzulocken. Als ich als Erwachsener bei einer Blinddarmoperation eine Äthernarkose erhielt, sah ich mich klar wie auf einem Abziehbild in einem Matrosenanzug unter der Aufsicht einer chinesischen Dame, von der ich wußte, daß sie meine Mutter war, ein frisch ausgeschlüpftes Kleines Nachtpfauenauge präparieren. Nichts fehlte, alles war in meinem Traum leuchtend reproduziert, während meine eigenen Organe bloßgelegt wurden: die nasse, eiskalte Watte, die gegen den lemurenhaften Kopf des Falters gedrückt wurde; die nachlassenden Zukkungen seines Körpers; das angenehme Knacken der Nadel, als sie die harte Schale des Thorax durchbohrte; das behutsame Einstecken der Nadelspitze in die unten mit Kork ausgelegte Rinne des Spannbretts; die symmetrische Anordnung der dicken, stark geäderten Flügel unter den sauber darübergelegten Pergaminpapierstreifen.

2

Ich muß acht gewesen sein, als ich in einem Speicher unseres Landhauses unter einem Sammelsurium verstaubten Trödels auf einige wundervolle Bücher stieß, die in jenen Zeiten erworben worden waren, da meine Großmutter mütterlicherseits sich für Naturwissenschaft interessierte und ihre Tochter durch einen berühmten Zoologieprofessor (Schimkewitsch) Privatstunden erteilen ließ. Einige dieser Bücher waren bloße Kuriositäten, wie die vier gewaltigen Folianten des Werkes von Albertus Seba (*Locupletissimi Rerum Naturalium Thesauri Accurata Descriptio* ...), um 1750 in Amsterdam gedruckt. Auf ihren grobkörnigen Seiten fand ich Holzschnitte von Schlangen und Schmetterlingen und Embryos. Der Fetus eines weiblichen äthiopischen Kindes, das am Hals in einem Glasgefäß hing, versetzte mir jedesmal, wenn ich darauf stieß, einen argen

Schock; auch für die ausgestopfte Hydra auf Tafel CII mit ihren sieben mit Löwengebissen ausgestatteten Schildkrötenköpfen auf sieben schlangenartigen Hälsen und mit ihrem seltsamen, gedunsenen Körper, der an den Seiten knopfartige Tuberkeln trug und in einem verknoteten Schwanz endete, hatte ich wenig übrig.

Andere Bücher, die ich auf jenem Dachboden zwischen Herbarien voll von alpinen Akeleien, blauen Himmelsleitern, Jupiterblumen, orangeroten Lilien und anderen Davoser Blumen aufstöberte, kamen meinem Gegenstand näher. Ich nahm prächtige Stapel phantastisch verlockender Bände in die Arme und trug sie nach unten: Maria Sibylla Merians (1647–1717) wunderschöne Tafeln surinamensischer Insekten, Espers vornehme *Die Schmetterlinge* (Erlangen 1777), Boisduvals *Icones Historiques de Lépidoptères Nouveaux ou Peu Connus* (Paris, ab 1832). Noch aufregender waren die Erzeugnisse der zweiten Jahrhunderthälfte – Newmans *Natural History of British Butterflies and Moths*, Hofmanns *Die Groß-Schmetterlinge Europas*, des Großfürsten Nikolaj Michajlowitsch *Mémoires* über asiatische Lepidopteren (mit den unvergleichlich schönen Figuren von Kawrigin, Rybakow und Lang), Scudders stupendes Werk über die *Butterflies of New England*.

In der Rückschau ist der Sommer 1905 zwar in vieler Hinsicht recht lebendig, doch noch animiert ihn kein einziges schnelles Flattern, kein einziger farbiger Flaum neben oder über den Spazierwegen, die ich mit dem Dorfschulmeister ging: Der Schwalbenschwanz vom Juni 1906 befand sich noch im Larvenstadium auf einem Doldengewächs am Wegesrand; doch im Laufe dieses Monats lernte ich etwa zwei Dutzend gewöhnlicher Schmetterlinge kennen, und Mademoiselle sprach bereits von einem gewissen Waldweg, der in einer Sumpfwiese voller *Small Pearl-bordered Fritillaries* gipfelte (wie mein erstes unvergeßliches und nach wie vor magisches kleines Handbuch den Kleinen Perlmutterfalter nennt, *The Butterflies of the British Isles* von Richard South, das damals gerade herausgekommen war), als von *le chemin des papillons bruns*. Im Jahr darauf wurde mir klar, daß viele unserer Schmetterlinge und Nachtfalter in England und Mitteleuropa nicht vorkamen, und vollständigere Atlanten halfen mir, sie zu bestimmen. Eine ernste Krankheit (Lungenentzündung mit bis zu 41 Grad Fieber) beseitigte Anfang 1907 auf geheimnisvolle Weise die recht unheimliche Zahlenbegabung, die mich während einiger Monate zu einem Wunderkind gemacht hatte (heute kann ich 13 mal 17 nicht ohne Bleistift und Papier ausrechnen; ich kann sie jedoch im Nu zusammenzählen, und die Zähne der Drei passen sehr schön); die Schmetterlinge jedoch überlebten. Meine Mutter stellte um mein Bett herum eine Bibliothek und ein Museum zusammen, und das Verlangen, eine neue Art zu beschreiben, ersetzte vollständig das Verlangen, eine neue Primzahl zu entdecken. Eine Reise nach Biarritz im August 1907 fügte neue Wunder hinzu (obwohl nicht so leuchtend und zahlreich, wie sie 1909 sein sollten). 1908 waren mir die europäischen Lepidopteren, soweit sie Hofmann bekannt waren, ganz und gar geläufig. 1910 hatte ich mich durch die ersten Bände von Seitz' großartigem Bildband *Die Groß-Schmetterlinge der Erde* hindurchgeträumt, hatte etliche unlängst beschriebene Raritäten gekauft und verschlang entomologische Zeitschriften, vor allem englische und russische. Große Umwälzungen vollzogen sich auf dem Gebiet der Systematik. Seit der Mitte des Jahrhunderts war die kontinentale Lepidopterologie im großen und ganzen ein simples und stabiles Geschäft gewesen, das glatt und reibungslos von Deutschen betrieben wurde. Ihr Hohepriester, Dr. Staudinger, war gleichzeitig Chef der größten Insektenhandlung. Bis heute, ein halbes Jahrhundert nach seinem Tod, ist es den deutschen Lepidopterologen nicht ganz gelungen, den hypnotischen Bann abzuschütteln, der von seiner Autorität ausgegangen war. Noch zu seinen Lebzeiten begann die wissenschaftliche Macht seiner Schule in der Welt an Boden zu verlieren. Während er und seine Anhänger bei den seit langem eingebürgerten Art- und Gattungsnamen blieben und sich damit begnügten, die Schmetterlinge nach Merkmalen zu klassifizieren, die mit dem bloßen Auge erkennbar waren, führten englischsprachige Autoren durch strikte Befolgung des Prioritätsgesetzes Änderungen der Nomenklatur ein, und das mikroskopische Studium der Organe brachte taxonomische Umstellungen mit sich. Die Deutschen taten, was sie konnten, um diese neuen Tendenzen zu ignorieren, und blieben auch weiterhin der philatelistischen Seite der Entomologie treu. Ihre Sorge um den «Durchschnittssammler, den man nicht zum Sezieren anhalten sollte», ist der Art und Weise vergleichbar, in der nervöse Verleger den «Durchschnittsleser» hätscheln – der vor dem Nachdenken bewahrt werden muß.

Noch ein anderer und allgemeinerer Wandel, der sich damals vollzog, traf mit meinem brennenden jugendlichen Interesse für Tag- und Nacht-Schmetterlinge zusammen. An der Stelle der hermetischen und homogenen viktorianischen und Staudingerschen Arten, denen gleichsam von außen wie nebensächliche Beigaben diverse (alpine, polare, insulare und andere) «Varietäten» angehängt waren, traten neue, vielgestaltige und in fließendem Übergang befindliche Arten, die organisch aus geographischen Rassen oder Unterarten *bestanden*. Elastischere Klassifikationsmethoden verdeutlichten solchermaßen die evolutionäre Seite der Sache, und die biologische Forschung erbrachte weitere Verbindungen zwischen Schmetterlingen und den Hauptproblemen der Natur.

Die Geheimnisse der Mimikry übten eine besondere Anziehungskraft auf mich aus. Ihre Erscheinungen waren von einer künstlerischen Vollkommenheit, wie man sie gewöhnlich nur mit Gebilden von Menschenhand in Zusammenhang bringt. Hierher gehörte die Nachahmung heraussickernden Giftes durch bläschenartige Makeln auf den Flügeln (einschließlich scheinbarer Brechungseffekte) oder durch glänzende gelbe Knötchen auf der Puppe («Friß mich nicht – man hat mich bereits ausgequetscht, probiert und verschmäht»). Hierher gehörten die Tricks einer akrobatischen Raupe (der des Buchenspinners), die in der Kindheit wie Vogelkot aussieht, nach der Häutung jedoch krabbelige hymenopteroide Ansatzgebilde und barocke Eigenheiten entwickelt, die es diesem Könner erlauben, zwei Rollen auf einmal zu spielen (wie der Schauspieler in orientalischen Shows, der zu einem Paar verschlungener Ringer wird): die einer sich krümmenden Larve und die einer großen Ameise, welche ihr scheinbar zusetzt. Wenn ein bestimmter Nachtfalter in Form und Farbe einer bestimmten Wespe gleicht, so bewegt er auch seine Beine und Fühler in Wespenmanier und nicht wie ein Nachtfalter. Wenn ein Schmetterling wie ein Blatt aussehen muß, so sind nicht nur alle Einzelheiten eines Blattes wunderschön nachgemacht, es sind großzügig auch noch Markierungen hinzugefügt, die

Raupenfraß vortäuschen. «Natürliche Auslese» im Darwinschen Sinn konnte die wunderbare Übereinstimmung von imitiertem Aussehen und imitiertem Verhalten nicht erklären, noch konnte man sich auf die Theorie des «Kampfes ums Dasein» berufen, wenn eine Schutzmaßnahme bis zu einem Grad der Feinheit, der Extravaganz, der Aufwendigkeit getrieben war, der das Unterscheidungsvermögen des Freßfeindes bei weitem überforderte. In der Natur entdeckte ich die zweckfreien Wonnen, die ich in der Kunst suchte. Beide waren eine Form der Magie, beide waren ein Spiel intrikater Bezauberung und Täuschung.

3

Ich habe Schmetterlinge in verschiedensten Landstrichen und Verkleidungen gejagt: als hübscher Junge in Knickerbockern und einer Matrosenmütze; als schlaksiger heimatvertriebener Kosmopolit in Flanellhosen und Baskenmütze; als dicker hutloser alter Mann in kurzen Hosen. Die meisten meiner Sammlungsschränke haben das Schicksal unseres Hauses in Wyra geteilt. Der in unserem Stadthaus und die kleine Ergänzung, die ich im Museum von Jalta hinterließ, sind zweifellos von Teppichkäfern und anderem Ungeziefer vernichtet worden. Eine Sammlung südeuropäischer Fänge, die ich im Exil begann, verschwand während des Zweiten Weltkriegs in Paris. Meine ganze amerikanische Ausbeute von 1940 bis 1960 (einige tausend Exemplare, unter ihnen große Raritäten und Typen) befindet sich im Mus. of Comp. Zoology, im Am. Nat. Hist. Mus. und im Cornell Univ. Mus. of Entomology, wo sie sicherer sind, als sie es in Tomsk oder Atomsk je wären. Unglaublich glückliche Erinnerungen, denen meiner russischen Knabenzeit durchaus vergleichbar, sind mit meiner Forschungsarbeit am MCZ, Cambridge, Mass., (1941–1948) verbunden. Nicht weniger glücklich waren die vielen Fangreisen, die mich zwanzig Jahre lang fast jeden Sommer durch die meisten Staaten meiner Wahlheimat führten.

In Jackson Hole und im Grand Canyon, auf den Berghängen über Telluride, Colo., und auf einer gefeierten Tannenlichtung bei Albany, N.Y., sind die Schmetterlinge zu Hause, die ich als erster beschrieben habe, und werden sie noch in Generationen zu Hause sein, die zahlreicher sind als die Auflagen. Mit einigen meiner Funde haben sich andere Forscher befaßt; einige sind nach mir benannt. Einer von ihnen, Nabokovs Blütenspanner (*Eupithecia nabokovi* McDunnough), den ich 1943 eines Nachts an einem Aussichtsfenster von James Laughlins Alta Lodge in Utah in einer Schachtel fing, paßt auf höchst philosophische Weise in die thematische Spirale, die in einem Wald an der Oredesh um 1910 begann – oder vielleicht noch früher, an jenem Fluß auf Nowaja Semlja vor anderthalb Jahrhunderten.

An Gefühlen und Begierden, an Ehrgeiz und Erfüllung habe ich in der Tat nur wenig kennengelernt, was reicher und stärker war als die Erregung entomologischer Erkundungszüge. Von Anfang an hatte sie eine große Zahl durcheinanderfunkelnder Facetten. Eine davon war das akute Verlangen, allein zu sein, da jeder Begleiter, wie still er sich auch verhielt, dem konzentrierten Genuß meiner Manie im Wege stand. Ihre Befriedigung duldete keinen Kompromiß und keine Ausnahme. Schon in meinem zehnten Lebensjahr wußten die Hauslehrer und Gouvernanten, daß der Morgen mir gehörte, und kamen mir vorsichtigerweise nicht zu nahe.

In diesem Zusammenhang muß ich an den Besuch eines Schulfreundes denken, eines Jungen, den ich sehr gerne mochte und mit dem ich viel Amüsantes erlebte. Eines Abends im Sommer – ich glaube, es war 1913 – kam er aus einer etwa vierzig Kilometer entfernten Stadt zu uns aufs Land. Sein Vater war kurz vorher bei einem Unfall ums Leben gekommen, seine Familie war ruiniert, und da er sich keine Fahrkarte leisten konnte, hatte er beherzt die ganze Strecke per Rad zurückgelegt, um ein paar Tage bei mir zu verbringen.

Am Morgen nach seiner Ankunft tat ich alles, um zu meiner Morgenwanderung aus dem Haus zu gelangen, ohne daß er wußte, wohin ich gegangen war. Ich verzichtete auf das Frühstück, raffte mit hysterischer Hast Netz, Pillenschachteln und Tötungsglas an mich und suchte durchs Fenster das Weite. Im Wald war ich sicher; doch ich lief mit bebenden Waden weiter, die Augen voller heißer Tränen, aus lauter Scham und Abscheu vor mir selber am ganzen Leibe zukkend, während ich mir vorstellte, wie mein armer Freund mit seinem langen, blassen Gesicht und seiner schwarzen Krawatte im heißen Garten Trübsal blies, in Ermangelung einer besseren Beschäftigung die jappenden Hunde kraulte und nach Kräften bemüht war, sich meine Abwesenheit zu rechtfertigen.

Ich will meinen Dämon objektiv sehen. Mit Ausnahme meiner Eltern verstand kein Mensch meine Besessenheit wirklich, und es vergingen viele Jahre, bevor ich einen Leidensgefährten traf. Eins der ersten Dinge, die ich lernte, war, mich bei der Vergrößerung meiner Sammlung nicht auf andere zu verlassen. An einem Sommernachmittag im Jahre 1911 kam Mademoiselle mit einem Buch in der Hand in mein Zimmer, eröffnete mir, daß sie mir vorlesen wollte, wie geistreich Rousseau die Zoologie (zugunsten der Botanik) herunterputzte, und war in dem Gravitationsprozeß, mit dem sie ihre Masse in einen Sessel senkte, dann schon zu weit fortgeschritten, als daß mein Entsetzensschrei sie noch hätte stoppen können: Auf jenem Platz hatte ich einen Sammelkasten mit Glasdeckel abgestellt, der lange, wunderschöne Serien Großer Kohlweißlinge enthielt. Ihre erste Reaktion war eine gekränkter Eitelkeit: Ihr Gewicht konnte doch gewißlich nicht beschädigt haben, was es tatsächlich zerstört hatte; ihre zweite bestand darin, mich zu trösten: *Allons donc, ce ne sont que des papillons de potager!* – was die Sache nur noch schlimmer machte. Ein unlängst bei Staudinger gekauftes sizilianisches Paar war zerdrückt und gequetscht. Ein riesiges Exemplar aus Biarritz war total verstümmelt. Ebenfalls ruiniert waren einige meiner wertvollsten lokalen Fänge. Unter diesen hätte sich eine Aberration, die der kanarischen Rasse der Spezies ähnelte, mit ein paar Tropfen Leim kleben lassen; doch ein kostbarer Scheinzwitter mit einer männlichen linken und einer weiblichen rechten Seite, dessen Hinterleib sich nicht wiederfinden ließ und dessen Flügel sich gelöst hatten, war ein für allemal verloren: Man konnte wohl die Flügel wieder anbringen, doch war nicht zu beweisen, daß alle vier zu dem kopflosen Thorax auf seiner krummen Nadel gehörten. Am nächsten Morgen brach die arme Mademoiselle mit sehr geheimnisvoller Miene nach St. Petersburg auf und kam am Abend mit einem banalen, auf Gips montierten Uraniden-Falter zurück. («Was Besseres als deine Kohlschmetterlinge.») «Wie du mich umarmt hast, wie du vor Freude getanzt hast!» rief sie zehn Jahre später aus, als sie dabei war, eine nagelneue Vergangenheit zu erfinden.

Unser Landarzt, dem ich vor einer Reise ins Ausland die Puppen eines seltenen Nachtfalters anvertraut hatte, schrieb mir, daß sie alle einwandfrei ausgeschlüpft seien; doch in Wahrheit hatte eine Maus die kostbaren Puppen aufgefressen, und als ich wieder daheim war, rückte der hinterlistige Alte mit ein paar gemeinen Großen Füchsen heraus, die er vermutlich in aller Eile im Garten gefangen und als (seiner Meinung nach) plausible Ersatzstücke in den Zuchtbehälter gesteckt hatte. Besser war ein enthusiastischer Küchenjunge, der sich zuweilen meine Ausrüstung auslieh und zwei Stunden später triumphierend mit einem Beutel voll wimmelnden wirbellosen Lebens und einiger zusätzlicher Stücke wiederkam. Er lockerte die Öffnung des Netzes, die er mit einer Schnur zugebunden hatte, und schüttete die Beute aus seinem Füllhorn – eine Menge Heuschrekken, etwas Sand, die zwei Teile eines Pilzes, den er, praktisch veranlagt wie er war, auf dem Heimweg herausgerupft hatte, noch mehr Heuschrecken, noch mehr Sand sowie einen arg ramponierten Kleinen Kohlweißling.

In den Werken der bedeutenderen russischen Dichter kann ich nur zwei lepidopterologische Bilder von wirklich sinnlicher Qualität entdecken: Bunins tadellose Evokation eines Schmetterlings, der mit Sicherheit ein Großer Fuchs ist:

> Ins Zimmer kommt hereingeflogen
> Ein bunter Falter ganz in Seide
> Der flattert, raschelt und erregt
> An die blaue Decke trommelt ...

und Fets monologisierender «Falter»:

> Woher ich komme und wohin ich eile
> Darfst du nicht fragen;
> Jetzt sitze ich auf einer holden Blume
> Schöpfe jetzt Atem.

Der Vater und die Mutter des Autors, Jelena Iwanowna Nabokov, geborene Rukawischnikow (1876–1939) im Jahre 1900 auf der Gartenterrasse in Wyra, ihrem Landsitz im Gouvernement St. Petersburg. Die Birken und Tannen des Parks hinter meinen Eltern gehören zur gleichen Kulisse vergangener Sommer wie das Laubwerk auf dem Photo Seite 142.

Mein Bruder Sergej und ich im Alter von ein beziehungsweise zwei Jahren (und wie ein und dasselbe Kind aussehend, einmal ohne und einmal mit Perücke) im Dezember 1901 in Biarritz. Wir waren, vermute ich, von Pau aus, wo wir jenen Winter verbrachten, dorthin weitergereist. Ein glänzendes nasses Dach – das ist meine einzige Erinnerung an jene erste Reise nach Südfrankreich. Andere sollten ihr folgen, zwei nach Biarritz (Herbst 1907 und 1909) und zwei an die Riviera (Spätherbst 1903 und Frühsommer 1904).

Mein Vater im Alter von fünfunddreißig Jahren und ich im Alter von sieben, St. Petersburg, 1906.

In der französischen Lyrik fallen Mussets bekannte Zeilen (in *Le Saule*) ins Auge:

> *Le phalène doré dans sa course légère*
> *Traverse les prés enbaumés.*

Es ist dies eine absolut genaue Beschreibung des Abenddämmerungsflugs eines Geometridenmännchens, des Schlehenspanners; außerdem gibt es Fargues faszinierend treffenden Satz (in *Les Quatres Journées*) über einen Garten, der bei Einbruch der Nacht *se glace de bleu comme l'aile du grand Sylvain* (des Großen Eisvogels). Und unter den sehr wenigen echten lepidopterologischen Bildern in der englischen Lyrik ist das mir liebste Brownings:

> Hoch ragt der Fels auf unsrer andern Seite;
> Ein Pfad führt zwischen Schlucht und ihm hindurch
> An Findlingen vorbei auf denen Flechten
> Nachtfalterzeichnung äffen und die Zähne
> Von kleinen Farnen sich an blanke Blöcke schmiegen
> («Am Kamin»).

Es ist erstaunlich, wie wenig der normale Sterbliche Schmetterlinge bemerkt. «Keine», erwiderte seelenruhig der rüstige Schweizer Wandersmann mit Camus im Rucksack, als ich ihn meiner ungläubigen Gefährtin zuliebe fragte, ob er auf dem Wege, den er gerade herabgekommen war und auf dem Du und ich vor wenigen Augenblicken noch in ganzen Schwärmen von ihnen geschwelgt hatten, irgendwelche Schmetterlinge gesehen habe. Es ist auch richtig, daß ich bei der Erinnerung an das Bild eines bestimmten Pfades, den ich in allen Einzelheiten im Gedächtnis habe, das jedoch zu einem Sommer vor dem von 1906 gehört, das heißt vor dem Datum auf meinem ersten Fundortzettel, und den ich nie wieder sah, einen Flügel, einen Flügelschlag, einen blauen Blitz, eine mit Nachtfalterjuwelen besetzte Blume nicht zu erkennen vermag, als hätte ein auf der adriatischen Küste ruhender böser Zauber alle ihre *leps* (wie die slangfreudigeren unter uns sagen) unsichtbar gemacht. Ähnliches mag eines Tages ein Entomologe empfinden, wenn er neben einem triumphierenden und bereits helmlosen Botaniker durch die gräßliche Flora eines Parallelplaneten streift, auf dem kein einziges Insekt in Sicht ist; und ähnlich ist (als sonderbarer Beweis für den sonderbaren Umstand, daß ein auf Sparsamkeit bedachter Produzent wo immer möglich die Szenerie unserer Kindheit als fertige Kulisse für unsere erwachsenen Träume verwendet) in einem meiner immer wiederkehrenden Albträume die Hügelkuppe an der See voll von Thymian und Honigklee, doch unbegreiflicherweise bar aller Falter, die sich dort eigentlich befinden müßten.

Bald fand ich auch heraus, daß ein Lepidopterologe, der seiner stillen Suche nachgeht, in anderen Wesen leicht seltsame Reaktionen auslöst. Wie oft, wenn es zu einem Picknick ging und ich verlegen versuchte, meine bescheidenen Gerätschaften unbemerkt in den nach Teer riechenden Char-à-bancs (ein Teerpräparat sollte die Fliegen von den Pferden fernhalten) oder in das nach Tee riechende Opel-Cabriolet (so roch Benzin vor vierzig Jahren) hineinzuschmuggeln, bemerkte irgendeine Cousine oder Tante: «Mußt du dieses Netz da wirklich mitnehmen? Kannst du dich nicht wie ein normaler Junge beschäftigen? Findest du nicht, daß du allen den Spaß verdirbst?» Gerade als ich im Begriff stand, in der Nähe eines Wegweisers NACH BODENLAUBE bei Bad Kissingen in Bayern meinen Vater und den majestätischen alten Muromzew (der vier Jahre vorher, 1906, Präsident des ersten russischen Parlaments gewesen war) auf einen langen Spaziergang zu begleiten, wandte dieser mir, einem verletzlichen Elfjährigen, sein marmornes Haupt zu und sagte mit seiner berühmten Feierlichkeit: «Komm auf jeden Fall mit, aber jage keine Schmetterlinge, Kind. Es stört den Rhythmus des Spaziergangs.» Auf einem Pfad oberhalb des Schwarzen Meeres auf der Krim, zwischen Sträuchern, die in wächserner Blüte standen, versuchte mich im März 1918 ein o-beiniger bolschewistischer Posten festzunehmen, weil ich (mit meinem Netz, sagte er) einem britischen Kriegsschiff Zeichen gegeben hätte. Jedesmal, wenn ich im Sommer 1929 durch ein Dorf in den östlichen Pyrenäen kam und mich zufällig umblickte, sah ich die Dorfbewohner in den verschiedenen Stellungen erstarrt, in denen mein Erscheinen sie angetroffen hatte, ganz als wäre ich Sodom, und sie wären Lots Weib. Ein Jahrzehnt später, in den Seealpen, fiel mir einmal auf, daß sich hinter mir eine Spur im Gras entlangschlängelte, weil mir ein fetter Landgendarm auf dem Bauch nachkroch, um zu sehen, ob ich etwa Singvögeln Fallen stellte. Amerika hat meiner verfänglichen Beschäftigung sogar noch mehr krankhaftes Interesse dieser Art entgegengebracht als andere Länder – vielleicht, weil ich in den Vierzigern war, als ich dorthin übersiedelte, und je älter ein Mensch ist, desto wunderlicher nimmt er sich mit einem Schmetterlingsnetz in der Hand aus. Strenge Farmer wiesen mich auf Schilder mit der Aufschrift ANGELN VERBOTEN hin; aus Autos, die auf der Landstraße an mir vorbeifuhren, erscholl wildes Hohngebrüll; schläfrige Hunde, die dem schlimmsten Landstreicher keine Beachtung schenkten, reckten sich auf und kamen knurrend zu mir herüber; kleine Kinder zeigten mich ihren verwirrten Mamas; verständnisinnige Urlauber fragten mich, ob ich Krabbeltiere als Köder suche; und eines Morgens folgte mir in einer öden, von hohen blühenden Yuccas erleuchteten Gegend bei Santa Fé über eine Meile weit eine große schwarze Stute.

4

Wenn ich alle Verfolger abgeschüttelt hatte und den roten Lehmweg einschlug, der von unserem Haus in Wyra auf die Felder und in die Wälder führte, schienen mir die Munterkeit und das Leuchten des Tages um mich her voller bebenden Mitgefühls.

Sehr frische, sehr dunkle Milchflecken, die nur jedes zweite Jahr ausschlüpften (passenderweise stimmt die Rückschau damit überein), flitzten zwischen den Tannen hin und her oder boten ihre roten Flecken und schachbrettgemusterten Fransen dar, während sie sich auf den Adlerfarnen am Rand des Wegs sonnten. Übers Gras hüpfend, entging ein winziger Mohrenfalter namens Wald-Wiesenvögelchen meinem Netz. Auch verschiedene Nachtfalter flogen umher – prunkvolle Sonnenliebhaber, die angemalten Fliegen gleich von Blume zu Blume segelten, oder schlaflose Männchen auf der

Suche nach versteckten Weibchen, wie jener rostfarbige Große Eichenspinner, der über die Büsche setzte. Ich bemerkte (eins der größten Geheimnisse meiner Kindheit) einen weichen blaßgrünen Flügel in einem Spinnennetz (inzwischen wußte ich auch, was es war: Teil eines Grünen Birkenspanners). Die gewaltige Larve eines Weidenbohrers kreuzte ostentativ segmentiert, flachköpfig, fleischfarben und glänzend gerötet meinen Weg, ein seltsames Wesen «so nackt wie ein Wurm», um einen französischen Vergleich zu gebrauchen, das panisch nach einem Ort suchte, wo es sich verpuppen konnte (der schreckliche Drang der Metamorphose, die Aura eines schmählichen Anfalls an öffentlichem Ort). Auf der Rinde jener Birke, der gedrungenen dort neben dem Parktor, habe ich letztes Frühjahr eine dunkle Variante von Sievers' Carmeliterin gefunden (für den Leser nur ein weiterer grauer Nachtfalter). Im Graben unter der kleinen Brücke scharwenzelte ein hellgelber schwarzfleckiger Golddickkopf mit einer Wasserjungfer (für mich nur eine blaue Libelle). Von einer Blume stiegen zwei männliche kleine Feuerfalter in eine gewaltige Höhe, während des ganzen Fluges im Kampf miteinander – und nach einer Weile kam einer aufleuchtend herabgeschossen und kehrte zu seiner Distel zurück. Dies waren bekannte Insekten, doch jeden Augenblick konnte etwas Besseres mich stehenbleiben und schnell Atem holen lassen. Ich entsinne mich eines Tages, da ich mein Netz dichter und dichter an einen seltenen Ulmenhain-Zipfelfalter heranbrachte, der sich elegant auf einem Zweig niedergelassen hatte. Auf seiner schokoladenbraunen Unterseite konnte ich deutlich das weiße W erkennen. Seine Flügel waren geschlossen, und die hinteren rieben sich in seltsam kreisförmiger Bewegung aneinander – vielleicht, daß sie einen leisen, fröhlichen Ton hervorbrachten, der zu hoch war für menschliche Ohren. Jene Art hatte ich schon seit langem haben wollen, und als ich nahe genug war, schlug ich zu. Man hat Tennismeister stöhnen hören, wenn sie einen leichten Ball verpatzt hatten. Man hat vielleicht das Gesicht des weltberühmten Großmeisters Wilhelm Edmundson gesehen, als er während einer Simultanpartie in einem Minsker Café durch eine absurde Unachtsamkeit seinen Turm an den lokalen Amateur und Kinderarzt Dr. Schach verlor, der schließlich gewann. Aber an jenem Tag sah niemand (außer meinem älteren Selbst), wie ich ein Zweigstückchen aus einem sonst leeren Netz schüttelte und auf ein Loch im Tarlatan starrte.

5

In der Nähe der Kreuzung zweier Fahrwege (der eine, gepflegte, verband unseren «alten» mit unserem «neuen» Park in nordsüdlicher Richtung, und der andere, der lehmig und ausgefahren war, führte, wenn man nach Westen abbog, nach Batowo), an einer Stelle, wo Espen sich beidseits einer Bodensenke drängten, fand ich in der dritten Juniwoche unfehlbar große blauschwarze, mit reinem Weiß gestreifte Nymphaliden, die niedrig über den fetten Lehm glitten und kurvten, welcher der Färbung ihrer Unterseite entsprach, wenn sie sich niederließen und die Flügel schlossen. Es waren dies die den Dung schätzenden Männchen des Großen Eisvogels, vielmehr gehörten sie zu einer bukowinischen Unterart. Als neunjährigem Jungen, der diese Rasse nicht kannte, fiel mir auf, wie stark sich unsere nordrussischen Exemplare von der bei Hofmann abgebildeten mitteleuropäischen Form unterscheiden, und übereilt schrieb ich an Kusnezow, einen der größten russischen und nicht nur russischen Lepidopterologen aller Zeiten; meine neue Unterart nannte ich *Limenitis populi rossica*. Einen langen Monat später schickte er mir meine Beschreibung und Tuschzeichnung von «*rossica* Nabokov» mit nichts als zwei auf der Rückseite meines Briefes gekritzelten Worten zurück: «*bucovinensis* Hormusaki». Wie habe ich Hormusaki gehaßt! Und wie war ich gekränkt, als ich in einer von Kusnezows späteren Arbeiten einen barschen Hinweis auf die «Schuljungen» fand, «die immer wieder geringfügige Varietäten der Eisvogelnymphe mit Namen belegen»! Ungeknickt jedoch von dem Fiasko mit *populi*, «entdeckte» ich im Jahr darauf einen «neuen» Nachtfalter. Jenen Sommer hatte ich in mondlosen Nächten auf einer Lichtung des Parks emsig gesammelt, indem ich ein Bettlaken über das Gras und seine verärgerten Glühwürmchen breitete und das Licht einer Karbidlampe darauf richtete (die sechs Jahre später

Tamara bescheinen sollte). In diese strahlende Lichtzone zog es Nachtfalter aus der massiven Schwärze, die mich umgab, und auf diese Weise fing ich auf jenem Zauberlaken eine schöne Höckereule (*Plusia*, jetzt *Phytometra*), die sich, wie ich sofort sah, von ihrem nächsten Verbündeten durch ihre mauven und kastanienbraunen (statt goldbraunen) Vorderflügel und ihren schmaleren Bracteafleck unterschied und in keinem meiner Bücher erkennbar abgebildet war. Ich schickte ihre Beschreibung und ihr Bild zur Veröffentlichung in *The Entomologist* an Richard South. Er kannte sie auch nicht, ging dem Fall aber überaus liebenswürdig in der Sammlung des British Museum nach – und stellte fest, daß sie von Kretschmar längst als *Plusia excelsa* beschrieben worden war. Ich nahm die traurige Nachricht, die höchst mitfühlend formuliert war («... sollte beglückwünscht werden zu dem Fang ... sehr seltener Wolga-Falter ... hervorragende Darstellung ...»), mit größtem Stoizismus entgegen; doch viele Jahre später rechnete ich mittels eines geglückten Stoßes (ich weiß, daß ich die Leute nicht auf diese Rosinen aufmerksam machen sollte) mit dem Entdecker *meines* Nachtfalters ab, indem ich einem Blinden in einem Roman seinen Namen gab.

Auch die Schwärmer möchte ich beschwören, die Jets meiner Jugend! An Juniabenden starben die Farben einen langsamen Tod. Die blühenden Fliederbüsche, vor denen ich mit dem Netz in der Hand stand, waren in der Abenddämmerung voller Trauben flaumigen Graus – der Geist des Lilas. Ein feuchter junger Mond hing über den Nebeln einer benachbarten Wiese. In manchem Garten habe ich in späteren Jahren so gestanden – in Athen, Antibes, Atlanta –, doch nie habe ich mit so brennendem Verlangen gewartet wie vor jenem dunkelnden Flieder. Und plötzlich – das tiefe Summen von Blume zu Blume, der Schwirrhof um den stromlinienförmigen Körper eines oliv- und pinkfarbenen Taubenschwanzes, der in der Luft über der Blumenkrone stand, in die er seine lange Zunge getaucht hatte. Seine hübsche schwarze Larve (einer diminutiven Kobra ähnlich, wenn sie die ocellierten Vordersegmente aufbläst) konnte man zwei Monate später auf feuchten Weidenröschen finden. So barg jede Stunde und jede Jahreszeit ihre Freuden. Und schließlich konnte man in kalten, sogar noch in frostigen Herbstnächten Nachtfalter mit Zuckerködern fangen, indem man Baumstämme mit einer Mischung aus Melasse, Bier und Rum bestrich. In der stürmischen Dunkelheit beschien die Laterne die klebrig glänzenden Furchen der Borke und zwei oder drei große Nachtfalter, die darauf saßen und die Süßigkeit saugten, die nervösen Flügel nach Tagfalterart halb geöffnet, so daß die hinteren unter den flechtengrauen Vorderflügeln hervorschauten und ihre unwahrscheinlich karmesinrote Seide enthüllten. *«Catocala adultera!»* rief ich triumphierend zu den erleuchteten Fenstern hinüber, als ich nach Hause stolperte, um meinem Vater meine Ausbeute zu zeigen.

6

Der «englische» Park, der unser Haus von den Heuwiesen trennte, war eine ausgedehnte und kunstvolle Angelegenheit mit labyrinthischen Pfaden, turgenjewschen Bänken und importierten Eichen zwischen den einheimischen Tannen und Birken. Dem Kampf, der seit den Zeiten meines Großvaters im Gange war, um den Park vor einem Rückfall in seinen urwüchsigen Zustand zu bewahren, war zu keiner Zeit völliger Erfolg beschieden gewesen. Kein Gärtner war den Hügeln lockerer schwarzer Erde gewachsen, welche die rosa Pfoten von Maulwürfen immer wieder auf dem ordentlichen Sand der Hauptallee aufhäuften. Unkraut und Fungi und gratartige Baumwurzeln breiteten sich kreuz und quer über die sonnenfleckigen Wege. Der Bären war man in den achtziger Jahren Herr geworden, doch gelegentlich besuchte noch ein Elch die Gegend. Eine kleine Eberesche und eine noch kleinere Espe hatten Hand in Hand wie zwei unbeholfene schüchterne Kinder einen Findling erklommen. Andere, schwerer zu fassende unbefugte Eindringlinge – verirrte Ausflügler und fröhliche Bauern – brachten unseren grauköpfigen Wildhüter Iwan dem Wahnsinn nahe, indem sie zotige Wörter auf Bänke und Tore kritzelten. In einem anderen Sinne dauert dieser Auflösungsprozeß immer noch an, denn wenn ich heute versuche, in der Erinnerung die gewundenen Pfade von einer bestimmten Stelle zu einer anderen entlangzugehen, stelle ich mit Bestürzung fest, daß Vergeßlichkeit und Unkenntnis so manche Lücke hinterlassen haben, den weißen Terra-incognita-Flecken ähnlich, die von den Kartographen einstmals «Dornröschen» genannt wurden.

Jenseits des Parkes lagen Felder mit einem fortwährenden Flimmern von Schmetterlingsflügeln über einem Flimmer von Blumen – Gänseblümchen, blauen Glockenblumen, Skabiosen und anderen –, die jetzt in einer Art farbigen Dunstes vor meinem Auge vorüberziehen, wie jene wunderschönen, üppigen Wiesen, die man auf der Fahrt quer durch den Kontinent vom Speisewagen aus sieht und die man niemals erforschen soll. Am Ende dieses grasigen Wunderlands erhob sich wie eine Mauer der Wald. Dort wanderte ich umher und suchte die Baumstämme (den verzauberten, den stillen Teil des Baumes) nach bestimmten winzigen Nachtfaltern ab, die man in England *Pugs* nennt und die auf deutsch Blütenspanner heißen – zarte kleine Lebewesen, die sich tagsüber an gesprenkelte Oberflächen schmiegen, von denen sich ihre flach ausgebreiteten Flügel und nach oben gekrümmten Hinterleiber nicht unterscheiden. Dort, auf dem Grund jenes sonnendurchwirkten grünen Meeres, strich ich langsam um die Stämme herum. Nichts auf der Welt schien mir verlockender, als durch einen Glückstreffer der langen Reihe dieser kleinen Blütenspanner, die andere benannt hatten, irgendeine bemerkenswerte neue Art hinzuzufügen. Und meine buntscheckige Phantasie, die sich meinem Verlangen zum Schein und fast grotesk fügte (aber währenddessen in gespenstischen Verschwörungen hinter den Kulissen kühl die fernsten Ereignisse meines Lebens plante), gaukelte mir Kleingedrucktes wie dieses vor: «das einzige bisher bekanntgewordene Exemplar ...», «... das einzige bekannte Exemplar der *Eupithecia petropolitanata* wurde von einem russischen Schüler gefangen ...», «...von einem jungen russischen Sammler ...», «... von mir selbst im Gouvernement St. Petersburg, Kreis Zarskoje Selo, im Jahre 1910 ... 1911 ... 1912 ... 1913 ...» Und dreißig Jahre später dann jene gesegnete schwarze Nacht in der Wasatch Range.

Anfangs – als ich etwa acht oder neun war – ging ich selten weiter als in die Felder und Wälder zwischen Wyra und Batowo. Später, wenn ich es auf einen bestimmten Ort in zehn oder mehr Kilometer

Entfernung abgesehen hatte, benutzte ich ein Fahrrad und schnallte mein Netz an den Rahmen; nicht viele Waldwege jedoch waren mit dem Rad passierbar; man konnte natürlich hinreiten, doch wegen unserer wilden russischen Bremsen konnte man ein Pferd nicht für längere Zeit angehalftert lassen: Mein temperamentvoller Brauner kletterte eines Tages fast auf den Baum, an den er gebunden war, um ihnen zu entgehen, großen Viechern mit Augen wie moirierte Seide und Tigerkörpern und grauen, aber sehr viel schwerfälligeren Zwergen mit einem noch schmerzhafteren Stechrüssel: Zwei oder drei dieser schmuddeligen Säufer mit einem Zudrücken der behandschuhten Hand ins Jenseits zu befördern, wenn sie sich an den Hals meines Reittiers hefteten, verschaffte mir eine wunderbare empathische Erleichterung (die ein Dipterologe wohl mißbilligte). Auf meinen Schmetterlingsjagden jedenfalls ging ich immer lieber zu Fuß (von allen Fortbewegungsmitteln hätte ich nur einen fliegenden Sesselsitz vorgezogen, der gemütlich über die Pflanzenmatten und Felsen eines unerkundeten Bergs gleitet oder über das blumige Dach eines Regenwaldes schwebt); denn wenn man geht, besonders in einer Gegend, die man gründlich studiert hat, hat man das herrliche Vergnügen, von der Route abbiegen und am Wegrand hier und da eine bestimmte Lichtung, ein bestimmtes Tal, diese oder jene Kombination von Erde und Flora aufsuchen zu können – sozusagen einem vertrauten Schmetterling in seinem eigensten Habitat einen Besuch abzustatten, um zu sehen, ob er geschlüpft ist und, wenn ja, wie es ihm geht.

Dann kam – um 1910, vermute ich – ein Julitag, an dem es mich trieb, noch weiter vorzudringen und das weite Marschland jenseits der Oredesh zu erkunden. Nachdem ich etwa fünf Kilometer am Fluß entlanggegangen war, fand ich einen wackligen Fußsteg. Von ihm aus sah ich zu meiner Linken die Hütten eines Dörfchens, Apfelbäume, Reihen lohfarbener Kiefernstämme, die auf einer grünen Uferböschung lagen, und auf dem Gras bunte Flecken – die verstreuten Kleider von Bauernmädchen, die im seichten Wasser splitternackt tobten und schrien und mir so wenig Beachtung schenkten, als wäre ich der körperlose Träger meiner jetzigen Erinnerungen.

Auf der anderen Seite des Flusses erhob sich eine dichte Schar kleiner hellblauer männlicher Schmetterlinge, die auf dem satten, zertrampelten Schlamm und Kuhdung, durch den ich stapfte, ein Zechgelage gehalten hatten, stieg auf in die getüpfelte Luft und ließ sich wieder nieder, sobald ich vorüber war.

Nachdem ich mir meinen Weg durch ein paar Kiefernwälder und einiges Erlengestrüpp gebahnt hatte, kam ich zu dem Moor. Kaum hatte mein Ohr das Gesumm von Zweiflüglern um mich her vernommen, den kehligen Schrei einer Schnepfe über mir und das Glucksen des Morastes unter meinen Füßen, da wußte ich, daß ich hier einige ganz besondere arktische Schmetterlinge finden würde, deren Bilder – oder, besser noch, unbebilderte Beschreibungen – ich mehrere Jahre lang angehimmelt hatte. Und im nächsten Augenblick war ich mitten unter ihnen. Über Heidelbeersträucher voller matt und verträumt blauer Beeren, über die braunen Augen stehender Gewässer, über Moos und Moor, über die Blütenstiele des duftenden Sumpfweichkrauts (der *notschnaja fialka* der russischen Dichter) strich in niedrigem raschen Flug ein dunkler kleiner Perlmutterfalter, der den Namen einer nordischen Göttin trug. Eine hübsche Sumpfheidelbeerbunteule, ein Nachtfalter wie ein Edelstein, summte auf und ab an ihrer sumpfigen Futterpflanze. Ich setzte rosagerandeten Heufaltern nach und graumarmorierten Satyrfaltern. Ohne der Mücken zu achten, die mir die Unterarme bedeckten, bückte ich mich mit einem kehligen Freudenlaut, um das Leben eines silberbesetzten Lepidopterons, das in den Falten meines Netzes zuckte, mit meinen Fingern auszulöschen. Unter all den Gerüchen des Sumpfes bemerkte ich an meinen Fingern den feinen Duft von Schmetterlingsflügeln, einen von Art zu Art verschiedenen Duft – Vanille oder Zitrone oder Moschus oder einen modrigen, süßlichen Geruch, der schwer zu definieren ist. Immer noch nicht befriedigt, drängte ich weiter. Endlich sah ich, daß ich das Ende des Sumpflands erreicht hatte. Das ansteigende Gelände dahinter war ein Paradies von Lupinen, Akelei und Bartfaden. Mariposalilien blühten unter Ponderosakiefern. In der Ferne fleckten ziehende Wolkenschatten das stumpfe Grün der Hänge über der Baumgrenze und das Grau und Weiß von Longs Peak.

Ich gestehe, daß ich nicht an die Zeit glaube. Es macht mir Vergnügen, meinen Zauberteppich nach dem Gebrauch so zusammenzulegen, daß ein Teil des Musters über den anderen zu liegen kommt. Mögen Besucher ruhig stolpern. Und am meisten genieße ich die Zeitlosigkeit, wenn ich – in einer aufs Geratewohl herausgegriffenen Landschaft – unter seltenen Schmetterlingen und ihren Futterpflanzen stehe. Das ist Ekstase, und hinter der Ekstase ist etwas anderes, schwer Erklärbares. Es ist wie ein kurzes Vakuum, in das alles strömt, was ich liebe. Ein Gefühl der Einheit mit Sonne und Stein. Ein Schauer der Dankbarkeit, wem sie auch zu gelten hat – dem kontrapunktischen Genius menschlichen Schicksals oder den freundlichen Geistern, die einem glücklichen Sterblichen zu Willen sind.

Ein Gruppenbild, das im August 1908 ein Petersburger Photograph in unserem Garten in Wyra aufgenommen hat; mein Vater war gerade aus dem Gefängnis heimgekehrt und reiste am Tag darauf mit meiner Mutter nach Stresa. Die runde Form am Baumstamm ist eine Zielscheibe fürs Bogenschießen. Meine Mutter hat den photophobischen Trainy auf den Eisentisch gehoben, der in Kapitel Zwei in Zusammenhang mit Pilzen erwähnt ist. Meine Großmutter väterlicherseits hält in dekorativer, aber prekärer Pose meine beiden jüngeren Schwestern, die sie im wirklichen Leben niemals hielt: Olga auf dem Knie, Elena an der Schulter. Die dunkle Tiefe des ältesten Teils unseres Parks stellt den Hintergrund. Die Dame in Schwarz ist die Tante meiner Mutter mütterlicherseits, Praskowia Nikolajewna Tarnowskij, geborene Koslow (1848 bis 1910), die sich während der Italienreise meiner Eltern um uns und unsere Erzieher kümmern sollte. Mein Bruder Sergej hat ihren linken Ellbogen untergefaßt; ihre andere Hand stützt mich. Ich sitze auf der Lehne der Bank und hasse meinen Kragen und Stresa.

KAPITEL SIEBEN

1

In den ersten Jahren dieses Jahrhunderts stand im Schaufenster eines Reisebüros auf dem Newskij-Prospekt das meterlange Modell eines eichenbraunen internationalen Schlafwagens. In seiner zierlichen Naturgetreuheit stellte es das bemalte Blech meiner Aufzieheisenbahnen völlig in den Schatten. Unglücklicherweise war es nicht verkäuflich. Im Innern konnte man die blaue Polsterung erkennen, die bossierte Lederverkleidung der Abteilwände, ihre polierte Holztäfelung, eingelassene Spiegel, tulpenförmige Leselampen und andere betörende Einzelheiten. Breite Fenster wechselten mit schmaleren, die einzeln oder paarweise angeordnet waren, und einige von den schmaleren hatten Milchglasscheiben. In mehreren Abteilen waren die Betten gemacht.

Der Nordexpreß, in jenen Tagen noch groß und herrlich (nach dem Ersten Weltkrieg, als sein elegantes Braun zu einem neureichen Blau wurde, war er nie wieder der gleiche), bestand ausschließlich aus solchen Wagen, verkehrte nur zweimal die Woche und verband St. Petersburg mit Paris. Ich hätte gesagt: direkt mit Paris, wären die Reisenden nicht genötigt gewesen, einmal in einen ihm oberflächlich gleichenden Zug umzusteigen – an der russisch-deutschen Grenze (Wershbolowo-Eydtkuhnen), wo die normale europäische Spurweite von 1 m 435 mm die breite und behäbige russische von 1 m 524 mm ablöste und Kohle an die Stelle der Birkenscheite trat.

Am anderen Ende meines Geistes vermag ich mindestens fünf solcher Reisen nach Paris, deren endgültiges Ziel die Riviera oder Biarritz war, aus einem Knäuel zu lösen. Im Jahre 1909, das ich jetzt herausgreifen möchte, bestand unsere Reisegesellschaft aus elf Personen und einem Dackel. Mit Handschuhen und einer Reisemütze saß mein Vater in einem Abteil, das er mit unserem Hauslehrer teilte, und las in einem Buch. Ein Waschraum trennte sie von meinem Bruder und mir. Meine Mutter und ihr Mädchen Natascha hatten ein Abteil neben unserem. Danach kamen meine beiden kleinen Schwestern, ihre englische Gouvernante Miss Lavington und ein russisches Kindermädchen. Der Überzählige unserer Reisegesellschaft, Ossip, der Diener meines Vaters (den die pedantischen Bolschewisten zehn Jahre später erschießen sollten, weil er sich unsere Fahrräder angeeignet hatte, statt sie dem Volk zu überlassen), teilte sein Coupé mit einem Fremden.

Historisch und künstlerisch hatte das Jahr mit einer politischen Karikatur in *Punch* begonnen: Göttin England beugt sich über Göttin Italien, auf deren Kopf ein Ziegel aus Messina gelandet ist – wahrscheinlich das schlechteste Bild, das ein Erdbeben je inspiriert hat. Im April jenes Jahres hatte Peary den Nordpol erreicht. Im Mai hatte Schaljapin in Paris gesungen. Im Juni hatte das Kriegsministerium der Vereinigten Staaten, beunruhigt von Gerüchten über neue und bessere Zeppeline, Reportern gegenüber etwas von Plänen für eine Luftflotte verlauten lassen. Im Juli war Blériot von Calais nach Dover geflogen (mit einer kleinen zusätzlichen Schleife, als er seine Orientierung verlor). Jetzt war es Ende August. Die Tannen und Sümpfe Nordwestrußlands flogen vorüber und wichen am Tag danach deutschen Kiefernwäldern und Heiden.

An einem herabklappbaren Tischchen spielten meine Mutter und ich ein Kartenspiel, das sich *duratschki* nannte. Obwohl es noch hell am Tage war, spiegelten sich im Fenster unsere Karten, ein Glas und auf einer anderen Ebene die Kofferschlösser. Durch Feld und Wald, in plötzlichen Trasseneinschnitten und unter enteilenden Hütten spielten jene körperlosen Hasardeure unentwegt um unentwegt funkelnde Einsätze. Es war ein langes, sehr langes Spiel: An diesem grauen Wintermorgen sehe ich im Spiegel meines hellen Hotelzimmers genau dieselben Schlösser dieser nun siebzig Jahre alten Reisetasche glänzen, eines ziemlich hohen, ziemlich schweren *nécessaire de voyage* aus Schweinsleder, das ein kunstvoll verwebtes «H. N.» aus dickem Silber unter einer ähnlichen Krone trägt und das 1897 für die Hochzeitsreise meiner Mutter nach Florenz angeschafft worden war. 1917 transportierte es eine Handvoll Edelsteine von St. Petersburg auf die Krim und von dort weiter nach London. Um 1930 verlor es seine teuren Behältnisse aus Kristall und Silber an einen Pfandleiher, so daß die schlau ausgedachten ledernen Halterungen innen an seinem Deckel leer zurückblieben. Doch dieser Verlust ist während der dreißig Jahre, die es mich auf meinen Reisen begleitete, reichlich wettgemacht worden – von Prag nach Paris, von St. Nazaire nach New York und durch die Spiegel von mehr als zweihundert Motelzimmern und gemieteten Häusern in sechsundvierzig Staaten. Der Umstand, daß sich eine Reisetasche als der robusteste Überlebende unserer russischen Erbschaft erwies, ist sowohl logisch als auch emblematisch.

«*Ne budet-li, ty wedj ustal* (hast du nicht genug, du bist doch müde)?» fragte meine Mutter und versank in Gedanken, während sie langsam die Karten mischte. Die Abteiltür stand offen, und ich konnte das Gangfenster sehen, wo die Drähte – sechs dünne schwarze Drähte – ihr Bestes taten, um anzusteigen, um sich himmelwärts zu schwingen, den blitzartigen Schlägen zum Trotz, die ihnen ein Telegraphenmast nach dem anderen versetzte; doch gerade, wenn alle sechs in einem triumphalen Aufschwung rührender Begeisterung im Begriff standen, den oberen Rand des Fensters zu erreichen, holte ein besonders tückischer Schlag sie auf ihre vormalige Tiefe herunter, und sie waren gezwungen, von vorn anzufangen.

Wenn der Zug auf Reisen wie dieser durch irgendeine große deutsche Stadt kam, seine Geschwindigkeit zu einem würdigen Paßgang minderte und um ein Haar Hausfassaden und Ladenschilder streifte, fühlte ich eine zweifache Erregung, wie sie mir die Zielbahnhöfe nie verschaffen konnten. Ich sah eine Stadt mit ihren Spielzeugstraßenbahnen, Linden und Ziegelmauern ins Abteil dringen, mit den Spiegeln innigen Umgang pflegen und die Fenster auf der Seite des Ganges bis zum Rand füllen. Diese zwanglose Berührung von Zug und

Stadt machte den einen Teil des Reizes aus. Der andere bestand darin, daß ich mich an die Stelle irgendeines Passanten versetzte, der – so stellte ich mir vor – ebenso entzückt war, wie ich es an seiner Stelle gewesen wäre, die langen, romantischen, nußbraunen Wagen mit ihren fledermausflügelschwarzen Harmonikas und ihren in der niedrigstehenden Sonne kupfern glänzenden Metallaufschriften gemächlich eine Eisenbahnbrücke, die über eine alltägliche Hauptstraße führte, überqueren und dann mit aufblitzenden Fenstern um einen letzten Häuserblock entschwinden zu sehen.

Diese optischen Amalgamierungen hatten auch ihre Kehrseiten. Der breitfenstrige Speisewagen, eine Allee keuscher Mineralwasserflaschen, mitraartig gefalteter Servietten und bunter Schokoladentafelattrappen (deren Hüllen – Cailler, Kohler und so weiter – nichts als Holz enthielten), schien nach den schwankenden blauen Gängen zunächst ein kühles Refugium; aber während die Mahlzeit auf ihren verhängnisvollen letzten Gang zustrebte und auf immer schrecklichere Weise ein Äquilibrist mit einem vollen Tablett rückwärts an unseren Tisch trat, um einen anderen Äquilibristen mit einem vollen Tablett vorbeizulassen, ertappte man den Wagen immer wieder dabei, daß er mitsamt seinen taumelnden Kellnern rücksichtslos in die Landschaft gestoßen wurde, die ihrerseits eine komplizierte Folge von Bewegungen durchlief – ein Tagmond hielt beharrlich Schritt mit dem Teller, die fernen Wiesen öffneten sich wie Fächer, die nahen Bäume flogen auf unsichtbaren Schaukeln an den Bahndamm heran, ein Parallelgleis beging unversehens Selbstmord durch Anastomose, und eine Böschung blinzelnden Grases stieg und stieg und stieg, bis der kleine Zeuge durcheinandergeratener Geschwindigkeiten seine Portion *omelette aux confitures de fraises* wieder von sich geben mußte.

Nachts jedoch wurde die *Compagnie Internationale des Wagons-Lits et des Grands Express Européens* dem Zauber ihres Namens erst wirklich gerecht. Von meinem Bett unter der Koje meines Bruders aus (schlief er? war er überhaupt da?) beobachtete ich im Halbdunkel unseres Abteils, wie sich Gegenstände und Teile von Gegenständen und Schatten und Stücke von Schatten behutsam hin und her bewegten, ohne irgendwohin zu gelangen. Leise knarrte und ächzte die Holztäfelung. Ein undeutliches Kleidungsstück an einem Haken und die Quaste einer blauen, doppelschaligen Nachtlampe schwangen neben der Tür zur Toilette im Rhythmus hin und her. Es war schwer, eine Beziehung zwischen diesen zögernden Annäherungen, dieser verkappten Heimlichkeit und der ungestüm vorüberrauschenden Nacht draußen herzustellen, von der ich nur wußte, daß sie tatsächlich vorüberrauschte – funkengestreift, unlesbar.

Wenn ich einschlafen wollte, brauchte ich mir nur vorzustellen, ich sei der Lokomotivführer. Ein Gefühl schläfrigen Wohlbehagens durchströmte meine Adern, sobald ich alles wohlgeordnet wußte – die sorglosen Reisenden in ihren Abteilen waren die Fahrt zufrieden, die sie mir verdankten, sie rauchten, lächelten einander wissend zu, nickten und dösten; die Kellner und Köche und Schaffner (die ich irgendwo unterbringen mußte) veranstalteten im Speisewagen ein Trinkgelage; und ich selber starrte rußig und mit einer Schutzbrille vor den Augen aus dem Lokführerstand auf die spitz zulaufenden Gleise, auf den rubinroten oder smaragdgrünen Punkt in der schwarzen Ferne. Und im Schlaf dann erblickte ich etwas ganz anderes – eine Glasmurmel, die unter einen Konzertflügel rollte, oder eine Spielzeuglokomotive, die auf der Seite lag und deren Räder sich munter weiterdrehten.

Manchmal, wenn der Zug seine Geschwindigkeit änderte, wurde der Strom meines Schlafs unterbrochen. Langsame Lichter stolzierten vorüber; jedes lugte im Vorbeigehen in denselben Spalt, und ein leuchtender Zirkel maß die Schatten. Kurz darauf hielt der Zug mit einem langgezogenen Westinghouseschen Seufzer. Irgend etwas (die Brille meines Bruders, wie sich am nächsten Tag herausstellte) fiel von oben herunter. Es war wunderbar aufregend, zum Fußende des Bettes zu kriechen – ein Teil des Bettzeugs kam einem dabei nach –, um vorsichtig den Haken des Fenstervorhangs zu lösen, den man nur bis zur Hälfte des Fensters hochschieben konnte, da ihm die Kante des oberen Bettes im Wege war.

Wie die Monde um den Jupiter kreisten bleiche Nachtfalter um eine einsame Lampe. Auf einer Bank regte sich eine zergliederte Zeitung. Irgendwo im Zug konnte man gedämpfte Stimmen und ein behagliches Husten hören. Das Stück Bahnsteig vor mir war nicht besonders interessant, und dennoch konnte ich mich nicht von ihm losreißen, bis es sich aus eigenen Stücken zurückzog.

Am nächsten Morgen sagten mir nasse Felder mit mißgestalteten Weiden, die einen radialen Graben säumten, oder eine ferne Pappelreihe, durch die sich ein milchigweißer Nebelstreifen zog, daß der Zug durch Belgien hastete. Um vier Uhr nachmittags war er in Paris, und selbst wenn wir nur eine Nacht dort blieben, hatte ich immer Zeit, mir irgend etwas zu kaufen – einen kleinen, ziemlich schludrig mit Silberfarbe bemalten Eiffelturm aus Messing zum Beispiel –, bevor wir am folgenden Mittag in den Südexpreß stiegen, der uns auf seinem Weg nach Madrid um zehn Uhr vormittags auf dem Bahnhof Biarritz-La Négresse absetzte, einige Kilometer vor der spanischen Grenze.

2

Biarritz bewahrte in jenen Tagen noch seine Eigenart. Staubige Brombeersträucher und *terrains à vendre* voller Unkraut säumten die Straße, die zu unserer Villa führte. Das Carlton-Hotel war noch im Bau. Etwa sechsunddreißig Jahre sollten noch verstreichen, bis Brigadegeneral Samuel McCroskey die Königssuite des Hôtel du Palais bezog, eines Gebäudes, das auf dem Grundstück eines früheren Palastes steht, wo man in den sechziger Jahren jenes unerhört gelenkige Medium, Daniel Home, dabei überrascht haben soll, wie er mit seinem bloßen Fuß (in Nachahmung einer Geisterhand) das gütige, vertrauensvolle Gesicht der Kaiserin Eugénie streichelte. Auf der Promenade am Casino steckte eine ältliche Blumenfrau mit Kohleaugenbrauen und einem angemalten Lächeln die dicke Wulst einer Nelke behende in das Knopfloch eines angehaltenen Spaziergängers, dessen linke Wange sich noch königlicher faltete, als er auf die Blume hinunterschielte, die ihm da gewandt angesteckt wurde.

Die farbenfrohen großen Eichenspinner, die im Gebüsch auf der Suche waren, waren unseren ganz unähnlich (welche jedenfalls nicht auf Eichen brüteten), und die Waldbrettspiele geisterten hier nicht durch Wälder, sondern durch Hecken und hatten bräunliche, nicht hellgelbe Flecken. Kleopatra, ein tropisch wirkender Zitronenfalter in Gelb und Orange, der schmachtend in den Gärten umherflappte, war 1907 eine Sensation gewesen, und sein Fang machte immer noch Spaß.

Auf dem hinteren Teil der *plage* standen die verschiedenen Strandstühle und -hocker, und auf ihnen saßen die Eltern der Kinder, die Strohhüte trugen und vorne im Sand spielten. Mich zum Beispiel konnte man auf den Knien mit dem Versuch beschäftigt sehen, einen gefundenen Kamm mit Hilfe eines Brennglases in Brand zu setzen. Die Männer hatten weiße Hosen an, die für heutige Begriffe aussähen, als seien sie in der Wäsche lächerlich eingelaufen; die Damen trugen in jener Saison leichte Mäntel mit Seidenaufschlägen, Hüte mit großem Kopf und weitem Rand, dicht bestickte weiße Schleier, Blusen mit Brustkrausen, Krausen an den Handgelenken, Krausen an den Sonnenschirmen. Die Brise machte einem die Lippen salzig. Mit gewaltiger Geschwindigkeit kam ein verirrter Postillon über den wimmelnden Strand geschossen.

Für weitere Bewegung und weiteren Lärm sorgten die Verkäufer, die *cacahuètes*, kandierte Veilchen, himmlisch grünes Pistazieneis, Cachous und riesige, konvexe Stücke einer trockenen, spröden, waffelartigen Masse aus einem roten Faß feilboten. Mit einer Klarheit, die keine späteren Erinnerungsüberlagerungen getrübt haben, sehe ich den Waffelmann mit dem schweren Faß auf dem gebeugten Rükken durch den tiefen, mehligen Sand stapfen. Wenn man ihn rief, streifte er es mit einer Drehung des Gurtes von der Schulter, knallte es auf den Sand, wo es wie der schiefe Turm von Pisa zu stehen kam, wischte sich das Gesicht mit dem Ärmel und setzte eine Art Wahlvorrichtung mit einem Pfeil und Zahlen auf dem Faßdeckel in Bewegung. Der Pfeil scharrte und schwirrte im Kreis herum. Fortuna war es überlassen, die Größe einer Waffel zu bestimmen, die man für einen Sou bekam. Je größer das Stück, desto mehr tat er mir leid.

Die Badeprozedur spielte sich an einem anderen Teil des Strandes ab. Berufsmäßige Bademeister, stämmige Basken in schwarzen Badeanzügen, waren zur Stelle, um den Damen und Kindern behilflich zu sein, sich der Schrecken der Brandung zu erfreuen. Ein solcher *baigneur* stellte den *client* mit dem Rücken zur heranrollenden

Welle und hielt ihn an der Hand, wenn der steigende, wirbelnde Schwall schäumenden grünen Wassers von hinten auf einen niederging und den Füßen mit einem mächtigen Schlag den Halt nahm. Nach einem Dutzend derartiger Stürze führte der *baigneur*, selber glänzend wie ein Seehund, seinen keuchenden, fröstelnden, feucht schnüffelnden Schützling landwärts zum flachen Strand, wo eine unvergeßliche alte Frau mit grauen Haaren auf dem Kinn einem unverzüglich einen Bademantel von mehreren aussuchte, die dort an einer Wäscheleine hingen. In der Sicherheit einer kleinen Kabine half einem ein weiterer Wärter, sich des triefenden, vom Sand schweren Badeanzugs zu entledigen. Er klatschte auf die Bretter, und immer noch zitternd vor Kälte trat man aus ihm heraus und trampelte auf seinen diffusen bläulichen Streifen herum. Die Badekabine roch nach Fichtenholz. Der Wärter, ein Buckliger mit vergnügt strahlenden Runzeln, brachte eine Schüssel dampfend heißen Wassers, in die man die Füße tauchte. Von ihm erfuhr ich etwas, das ich seitdem in einer gläsernen Zelle meines Gedächtnisses verwahre – daß «Schmetterlinge» in der baskischen Sprache *misericoletea* heißt – oder zumindest klang es so (unter den sieben Wörtern, die ich in Wörterbüchern gefunden habe, kommt *micheletea* ihm noch am nächsten).

3

Auf dem brauneren und nasseren Teil der *plage*, der bei Ebbe den besten Schlamm lieferte, um Burgen damit zu bauen, geschah es, daß ich eines Tages Seite an Seite mit einem kleinen französischen Mädchen namens Colette buddelte.

Sie wurde zehn im November, ich war im April zehn geworden. Ich wies auf ein zackiges violettes Muschelstückchen hin, auf das sie mit der bloßen Sohle ihres schmalen, langzehigen Fußes getreten war. Nein, Engländer war ich nicht. Ihre grünlichen Augen schienen mit dem Überschuß der Sommersprossen gesprenkelt, die die scharfen Züge ihres Gesichts bedeckten. Sie trug, was man heute einen Spielanzug nennen würde, ein blaues Trikothemd mit aufgekrempelten Ärmeln und kurze blaue Strickhosen. Ich hatte sie zunächst für einen Jungen gehalten, aber dann hatten mich das Armband um ihr schmales Handgelenk und die braunen Korkenzieherlocken, die unter ihrer Matrosenmütze hervorhingen, stutzig gemacht.

Ihre Sprache war ein jähes, vogelartiges, schnelles Gezwitscher, in dem sich Gouvernantenenglisch und Pariser Französisch vermengten. Zwei Jahre zuvor war ich auf dem gleichen Strand Sina zugetan gewesen, dem liebreizenden, sonnengebräunten, übellaunigen Töchterchen eines serbischen Naturheilkundlers – sie hatte, wie ich mich (absurderweise) erinnere (denn sie und ich waren zu jener Zeit erst acht gewesen), auf ihrer Aprikosenhaut gleich unterm Herzen ein *grain de beauté*, und in der Pension ihrer Familie, wo ich sie eines Morgens besuchte, um einen von der Katze aufgespürten toten Schwärmer in Empfang zu nehmen, stand eine entsetzliche Sammlung von Nachttöpfen, voll, halbvoll und einer mit Blasen an der Oberfläche. Doch als ich Colette kennenlernte, wurde mir sogleich klar, daß dies das Richtige war. Colette schien mir soviel fremdartiger als meine anderen zufälligen Spielgefährten in Biarritz! Irgendwie gewann ich den Eindruck, daß sie weniger glücklich war als ich, daß man ihr weniger Liebe entgegenbrachte. Ein blauer Fleck auf ihrem zarten, flaumigen Unterarm gab zu schrecklichen Vermutungen Anlaß. «Sie kneift genauso doll wie Mammi», sagte sie und meinte eine Krabbe. Ich entwarf verschiedene Pläne, um sie vor ihren Eltern in Sicherheit zu bringen, die *«des bourgeois de Paris»* waren, wie irgend jemand in meinem Beisein mit einem leichten Achselzucken zu meiner Mutter bemerkt hatte. Ich deutete mir die Geringschätzung in meiner Art, da ich wußte, daß diese Leute die ganze Strecke von Paris in ihrer gelb-blauen Limousine gekommen waren (ein mondänes Abenteuer in jener Zeit), Colette jedoch schäbigerweise in Begleitung ihres Hundes und ihrer Gouvernante mit dem Personenzug geschickt hatten. Der Hund war ein weiblicher Foxterrier mit Schellen am Halsband und einem höchst wedligen Hinterteil. Aus lauter Übermut leckte er Salzwasser aus Colettes Spielzeugeimer. Ich erinnere mich an das Segel, den Sonnenuntergang und den Leuchtturm, die auf diesem Eimer abgebildet waren, aber mir will der Name des Hundes nicht einfallen, und das läßt mir keine Ruhe.

Während unseres zweimonatigen Aufenthalts in Biarritz übertraf meine Leidenschaft für Colette beinahe meine Leidenschaft für Kleopatra. Da meine Eltern keinen Wert darauf legten, mit den ihren zusammenzutreffen, sah ich sie nur am Strand; doch unablässig waren meine Gedanken bei ihr. Wenn ich feststellte, daß sie geweint hatte, fühlte ich einen hilflosen Schmerz in mir aufwallen, der mir Tränen in die Augen trieb. Ich konnte die Mücken nicht umbringen, die ihren zarten schmalen Hals zerstochen hatten, aber ich konnte mich erfolgreich mit einem rothaarigen Jungen prügeln (und ich tat's), der ruppig zu ihr gewesen war. Sie pflegte mir warme Hände voller harter Bonbons zu geben. Eines Tages, als wir uns zusammen über einen Seestern beugten und ihre Ringellocken mein Ohr kitzelten, drehte sie sich plötzlich zu mir um und drückte mir einen Kuß auf die Wange. Meine Bewegung war so groß, daß mir keine andere Antwort einfiel als: «Du Äffchen.»

Ich besaß eine Goldmünze, die ich ausreichend glaubte für unsere Flucht. Wohin wollte ich sie entführen? Nach Spanien? Amerika? In die Berge oberhalb von Pau? *«Là-bas, là-bas, dans la montagne»*, wie ich Carmen in der Oper singen gehört hatte. In einer merkwürdigen Nacht lag ich wach, lauschte auf das regelmäßige dumpfe Rauschen des Ozeans und schmiedete den Plan für die Flucht. Der Ozean schien sich in der Dunkelheit zu erheben, umherzutasten und dann schwer auf sein Gesicht zu fallen.

Von unserer eigentlichen Flucht habe ich wenig zu berichten. In meiner Erinnerung sehe ich, wie sie sich auf der Leeseite eines flatternden Zeltes gehorsam Leinenschuhe mit Hanfsohlen anzieht, dieweil ich ein zusammenklappbares Schmetterlingsnetz in eine braune Papiertüte stopfe. Als nächstes sehe ich, wie wir, um der Verfolgung zu entgehen, ein stockdunkles Kino in der Nähe des Casinos betreten (das uns selbstverständlich absolut verboten war). Dort saßen wir, reichten uns über den Hund hinweg, der auf Colettes Schoß hin und wieder ein leises Geklingel von sich gab, die Hände und betrachteten uns einen zittrigen, verregneten, aber höchst aufregenden Stierkampf in San Sebastián. Endlich sehe ich noch, wie ich von Linderowskij die Promenade entlanggeführt werde. Seine langen Beine schreiten unheilverkündend forsch aus, und ich kann erkennen, wie sich die Muskeln seiner grimmig verzogenen Kinnbacken unter der straffen Haut bewegen. Mein bebrillter neunjähriger Bruder, den er an der anderen Hand hält, geht hin und wieder ein Stück voraus, um wie eine kleine Eule mit entsetzter Neugier zu mir herüberzublicken.

Unter den trivialen Andenken, die ich vor der Abreise in Biarritz erwarb, sind mir weder der kleine Stier aus schwarzem Stein noch die tönende Muschel die liebsten, sondern etwas, das mir heute fast symbolisch vorkommt – ein Federhalter aus Meerschaum mit einem winzigen kristallenen Guckloch an seinem verzierten Ende. Man hielt es ganz dicht vor das Auge, kniff das andere zu, und wenn einem dann die eigenen flimmernden Wimpern nicht mehr im Wege waren, erblickte man im Innern eine wunderbare photographische Ansicht der Bucht und der Klippenreihe, die mit einem Leuchtturm endete.

Und jetzt geschieht etwas Köstliches. Indem ich mir jenen Federhalter und den Mikrokosmos in seiner kleinen Öffnung wieder vorstelle, wird mein Gedächtnis zu einer letzten Anstrengung angespornt. Noch einmal versuche ich, mich an den Namen von Colettes Hund zu erinnern – und wirklich, er kommt, er kommt, jene fernen Strände entlang, über die leuchtenden Abendsände der Vergangenheit, wo sich jeder Fußstapfen langsam mit Sonnenuntergangswasser füllt, widerhallend und tremolierend: Floss, Floss, Floss!

Colette war wieder in Paris, als wir unsere Heimreise dort für einen Tag unterbrachen; und eben dort sah ich sie (dank einer Übereinkunft unserer Erzieher, glaube ich) in einem rehbraunen Park unter einem kalten blauen Himmel zum letzten Male. Sie trug einen Reifen und einen kurzen Stock, um ihn vor sich herzutreiben, und alles an ihr war außerordentlich adrett und elegant, war herbstliche, pariserische *tenue-de-ville-pour-fillettes*. Von ihrer Gouvernante nahm sie ein Abschiedsgeschenk entgegen, das sie meinem Bruder in die Hand steckte, eine Schachtel Mandeldragees, die – das wußte ich – ganz allein für mich bestimmt waren; und schon war sie wieder fort, trieb mit leichten Schlägen ihren schimmernden Reifen durch Licht und Schatten und immer im Kreis um einen von welken Blättern verstopften Springbrunnen, neben dem ich stand. Das Laub vermengt sich in meiner Erinnerung mit dem Leder ihrer Schuhe und Handschuhe, und irgendeine Einzelheit ihrer Kleidung (vielleicht ein Band an ihrer Schottenmütze oder das Muster ihrer Strümpfe) erinnerte mich, soviel weiß ich noch, an die Regenbogenspirale in einer Glasmurmel. Immer noch scheine ich jenes schimmernde Wölkchen zu halten, ungewiß, wohin damit, während sie mit ihrem Reifen schneller und schneller um mich herumwirbelt und sich endlich zwischen den schlanken Schatten auflöst, die von den verschlungenen Bögen eines niedrigen Schleifenzaunes auf den Kiesweg geworfen werden.

KAPITEL ACHT

I

Ich habe vor, ein paar Lichtbilder vorzuführen, doch möchte ich ihnen einige Angaben über ihre zeitlichen und örtlichen Umstände vorausschicken. Mein Bruder und ich sind in St. Petersburg geboren, der Hauptstadt des kaiserlichen Rußland, er Mitte März 1900, ich elf Monate früher. Den englischen und französischen Gouvernanten, die wir als Kinder hatten, traten nach und nach russisch sprechende Privatlehrer zur Seite (die meisten von ihnen in den höheren Semestern an der Universität der Hauptstadt), und schließlich lösten sie sie ganz ab. Diese Hauslehrerepoche begann etwa 1906, dauerte fast ein ganzes Jahrzehnt und überschnitt sich von 1911 an mit unseren Gymnasialjahren. Jeder Hauslehrer wohnte zu seiner Zeit bei uns – im Winter in unserem Petersburger Haus, die übrige Zeit entweder auf unserem Landsitz fünfundsiebzig Werst von der Stadt entfernt oder in den ausländischen Kurorten, wo wir uns im Herbst des öfteren aufhielten. Ich brauchte nie länger als drei Jahre (in solchen Sachen war ich meinem Bruder überlegen), diese wackeren jungen Männer zu zermürben.

Bei der Wahl unserer Hofmeister schien mein Vater von dem sinnreichen Gedanken geleitet, jedesmal den Vertreter einer anderen Gesellschaftsschicht oder Rasse zu engagieren, um uns allen Winden auszusetzen, die über das Russische Reich hinwegbrausten.

Ich glaube nicht, daß es ein ganz überlegter Plan seinerseits war, doch wenn ich zurückblicke, finde ich das Muster seltsam klar, und die Bilder jener Erzieher erscheinen wie von einer Laterna magica projiziert im leuchtenden Kreis des Gedächtnisses.

Der bewundernswerte und unvergeßliche Dorfschulmeister, der uns im Sommer 1905 die Anfangsgründe des russischen Rechtschreibens beibrachte, kam nur für ein paar Stunden am Tag und gehört also nicht eigentlich zur gegenwärtigen Serie. Er hilft jedoch, Anfang und Ende zu verknüpfen, da meine letzte Erinnerung an ihn mit den Osterferien 1915 zusammenhängt, während deren mein Bruder und ich zusammen mit meinem Vater und einem gewissen Wolgin – dem letzten und schlechtesten Hauslehrer – im dicht verschneiten Gelände um unser Gut unter einem intensiven, fast violetten Himmel Ski liefen. Unser alter Freund lud uns, angeblich zu einem kleinen Imbiß, zu sich ins Schulhaus mit seinen Eiszapfen an der Dachrinne; in Wirklichkeit galt es eine umständliche und mit Liebe bereitete Mahlzeit. Immer noch sehe ich sein glühendes Gesicht und das wundervoll simulierte Entzücken, mit dem mein Vater ein Gericht entgegennahm (Hasenbraten mit saurer Sahne), das ihm, wie ich wußte, zuwider war. Das Zimmer war überheizt. Meine tauenden Skistiefel waren nicht so wasserdicht, wie sie es sein sollten. Meine Augen, denen der blendende Schnee immer noch weh tat, versuchten, an der nahen Wand ein sogenanntes «typographisches» Portrait Tolstojs zu entziffern. Wie der Schwanz der Maus auf einer bestimmten Seite von *Alice im Wunderland* bestand es ganz und gar aus Druckbuchstaben. Eine vollständige Tolstoj-Geschichte (*Herr und Knecht*) war draufgegangen, um das bärtige Gesicht ihres Autors nachzubilden, dem übrigens die Züge unseres Gastgebers ein wenig ähnlich sahen. Wir standen gerade im Begriff, den unglückseligen Hasen in Angriff zu nehmen, als die Tür aufflog und Christofor, ein Diener mit blauer Nase, wollenem Frauenkopftuch und idiotischem Lächeln, einen riesigen Lunchkorb voller Speisen und Weine seitwärts hereinschleppte, den meine taktlose Großmutter (die in Batowo überwinterte) uns nachschicken zu müssen geglaubt hatte, für den Fall, daß sich die Kost unseres Schulmeisters als unzureichend erweisen sollte. Ehe unser Gastgeber noch

Gelegenheit hatte, sich verletzt zu fühlen, ließ mein Vater den Eßkorb unberührt mit ein paar knappen Zeilen zurückgehen, welche die wohlmeinende alte Dame wahrscheinlich ebenso verwunderten wie das meiste, was er tat. In einem weiten Seidengewand und mit Fausthandschuhen aus einem Netzgewebe, ein Museumsstück eher als ein lebender Mensch, verbrachte sie die meiste Zeit ihres Lebens auf einer Couch und fächelte sich mit einem Elfenbeinfächer. Eine Schachtel mit *boules de gomme* oder ein Glas Mandelmilch befanden sich in ihrer Reichweite, desgleichen ein Handspiegel, denn ungefähr alle Stunde puderte sie sich mit einer großen rosa Quaste aufs neue das Gesicht, ohne doch mit all dem Mehl den kleinen Leberfleck verdecken zu können, der wie eine Rosine von ihrem Backenknochen abstand. Trotz den eher trägen Aspekten ihres Durchschnittstageslaufs blieb sie eine außerordentlich robuste Frau und bestand darauf, das ganze Jahr über bei offenem Fenster zu schlafen. Nach einem Schneesturm, der die ganze Nacht gedauert hatte, fand ihr Mädchen sie eines Morgens unter einer Schicht funkelnden Schnees, der auf ihr Bett und sie selber geweht war, ohne dem gesunden Glühen ihres Schlafs etwas anzuhaben. Wenn sie überhaupt jemanden liebte, dann höchstens ihre jüngste Tochter Nadeshda Wonljarljarlskij, um derentwillen sie 1916 Batowo plötzlich verkaufte, ein Handel, der in jener Dämmerung kaiserlicher Geschichte niemandem nützte. Sie klagte allen Verwandten über die dunklen Mächte, die ihren Lieblingssohn dazu verführt hatten, die «großartige» Karriere im Dienste des Zaren, welche seine Vorfahren verfolgt hatten, zu verschmähen. Besonders schwer wollte ihr in den Kopf, daß mein Vater, von dem sie wußte, daß er all die Annehmlichkeiten des Reichtums durchaus zu schätzen wußte, imstande war, seine Vorteile aufs Spiel zu setzen, indem er Liberaler wurde und damit eine Revolution herbeizuführen half, die ihn am Ende, wie sie richtig voraussah, bettelarm machen würde.

2

Der Lehrer, der uns im Lesen und Schreiben unterrichtete, war der Sohn eines Tischlers. In der folgenden Laterna-magica-Serie zeigt mein erstes Lichtbild einen jungen Mann, den wir Ordo nannten, den aufgeklärten Sohn eines griechisch-orthodoxen Diakons. Auf den kühlen Spaziergängen mit meinem Bruder und mir im Sommer 1907 trug er einen schwarzen Byronschen Mantel mit einer S-förmigen Silberspange. Im stillen Wald von Batowo an einer Stelle, wo angeblich der Geist eines Erhängten spukte, jagte uns Ordo jedesmal mit einer reichlich despektierlichen und törichten Darbietung, um die mein Bruder und ich ihn baten, sooft wir an jenem Ort vorbeikamen, ein angenehmes Gruseln ein. Mit gesenktem Kopf und unheimlich vampirhaft flatterndem Mantel hüpfte er langsam um die alte schaurige Espe herum. Eines nassen Morgens verlor er während dieses Rituals sein Zigarettenetui, und als ich ihm danach suchen half, entdeckte ich zwei gerade ausgeschlüpfte Exemplare des in unserer Gegend seltenen Amurschwärmers – wunderschöne, samtene, purpurgraue Wesen –, die sich, die chinchillabesetzten Beine an das Gras zu Füßen des Baumes geklammert, in aller Ruhe begatteten. Im Herbst desselben Jahres begleitete uns Ordo nach Biarritz, und ein paar Wochen später reiste er unvermittelt ab; auf seinem Kissen ließ er einen angesteckten Zettel und ein Geschenk zurück, das wir ihm einmal gemacht hatten, einen Gillette-Rasierapparat. Es geschieht nur selten, daß ich mir nicht ganz sicher bin, ob mir eine Erinnerung selber gehört oder ob ich sie aus zweiter Hand habe, doch in diesem Fall schwanke ich tatsächlich, besonders da meine Mutter später, wenn ihr der Sinn nach Erinnerungen stand, erheitert von der Flamme zu erzählen pflegte, die sie, ohne es zu ahnen, da entfacht hatte. Ich scheine mich an eine angelehnte Salontür zu erinnern, und mitten auf dem Fußboden liegt Ordo, unser Ordo, auf den Knien und ringt die Hände vor meiner jungen, schönen und entgeisterten Mutter. Die Tatsache, daß ich aus dem Augenwinkel meines Geistes die Falten eines romantischen Mantels über Ordos auf und ab wogenden Schultern zu sehen meine, läßt darauf schließen, daß ich irgend etwas aus dem früheren Waldtanz in das undeutliche Zimmer unseres Biarritzer Appartements übertragen habe (unter seinen Fenstern, auf einem durch Stricke abgesperrten Teil des Platzes, blies Sigismond Lejoyeux, ein ortsansässiger Aeronaut, gerade einen gewaltigen mostrichfarbenen Ballon auf).

Der nächste war ein Ukrainer, ein übermütiger Mathematiker mit einem dunklen Schnurrbart und einem blitzenden Lächeln. Er verbrachte einen Teil des Winters 1907/08 bei uns. Auch er verstand sich auf manches, und besonders fesselnd war sein Kunststück, eine Münze verschwinden zu lassen. *Ein Geldstück, das auf einem Blatt Papier liegt, wird mit einem Trinkglas bedeckt und verschwindet auf der Stelle.* Man nehme ein gewöhnliches Wasserglas. Ein rundes Stück Papier wird sauber über die Öffnung geklebt. Das Papier ist am besten liniert (oder anders gemustert) – das erhöht die Illusion. Auf ein ähnlich liniertes Blatt wird eine kleine Münze gelegt (ein silbernes Zwanzig-Kopeken-Stück reicht für den Zweck). Das Glas wird schnell über die Münze gestülpt, wobei darauf zu achten ist, daß die beiden Muster übereinstimmen. Die Übereinstimmung von Mustern ist eins der Wunder der Natur. Die Wunder der Natur begannen mir in jenen jungen Jahren Eindruck zu machen. An einem seiner freien Sonntage brach der arme Zauberkünstler auf der Straße zusammen und wurde von der Polizei mit einem Dutzend Betrunkener zusammen in eine kalte Zelle gesperrt. Dabei hatte er ein Herzleiden, an dem er einige Jahre später starb.

Das nächste Bild sieht aus, als stünde es verkehrt herum. Auf ihm sieht man unseren dritten Privatlehrer kopfstehen. Er war ein großer, beängstigend athletischer Lette, der auf den Händen laufen, enorme Gewichte heben, mit Hanteln jonglieren und ein großes Zimmer im Handumdrehen mit dem Schweißgeruch einer ganzen Garnison erfüllen konnte. Wenn er es für angebracht hielt, mich für irgendein geringfügiges Vergehen zu strafen (ich erinnere mich zum Beispiel, daß ich von einem oberen Treppenabsatz eine Murmel auf seinen anziehenden, hart aussehenden Kopf fallen ließ, als er hinunterging), griff er zu der bemerkenswerten pädagogischen Maßnahme, mich meine Boxhandschuhe anlegen zu lassen und zu einem kleinen Sparring herauszufordern. Mit schmerzvoller Genauigkeit versetzte er mir dann einen Hieb ins Gesicht. Obwohl ich das den

Strafarbeiten vorzog, die Mademoiselle sich ausdachte und die mir die Finger verkrampften, etwa wenn ich zweihundertmal das Sprichwort *Qui aime bien, châtie bien* abschreiben mußte, vermißte ich den guten Mann nicht, als er uns nach einem stürmischen Monat verließ.

Dann kam ein Pole. Er war ein gutaussehender Medizinstudent mit klaren und feuchten braunen Augen und glattem Haar, der dem französischen Schauspieler Max Linder ähnlich sah, einem beliebten Filmkomiker. Max hielt sich von 1908 bis 1910 und verdiente sich an einem Wintermorgen in St. Petersburg meine Bewunderung, als ein plötzlicher Aufruhr unseren üblichen Morgenspaziergang unterbrach. Peitschenschwingende Kosaken mit wilden, schwachsinnigen Gesichtern trieben ihre sich bäumenden Pferde in eine dichte Menschenmenge. Eine Menge Mützen und mindestens drei Galoschen lagen schwarz im Schnee. Einen Augenblick schien es, als käme einer der Kosaken auf uns zu, und ich sah Max nach einem glänzenden Revolver in seiner Tasche greifen – doch unglücklicherweise wich der Tumult zurück. Ein- oder zweimal nahm er uns zu seinem Bruder mit, einem ausgemergelten, hochvornehmen katholischen Priester, dessen bleiche Hände geistesabwesend über unseren kleinen griechisch-orthodoxen Köpfen schwebten, während er und Max sich in zischend dahinströmendem Polnisch über politische oder familiäre Dinge unterhielten. Ich sehe meinen Vater mit Max an einem Sommertag um die Wette schießen – mit Pistolenschüssen durchlöcherten sie ein rostiges Jagdverbotsschild in unserem Wald. Er war ein kräftiger junger Mann, der liebenswürdige Max, und darum wunderte es mich, wenn er über Migräne klagte und matt ablehnte, mit mir Fußball zu spielen oder schnell einmal in den Fluß zu springen. Heute weiß ich, daß er jenen Sommer eine Liebesaffaire mit einer verheirateten Dame hatte, deren Gut knapp zwanzig Kilometer entfernt lag. Am Tag schlich er sich dann und wann zum Hundezwinger, um unsere angeketteten Wachhunde zu füttern und sich bei ihnen Liebkind zu machen. Sie wurden um elf Uhr abends losgelassen und strichen dann um unser Haus, und er mußte ihnen mitten in der Nacht gegenübertreten, wenn er sich aus dem Haus und zu den Büschen schlich, wo ihm ein Bundesgenosse, der polnische Diener meines Vaters, ein Fahrrad mit allem Zubehör – Klingel, Luftpumpe, Werkzeugtasche aus braunem Leder und sogar Hosenklammern – bereitgestellt hatte. Auf ungepflasterten Straßen voller Schlaglöcher und auf holprigen Waldwegen gelangte Max zu seinem entlegenen Liebesnest, einer Jagdhütte – der großen Tradition eleganten Ehebruchs gemäß. Die kühlen Morgennebel und vier Dänische Doggen mit kurzem Gedächtnis sahen ihn auf seinem Fahrrad zurückkehren, und um acht begann ein neuer Tag. Ich frage mich, ob Max den Schauplatz seiner nächtlichen Unternehmungen nicht mit einer gewissen Erleichterung verließ, als er uns im Herbst jenes Jahres (1909) auf unserer zweiten Reise nach Biarritz begleitete. Fromm und reumütig ließ er sich für ein paar Tage beurlauben, um in Gesellschaft eines hübschen und lockeren irischen Mädchens nach Lourdes zu reisen; sie war die Gouvernante Colettes, meiner liebsten Spielgefährtin am Strand. Im folgenden Jahr verließ uns Max, um eine Stellung in der Röntgenabteilung eines Petersburger Krankenhauses anzutreten, und soviel ich höre, brachte er es zwischen den Weltkriegen in Polen zu beträchtlichem medizinischen Ruhm.

Auf den Katholiken folgte der Protestant – ein Lutheraner jüdischer Abstammung. Hier wird er unter dem Namen Lenskij figurieren müssen. Mein Bruder und ich fuhren mit ihm gegen Ende 1910 nach Deutschland, und als wir nach unserer Rückkehr ab Januar des darauffolgenden Jahres eine Petersburger Schule besuchten, blieb Lenskij noch drei Jahre lang bei uns, um uns bei den Schularbeiten zu helfen. Während seiner Regierungszeit war es, daß Mademoiselle, die seit dem Winter 1905 bei uns gewohnt hatte, endlich ihren Kampf gegen die moskowitischen Eindringlinge aufgab und nach Lausanne zurückkehrte. Lenskij stammte aus armen Verhältnissen und erinnerte sich gerne daran, daß er sich zwischen dem Abitur, welches er in seiner Heimatstadt am Schwarzen Meer gemacht hatte, und seiner Zulassung zur Petersburger Universität den Lebensunterhalt damit verdient hatte, daß er flache Kiesel vom steinigen Strand mit bunten Meeresszenen dekorierte und als Briefbeschwerer verkaufte. Er hatte ein ovales, rosiges Gesicht, merkwürdig nackte Augen mit kurzen Wimpern hinter einem randlosen

Zwicker und einen hellblauen kahlgeschorenen Schädel. Dreierlei fanden wir sogleich heraus: Er war ein vortrefflicher Lehrer; es fehlte ihm jeder Sinn für Humor; und im Gegensatz zu unseren früheren Erziehern war er jemand, den wir in Schutz nehmen mußten. Solange meine Eltern in der Nähe waren, fühlte er sich sicher, doch waren sie nicht da und machte eine unserer Tanten irgendeine sarkastische Bemerkung, so war es um seine Sicherheit geschehen. Für sie waren die gegen Pogrome und andere Praktiken der Regierung gerichteten leidenschaftlichen Schriften meines Vaters nur die Grillen eines launenhaften Adligen, und ich hörte oft, wie sie mit Schaudern von Lenskijs Herkunft und den «wahnsinnigen Experimenten» meines Vaters sprachen. Bei solchen Gelegenheiten pflegte ich im Anschluß furchtbar frech zu ihnen zu sein und in der Abgeschiedenheit einer Toilette in heiße Tränen auszubrechen. Nicht daß ich Lenskij besonders gern mochte. Seine trockene Stimme, seine übertriebene Ordentlichkeit hatten etwas Irritierendes, auch seine Angewohnheit, mit einem eigens dafür reservierten Tuch dauernd seine Brille zu putzen oder mit einem eigens dafür bestimmten Knipser seine Fingernägel zu schneiden, seine pedantisch korrekte Redeweise und vielleicht am meisten seine phantastische morgendliche Angewohnheit, scheinbar direkt aus dem Bett, doch bereits angetan mit Schuhen und Hosen, an denen hinten rote Hosenträger herabhingen, sowie einem sonderbaren ärmellosen Netzunterhemd, das seinen dicklichen behaarten Oberkörper umspannte, zum nächsten Wasserhahn zu marschieren und seine Körperreinigung dortselbst darauf zu beschränken, daß er sich das rosa Gesicht, den blauen Schädel und den fetten Hals gründlich naßmachte, und sich darauf nach russischer Art herzhaft die Nase zu schneuzen, um dann mit den gleichen zielstrebigen Schritten, doch nunmehr triefend und halb blind, in sein Schlafzimmer zurückzumarschieren, wo er an einem geheimen Ort drei sakrosankte Handtücher aufbewahrte (im übrigen war er im unübersetzbaren russischen Sinn so *bresgliw*, daß er sich die Hände wusch, wenn er Banknoten oder Geländerläufe angefaßt hatte).

Er beschwerte sich bei meiner Mutter, daß Sergej und ich kleine Ausländer wären, Freaks, Gecken, *snoby*, die Gontscharow, Grigo-

Meine Mutter mit vierunddreißig Jahren, ein Pastellportrait (60 mal 40 cm) von Léon Bakst, 1910 im Musikzimmer unseres Petersburger Hauses gemalt. Die hier abgebildete Reproduktion wurde im gleichen Jahr unter seiner Aufsicht angefertigt. Er hatte enorme Mühe mit dem fluktuierenden Umriß ihrer Lippen und verwendete bisweilen eine ganze Sitzung auf ein einziges Detail. Das Ergebnis ist eine außerordentliche Ähnlichkeit und repräsentiert ein interessantes Stadium in seiner künstlerischen Entwicklung. Meine Eltern besaßen ebenfalls eine Reihe von Aquarellskizzen, die er für das Scheherazade-Ballett gemacht hatte. Fünfundzwanzig Jahre später erzählte mir Alexandre Bénois in Paris, daß er bald nach der Sowjetrevolution alle Bakstschen Werke und dazu einige eigene wie den «Regentag in der Bretagne» aus unserem Haus in das (nunmehr staatliche) Museum Alexanders III. schaffen ließ.

Meine Mutter und ihr Bruder, Wassilij Iwanowitsch Rukawischnikow (1874 bis 1916), im Oktober 1913 auf der Terrasse seines Château in Pau, Basses Pyrénées.

rowitsch, Korolenko, Stanjukowitsch, Mamin-Sibirjak und andere stumpfsinnige Langweiler («Heimatschriftstellern» vergleichbar) «pathologisch kalt» ließen, während sie doch seiner Meinung nach «normale Jungen bezauberten». Zu meinem dunklen Ärger erteilte er meinen Eltern den Rat, ihre beiden Söhne – die drei jüngeren Kinder waren seiner Gerichtsbarkeit entzogen – einen demokratischeren Lebenswandel führen zu lassen, was zum Beispiel bedeutete, daß wir in Berlin aus dem Adlon-Hotel in eine düstere Pension in einer Sackgasse umzogen und nicht mehr in internationalen Expreßzügen mit weichen Teppichen reisten, sondern statt dessen in schwankenden und schlingernden Schnellzügen mit schmutzigen Fußböden und abgestandenem Zigarrenrauch. In fremden Städten und in St. Petersburg desgleichen konnte er wie angefroren vor Geschäften stehenbleiben und Dinge bestaunen, die uns völlig gleichgültig ließen. Er wollte demnächst heiraten, besaß nichts als sein Gehalt und plante seinen künftigen Hausstand mit der größten Findigkeit und Sorgfalt. Hin und wieder brachte irgendeine unbesonnene Tat sein Budget in Unordnung. Als er eines Tages sah, wie eine zerlumpte alte Hexe gierig einen Hut mit karmesinroten Federn anstarrte, der im Schaufenster eines Modewarenladens lag, kaufte er ihn für sie – und hatte einige Schwierigkeiten, die Frau wieder abzuschütteln. Bei seinen eigenen Anschaffungen verfuhr er mit großer Umsicht. Geduldig hörten mein Bruder und ich seine detaillierten Tagträume an, in denen er jeden Winkel der gemütlichen, aber schlichten Wohnung analysierte, die er für seine Frau und sich selber im Geiste einrichtete. Zuweilen schwang sich seine Phantasie empor. Einmal ließ sie sich auf einer teuren Deckenlampe bei Alexander nieder, einem Petersburger Geschäft, das ziemlich unerquicklichen bürgerlichen Trödel führte. Da er nicht wünschte, daß im Laden ein Verdacht aufkäme, auf welchen Gegenstand er es abgesehen hatte, wollte er ihn uns nur zeigen, wenn wir ihm gelobten, uns völlig in der Gewalt zu haben und keine unnötige Aufmerksamkeit zu erregen, indem wir etwa direkt hinschauten. Unter allen möglichen Vorsichtsmaßregeln führte er uns unter einen entsetzlichen bronzenen Kraken, und nur mit einem schnurrenden Seufzer gab er uns zu verstehen, daß dies der begehrte Gegenstand sei. Mit der gleichen Vorsicht – flüsternd und auf Zehenspitzen, um ja das Schicksalsungeheuer nicht zu wecken (von dem er offenbar annahm, daß es gegen ihn einen persönlichen Groll hegte) – stellte er uns seiner Verlobten vor, einer kleinen, zierlichen jungen Dame mit verängstigten Gazellenaugen, an deren schwarzem Schleier der Geruch frischer Veilchen haftete. Wir trafen sie, erinnere ich mich, vor einer Apotheke Potsdamer Straße/Ecke Privatstraße, einer engen Straße voller dürren Laubs, wo sich unsere Pension befand, und er beredete uns, die Gegenwart seiner Braut in Berlin vor unseren Eltern geheimzuhalten, und im Schaufenster der Apotheke machte eine mechanische Reklamefigur Rasierbewegungen, und Straßenbahnen fuhren quietschend vorbei, und es begann zu schneien.

3

Nunmehr sind wir bereit, das Hauptthema dieses Kapitels anzugehen. Irgendwann im Laufe des folgenden Winters kam Lenskij auf den entsetzlichen Gedanken, in unserem Petersburger Haus jeden zweiten Sonntag pädagogische Lichtbildervorträge zu veranstalten. Er hatte sich vorgenommen, mit ihrer Hilfe instruktive Lesungen zu bebildern («reichlich» zu bebildern, sagte er und schmatzte mit seinem schmalen Mund); gutgläubig hoffte er wohl, damit einer Schar hingerissener Jungen und Mädchen ein denkwürdiges gemeinsames Erlebnis zu verschaffen. Diese Veranstaltungen, so glaubte er, würden nicht nur unsere Kenntnisse erweitern, sondern auch dazu beitragen, aus meinem Bruder und mir gute kleine gesellige Wesen zu machen. Wir dienten ihm als Kern, und um diesen widerspenstigen Mittelpunkt herum sammelte er mehrere Schichten von Rekruten – gleichaltrige Cousins und Cousinen, die gerade greifbar waren, verschiedene Kinder, mit denen wir jeden Winter auf mehr oder weniger öden Gesellschaften zusammentrafen, einige unserer Schulkameraden (sie waren ungewöhnlich still – aber ach, es entging ihnen keine Einzelheit) sowie die Sprößlinge der Dienerschaft. Nachdem ihm meine freundliche und optimistische Mutter völlig freie Hand gegeben hatte, entlieh er einen komplizierten Apparat und stellte einen mutlos aussehenden Studenten zu seiner Bedienung ein; heute scheint es mir, als habe der warmherzige Lenskij unter anderem versucht, einen mittellosen Kommilitonen zu unterstützen.

Niemals werde ich die erste Lesung vergessen. Lenskij hatte eine Verserzählung von Lermontow ausgesucht, die Abenteuer eines jungen Mönches, der seine kaukasische Einsiedelei verläßt, um in den Bergen herumzuwandern. Wie gewöhnlich bei Lermontow vereinte das Gedicht platte Aussprüche mit superben verschwimmenden Fata-Morgana-Effekten. Es war von erklecklicher Länge, und seine siebenhundertfünfzig reichlich monotonen Verse wurden von Lenskij großzügig über ganze vier Bilder verteilt (ein fünftes hatte ich kurz vor der Vorführung ungeschickterweise zerbrochen).

Mit Rücksicht auf die Feuergefahr war für die Vorstellung ein ausgedientes Kinderzimmer gewählt worden, in dessen einer Ecke ein bronzebraun gestrichener säulenförmiger Badeofen stand sowie eine Wanne auf Schwimmfüßen, die zu diesem Anlaß keusch zugedeckt worden war. Die dicht zugezogenen Fenstervorhänge entzogen dem Blick den Hof, die Stapel von Birkenscheiten und die düsteren Mauern des Anbaus, der den Pferdestall beherbergte (dessen einer Teil in eine Garage für zwei Automobile umgewandelt worden war). Obwohl ein uralter Kleiderschrank und ein paar Kabinenkoffer hinausgeworfen worden waren, sah dieses trostlose Hinterzimmer, in dem an einem Ende die Laterna magica und im übrigen schräge Reihen von Stühlen, Fußpolstern und Sofas für etwa zwei Dutzend Zuschauer standen (eingeschlossen Lenskijs Verlobte und drei oder vier Gouvernanten, unsere eigene Mademoiselle und Miss Greenwood nicht mitgezählt), überfüllt aus und fühlte sich muffig an. Eine meiner zappeligsten Cousinen, eine nebelhafte, ungefähr elfjährige kleine Blondine mit langem Alice-im-Wunderland-Haar und muschelrosa Teint, saß zu meiner Linken so eng neben mir, daß ich jedesmal, wenn sie sich anders hinsetzte, ihren schmalen Hüftknochen gegen meinen stoßen fühlte; sie spielte mit ihrem Medaillon, strich mit dem Handrücken zwischen ihrem parfümierten Haar und ihrem Nackenansatz entlang, oder sie schlug unter der raschelnden Seide ihres gelben Unterrocks, der durch die Spitzen ihres Röckchens hindurchschimmerte, die Knie aneinander. Zu meiner Rechten saß der Sohn des polnischen Dieners meines Vaters, ein völlig regloser Junge in einem Matrosenanzug; er sah dem Zarewitsch auffallend ähnlich, und ein noch auffälligerer Zufall wollte, daß er an der gleichen tragischen Krankheit – Hämophilie – litt, so daß eine Hofequipage mehrmals im Jahr einen berühmten Arzt in unser Haus brachte und im schräg fallenden Schnee wartete und wartete, und wenn man sich die größte dieser grauen Flocken heraussuchte und ihren Weg abwärts (vorbei an dem Erkerfenster, durch das man hinaussah) im Blick behielt, konnte man ihre ziemlich grobe, unregelmäßige Form und ihr Schwanken während des Flugs ausmachen, und es wurde einem schwummrig und schläfrig, schläfrig und schwummrig.

Das Licht ging aus. Lenskij ließ die Eingangsverse vom Stapel:

> Die Zeit – es sind nur wenig Jahr'.
> Der Ort – dort wo ein Strömepaar
> Sich trifft zu schwesterlichem Gruß,
> Aragwa und Kura; am Fluß
> Dortselbst ein Kloster stand ...

Das Kloster mit seinen beiden Flüssen erschien pflichtschuldig und blieb etwa hundert Verse lang in unheimlicher Trance auf der Leinwand (wenn doch nur ein einziger Mauersegler darüber hätte hinwegstreifen können!), bis es von irgendeinem georgischen Mädchen mit einem irdenen Krug in der Hand abgelöst wurde. Als der Vorführer das Rähmchen zur Seite schob, huschte das Bild mit einem eigentümlichen Schwung von der Leinwand, da die Vergrößerung nicht nur die gezeigte Szene, sondern auch die Geschwindigkeit ihrer Entfernung beeinflußte. Sonst jedoch gab es wenig Zauberei. An Stelle von Lermontows wunderbaren Bergen

> Die in des Morgenhimmels Pracht
> Wie rauchende Altäre ragten

wurden uns konventionelle Gipfel vorgeführt, und während der junge Mönch einem anderen Einsiedler von seinem Kampf mit einem Leoparden berichtete –

> Oh, ich war schrecklich anzusehn!
> Ich selbst ein Panther, wild und kühn,
> Sein Rasen war, sein Brüllen mein

– ertönte hinter mir ein gedämpftes Miau; vielleicht kam es aus dem Mund des jungen Rshewuskij, mit dem zusammen ich Tanzstunden nahm, oder aus dem von Alec Nitte, der sich ein oder zwei Jahre darauf durch Poltergeistphänomene ein gewisses Renommee erwarb, oder aus dem eines Vetters. Während Lenskijs dünne Stimme weiter und weiter las, merkte ich langsam, daß die Zuhörer – mit einigen Ausnahmen vielleicht, etwa einem sensiblen Schulkameraden namens Samuel Rosoff – sich insgeheim über die Vorführung lustig machten und ich hinterher mit verschiedenen beleidigenden Bemerkungen fertig zu werden hätte. Ich empfand ein stechendes Mitleid mit Lenskij – mit den bescheidenen Falten an seinem kahlgeschorenen Hinterkopf, mit seiner Courage, mit den nervösen Bewegungen seines Zeigestocks, über den bisweilen wie spielende Kätzchenpfoten die Farben huschten, wenn er ihn zu dicht an die Leinwand heranbrachte. Zum Ende hin wurde die Monotonie des Ganzen vollends unerträglich; der verwirrte Vorführer konnte das letzte Rähmchen nicht finden, das unter die schon gezeigten geraten war, und während Lenskij in der Dunkelheit geduldig wartete, begannen einige Zuschauer, die schwarzen Schatten ihrer erhobenen Hände auf die erschreckte weiße Leinwand zu werfen, und prompt gelang es einem respektlosen und gelenkigen Jungen (war ich es am Ende doch selber – der Hyde meines Jekylls?), die Silhouette seines Fußes zu projizieren, was natürlich einen lärmenden Wettstreit auslöste. Als sich das Dia schließlich doch gefunden hatte und auf der Leinwand erschien, fühlte ich mich an eine Reise meiner frühen Kindheit durch den langen, finsteren St. Gotthard-Tunnel erinnert, in den unser Zug während eines Gewitters einfuhr, doch es war ganz vorüber, als wir wieder ans Tageslicht kamen, und

Blau, grün, orangerot, so stand,
Vom eignen holden Glück gebannt,
Ein Regenbogen überm Schroffen
Und unter ihm, still und betroffen,
Eine Gazelle ...

Ich sollte hinzufügen, daß ich währenddessen und während der folgenden, noch überfüllteren, noch schrecklicheren Sonntagnachmittagsveranstaltungen von dem Nachhall gewisser Familiengeschichten verfolgt wurde, die mir zu Ohren gekommen waren. In den frühen achtziger Jahren hatte mein Großvater mütterlicherseits, Iwan Rukawischnikow, als er für seine Söhne keine Privatschule nach seinem Geschmack fand, eine eigene Akademie ins Leben gerufen, indem er ein Dutzend der besten Professoren anstellte, deren er habhaft werden konnte, und etwa zwanzig Knaben in den Sälen seines Petersburger Hauses (Admiralitätskai Nummer 10) für einige Semester schulgeldfreien Unterrichts zusammentrommelte. Dem Unternehmen war kein Erfolg beschieden. Jene seiner Bekannten, deren Söhne er mit seinen eigenen zusammentun wollte, waren nicht immer willfährig, und von den Knaben, die er erhielt, enttäuschten ihn einige. Ich machte mir ein höchst ungünstiges Bild von ihm, sah ihn zu seinem eigensinnigen Zweck Schulen durchkämmen und mit seinen seltsamen und traurigen Augen, die mir von Photographien her wohlbekannt waren, unter den gescheitesten die hübschesten Schüler auswählen. Er soll notleidenden Eltern tatsächlich Geld gezahlt haben, um Kameraden für seine beiden Söhne anzuwerben. So wenig auch die naiven Lichtbildervorträge unseres Hauslehrers mit den überspannten Rukawischnikowschen Einfällen zu tun hatten, trug die Tatsache, daß ich die beiden Unternehmungen miteinander in Beziehung brachte, nicht gerade dazu bei, mich mit Lenskijs lächerlichem und langweiligem Ehrgeiz abzufinden, und so war ich froh, als nach drei weiteren Vorführungen (Puschkins *Eherner Reiter*, *Don Quijote* und *Afrika – das Land der Wunder*) meine Mutter meinen inständigen Bitten nachgab und die ganze Sache abgeblasen wurde.

Wenn ich jetzt daran denke – wie billig und geschwollen sahen sie doch aus, diese geleeartigen Bilder, wenn sie auf die feuchte Leinwand projiziert wurden (die Feuchtigkeit sollte sie um so herrlicher erstrahlen lassen), aber welche Schönheiten offenbarten die Glasrähmchen als solche, wenn man sie einfach zwischen Daumen und Zeigefinger gegen das Licht hielt – durchscheinende Miniaturen, Taschenmärchenländer, schmucke kleine Welten aus stillen, leuchtenden Farben! In späteren Jahren entdeckte ich die gleiche genaue und stille Schönheit von neuem in der Helligkeit unter dem Zauberrohr eines Mikroskops. Auf dem Glas eines Diapositivs war eine Landschaft verkleinert, und das beflügelte die Phantasie; unter dem Mikroskop war ein Insektenorgan zu nüchternem Studium vergrößert. In den Größenverhältnissen der Welt, so scheint es mir, gibt es einen feinen Punkt, wo sich Phantasie und Wissen treffen, einen Punkt, den man erreicht, wenn man Großes verkleinert und Kleines vergrößert, und der seinem Wesen nach künstlerisch ist.

4

In Anbetracht der augenscheinlich vielseitigen Begabung Lenskijs, der Gründlichkeit, mit der er uns alles zu erklären wußte, was mit unserem Schulpensum zusammenhing, kamen seine dauernden akademischen Nöte überraschend. Wie sich langsam herausstellte, hatten sie ihre Ursache darin, daß ihm jegliche Begabung für die finanziellen und politischen Probleme abging, an denen er sich hartnäckig versuchte. Ich weiß noch, welches Lampenfieber er vor einer seiner wichtigsten Abschlußprüfungen hatte. Ich war nicht weniger beunruhigt als er und konnte kurz vor dem Ereignis der Versuchung nicht widerstehen, an der Tür des Zimmers zu horchen, wo mein Vater auf Lenskijs dringliche Bitte hin eine private Probe aufs Exempel machte, indem er ihm abfragte, was er über Charles Gides *Prinzipien der politischen Ökonomie* wußte. Während er das Buch durchblätterte, stellte mein Vater Fragen wie: «Was bestimmt den wirtschaftlichen Wert?» oder «Was ist der Unterschied zwischen Banknoten und Papiergeld?», und eifrig räusperte sich Lenskij – aber es blieb völlig still, als hätte er den Geist aufgegeben. Nach einer Weile verstummte auch dieses lebhafte Hüsteln, und das einzige, was in den Zwischenräumen noch das Schweigen unterbrach, waren die Finger meines Vaters, die auf den Tisch trommelten; einmal allerdings flammte ein schneller und hoffnungsvoller Protest in dem Dulder auf, und er rief plötzlich: «Diese Frage steht aber nicht im Buch!» – doch sie stand drin. Schließlich seufzte mein Vater, schloß das Lehrbuch leise, aber hörbar und bemerkte: «*Golubtschik* (mein Lieber), Sie müssen durchfallen, Sie wissen ja nicht das allergeringste.» – «Das möchte ich bestreiten», gab Lenskij nicht ohne Würde zurück. So steif, als sei er ausgestopft, wurde er in unserem Wagen zur Universität gefahren; er blieb bis zum Abend dort und kehrte in einem Pferdeschlitten, in völliger Niedergeschlagenheit, in einem Schneesturm zurück und ging in stiller Verzweiflung auf sein Zimmer.

Gegen Ende seiner Zeit bei uns heiratete er, machte eine Hochzeitsreise in den Kaukasus, in Lermontows Berge, und kam für einen weiteren Winter zu uns zurück. Während seiner Abwesenheit im Sommer 1913 übernahm ein Schweizer Hauslehrer, Monsieur Noyer, seine Pflichten. Er war ein Mann von kräftiger Statur, hatte einen borstigen Schnurrbart und las uns Rostands *Cyrano de Bergerac* vor, wobei er jede Zeile überaus genießerisch artikulierte und entsprechend den Figuren, die er darstellte, seine Stimme aus Flötenhöhe in Fagottiefe verlegte. Wenn er beim Tennis den Aufschlag hatte, stand er, die dicken Beine in der zerknitterten Nankinghose weit gespreizt, fest auf der Grundlinie und beugte jäh die Knie, um dem Ball einen gewaltigen, aber höchst wirkungslosen Schlag zu versetzen.

Nachdem uns Lenskij im Frühjahr 1914 endgültig verlassen hatte, zog ein junger Mann aus der Wolgagegend bei uns ein. Er war ein charmanter Mensch von adliger Herkunft, ein recht guter Tennisspieler, ein hervorragender Reiter; mit großer Erleichterung verließ er sich auf derartige Fertigkeiten, denn in jener späten Phase hatten weder mein Bruder noch ich einen großen Bedarf an jener Bildungshilfe, die der Wicht uns eigentlich geben sollte, wie ein optimistischer Gönner meinen Eltern versprochen hatte. Im Laufe unseres Kolloquiums setzte er mich beiläufig davon in Kenntnis, daß Dickens *Onkel Toms Hütte* geschrieben habe, woraufhin ich unverzüglich mit ihm wettete und seinen Schlagring gewann. Danach hütete er sich, in meiner Gegenwart die Rede auf literarische Figuren oder Themen zu bringen. Er war sehr arm, und seiner ausgeblichenen Universitätsuniform entströmte ein seltsamer, staubiger und ätherischer, nicht gänzlich unangenehmer Geruch. Gewinnende Umgangsformen hatte er schon, ein liebreizendes Gemüt, eine unvergeßliche Handschrift, die ganz aus Dornen und Stacheln bestand (und dergleichen ich erst in den Briefen von Verrückten wiedergesehen habe, die ich seit dem Jahre der Gnade 1958 manchmal bekomme), und einen unbegrenzten Vorrat an obszönen Geschichten (mit denen er mich unter dem Siegel der Verschwiegenheit in einer träumerischen, samtigen Stimme fütterte, ohne einen einzigen vulgären Ausdruck zu gebrauchen), Geschichten über seine Kumpel und Nutten und auch über verschiedene Verwandte von uns, von denen er eine, eine vornehme Dame, die fast doppelt so alt war wie er, bald darauf heiratete, nur um sie – während seiner anschließenden Karriere in Lenins Verwaltungsapparat – loszuwerden, indem er sie in ein Arbeitslager expedierte, wo sie umkam. Je mehr ich über jenen Menschen nachdenke, desto mehr bin ich der Überzeugung, daß er vollkommen wahnsinnig war.

Lenskij verlor ich nicht ganz aus den Augen. Noch während er bei uns wohnte, begann er mit einem Darlehen seines Schwiegervaters irgendein phantastisches Geschäft, das unter anderem den Ankauf und die Verwertung verschiedener Erfindungen mit sich brachte. Es wäre weder nett noch fair, wenn ich sagte, daß er sie als seine eigenen ausgab; doch adoptierte er sie und sprach über sie mit einer solchen Wärme und Zärtlichkeit, daß es auf eine natürliche Vaterschaft hindeutete – eine Gefühlshaltung seinerseits, die von keinen Fakten gestützt war und keinen Betrug beabsichtigte. Eines Tages lud er uns alle stolz ein, mit unserem Wagen eine neue Straßenpflasterung auszuprobieren, für die er verantwortlich zeichnete und die (soweit ich jenes seltsame Glänzen durch den Schleier der Zeit hindurch erkennen kann) aus einem absonderlichen Gewaber von Metallstreifen bestand. Das Resultat war ein platter Reifen. Der Kauf einer anderen verfänglichen Sache jedoch tröstete ihn wieder: die fertigen Entwürfe zu einem «Elektroplan», wie er das Ding nannte, das wie eine alte Blériotsche Maschine aussah, aber – und hier zitiere ich ihn wieder – einen «voltaischen» Motor hatte. Er flog nur in seinen Träumen – und meinen. Im Ersten Weltkrieg brachte er ein fladenförmiges Wunder-Pferdefutter auf den Markt (er pflegte selber daran zu knabbern und es auch seinen Bekannten anzubieten), doch die meisten Pferde blieben bei ihrem Hafer. Er handelte mit einer Reihe anderer, ausnahmslos verrückter Patente und war tief verschuldet, als er durch den Tod seines Schwiegervaters ein kleines Vermögen erbte. Das muß Anfang 1918 gewesen sein, denn ich erinnere mich, daß er uns schrieb (wir waren in der Gegend von Jalta gestrandet) und uns Geld und jede Art von Unterstützung anbot. Die Erbschaft investierte er prompt in einen Vergnügungspark an der Küste der Krim, gab sich endlose Mühe damit, eine gute Kapelle aufzutreiben, eine Rollschuhbahn aus irgendeinem ganz besonderen Holz zu bauen und Fontänen und Kaskaden anzulegen, die von roten und grünen Glühbirnen illuminiert waren. 1919 kamen die Bolschewisten und löschten die Lichter, und Lenskij floh nach Frankreich; das letzte Mal hörte ich von ihm in den zwanziger Jahren, und damals soll er sich an der Riviera mit Mühe und Not damit über Wasser gehalten haben, daß er Muscheln und Kiesel mit Bildern bemalte. Ich weiß nicht, was mit ihm geschah, als die Nazis in Frankreich einfielen – und stelle es mir auch lieber nicht vor. Trotz etlicher Schrullen war er im Grunde ein sehr reiner und sehr anständiger Mensch, dessen private Prinzipien so streng waren wie seine Grammatik und an dessen erfrischende Diktate ich mich mit Freuden erinnere: *kolokololitejschtschiki perekolotili wykarabkawschichsja wychucholej* – «die Glockengießer schlachteten die herausgekrochenen Desmans». Viele Jahre später zitierte ich im American Museum of Natural History diesen Zungenbrecher einem Zoologen, der mich gefragt hatte, ob Russisch so schwierig sei, wie sein Ruf es behauptete. Einige Monate später sahen wir uns wieder, und er fragte mich: «Wissen Sie, ich mußte eine Menge an diese moskowitischen Bisamratten denken: wo sind die herausgekrochen? Hatten sie Winterschlaf gehalten oder sich versteckt oder was?»

5

Wenn ich an meine aufeinanderfolgenden Lehrer denke, beschäftigen mich die seltsamen Dissonanzen, die sie in mein junges Leben brachten, weniger als die fundamentale Stabilität und Unversehrtheit dieses Lebens. Mit Freude nehme ich die höchste Leistung des Gedächtnisses wahr, nämlich den meisterlichen Gebrauch, den es von den angeborenen Harmonien macht, wenn es die schwebenden und unsteten Klänge der Vergangenheit in seinen Pferch treibt. Um jene mißtönenden Akkorde zu vervollständigen und aufzulösen, stelle ich mir gerne etwas vor, was in der Rückschau ebenso dauerhaft ist wie die lange Tafel, die an Geburts- und Namenstagen im Sommer zur Nachmittagsschokolade im Freien gedeckt wurde, in einer von Eichen, Linden und Ahornbäumen bestandenen Allee, dort, wo sie in den glatten Sand des Gartens mündete, der zwischen Park und Haus lag. Ich sehe das Tischtuch und die Gesichter der Menschen, die dort sitzen und an dem Spiel von Licht und Schatten unter dem bewegten, phantastischen Laubwerk teilhaben, das zweifellos von der gleichen Fähigkeit leidenschaftlichen Gedenkens und unablässiger Rückkehr übertrieben wird, die mich auch nötigt, mich jener Festtafel immer von außen zu nähern, von den Tiefen des Parkes her – und nicht vom Haus –, so als müßte der Geist, um dorthin zurückzugelangen, lautlos wie ein barfüßiger Verlorener Sohn herantreten, der schwach ist vor Erregung. Durch ein bebendes Prisma erkenne ich die Züge von Angehörigen und Freunden, stumme Lippen, die heiter vergessene Worte bilden. Ich sehe den Dampf der Schokolade und die Teller mit Blaubeertorte. Ich bemerke den kleinen Hubschrauber einer rotierenden Flügelfrucht, die sacht auf dem Tischtuch niedergeht, und den bloßen Arm eines jungen Mädchens, der lässig weit über den Tisch gestreckt ist, die türkisgeäderte Unterseite nach oben in den schuppigen Sonnenschein gedreht, die Hand in träger Erwartung geöffnet – vielleicht, daß sie dem Nußknacker gilt. An der Stelle, wo mein damaliger Lehrer sitzt, ist das Bild unbeständig, wird es immer von neuem ein- und ausgeblendet; das Pulsieren meiner Gedanken vermischt sich mit dem der Blätterschatten und verwandelt Ordo in Max und Max in Lenskij und Lenskij in den Schulmeister, und die ganze Reihe zitternder Verwandlungen beginnt von vorn. Und unversehens dann, gerade in dem Augenblick, da Farben und Konturen sich anschicken, ihre verschiedenen Obliegenheiten – lächelnde, geringfügige Obliegenheiten – wahrzunehmen, wird ein Knopf berührt, und ein Sturzbach von Lauten erwacht zum Leben: Stimmen, die alle zugleich reden, eine Walnuß, die geknackt wird, das Klappern eines Nußknackers, den man achtlos weiterreicht, dreißig menschliche Herzen, deren regelmäßiges Klopfen das meine übertönt; das Rauschen und Ächzen von tausend Bäumen, der lokale Zusammenklang lauter Sommervögel und jenseits des Flusses hinter den rhythmischen Bäumen das verworrene und begeisterte Freudengeheul badender junger Dorfbewohner wie ein Hintergrund stürmischen Beifalls.

KAPITEL NEUN

I

Vor mir habe ich ein großes schmuddeliges Sammelbuch, das in schwarzes Leinen gebunden ist. Es enthält alte Dokumente, darunter Diplome, Entwürfe, Tagebücher, Ausweise, Bleistiftnotizen und einige Drucksachen, alles von meiner Mutter bis zu ihrem Tod in Prag penibel aufbewahrt, doch danach, zwischen 1939 und 1961, einem wechselvollen Schicksal ausgesetzt. Mit Hilfe dieser Papiere und meiner eigenen Erinnerungen habe ich die folgende kurze Biographie meines Vaters zusammengestellt.

Wladimir Dmitrijewitsch Nabokov, Rechtswissenschaftler, Publizist und Staatsmann, Sohn von Dmitrij Nikolajewitsch Nabokov, Justizminister, und Baronesse Maria von Korff, wurde am 20. Juli 1870 in Zarskoje Selo bei St. Petersburg geboren und am 28. März 1922 in Berlin von der Kugel eines Mörders getötet. In den ersten dreizehn Lebensjahren wurde er zu Hause von französischen und englischen Gouvernanten und von russischen und deutschen Hauslehrern erzogen; einer der letzteren steckte ihn mit der *passio et morbus aureliani* an, die er an mich weitervermachte. Vom Herbst 1883 an besuchte er das Gymnasium in der damaligen Gagarin-Straße (die vermutlich in den zwanziger Jahren von den kurzsichtigen Sowjets umbenannt wurde). Sein Wunsch, sich auszuzeichnen, war übermächtig. Da ihm eine Lungenentzündung lieber war als die Blamage an der Tafel, nahm er in einer Winternacht, als er mit einer Schulaufgabe in Rückstand war, in der Hoffnung auf eine gelegen kommende Erkrankung den polaren Frost auf sich, indem er sich mit nichts bekleidet als mit seinem Nachthemd ans offene Fenster setzte (es ging auf den Schloßplatz und seine vom Mond polierte Säule); am nächsten Morgen war er noch kerngesund, und unverdienterweise war es der gefürchtete Lehrer, der krank im Bett lag. Im Mai 1887 schloß er als Sechzehnjähriger das Gymnasium mit einer Goldmedaille ab und studierte an der Universität von St. Petersburg Jura; die Abschlußprüfungen machte er im Januar 1891. Er setzte sein Studium in Deutschland (vor allem in Halle) fort. Dreißig Jahre später schickte ein Kommilitone, mit dem er im Schwarzwald eine Radtour gemacht hatte, meiner verwitweten Mutter das Exemplar von *Madame Bovary*, das mein Vater seinerzeit bei sich gehabt und auf dessen Vorsatzblatt er geschrieben hatte: «Die unübertroffene Perle der französischen Literatur» – ein Urteil, das nach wie vor Bestand hat.

1897, am 14. November (ein in unserer jubiläumsbewußten Familie in jedem Jahr gewissenhaft gefeiertes Datum), heiratete er Jelena Iwanowna Rukawischnikow, die einundzwanzigjährige Tochter eines Nachbarn auf dem Land, mit der er sechs Kinder hatte (das erste war ein totgeborener Junge).

1895 war er zum Kammerjunker ernannt worden. Von 1896 bis 1904 las er an der Kaiserlichen Schule für Jurisprudenz (*Prawowedenije*) in St. Petersburg. Von Kammerherren wurde erwartet, daß sie vor jedem öffentlichen Akt die Genehmigung des «Hofministers» einholten. Die Genehmigung beantragte er natürlich nicht, als er in der Zeitschrift *Prawo* seinen berühmten Artikel *Das Blutbad von Kischinew* veröffentlichte, in dem er verurteilte, wie die Polizei dem Kischinew-Pogrom von 1903 Vorschub geleistet hatte. Durch kaiserlichen Erlaß wurde ihm im Januar 1905 sein Hoftitel wieder aberkannt, und daraufhin brach er jede Verbindung zu der Regierung des Zaren ab und stürzte sich entschlossen in die antidespotische Politik, während er seine rechtswissenschaftliche Arbeit fortsetzte. Von 1905 bis 1915 war er Vorsitzender der russischen Sektion der Internationalen Gesellschaft für Kriminologie, und auf Kongressen in Holland amüsierte er sich und erstaunte er sein Publikum, indem er, wenn nötig, russische und englische Reden ins Deutsche und Französische übersetzte oder umgekehrt. Mit großer Beredsamkeit trat er gegen die Todesstrafe ein. In privaten wie in öffentlichen Dingen hielt er sich standfest an seine Prinzipien. Bei einem öffentlichen Bankett im Jahre 1904 weigerte er sich, auf die Gesundheit des Zaren anzustoßen. Es heißt, er habe per Zeitungsinserat ungerührt seine Hofuniform zum Verkauf angeboten. Von 1906 bis 1917 gab er zusammen mit I. W. Hessen und A. I. Kaminka eine der wenigen liberalen Tageszeitungen Rußlands heraus, die *Rjetsch* («Rede»), ebenso die juristische Zeitung *Prawo*. Politisch war er «Kadett», das heißt Mitglied der KD (*Konstituzionno-demokratitscheskaja partija*), die später passender in Partei der Volksfreiheit umgetauft wurde (*partija Narodnoj Swobody*). Bei seinem ausgebildeten Sinn für Humor hätte er sehr komisch gefunden, wie hilflos, wiewohl boshaft sowjetische Lexikographen in ihren seltenen biographischen Erwähnungen seine Überzeugungen und Leistungen verhackstückten. 1906 wurde er in das Erste Russische Parlament (*Perwaja Duma*) gewählt, eine humane und heroische, überwiegend liberale Institution (die unwissende ausländische Journalisten, infiziert von der sowjetischen Propaganda, indessen oft mit den alten «Bojarendumas» verwechseln!). Dort hielt er einige hervorragende Reden, die in ganz Rußland Widerhall fanden. Als der Zar kaum ein Jahr später die Duma auflöste, begaben sich eine Reihe ihrer Mitglieder zu einer illegalen Sitzung nach Wyborg, darunter mein Vater (der seine Fahrkarte unter dem Hutband trug, wie aus einem im Finnländischen Bahnhof aufgenommenen Photo hervorgeht). Im Mai 1908 trat er eine dreimonatige Gefängnishaft an, die reichlich spät kommende Strafe für das revolutionäre Manifest, das er und seine Gruppe in Wyborg aufgesetzt hatten. «Hat V. in diesem Sommer irgendwelche ‹Aegerias› (Waldbrettspiele) gefangen?» fragt er in einer seiner heimlichen Botschaften aus dem Gefängnis, die durch einen bestochenen Wärter und einen treuen Freund (Kaminka) meiner Mutter in Wyra übermittelt wurden. «Sag ihm, daß ich im Gefängnishof nichts als Zitronenfalter und Kohlweißlinge sehe.» Nach seiner Freilassung durfte er an Wahlen nicht mehr teilnehmen, konnte jedoch (eins der Paradoxe, die unter dem Zaren so häufig waren) frei bei der streng liberalen *Rjetsch* arbeiten, eine Aufgabe, auf die er bis zu neun Stunden am Tag verwandte. 1913 legte ihm die Regierung für eine Reportage aus Kiew, wo Bejlis nach einem stürmischen Prozeß von der Anklage des «Ritual»-Mords an einem Christenknaben freigesprochen wurde, die symbolische Geldstrafe von einhundert Rubel auf (nach heutigem Wert etwa vierhundert Mark); Gerechtigkeit und die öffentliche Meinung konnten im alten Rußland gelegentlich noch obsiegen – es blieben ihnen nur noch fünf Jahre. Bald nach Ausbruch des Ersten Weltkrieges wurde er eingezogen und an die Front geschickt. Schließlich wurde er dem Generalstab in St. Petersburg zugewiesen. Militärische Moral hielt ihn davon ab, sich aktiv am ersten Aufruhr der liberalen Revolution vom März 1917 zu beteiligen. Von Anbeginn an scheint ihm die Geschichte zielstrebig jede richtige Gelegenheit vorenthalten zu haben, seine große staatsmännische Begabung in einer russischen Republik westlichen Stils zu entfalten. 1917, im Anfangsstadium der Provisorischen Regierung – das heißt, solange sich die Kadetten noch an ihr beteiligten –, hatte er im Ministerium das verantwortungsvolle, aber unscheinbare Amt eines Staatssekretärs inne. Im Winter 1917/18 wurde er in die Konstituierende Versammlung gewählt, nur um von energischen bolschewistischen Matrosen verhaftet zu werden, als sie aufgelöst wurde. Die Novemberrevolution hatte bereits ihren blutigen Lauf angetreten, ihre Polizei war schon aktiv, doch in jenen Tagen war das Chaos der Befehle und Gegenbefehle manchmal auf unserer Seite: Mein Vater folgte einem dämmerigen Korridor, sah am Ende eine offene Tür, trat auf eine Nebenstraße hinaus und erreichte die Krim, ausgerüstet mit einem Ranzen, den er sich von seinem Diener Ossip an einen abgelegenen Ort bringen ließ, sowie einem Päckchen Kaviarbrote, den der gute Nikolaj Andrejewitsch, unser Koch, aus eigenen Stücken dazugetan hatte. Von Mitte 1918 bis Anfang 1919 war er zwischen zwei bolschewistischen Besetzungen und unter dauernden Reibereien mit schießwütigen Elementen in Denikins Armee Justizminister («Minimaljustizminister», wie er ironisch sagte) in einer der Regionalregierungen, der der Krim. 1919 ging er freiwillig ins Exil, lebte erst in London, dann in Berlin, wo er zusammen mit Hessen die liberale Emigrantenzeitung *Rulj* («Das Ruder») herausgab, bis er 1922 von einem finsteren Schurken ermordet wurde, den Hitler im Zweiten Weltkrieg zum Beauftragten für russische Emigrantenangelegenheiten machte.

Er war ein fruchtbarer Autor, der vorwiegend über politische und kriminologische Themen schrieb. Die Prosa und Poesie mehrerer Länder war ihm von Grund auf vertraut, Hunderte von Versen kannte er auswendig (seine russischen Lieblingsdichter waren Puschkin, Tjuttschew und Fet – über letzteren veröffentlichte er einen schönen Essay), war eine Dickens-Autorität und schätzte außer Flaubert auch Stendhal, Balzac und Zola, in *meinen* Augen drei verabscheuenswert mittelmäßige Schriftsteller. Immer wieder gestand er, daß das Hervorbringen einer Geschichte oder eines Gedichts, irgendeiner Geschichte oder irgendeines Gedichts, für ihn ein ebenso unbegreifliches Wunder darstellte wie der Bau einer elektrischen Maschine. Andererseits fiel es ihm überhaupt nicht schwer, über politische und juristische Dinge zu schreiben. Er hatte einen korrekten, wenngleich recht monotonen Stil, der heute – zumindest für mein übersättigtes Gehör – trotz allen seinen altmodisch europäischen Metaphern aus der klassischen Bildung und den schwülstigen Klischees des russischen Journalismus eine ansprechende graue Würde eigener Art besitzt, die (so als gehörte sie einem älteren und ärmeren Verwandten) in krassem Gegensatz zu seinen farbigen, kuriosen, oft poetischen und manchmal lästerlichen Alltagsäußerungen stand. Die erhaltenen Entwürfe einiger seiner Aufrufe (sie beginnen mit *«Grashdanje!»*, «Bürger!») und Leitartikel sind in einer schulhaft-schrägen, wunderbar schlanken, unglaublich regelmäßigen Handschrift fast frei von Korrekturen geschrieben – eine Reinheit, eine Bestimmtheit, eine Kofunktion von Geist und Materie, die ich belustigt mit meiner mäusehaften Schrift und meinen unsauberen Entwürfen vergleiche, mit den Metzeleien der Revisionen, Neufassungen und neuen Revisionen dieser Zeilen hier, in denen ich in zweistündiger Anstrengung einen zweiminütigen Fluß seiner makellosen Handschrift beschreibe. Seine Entwürfe waren wie Reinschriften unmittelbarer Gedanken. In dieser Art schrieb er mit phänomenaler Leichtigkeit und Geschwindigkeit (unbequem an einem Kinderpult im Schulzimmer eines trauervollen Schlosses sitzend) den Abdankungstext für Großfürst Michael (den nächsten in der Erbfolge, nachdem der Zar für sich und seinen Sohn auf den Thron verzichtet hatte). Kein Wunder, daß er auch ein hervorragender Sprecher war, ein Redner im kühlen «englischen Stil», der die Fleischhauergestik und das rhetorische Gebell der Demagogen verschmähte, und auch hier hat der lächerliche Kakologe, der ich bin, wenn ich kein schreibmaschinenbeschriebenes Blatt vor mir habe, nichts geerbt.

Erst unlängst habe ich zum ersten Mal seinen wichtigen *Sbornik statej po ugolownomu prawu* (eine Artikelsammlung zum Strafrecht) gelesen, der 1904 in St. Petersburg veröffentlicht wurde und von dem mir ein freundlicher Reisender, Andrew Field, ein sehr seltenes, vielleicht das einzige Exemplar schenkte (ehemals im Besitz von «Michajl Jewgrafowitsch Chodunow», wie aus einem violetten Stempel auf dem Vorsatzblatt hervorgeht), das er 1961 bei einem Besuch in Rußland in einem Antiquariat erworben hatte. Es ist ein Band von 316 Seiten, der neunzehn Aufsätze enthält. In einem von ihnen (*Sexualverbrechen*, geschrieben 1902) behandelt mein Vater in einem gewissen merkwürdigen Sinn recht prophetisch (Londoner) Fälle von «kleinen Mädchen *à l'âge le plus tendre (w njeshnejschem wosrasste)*, das heißt zwischen acht und zwölf Jahren, die Lüstlingen (*slastoljubzam*) geopfert wurden». Im selben Essay legt er eine sehr liberale und «moderne» Haltung gegenüber verschiedenen anomalen Praktiken an den Tag und prägt beiläufig ein kommodes russisches Wort für «homosexuell»: *rawnopolyj*.

Es wäre unmöglich, die buchstäblich Tausende seiner Artikel in verschiedenen Zeitungen und Zeitschriften wie *Rjetsch* oder *Prawo* aufzuzählen. In einem späteren Kapitel spreche ich von seinem historisch interessanten Buch über einen halboffiziellen England-Besuch während des Krieges. Einige seiner Erinnerungen an die Jahre 1917 bis 1919 sind in dem von Hessen in Berlin veröffentlichten *Archiw russkoj rewoljuzii* erschienen. Am 16. Januar 1920 hielt er am King's College, London, einen Vortrag über «Sowjetherrschaft und die Zukunft Rußlands», der eine Woche drauf in der Beilage zu *The New Commonwealth*, Nr. 15, gedruckt wurde (er ist ordentlich in das

Album meiner Mutter geklebt). Im Frühling desselben Jahres lernte ich den größten Teil davon auswendig, als ich für eine *Union*-Debatte in Cambridge eine Rede gegen den Bolschewismus vorbereitete; der siegreiche Apologet war ein Mann vom *Manchester Guardian*; seinen Namen habe ich vergessen, aber in Erinnerung ist mir, wie ich total versiegte, nachdem ich rezitiert hatte, was ich auswendig wußte, und das war meine erste und letzte politische Rede. Einige Monate vor dem Tod meines Vaters hatte die Emigrantenzeitung *Teatr i shisnj* («Theater und Leben») damit begonnen, in Fortsetzungen seine Jugenderinnerungen zu drucken (er und ich überlappen hier – zu kurz). Hervorragend finde ich darin die schrecklichen Wutanfälle seines pedantischen Lateinlehrers am Dritten Gymnasium beschrieben, desgleichen meines Vaters sehr früh einsetzende und lebenslange Opernleidenschaft: Zwischen 1880 und 1922 muß er praktisch jeden erstklassigen europäischen Sänger gehört haben, und obwohl er selber nichts spielen konnte (ausgenommen die ersten Takte der *Ruslan*-Ouvertüre, die er höchst majestätisch zum besten gab), hatte er jede Note seiner Lieblingsopern im Kopf. Auf dieser Saite gleitet ein melodisches Gen, das mich übersprungen hat, von Wolfgang Graun, dem Organisten des sechzehnten Jahrhunderts, durch meinen Vater weiter zu meinem Sohn.

2

Elf Jahre war ich alt, als mein Vater zu dem Schluß kam, daß mein bisheriger und immer noch andauernder Privatunterricht nutzbringend durch den Besuch der Tenischew-Schule zu ergänzen wäre. Diese Schule, eine der bemerkenswertesten in St. Petersburg, bestand erst seit verhältnismäßig kurzer Zeit und war sehr viel fortschrittlicher als die gewöhnlichen Gymnasien, denen sie ihrer Art nach gleichgestellt war. Ihre sechzehn «Semester» (acht Gymnasialklassen) entsprachen acht deutschen Oberschuljahren. Bei meiner Aufnahme im Januar 1911 fand ich mich im dritten Semester, nach deutschen Begriffen also in der Quinta.

Das Schuljahr dauerte vom 15. September bis zum 25. Mai, mit einigen Unterbrechungen: einer zweiwöchigen Lücke zwischen den Semestern – gleichsam um dem gewaltigen Weihnachtsbaum Platz zu machen, der mit seinem Stern die zartgrüne Decke des hübschesten unserer Salons berührte – und einer Woche Osterferien, während deren gefärbte Eier den Frühstückstisch aufheiterten. Da Schnee und Frost vom Oktober bis tief in den April anhielten, ist es kein Wunder, daß meine Schulerinnerungen im Durchschnitt entschieden winterlich sind.

Wenn Iwan der Erste (der eines Tages verschwand) oder Iwan der Zweite (der die Zeit erleben sollte, da ich ihm amouröse Botengänge auftrug) mich um acht Uhr früh wecken kam, war die Welt draußen noch in braune hyperboreische Finsternis gehüllt. Das elektrische Licht im Schlafzimmer war von einer verdrossenen, grellen, gelbsüchtigen Farbe, die meine Augen schmerzte. Ein klingendes Ohr in die Hand gelegt und den Ellbogen aufs Kissen gestützt, zwang ich mich dazu, zehn Seiten unerledigter Schularbeiten zu machen. Auf meinem Nachttisch stand neben einer stämmigen Lampe mit zwei bronzenen Löwenköpfen eine kleine unkonventionelle Uhr: ein hohes Kristallbehältnis, in dem elfenbeinweiße, papierblattartige Lamellen mit schwarzen Ziffern von rechts nach links schnippten und wie Werbedias auf alten Kinoleinwänden eine Minute lang stillhielten. Ich gab mir zehn Minuten, den Text in mein Gehirn zu stanzen (heutzutage brauchte ich zwei Stunden dazu!), und etwa zwölf Minuten, zu baden, mich (mit Iwans Hilfe) anzuziehen, nach unten zu hasten und eine Tasse lauwarmen Kakaos hinunterzustürzen, von dessen Oberfläche ich in der Mitte einen runden Fleck schrumpeliger brauner Haut abhob. Um die Morgenstunden war es geschehen, und die Box- und Fechtstunden, die mir ein erstaunlicher, gummiartiger Franzose, Monsieur Loustalot, erteilt hatte, mußten aufgegeben werden.

Dennoch kam er fast täglich, um mit meinem Vater zu boxen oder zu fechten. Halb im Pelzmantel, lief ich durch den grünen Salon (in dem noch lange nach Weihnachten der Geruch von Tanne, heißem Wachs und Mandarinen hing) zur Bibliothek, aus der ein Durcheinander von Stampf- und Scharrgeräuschen kam. Dort fand ich meinen Vater, einen großen, kräftigen Mann, der in seinem weißen

Trainingsanzug noch größer wirkte; er stieß zu und parierte, während sein wendiger Lehrer dem Klirren der Rapiere forsche Ausrufe (*«Battez!»*, *«Rompez!»*) hinzufügte.

Ein wenig außer Atem nahm mein Vater die konvexe Fechtermaske von seinem schweißgebadeten, geröteten Gesicht und gab mir den Gutenmorgenkuß. In dem Zimmer waren das Gelehrsame und das Sportliche, das Leder der Bücher und das der Boxhandschuhe auf angenehme Weise vereint. Dicke Sessel standen vor den Bücherwänden. Ein kompliziertes, in England gekauftes Punchingball-Gestell – vier Stahlstangen, die das Brett trugen, an dem der Birnball hing – leuchtete aus dem Hintergrund des weiten Raumes. Einige schwerbewaffnete Straßenkämpfer, die 1917 durch das Fenster einstiegen, stellten hauptsächlich im Hinblick auf das maschinengewehrartige Tacktacktack des Balles den Zweck des Gerätes in Frage und schenkten der Erklärung des Butlers nur widerstrebend Glauben. Als die Sowjetrevolution uns gebot, St. Petersburg zu verlassen, wurde auch diese Bibliothek zerstreut, doch immer wieder tauchten seltsame kleine Überreste davon im Ausland auf. Etwa zwölf Jahre später fand ich in einem Berliner Bücherstand ein solches Relikt mit dem Exlibris meines Vaters. Passenderweise erwies es sich als Wells' *Krieg der Welten*. Und nach einem weiteren Jahrzehnt entdeckte ich eines Tages in der New York Public Library, unter dem Namen meines Vaters katalogisiert, ein Exemplar des gediegenen Katalogs, den er sich privat hatte drucken lassen, als die Buchgespenster, die darin aufgeführt waren, noch rosig und prall auf seinen Regalen standen.

3

Er schob seine Schutzmaske wieder vors Gesicht und fuhr in seinen Stampf- und Ausfallübungen fort, während ich den Weg zurückeilte, den ich gekommen war. Nach der Wärme der Eingangshalle, wo Holzscheite in dem großen Kamin prasselten, versetzte die Luft draußen den Lungen einen eisigen Schock. Ich ermittelte, welcher unserer beiden Wagen, der Benz oder der Wolseley, da war, mich zur Schule zu bringen. Jener, ein mausgraues Landaulett, das von Wolkow, einem sanftmütigen, bleichen Chauffeur, gesteuert wurde, war der ältere. Im Vergleich zu dem faden, nasen- und lautlosen elektrischen Coupé, das ihm vorausgefahren war, hatten seine Formen geradezu dynamisch gewirkt; doch sobald die vergleichsweise lange, schwarze englische Limousine die Garage mit ihm teilte, schien es mit seiner ärmlich geschrumpften Haube seinerseits altmodisch und viel zu oberlastig.

Wenn ich den neueren Wagen bekommen konnte, begann der Tag würzig. Pirogow, der zweite Chauffeur, war ein kleiner, untersetzter Mann mit rotbraunem Teint, der gut zu dem Orangenbraun seiner Gamaschen und zu der Farbe des Pelzes paßte, den er über seinem Cordanzug trug. Wenn ihn irgendein Verkehrshindernis zwang, die Bremsen zu betätigen (zu welchem Behuf er sich plötzlich eigentümlich federnd streckte), oder wenn ich ihn ärgerte, indem ich versuchte, durch das kreischende und nicht sehr zweckmäßige Sprachrohr mit ihm zu reden, so lief sein breiter Nacken, den ich durch die Glaswand sehen konnte, hochrot an. Er machte kein Hehl daraus, daß er vorzog, das wackere Opel-Cabriolet zu steuern, welches uns drei oder vier Sommer lang auf dem Land Dienst tat, und er fuhr es mit hundert Stundenkilometern (um sich klarzumachen, wie rasant das 1912 war, sollte man die gegenwärtige Geschwindigkeitsinflation berücksichtigen): Ja, für mich bleibt das Wesen sommerlicher Freiheit – schulfreier stadtferner Ländlichkeit – mit dem extravaganten Motorenlärm verbunden, der auf der langen, einsamen Landstraße aus dem geöffneten Auspufftopf drang. Als Pirogow im zweiten Jahr des Ersten Weltkrieges eingezogen wurde, rückte Ziganow an seine Stelle, ein dunkler Mann mit wirrem Blick, der früher Rennfahrer gewesen war, an mehreren Autorennen in Rußland und im Ausland teilgenommen und sich bei einem schlimmen Unfall in Belgien mehrere Rippen gebrochen hatte. Später, irgendwann im Jahre 1917, bald nachdem mein Vater aus Kerenskijs Kabinett ausgeschieden war, beschloß Ziganow – den energischen Protesten meines Vaters zum Trotz –, den starken Wolseley vor möglicher Beschlagnahme zu bewahren, indem er ihn auseinandernahm und seine Teile an Orten versteckte, die nur ihm bekannt waren. Noch später, in der Düsternis eines tragischen Herbstes, als die Bolschewisten die Oberhand gewannen, bat einer von Kerenskijs Adjutanten meinen Vater um einen robusten Wagen, den der Premier benutzen könnte, falls er zu einem schnellen Aufbruch gezwungen sein sollte; doch unser schwächlicher Benz war nicht gut genug, und der Wolseley war peinlicherweise verschwunden, und wenn ich an der Erinnerung an jene Anfrage hänge (die mein prominenter Freund unlängst dementierte, sein Adjutant jedoch mit Sicherheit vorgebracht hatte), dann nur aus kompositorischen Gründen – als amüsantes thematisches Echo auf Christina von Korffs Rolle bei der Varennes-Episode von 1791.

Obwohl schwere Schneefälle in St. Petersburg viel häufiger waren als etwa in der Gegend von Boston, schienen die wenigen Automobile, die vor dem Ersten Weltkrieg zwischen den zahlreichen Pferdeschlitten verkehrten, aus irgendeinem Grund niemals in so furchtbare Schwierigkeiten zu geraten wie moderne Autos bei einer richtigen weißen Weihnacht in New England. Viele seltsame Mächte hatten beim Bau der Stadt mitgewirkt. Die Vermutung drängt sich auf, daß die Verteilung der Schneemassen – ordentliche Wehen entlang der Gehsteige und eine glatte feste Decke auf den achteckigen Holzblöcken des Straßenpflasters – die Folge einer ruchlosen Zusammenarbeit zwischen der Geometrie der Straßen und der Physik der Schneewolken war. Jedenfalls dauerte die Fahrt zur Schule nie länger als eine Viertelstunde. Unser Haus war die Nummer 47 der Bolschaja Morskaja. Danach kam das Haus des Prinzen Oginskij (Nummer 45), dann die italienische Botschaft (Nummer 43), dann die deutsche Botschaft (Nummer 41), dann der weite Marienplatz, hinter dem es mit den Hausnummern weiter abwärts ging. An der Nordseite des Platzes war ein kleiner öffentlicher Garten. Auf einer seiner Linden hatte man eines Tages ein Ohr und einen Finger gefunden – die Überreste eines Terroristen, dem die Hand ausgerutscht war, als er in seinem Zimmer auf der anderen Seite des Platzes ein tödliches Päckchen zurechtmachte. Die gleichen Bäume (ein silbriges Filigranmuster in einem perlmutternen Dunst, aus dem sich im Hintergrund die Bronzekuppel der Isaaks-Kathedrale erhob) hatten auch erlebt, wie Kinder aufs Geratewohl aus ihren Zweigen heruntergeschossen wurden, auf die sie in dem vergeblichen Versuch geklettert waren, den berittenen Gendarmen zu entgehen, welche die erste Revolution (1905/06) niederschlugen. Eine ganze Menge solcher Histörchen waren mit Petersburger Straßen und Plätzen verknüpft.

Dann kam man auf den Newskij-Prospekt, den man ein ganzes Stück geradeaus fuhr, und es war ein Vergnügen, hier mühelos irgendeinen in seinen Mantel gemummten Gardisten zu überholen, dessen leichter Schlitten von einem Paar schwarzer Hengste gezogen wurde; schnaubend eilten sie unter dem blauen Netzwerk dahin, welches verhinderte, daß harte Schneeklumpen dem Passagier ins Gesicht flogen. Schließlich bog man links in eine Straße mit dem wunderschönen Namen Karawannaja (Karawanenstraße) ein, auf der man an einem unvergeßlichen Spielzeugladen vorbeikam. Dann kam der Zirkus Ciniselli (berühmt für seine Ringerturniere). Und wenn man schließlich einen zugefrorenen Kanal überquerte, gelangte man vor die Pforten der Tenischew-Schule in der Mochowaja (Moosstraße).

4

Da er sich dafür entschieden hatte, der großen klassenlosen Intelligenzija Rußlands anzugehören, hielt mein Vater es für richtig, daß ich eine Schule besuchte, die sich durch ihre demokratischen Prinzipien, ihren Grundsatz, keine Klassen-, Rassen- und Glaubensunterschiede gelten zu lassen, und durch ihre modernen Erziehungsmethoden auszeichnete. Davon abgesehen unterschied sich die Tenischew-Schule in nichts von anderen Schulen, egal wo und wann. Wie in allen Schulen duldeten die Jungen einige Lehrer und fanden andere unausstehlich, und wie in allen Schulen tauschte man unablässig obszöne Witzeleien und erotische Informationen aus. Da ich kein schlechter Sportler war, hätte ich das alles nicht so schlimm gefunden – wären nur meine Lehrer weniger darauf versessen gewesen, meine Seele zu retten.

Sie warfen mir vor, daß ich mich meiner Umwelt nicht einfügte; daß ich «angab» (hauptsächlich, indem ich meine russischen Aufsätze reichlich mit englischen und französischen Brocken würzte, die mir ganz selbstverständlich waren); daß ich mich weigerte, die schmutzigen nassen Handtücher auf der Toilette anzufassen; daß ich bei Schlägereien die Außenseite der Faust gebrauchte und nicht den ohrfeigenartigen Schwinger mit der Unterseite der Faust, der sich bei russischen Raufbolden eingebürgert hatte. Den Direktor, der wenig von Sport verstand, obwohl er viel von seinen dem Gemeinschaftsgeist förderlichen Tugenden hielt, erfüllte es mit Mißtrauen, daß ich beim Fußballspiel immer Torwart war, «anstatt mit den anderen Spielern herumzurennen». Ebenfalls erregte es Verdruß, daß ich den Schulweg im Auto zurücklegte, anstatt wie die anderen Jungen, gute kleine Demokraten sie alle, die Straßenbahn oder eine Pferdedroschke zu nehmen. Das ganze Gesicht zu einer Grimasse des Abscheus verzogen, gab mir ein Lehrer den Rat, den Wagen wenigstens zwei oder drei Straßen weiter halten zu lassen, damit meinen Schulkameraden der Anblick eines die Mütze ziehenden livrierten Chauffeurs erspart bliebe. Es war, als erlaube mir die Schule, eine tote Ratte unter der Bedingung am Schwanz herumzutragen, daß ich sie den Leuten nicht unter die Nase hielt.

Die unangenehmste Situation jedoch ergab sich daraus, daß ich auch damals schon eine heftige Abneigung dagegen hatte, in irgendwelchen Bewegungen oder Vereinigungen mitzutun. Ich zog mir den Zorn der freundlichsten und wohlmeinendsten meiner Lehrer zu, als ich die Teilnahme an Arbeitsgemeinschaften ablehnte – Debattierklubs, die feierlich ihre Vorsitzenden wählten und Referate über historische Fragen anhörten, und in den höheren Klassen ehrgeizigere Versammlungen, die aktuelle politische Ereignisse diskutierten. Der unablässige Druck, irgendeiner Gruppe beizutreten, konnte meinen Widerstand nicht brechen, doch schuf er immerhin einen gespannten Zustand, der durch die Tatsache, daß mir alle Welt dauernd das Beispiel meines Vaters vorhielt, kaum gemildert wurde.

Mein Vater war in der Tat ein sehr aktiver Mensch, aber wie so oft bei Kindern berühmter Väter sah ich seine Tätigkeit durch mein eigenes Prisma, welches das ziemlich strenge Licht, das meine Lehrer wahrnahmen, in viele bezaubernde Farben zerlegte. Seine mannigfachen (kriminologischen, staatsrechtlichen, politischen, publizistischen und philanthropischen) Interessen brachten es mit sich, daß er vielen Versammlungen beiwohnen mußte, die oft bei uns zu Hause stattfanden. Daß eine solche Versammlung bevorstand, konnte man jedesmal aus einem eigentümlichen Geräusch am anderen Ende des großen und hallenden Hausflurs schließen. Wenn ich aus der Schule zurückkam, war unser *«schweizar»* in einer Nische unter der Marmortreppe nämlich damit beschäftigt, Bleistifte anzuspitzen. Zu diesem Zweck benutzte er ein sperriges altmodisches Gerät mit einem surrenden Rad, dessen Griff er mit der einen Hand schnell drehte, während er mit der anderen einen Stift hielt, der in einer Seitenöffnung steckte. Jahrelang war er der alltäglichste Typ eines «treuen Dieners» gewesen, den man sich nur denken kann, voller Weisheit und Witz und alter Sprüche, der eine schneidige Art hatte, rechts und links den Schnurrbart mit zwei Fingern zu glätten, und von dem immer ein leichter Geruch nach gebratenem Fisch ausging: Er rührte aus seiner geheimnisvollen Kellerwohnung, wo er eine fette Frau und Zwillinge hatte – einen Schuljungen in meinem Alter und eine betörende kleine Aurora mit einem blauen Blinzelblick und Kupferlocken; doch diese Plackerei mit den Stiften muß den armen Ustin ziemlich verbittert haben – denn ich kann leicht mit ihm sympathisieren, ich, der ich meine Sachen nur mit sehr spitzen Bleistiften schreibe, Bouquets von B 3s in kleinen Vasen um mich herum stehen habe und die Kurbel jenes (an den Tischrand geklemmten) Instruments wohl hundertmal täglich drehe, in dessen kleinem Schubfach sich so geschwind soviel gelbbrauner Shag ansammelt. Später kam heraus, daß er sich schon vor langem mit der zaristischen Geheimpolizei in Verbindung gesetzt hatte – Stümpern zwar im Vergleich zu Dsershinskijs oder Jagodas Leuten, aber dennoch einigermaßen lästig. Schon 1906 beispielsweise hatte die Polizei, die meinen Vater im Verdacht hatte, in Wyra geheime Zusammenkünfte abzuhalten, Ustin um seine Dienste ersucht, und der hatte meinen Vater daraufhin unter irgendeinem Vorwand, an den ich mich nicht erinnere, jedoch in der tiefen Absicht, alle Vorgänge auszuspionieren, darum gebeten, in jenem Sommer als Extradiener aufs Land mitgenommen zu werden (er war Küchenjunge im Hause Rukawischnikow gewesen); und er auch war es, der allgegenwärtige Ustin, der im Winter 1917/18 Vertreter der siegreichen Sowjets heldenhaft in das Arbeitszimmer meines Vaters im zweiten Stock geleitete und von dort durch ein Musikzimmer und das Boudoir meiner Mutter in das südöstliche Eckzimmer, wo ich geboren wurde, und dort zu der Nische in der Wand, zu den Diademen aus farbigem Feuer, die eine angemessene Entlohnung bildeten für den Schwalbenschwanz, den er einst für mich gefangen hatte.

Um acht Uhr abends dann beherbergte der Flur eine Ansammlung von Wintermänteln und Galoschen. In einem Konferenzzimmer neben der Bibliothek kamen an einem langen, mit Flanell bezogenen Tisch (auf dem jene wunderbar spitzen Bleistifte verteilt worden waren) mein Vater und seine Kollegen zusammen, um irgendein Stadium ihrer Opposition gegen den Zaren zu erörtern. Über dem Stimmengewirr ließ eine hohe Standuhr in einer dunklen Ecke ihre Westminster-Glockenschläge hören; und hinter dem Versammlungszimmer waren geheimnisvolle Tiefen – Speicher, eine Wendeltreppe, eine Art Speisekammer –, wo mein Cousin Jurij und ich auf dem Weg nach Texas mit gezogenen Pistolen anhielten und wo die zaristische Polizei eines Abends einen fetten, triefäugigen Spitzel postierte, der sich vor unserer Bibliothekarin Ljudmila Borissowna Grinberg mühsam auf die Knie niederließ, als man ihn entdeckte. Doch wie in aller Welt sollte ich mit Lehrern über all dies sprechen?

5

Die reaktionäre Presse griff die Partei meines Vaters unaufhörlich an, und ich hatte mich an die mehr oder minder vulgären Karikaturen, die hin und wieder erschienen – mein Vater und Miljukow, wie sie dem Weltjudentum auf einem Teller das Heilige Rußland überreichen, und anderes von der gleichen Sorte – einigermaßen gewöhnt. Doch eines Tages – ich glaube, es war im Winter 1911 – heckte irgendein zweifelhafter Journalist im Auftrag der mächtigsten rechtsextremen Zeitung einen skurrilen Artikel aus, in dem meinem Vater Dinge unterstellt wurden, die er nicht auf sich sitzenlassen konnte. Die bekannte Charakterlosigkeit des eigentlichen Autors machte diesen «satisfaktionsunfähig» (*njeduelesposobnyj*, wie es im russischen Duellantenkodex hieß), und so forderte mein Vater den nicht ganz so verrufenen Herausgeber der Zeitung heraus, in der der Artikel erschienen war.

Ein russisches Duell war eine sehr viel ernstere Angelegenheit als die konventionelle Pariser Spielart. Der Herausgeber brauchte mehrere Tage, bis er sich entschieden hatte, ob er die Herausforderung annehmen solle. Am Ende der Frist, einem Montag, ging ich wie gewöhnlich zur Schule. Da ich keine Zeitungen las, hatte ich von der ganzen Sache nicht die geringste Ahnung. Irgendwann im Laufe des Tages bemerkte ich, daß eine auf einer bestimmten Seite geöffnete Zeitschrift von Hand zu Hand ging und überall bekichert wurde. Ein rechtzeitiger Zugriff brachte mich in den Besitz des Heftes, das sich als die letzte Ausgabe einer billigen Wochenzeitschrift erwies, in der ein grotesker Bericht über die Forderung meines Vaters stand, samt blödsinnigen Bemerkungen zu der Wahl der Waffen, die er seinem Gegner angeboten hatte. Einige verstohlene Seitenhiebe galten dem Umstand, daß er zu einem feudalen Brauch zurückgekehrt war, den er in seinen eigenen Schriften verurteilt hatte. Auch über die Zahl seiner Diener und seiner Anzüge war eine Menge zu lesen. Ich erfuhr, daß er seinen Schwager, den Admiral Kolomejzew, einen Helden des Russisch-Japanischen Krieges, als Sekundanten gewählt hatte. Während der Schlacht von Tsushima hatte dieser Onkel – er war damals Kapitän – es fertiggebracht, seinen Zerstörer längsseits des brennenden Flaggschiffs zu bringen und den Oberbefehlshaber der russischen Flotte zu retten.

Nach dem Unterricht stellte ich fest, daß die Zeitschrift einem meiner besten Freunde gehörte. Ich bezichtigte ihn, mich verraten und verspottet zu haben. In der anschließenden Schlägerei flog er rückwärts in eine Schulbank, blieb mit dem Fuß in einer Fuge hängen und brach sich den Knöchel. Er mußte einen Monat lang das Bett hüten, verschwieg jedoch seinen Eltern wie unseren Lehrern ritterlich meinen Anteil an der Sache.

Der Schmerz, mitanzusehen, wie man ihn hinuntertrug, verlor

sich in meinem Elend. Aus irgendeinem Grund holte mich an jenem Tag kein Wagen ab, und während der kalten, trostlosen, unglaublich langsamen Heimfahrt in einem gemieteten Pferdeschlitten hatte ich Zeit genug zum Nachdenken. Jetzt wurde mir klar, warum meine Mutter am Vortag so wenig Zeit für mich übrig gehabt hatte und zum Abendessen nicht heruntergekommen war. Es wurde mir auch klar, welchen Spezialunterricht Thernant, ein besserer *maître d'armes* noch als Loustalot, meinem Vater in letzter Zeit erteilt hatte. Was würde der Gegner wählen, fragte ich mich immer wieder – die Klinge oder die Kugel? Oder war die Wahl bereits getroffen? Vorsichtig nahm ich das geliebte, das vertraute, das höchst lebensvolle Bild meines fechtenden Vaters und versuchte, es ohne Maske und Schutzpolster auf den Schauplatz des Duells in irgendeiner Scheune oder Reitschule zu versetzen. Ich sah ihn und seinen Gegner, beide in schwarzen Hosen und mit entblößter Brust, in wildem Kampf miteinander; ihren heftigen Bewegungen war jene seltsame Schwerfälligkeit eigen, die selbst die elegantesten Fechter in einem richtigen Rencontre nicht vermeiden können. Das Bild war so widerwärtig, so lebhaft fühlte ich die Reife und Nacktheit eines wild klopfenden Herzens, welches jeden Augenblick durchbohrt werden konnte, daß ich auf eine mir im Augenblick abstrakter scheinende Waffe hoffte. Doch bald wurde mein Kummer noch tiefer.

Während der Schlitten den Newskij-Prospekt entlangkroch, wo trübe Lichter in der sinkenden Dunkelheit schwammen, dachte ich an den schweren schwarzen Browning, den mein Vater im rechten oberen Schubfach seines Schreibtisches verwahrte. Ich kannte diese Pistole ebensogut wie all die anderen, mehr in die Augen springenden Gegenstände in seinem Arbeitszimmer; die *objets d'art* aus Kristall oder geädertem Stein, die in jenen Tagen modern waren; die glänzenden Familienphotos; den riesigen Perugino, auf den ein mildes Licht fiel; die kleinen, honiggelben niederländischen Ölgemälde; und direkt über dem Tisch Baksts aus Rosa und Dunst bestehendes Pastellportrait meiner Mutter: Der Künstler hatte ihr Gesicht schräg von vorn gezeichnet und dessen zarte Züge wunderschön zum Ausdruck gebracht – das nach oben gekämmte aschgraue Haar (es war ergraut, als sie noch in ihren Zwanzigern war), die reine Krümmung der Stirn, die taubenblauen Augen, die zierliche Linie des Halses.

Wenn ich den alten, lumpenpuppenhaften Kutscher zur Eile trieb, lehnte er sich nur zur Seite und beschrieb mit dem Arm eine Halbkreisbewegung, um das Pferd glauben zu machen, er werde gleich die kleine Peitsche herausholen, die in seinem rechten Filzstiefel steckte; und das genügte dem zottigen kleinen Gaul, um eine Beschleunigung seiner Gangart vorzutäuschen, die ebenso vage war wie der vorgebliche Griff des Kutschers nach seinem *knutischko*. In dem fast halluzinatorischen Zustand, den unsere leise Fahrt über den Schnee zur Folge hatte, kämpfte ich im Geist all die berühmten Duelle noch einmal, die einem russischen Jungen so wohlbekannt waren. Ich sah Puschkin, nach dem ersten Schuß tödlich verwundet, sich grimmig entschlossen aufrichten und seine Pistole auf d'Anthès abfeuern. Ich sah Lermontow lächeln, während er Martynow gegenüberstand. Ich sah den kräftigen Sobinow in der Rolle Lenskijs zu Boden krachen und seine Waffe ins Orchester fliegen. Keiner der angeseheneren russischen Schriftsteller hatte es unterlassen, ein Rencontre zu beschreiben, eine feindliche Begegnung, immer natürlich eins der klassischen *duels à volonté* (nicht die lächerliche Rücken-an-Rücken-los-umgedreht-piffpaff-Szene, der Film und Karikatur zu Ruhm verholfen haben). In mehreren prominenten Familien hatte es in den letzten Jahren auf dem Kampfplatz Todesfälle gegeben. Langsam glitt mein Traumschlitten die Morskaja-Straße entlang, und langsam gingen undeutliche Silhouetten von Duellanten aufeinander zu und zielten und drückten ab – im frühen Morgenlicht, auf den feuchten Lichtungen alter Landgüter, auf kahlen Truppenübungsplätzen oder im Schneegestöber zwischen zwei Tannenreihen.

Und hinter all dem gab es noch einen anderen Gefühlsabgrund, den ich verzweifelt zu umgehen suchte, um nicht in einen Tränensturm auszubrechen, und das war die zarte Freundschaft, die dem Respekt für meinen Vater zugrunde lag; der Zauber unseres vollkommenen Einverständnisses; die Wimbledon-Turniere, die wir in den Londoner Zeitungen verfolgten; die Schachprobleme, die wir lösten; die Puschkinschen Jamben, die so triumphierend über seine

Der Autor im Jahre 1915, St. Petersburg.

Lippen kamen, wenn ich irgendeinen unbedeutenderen Dichter der Zeit erwähnte. Unsere Beziehung war gekennzeichnet von jenem unablässigen Austausch von selbstgemachtem Nonsens, komisch verdrehten Wörtern, vorgeblichen Imitationen angeblicher Intonationen und all jenen privaten Scherzen, der der Geheimcode glücklicher Familien ist. Dabei war er in Fragen des Verhaltens außerordentlich streng und neigte zu schneidenden Bemerkungen, wenn er auf ein Kind oder einen Diener ärgerlich war, doch seine tiefe Humanität war zu groß, um Ossip wirklich kränkend zu rügen, wenn er das falsche Hemd herausgelegt hatte, so wie sein unmittelbares Verständnis für den Stolz eines Jungen die Schroffheit des Tadels milderte und zu plötzlichem Verzeihen führte. Als er eines Tages erfuhr, daß ich mein Bein direkt überm Knie mit einem Rasiermesser aufgeschnitten hatte, um in der Klasse einer Rezitation zu entgehen, auf die ich nicht vorbereitet war (ich habe die Narbe noch immer), schien er nicht fähig, wirklichen Zorn aufzubringen, und ich war darüber eher verdutzt als erfreut; daß er in der Folge zugab, in der Jugend selber einen parallelen Verstoß begangen zu haben, war mein Lohn dafür, daß ich ihm die Wahrheit nicht vorenthalten hatte.

Ich dachte an jenen Sommernachmittag (der schon damals lange zurückzuliegen schien, obwohl seitdem doch in Wahrheit erst vier oder fünf Jahre vergangen waren), als er in mein Zimmer gestürzt kam, sich mein Netz griff, die Verandastufen hinabstürmte – und bald darauf ruhig mit dem seltenen und prächtigen Weibchen des russischen Großen Eisvogels zwischen Daumen und Zeigefinger zurückkam, das er vom Balkon seines Arbeitszimmers aus auf einem Espenblatt sich sonnen gesehen hatte. Ich dachte an unsere langen Radtouren auf der glatten Landstraße nach Luga und an die kraftsparende Art, in der er sich – mit kräftigen Waden, Knickerbockern, Tweedmantel, Karomütze – auf sein hochgesatteltes «Dux» schwang, das sein Diener an den Haupteingang brachte, als wäre es ein Zelter. Während er den Zustand der Politur prüfte, zog mein Vater seine Wildlederhandschuhe an und kontrollierte unter Ossips ängstlichem Blick, ob die Reifen ausreichend aufgepumpt waren. Dann ergriff er den Lenker, stellte den linken Fuß auf einen Metallbolzen, der hinten am Rahmen hervorstand, stieß sich mit dem rechten Fuß auf der anderen Seite des Hinterrads ab, überführte nach drei oder vier solchen Schüben (auf dem nunmehr in Bewegung befindlichen Rad) gemächlich den rechten Fuß auf die Pedale, zog den linken herauf und ließ sich auf den Sattel nieder.

Endlich war ich zu Hause, und ich hatte kaum das Vestibül betreten, als ich laute, muntere Stimmen hörte. So prompt wie in Traumarrangements kam mein Onkel, der Admiral, die Treppe herunter. Von dem mit roten Teppichen ausgelegten oberen Treppenabsatz, wo eine armlose griechische Marmorfrau eine Visitenkarten-Schale aus Malachit beaufsichtigte, sprachen meine Eltern immer noch mit ihm, und während er die Stufen herabkam, blickte er lächelnd zurück und schlug mit den Handschuhen, die er in der Hand hielt, auf das Geländer. Ich wußte sogleich, daß kein Duell stattfinden würde, daß eine Entschuldigung der Forderung Genüge getan hatte, daß alles in Ordnung war. An meinem Onkel vorbei lief ich hinauf und erreichte den Treppenabsatz. Ich sah das heitere Alltagsgesicht meiner Mutter, doch meinen Vater vermochte ich nicht anzuschauen. Und dann geschah es: Mein Herz schwoll in mir wie jene Welle, mit der die *Bujnyj* nach oben getragen wurde, als ihr Kapitän sie an die brennende *Suworow* heranmanövrierte, und ich hatte kein Taschentuch, und zehn Jahre sollten noch bis zu einem gewissen Abend im Jahre 1922 vergehen, als mein Vater bei einem öffentlichen Vortrag in Berlin den Redner (seinen alten Freund Miljukow) vor den Kugeln zweier russischer Faschisten deckte und den einen Mörder zwar kraftvoll niederschlug, von dem anderen jedoch tödlich getroffen wurde. Indes warf jenes künftige Ereignis keinen Schatten auf die hellen Stufen unseres Petersburger Hauses voraus, die große kühle Hand auf meinem Scheitel zitterte nicht, und mehrere Spielverläufe einer diffizilen Schachkomposition waren auf dem Brett noch nicht aufeinander abgestimmt.

KAPITEL ZEHN

I

Die Wildwest-Romane des Captain Mayne Reid (1818–1883) in vereinfachten Übersetzungen erfreuten sich am Anfang des Jahrhunderts, als sein Ruhm in Amerika längst verblaßt war, bei russischen Kindern außerordentlicher Beliebtheit. Dank meinen Englischkenntnissen konnte ich den *Reiter ohne Kopf* im ungekürzten Original genießen. Zwei Freunde tauschen Kleidung, Hüte und Pferde, und der Falsche wird ermordet – das ist der Hauptstrudel der komplizierten Handlung. Die Ausgabe, die ich besaß (möglicherweise eine englische), haftet als ein umfängliches Buch mit rotem Leineneinband und einem wäßrig-grauen Frontispiz, dessen Glanz ein Blatt Seidenpapier verschleierte, solange das Buch noch neu war, in meinem Gedächtnis. Ich sehe dieses Blatt im Zustand der Dekomposition – zuerst war es falsch gefaltet, dann riß es sich los –, doch das Bild neben der Titelseite selbst, auf dem ohne Zweifel Louise Pointdexters unglücklicher Bruder zu sehen war (und vielleicht auch noch ein paar Coyoten, sofern ich nicht den *Todesschuß* im Sinn habe, eine andere Mayne Reid-Geschichte), ist dem hellen Licht meiner Phantasie so lange ausgesetzt gewesen, daß es heute völlig ausgeblichen ist (doch wunderbarerweise hat die Wirklichkeit selber es ersetzt, wie mir klar wurde, als ich im Frühjahr 1953 dieses Kapitel ins Russische übertrug, nämlich durch die Aussicht von einer Ranch, die Du und ich in jenem Jahr gemietet hatten – auf eine Wüstenei aus Kaktus und Yucca, aus der an jenem Morgen der wehmütige Ruf einer Wachtel – einer Gambel-Wachtel, glaube ich – herüberdrang und mich mit einem Gefühl unverdienter Erfüllungen und Belohnungen überwältigte).

Wir lernen nunmehr meinen Cousin Jurij kennen, einen dünnen, bläßlichen Jungen mit rundem, kurzgeschnittenem Kopf und leuchtenden grauen Augen. Als Sohn geschiedener Eltern, ohne einen Hauslehrer, der sich um ihn kümmerte, nur in der Stadt zu Hause, war er in vieler Hinsicht von mir verschieden. Seine Winter verbrachte er in Warschau bei seinem Vater, Baron Jewgenij Rausch von Traubenberg, dem dortigen Militärgouverneur, und seine Sommer in Batowo oder Wyra, sofern ihn seine Mutter, meine exzentrische Tante Nina, nicht in öde mitteleuropäische Kurorte mitnahm, wo sie lange einsame Spaziergänge unternahm und ihn in der Obhut von Botenjungen und Zimmermädchen zurückließ. Auf dem Land stand Jurij spät auf, und ich sah ihn erst, wenn ich nach vier oder fünf Stunden Schmetterlingsjagd zum Mittagessen zurückkam. Von klein auf war er absolut furchtlos, doch er ekelte sich leicht und wollte mit «Naturgeschichte» nichts zu tun haben, konnte sich nicht überwinden, Krabbeltiere anzufassen, konnte das amüsante Kitzeln eines gefangenen Frosches nicht ertragen, der in der Faust wie ein Mensch umherspürte, und auch nicht die umsichtige, angenehm kühle, rhythmisch sich wellende Liebkosung einer Raupe, die das bloße Schienbein hinaufkroch. Er sammelte kleine Soldaten aus bemaltem Blei – mir bedeuteten sie nichts, aber er kannte sich mit ihren Uniformen so gründlich aus wie ich mit meinen Schmetterlingen. Er spielte nicht Ball, war außerstande, einen Stein richtig zu werfen, und konnte nicht schwimmen, sagte mir indessen nie, daß er es nicht konnte, und als wir eines Tages das andere Ufer des Flusses über die Kiefernstämme hinweg zu erreichen versuchten, die in der Nähe eines Sägewerks kreuz und quer aufgestaut waren, ertrank er beinahe, als ein besonders schlüpfriger Stamm unter seinen Füßen zu platschen und rollen begann.

Aufeinander aufmerksam geworden waren wir erstmals 1904 zur Weihnachtszeit in Wiesbaden (ich war fünfeinhalb, er sieben): Ich erinnere mich, wie er aus einem Andenkenladen trat und mit einem Uhranhängsel auf mich zugelaufen kam, einer ein Zoll langen kleinen Silberpistole, die er mir unbedingt zeigen wollte – und plötzlich lag er der Länge nach auf dem Bürgersteig, weinte jedoch nicht, als er sich wieder aufrappelte, ohne auf sein blutendes Knie zu achten, seine winzige Waffe noch immer fest in der Hand. Im Sommer 1909 oder 1910 weihte er mich begeistert in die dramatischen Möglichkeiten der Mayne Reid-Bücher ein. Er hatte sie auf russisch gelesen (denn in allem, seinen Nachnamen ausgenommen, war er sehr viel russischer als ich), und auf der Suche nach einer spielbaren Handlung neigte er dazu, sie mit Fenimore Cooper und seinen eigenen feurigen Erfindungen zu kombinieren. Ich sah unsere Spiele mit größerem Abstand und versuchte mich an den Text zu halten. Die Aufführungen fanden in der Regel im Park von Batowo statt, wo die Pfade noch gewundener und hinterhältiger waren als in Wyra. Für unsere gegenseitigen Verfolgungsjagden benutzten wir Federpistolen, die mit beträchtlicher Kraft bleistiftlange Bolzen ausstießen (von deren Messingspitzen wir mannhaft die Saugnäpfe aus Gummi abgedreht hatten). Später nahmen wir Luftgewehre verschiedener Art, die mit nicht tödlicher, aber doch recht schmerzhafter Wirkung Wachskugeln oder kleine gefiederte Pfeile abschossen. 1912 wurde ihm der perlmuttbesetzte Revolver, mit dem er eines Tages erschienen war, von meinem Hauslehrer Lenskij in aller Ruhe weggenommen, doch das erst, nachdem wir (als Vorspiel zu dem eigentlichen Ziel, einem As) einen Schuhkartondeckel kaputtgeschossen hatten, den wir in einer grünen Allee, wo vor vielen Jahren ein Duell ausgetragen worden sein sollte, in aristokratischem Abstand wechselseitig in die Höhe gehalten hatten. Im Sommer darauf war er mit seiner Mutter in der Schweiz – und als sie bald nach seinem Tod (im Jahre 1919) wieder im gleichen Hotel abstieg und die gleichen Zimmer erhielt, die sie in jenem Juli bewohnt hatten, steckte sie auf der Suche nach einer hinuntergefallenen Haarnadel die Hand in die Tiefen eines Sessels und holte einen winzigen Kürassier hervor, dessen nach außen gekrümmte Beine immer noch ein unsichtbares Kavalleriepferd umspannten.

Als er im Juni 1914 (nunmehr sechzehneinhalb im Vergleich zu meinen fünfzehn Jahren, und der Unterschied begann sich bemerkbar zu machen) für eine Woche zu Besuch kam, nahm er, sobald wir im Garten allein waren, als allererstes eine gelbliche Zigarette aus einem schicken Silberetui, auf dessen vergoldeter Innenseite, wie er mich zu beachten bat, die Formel 3×4=12 eingraviert war, zur Erinnerung an die drei Nächte, die er endlich doch mit der Gräfin G. verbracht hatte. Jetzt liebte er die junge Frau eines alten Generals in Helsingfors und eine Hauptmannstochter in Gattschina. Jede neuerliche Offenbarung seines weltmännischen Stils nahm ich mit einer Art von Verzweiflung auf. «Wo kann ich ein ziemlich privates Telephongespräch führen?» fragte er. So geleitete ich ihn an den fünf Pappeln und dem alten trockenen Brunnen vorbei (aus dem wir erst vor ein paar Jahren von drei verängstigten Gärtnern mit einem Seil heraufgeholt worden waren) zu einem Durchgang im Personalflügel, wo von einem einladenden Fenstersims her das Gurren von Tauben zu hören war und an einer sonnengestempelten Wand das entlegenste und älteste unserer Landtelephone hing, ein massiger, kistenförmiger Apparat, an dem man knarrend kurbeln mußte, damit er eine Telephonistin mit schwacher Stimme preisgab. Jurij war jetzt noch gelassener und geselliger als der Mustangreiter früherer Jahre. Er saß an die Wand gelehnt auf einem Tisch aus rohen Brettern, ließ die langen Beine baumeln und plauderte mit dem Dienstpersonal (was ich nicht sollte und nicht konnte) – mit einem betagten Diener mit Koteletten, den ich niemals grinsen gesehen hatte, oder mit einem Küchenflirt, auf deren bloßen Hals und vorwitzige Augen ich gerade erst aufmerksam wurde. Als Jurij sein drittes Ferngespräch hinter sich gebracht hatte (mit einer Mischung aus Erleichterung und Bekümmerung bemerkte ich, wie schrecklich sein Französisch war), gingen wir ins Dorf in den Kramladen, den zu betreten mir sonst niemals eingefallen wäre, und erst recht hätte ich mir dort nicht ein Pfund schwarzweiße Sonnenblumenkerne gekauft. Auf dem Rückweg kauten und spuckten wir inmitten der Spätnachmittagsfalter, die sich Schlafplätze suchten, und er zeigte mir, wie man es am Fließband machte: die Schale zwischen den rechten Backenzähnen aufknacken, den Kern mit der Zunge hervorholen, die Schalenhälften ausspucken, den glatten Kern zwischen die linken Bakkenzähne befördern und dort zermalmen, während der nächste Kern, der inzwischen rechts aufgeknackt wird, seinerseits der gleichen Behandlung unterzogen wird. Apropos rechts, er bekannte sich als standfester «Monarchist» (eher romantischen als politischen Charakters) und beklagte meinen angeblichen (und völlig abstrakten) «Demokratismus». Er rezitierte Beispiele seiner flüssigen Albumpoesie und bemerkte stolz, daß Dilanow-Tomskij ihn beglückwünscht habe, ein damals gerade moderner Dichter (der italienische Epigraphe und zusammengesetzte Titel wie «Lieder von verlorener Liebe», «Nächtliche Urnen» und so fort pflegte), und zwar zu dem imposanten «langen» Reim *«wnemlju muse ja»* («ich horche auf die Muse») und *«ljubwi kontusija»* («die Kontusion der Liebe»), dem ich meinen besten (und noch immer unbenutzten) Fund entgegensetzte: *«sapowedj»* (Gebot) und *«posapywatj»* (schnüffeln). Er kochte vor Ärger über Tolstojs Ablehnung der Kriegskunst und glühte vor Bewunderung für Prinz Andrej Bolkonskij – denn er hatte soeben *Krieg und Frieden* entdeckt, den ich das erste Mal gelesen hatte, als ich elf war (in Berlin auf einem türkischen Sofa unserer düsteren Rokokowohnung in der Privatstraße, die auf einen dunklen, feuchten Hinterhof mit Lärchen und Gartenzwergen ging, welche wie eine alte Ansichtskarte die ganze Zeit in jenem Buch geblieben sind).

Plötzlich sehe ich mich in der Uniform einer Kadettenanstalt: Wieder wandern wir 1916 ins Dorf und haben (wie Maurice Gerald und der verlorene Henry Pointdexter) die Kleidung getauscht – Jurij trägt meine weiße Flanellhose und gestreifte Krawatte. Während der kurzen Woche, die er jenes Jahr blieb, erfanden wir eine einzigartige Unterhaltung, die ich nirgends sonst beschrieben gesehen habe. In der Mitte eines kleinen, runden, von Jasminbüschen umgebenen Spielplatzes hinten in unserem Garten stand eine Schaukel. Wir stellten die Länge der Seile so ein, daß das grüne Schaukelbrett nur etwa fünf Zentimeter über Stirn und Nase hinwegfegte, wenn man im Sand darunter auf dem Rücken lag. Einer von uns begann den Spaß, indem er sich aufs Brett stellte und mit zunehmendem Schwung schaukelte; der andere legte sich mit dem Hinterkopf auf eine markierte Stelle, und aus anscheinend gewaltiger Höhe sauste das Brett mit dem Schaukelnden über das Gesicht des Liegenden.

Und drei Jahre später wurde er als Kavallerieoffizier in Denikins Armee beim Kampf gegen die Roten im Norden der Krim getötet. Ich sah seinen Leichnam in Jalta, die ganze Vorderpartie seines Schädels war von mehreren Kugeln nach hinten gedrückt, die ihn wie das Eisenbrett einer monströsen Schaukel getroffen hatten, als er, verwegen seine Abteilung hinter sich lassend, ganz allein auf eine rote Maschinengewehrstellung losstürmte. Solchermaßen wurde sein lebenslanger Durst nach Unerschrockenheit in der Schlacht gestillt, nach jenem letzten tapferen Galopp mit gezückter Pistole oder gezogenem Schwert. Wäre ich imstande gewesen, sein Epitaph zu schreiben, so hätte ich die Dinge vielleicht resümiert, indem ich – in reicheren Worten, als sie mir hier zur Verfügung stehen – gesagt hätte, daß bei Jurij alle Gefühle, alle Gedanken von einer Gabe beherrscht waren: einem Ehrgefühl, das die moralische Entsprechung zu absolutem Gehör war.

2

Ich habe kürzlich den *Reiter ohne Kopf* (in einer schäbigen Ausgabe ohne Bilder) wiedergelesen. Die Geschichte hat ihre Stärken. So zum Beispiel die Schankstube jener texanischen Blockhaus-Herberge im Jahr unseres Herrn (wie der Captain sagen würde) 1850 mit ihrem hemdsärmeligen «Saloon-Kommis» – er selber schon ein rechter Geck, denn sein Hemd war mit Rüschen besetzt und «aus Linnen und Spitzen von feinster Art». Die bunten Karaffen (zwischen denen eine holländische Uhr «wunderlich tickte») glichen «einer hinter seinen Schultern funkelnden Iris», einer «Strahlenkrone um sein parfümiertes Haupt» gleich. Das Eis und der Wein und der Monongahela-Whiskey wurden von Glas zu Glas weitergereicht. Ein Geruch nach Moschus, Absinth und Zitronenschalen füllte den Saloon. Das grelle Licht seiner Kampferspirituslampen ließ die dunklen Sternchen hervortreten, die «durch Schleimauswurf» auf dem weißen Sand seines Fußbodens entstanden waren. In einem anderen Jahr unseres Herrn – nämlich 1941 – fing ich im Neonlicht einer Tankstelle zwischen Dallas und Fort Worth einige sehr schöne Nachtfalter.

In die Bar kommt der Schurke, der «sklavenpeitschende Mississippier», ehemals Captain eines Freiwilligenkorps, der gutaussehende, renommiersüchtige, finster dreinblickende Cassius Calhoun. Er bringt einen Trinkspruch aus, nämlich «Amerika den Amerikanern, und nieder mit allen ausländischen Eindringlingen, besonders den v...n (eine Auslassung, die mich in arge Verlegenheit setzte, als ich zum erstenmal darüber stolperte: verstorbenen? verachteten?) Iren!», dann kollidierte er vorsätzlich mit Maurice, dem Mustangmann (scharlachroter Schal, aufgeschlitzte Samthosen, heißes irisches Blut), einem jungen Pferdehändler, der in Wirklichkeit ein Baronet war, *Sir* Maurice Gerald, wie seine entzückte Braut am Ende des Buches entdecken sollte. Falsche Entzückungen wie diese könnten mit dazu geführt haben, daß der Ruhm des aus Irland gebürtigen Autors in seiner Wahlheimat so schnell verblaßte.

Unmittelbar nach dem Zusammenstoß führte Maurice mehrere Bewegungen in nachstehender Reihenfolge aus: Er stellte das Glas auf die Theke, zog ein seidenes Tuch aus der Tasche, wischte die «Whiskey-Sudelei» von der gestickten Hemdbrust, nahm das Taschentuch von der rechten Hand in die linke, griff sich das halbleere Glas von der Theke, kippte Calhoun den Rest des Inhalts ins Gesicht und stellte das Glas seelenruhig auf den Tresen zurück. Diese Reihenfolge weiß ich noch immer auswendig, so oft spielten mein Cousin und ich sie nach.

Das Duell fand auf der Stelle statt, in der geleerten Schankstube; die beiden Männer benutzten sechsschüssige Colts. Trotz meines Interesses für den Kampf (... beide wurden verletzt ... ihr Blut spritzte über den ganzen Sandfußboden...) konnte ich nicht umhin, im Geiste den Saloon zu verlassen und mich unter die schweigende Menschenansammlung vor dem Hotel zu mischen, woselbst ich (im «parfümierten Dunkel») gewisse Señoritas von «zweifelhaftem Gewerbe» ausmachen konnte.

Noch spannender fand ich es, von Louise Pointdexter zu lesen, Calhouns schöner Cousine, der Tochter eines Zuckerpflanzers, «des höchsten und hochmütigsten seiner Klasse» (obwohl es mir ein Rätsel war, warum ein alter Mann, der Zuckerrohr anpflanzt, hoch und hochmütig sein sollte). Von Eifersucht geplagt tritt sie auf (die ich ihr auf elenden Parties so schmerzlich nachempfand, wenn Mara

Rshewuskij, ein bleiches Kind mit einer weißen Seidenschleife im schwarzen Haar, mich plötzlich und unbegreiflicherweise nicht mehr bemerkte); sie steht am Rand ihrer *azotea*, ihre weiße Hand ruht auf dem Kappenstein der Brüstung, die noch «naß vom Tau der Nacht» ist, ihre Zwillingsbrüste heben und senken sich im Rhythmus ihrer raschen, krampfhaften Atemzüge, ihre Zwillingsbrüste, ich darf es noch einmal lesen, heben und senken sich, ihre Lorgnette richtet sich auf ...

Diese Lorgnette, später fand ich sie in den Händen von Madame Bovary wieder, dann hatte Anna Karenin sie, und schließlich ging sie in den Besitz von Tschechows Dame mit dem Hündchen über, die sie auf der Hafenmole von Jalta verlor. Als Louise sie in der Hand hielt, war sie auf die bunten Schatten unter den Mesquiten gerichtet, wo der Reitersmann ihrer Wahl eine unschuldige Unterhaltung mit der Tochter eines reichen *haciendado* führte, mit Doña Isidora Covarubio de los Llanos (deren «Haartracht an Fülle dem Schwanz einer wilden Stute gleichkam»).

«Ich hatte Gelegenheit», erklärte ihr Maurice später, in einem Zwiegespräch unter Reitern, «Doña Isidora einmal nützlich zu sein, indem ich sie aus den Händen einiger roher Indianer befreite.» – «Einen geringen Dienst nennen Sie es!» rief die junge Kreolin aus. «Ein Mann, der ebensoviel für mich täte ...» – «Was täten Sie für ihn?» fragte Maurice begierig. «*Pardieu!* Ich würde ihn *lieben*!» – «Dann gäbe ich mein halbes Leben, um Sie in den Händen von Rotfuchs und seinen betrunkenen Stammesgenossen zu sehen – und die andere Hälfte, Sie aus der Gefahr zu erretten.»

Und an dieser Stelle schiebt der wackere Autor ein seltsames Geständnis ein: «Der süßeste Kuß, der mir je in meinem Leben zuteil wurde, war es, da eine Frau – ein schönes Wesen, in einer Jagdgesellschaft – sich aus ihrem Sattel herüberneigte und mich küßte, der ich in dem meinen weilte.»

Das «weilte», muß man zugeben, gibt dem Kuß, der dem Hauptmann so elegant «zuteil wurde», Dauer und Substanz, doch ich konnte mich selbst im Alter von elf Jahren des Gefühls nicht erwehren, daß zentaurische Liebe nicht ohne ihre besonderen Beschränkungen war. Außerdem kannten Jurij und ich einen Jungen, der es versucht hatte, aber das Pferd des Mädchens hatte seins in einen Graben gestoßen. Erschöpft von unseren Abenteuern lagen wir im Gras und sprachen über Frauen. Im Lichte verschiedener «erotischer Konfessionen» (wie man sie bei Havelock Ellis und anderswo finden kann), in denen kleine Gören es wie wild miteinander treiben, scheint mir unsere Unschuld heute fast ungeheuerlich. Die Slums der Liebe waren uns unbekannt. Hätten wir je von zwei normalen Jungs gehört, die gemeinsam schwachsinnig onanieren (wie moderne amerikanische Romane es mitsamt allen Gerüchen so einfühlsam beschreiben), so wäre uns die bloße Vorstellung eines solchen Aktes so komisch und unmöglich vorgekommen, wie mit einem Amelus zu schlafen. Unser Ideal waren Königin Genoveva, Isolde, eine nicht ganz unbarmherzige *belle dame*, die Frau eines anderen, stolz und fügsam, elegant und leichtlebig, mit schlanken Fußgelenken und schmalen Händen. Bei den kleinen Mädchen in den hübschen Söckchen und Pumps, mit denen wir und andere halbwüchsige Jungen bei Tanzstunden oder auf Weihnachtsfeiern zusammenkamen, waren alle Verzauberungen, alle Süßigkeiten und Sterne des Baums in der flammengesprenkelten Iris erhalten, und sie neckten uns, sie erwiderten unsere Blicke, sie wirkten zu unserer Freude an unseren vage festlichen Träumen mit, doch sie gehörten einer anderen Klasse von Wesen an, diese Nymphchen, als die heranwachsenden Schönheiten und die Vamps mit den großen Hüten, nach denen wir uns in Wahrheit sehnten.

Nachdem ich ihm in einem mit Blut besiegelten Gelübde Stillschweigen geschworen hatte, erzählte mir Jurij von einer verheirateten Dame in Warschau, in die er mit zwölf oder dreizehn heimlich verliebt war und die ein paar Jahre später seine Geliebte wurde. Im Vergleich hätte es fade geklungen, so fürchtete ich, ihm von meinen Strandspielgefährtinnen zu erzählen, und ich kann mich nicht erinnern, welchen Ersatz ich erfand, um seiner Liebschaft etwas entgegenzusetzen. Im gleichen Jahr jedoch kam mir ein richtiges romantisches Abenteuer über den Weg. Ich will jetzt etwas ziemlich Schwieriges versuchen, eine Art Doppelsalto mit einem walisischen Twist (alte Akrobaten werden wissen, was ich meine), und ich bitte um absolute Ruhe.

3

Im August 1910 waren mein Bruder und ich mit unseren Eltern und unserem Hauslehrer (Lenskij) in Bad Kissingen; darauf reisten mein Vater und meine Mutter nach Paris weiter und zurück nach St. Petersburg und dann nach Berlin, wo wir Jungen den Herbst und den Anfang des Winters mit Lenskij verbrachten und unsere Zähne in Ordnung bringen ließen. Ein amerikanischer Zahnarzt – Lowell oder Lowen, ich kann mich an seinen Namen nicht mehr genau erinnern – zog uns ein paar Zähne und schnürte andere mit Zwirn zusammen, bevor er uns mit Spangen verunzierte. Noch höllischer als die birnenförmige Gummipumpe, die heißen Schmerz ins Zahnloch spie, waren die Wattepolster – ich konnte ihre trockene Berührung und ihr Quietschen nicht ertragen –, die zwischen Zahnfleisch und Zunge gesteckt wurden, um dem Operateur die Sache leichter zu machen; und vor den ohnmächtigen Augen befand sich im Fenster ein Transparent, ein trübsinniges Seestück oder graue Weintrauben, die vom dumpfen Nachhall ferner Straßenbahnen unter einem dumpfen Himmel erzitterten. «In den Zelten 18a» – die Adresse kommt auf trochäischen Tanzfüßen in mein Gedächtnis zurück, unmittelbar gefolgt von der wispernden Bewegung der elektrischen Droschke, die uns hinbrachte. Als Entschädigung für diese schrecklichen Vormittage erwarteten wir jede erdenkliche Wiedergutmachung. Mein Bruder schätzte das Panoptikum in der Kaisergalerie Unter den Linden – Friedrichs Grenadiere, Bonaparte im Gedankenaustausch mit einer Mumie, der junge Liszt, der im Schlaf eine Rhapsodie komponierte, und Marat, der in einem Schuh starb; und für mich (der ich damals noch nicht wußte, daß Marat ein glühender Lepidopterologe gewesen war) gab es an der Ecke der Passage Grubers berühmten Schmetterlingsladen, ein kampferhaltiges Paradies über einer steilen, engen Treppe, die ich jeden zweiten Tag erstieg, um mich zu erkundigen, ob Chapmans neuer Grüner Zipfelfalter oder Manns unlängst neuentdeckter Weißling endlich für mich beschafft worden wären. Wir versuchten uns mit Tennis auf einem öffentlichen Platz; doch ein Wintersturm jagte welkes Laub darüber hinweg, und außerdem konnte Lenskij nicht wirklich spielen, obwohl er, ohne den Mantel abzulegen, unbedingt in einem asymmetrischen Dreier mitmachen wollte. In der Folge wurden die meisten Nachmittage auf einer Rollschuhbahn am Kurfürstendamm verbracht. Ich erinnere mich, wie Lenskij unerbittlich auf eine Säule zurollte, die er zu umarmen versuchte, indes er mit großem Krach zu Boden stürzte; und nachdem er eine Weile durchgehalten hatte, begnügte er sich damit, in einer der Logen an der Plüschbrüstung zu sitzen und dort salzige Mokkatorte mit Schlagsahne zu verzehren, während ich selbstzufrieden immer wieder den armen, hartnäckig stolpernden Sergej überholte, eines jener quälenden kleinen Bilder, die im Geiste weiter- und weiterrotieren. Etwa alle zehn Minuten erwachte eine Militärkapelle (Deutschland war zu jener Zeit das Land der Musik) unter der Leitung eines ungemein ruckhaften Dirigenten zum Leben, vermochte jedoch das unaufhörliche sausende Dröhnen der Räder kaum zu übertönen.

Es gab und gibt in Rußland zweifellos immer noch einen besonderen Typ von Schuljungen, der nicht notwendig sportlich aussehen oder sich intellektuell hervortun mußte, ja, der in der Klasse oft ohne Antrieb war, ziemlich dürr gebaut und sogar vielleicht mit einem Anflug von Lungenschwindsucht, der aber ein phänomenal guter Fußball- *und* Schachspieler war und mit größer Leichtigkeit und Anmut jedwede Sportart, jedes Geschicklichkeitsspiel lernte (Borja Schik, Kostja Buketow, die berühmten Brüder Scharabanow – wo sind sie jetzt, meine Mannschaftskameraden und Rivalen?). Ich war ein guter Schlittschuhläufer, und der Umstieg auf Rollschuhe fiel mir nicht schwerer als der Wechsel von einem gewöhnlichen Rasiermesser zu einem Rasierapparat. Sehr rasch lernte ich zwei oder drei raffinierte Schritte auf dem Holzboden der Bahn, und in keinem Ballsaal habe ich je mit größerer Ausdauer und Geschicklichkeit getanzt (wir Schiks und Buketows sind in der Regel schlechte Ballsaaltänzer). Die verschiedenen Trainer trugen scharlachrote Uniformen, halb Husaren und halb Hotelpagen. Sie alle sprachen irgendeine Abart von Englisch. Unter den regelmäßigen Besuchern fiel mir bald eine Gruppe junger amerikanischer Damen auf. Anfangs verschmolzen sie alle zu einer einzigen Aura reizender Grazie. Die Differenzierung begann, als bei einem meiner Solotänze (und ein paar Sekunden vor dem schlimmsten Sturz meines Lebens auf einer Rollschuhbahn) irgend jemand irgend etwas über mich sagte, während ich vorbeiwirbelte, und eine entzückende näselnde weibliche Stimme antwortete: «Ja, ist er nicht fabelhaft?»

Ich sehe immer noch ihre große Gestalt in dem marineblauen Schneiderkostüm. Eine Brillantennadel durchstach ihren großen Samthut. Aus naheliegenden Gründen kam ich zu dem Schluß, daß ihr Name Louise sein müsse. Nachts lag ich wach, stellte mir alle möglichen romantischen Situationen vor, dachte an ihre gertenschlanke Taille und ihren weißen Hals und machte mir Sorgen über eine merkwürdige Beschwerde, die ich zuvor immer mit drückender Unterwäsche in Zusammenhang gebracht hatte. Eines Nachmittags sah ich sie im Vorraum der Rollschuhbahn stehen, und der schneidigste Lehrer, ein pomadiger Halunke vom Schlage Calhouns, hielt sie am Handgelenk und stellte ihr mit einem seltsamen schrägen Lächeln irgendwelche Fragen, und sie blickte weg und drehte ihr Handgelenk in seinem Griff kindisch hin und her, und in der Nacht darauf wurde er erschossen, mit dem Lasso gefesselt, lebendig begraben, noch einmal erschossen, erwürgt, ätzend beleidigt, kalt ins Visier genommen, verschont und einem Leben in Schande überlassen.

Lenskij, von edlen Grundsätzen erfüllt, aber ziemlich naiv, war zum ersten Mal im Ausland und hatte einige Mühe, die Freuden des Tourismus mit seinen pädagogischen Pflichten in Einklang zu bringen. Wir machten uns das zunutze und führten ihn an Orte, wohin unsere Eltern uns nie hätten gehen lassen. Zum Beispiel konnte er dem Wintergarten nicht widerstehen, und so fanden wir uns eines Abends, Eisschokolade trinkend, dort in einer Parkettloge. Die Vorführung nahm den üblichen Gang: ein Jongleur im Frack; danach eine Frau mit glitzerndem Straß auf dem Busen, die, abwechselnd von grünem und rotem Licht überschüttet, eine Konzertarie trällerte; dann ein Komiker auf Rollschuhen. Zwischen ihm und einer Fahrraddarbietung (von der weiter unten noch ausführlicher die Rede sein wird) gab es eine Programmnummer, die sich «Die Gala-Girls» nannte, und mit einem ähnlichen vernichtenden und schmählichen physischen Schock wie damals, als ich auf der Rollschuhbahn gestürzt war, erkannte ich meine Amerikanerinnen in der Girlande untergehakter, schamloser «Girls» mit schrillen Stimmen, die von links nach rechts und von rechts nach links über die Bühne wogten, während zehn identische Beine aus zehn Volantkorollen emporschossen. Ich fand das Gesicht meiner Louise – und wußte sofort, daß alles vorbei war, daß ich sie verloren hatte, daß ich ihr das laute Gesinge, das rote Gelächel und diese alberne Verkleidung nie verzeihen würde, die so schlecht zum Charme sowohl von «stolzen Kreolinnen» wie von «zweifelhaften Señoritas» paßte. Ganz konnte ich es natürlich nicht vermeiden, an sie zu denken, doch der Schock hatte in mir offenbar einen gewissen Induktionsvorgang ausgelöst, denn bald bemerkte ich, daß sich jedesmal, wenn ich mir weibliche Formen vorstellte, jene bereits vertraute rätselhafte Beschwerde einstellte. Ich fragte meine Eltern danach (sie waren nach Berlin gekommen, um bei uns nach dem Rechten zu sehen), und mein Vater raschelte mit der deutschen Zeitung, die er gerade geöffnet hatte, und erwiderte auf englisch (so, als handle es sich möglicherweise um die Parodie eines Zitats – ein Tonfall, den er oft annahm, um einen Anfang zu finden): «Das ist nur eine von vielen absurden Kombinationen der Natur, mein Junge – wie Scham und Erröten oder Kummer und Tränen. *Tolstoi vient de mourir*», fügte er plötzlich mit einer anderen, betroffenen Stimme hinzu und wandte sich zu meiner Mutter hin.

«*Da tschto ty* (so etwas wie ‹du meine Güte›)!» rief sie betrübt aus und faltete die Hände auf dem Schoß. «*Pora domoj* (Zeit nach Hause zu fahren)», schloß sie, als wäre Tolstojs Tod der Vorbote apokalyptischer Katastrophen.

4

Und jetzt kommt die Fahrraddarbietung – oder zumindest meine Version der Sache. Im Sommer darauf kam Jurij nicht zu uns nach Wyra, und ich mußte mit meiner romantischen Erregung allein fertig werden. An Regentagen saß ich in einer trüben Beleuchtung, die ihr möglichstes tat, um mich von meinen heimlichen Nachforschungen abzuhalten, zu Füßen eines wenig benutzten Bücherregals und schlug in der zweiundachtzigbändigen russischen Ausgabe der Brockhaus-Enzyklopädie unbekannte, dunkel quälende und beunruhigende Ausdrücke nach; um Platz zu sparen, war das Stichwort des einen oder anderen Artikels in der detaillierten Erläuterung auf seinen großen Anfangsbuchstaben reduziert, so daß die dickgedruckten Spalten in Kolonelschrift nicht nur die Aufmerksamkeit auf eine harte Probe stellten, sondern darüber hinaus die trügerische Faszination einer Maskerade annahmen, bei der die Abkürzung eines nicht gerade bekannten Wortes mit den begierigen Augen Versteck spielte: «Moses versuchte vergeblich, die P. abzuschaffen ... In modernen Zeiten blühte die P. aus Gastfreundschaft in Österreich unter Maria Theresia ... In vielen Teilen Deutschlands gingen die Einnahmen aus der P. an die Geistlichkeit ... In Rußland wird die P. offiziell seit 1843 geduldet ... Wenn eine Waise im Alter von zehn oder zwölf Jahren von ihrem Herrn, seinen Söhnen oder Dienstboten verführt wird, endet sie fast immer in der P.» – und so weiter; all das trug nicht eben dazu bei, die Anspielungen auf buhlerische Liebesabenteuer, die ich bei Tschechow oder Andrejew fand, Autoren, in deren Bücher ich mich damals zum ersten Male vertiefte, nüchtern zu erhellen, sondern umgab sie vielmehr mit Geheimnis. Die Schmetterlingsjagd und verschiedene Sportarten nahmen die sonnigen Stunden in Anspruch, aber alle körperlichen Anstrengungen konnten die Unruhe nicht verhindern, die mich Abend für Abend auf vage Entdeckungsreisen gehen ließ. Wenn ich den größten Teil des Nachmittags im Pferdesattel verbracht hatte, war es ein seltsam beschwingtes, fast körperloses Gefühl, in der farbigen Abenddämmerung mit dem Fahrrad unterwegs zu sein. Ich hatte die Lenkstange meines Enfield-Rades umgedreht und so verstellt, daß sie tiefer als der Sattel lag, und es entsprach nunmehr meiner Vorstellung von einem Rennmodell. So gondelte ich über die Parkwege den gemusterten Spuren nach, die die Dunlop-Reifen am Vortag eingedrückt hatten; kunstgerecht vermied ich die Grate der Baumwurzeln; ein loser Zweig wurde angepeilt und zersprang knakkend unter meinem sensiblen Vorderrad; ich schlängelte mich zwischen zwei flachen Blättern und dann zwischen einem kleinen Stein und dem Loch hindurch, aus dem er am Vorabend herausgerissen worden war; ich genoß die kurze Ebenheit einer Brücke über einen Bach; ich fuhr am Drahtzaun entlang um den Tennisplatz herum; stieß mit der Radschnauze das kleine weißgetünchte Tor am Ende des Parkes auf; und radelte im melancholischen Genuß der Freiheit über die ausgetrockneten, angenehm zusammengebackenen Seitenstreifen langer Feldwege.

Jenen Sommer fuhr ich jedesmal an einer bestimmten Hütte vorbei, in deren Eingang Polenka, die Tochter unseres ersten Kutschers Sachar, ein Mädchen in meinem Alter, in der Abendsonne stand, an den Türpfosten gelehnt, die bloßen Arme friedfertig und bequem gekreuzt, wie es im ländlichen Rußland Brauch ist. Wenn sie mich kommen sah, grüßte mich ihr Gesicht mit einem entzückenden Leuchten, doch wenn ich näher kam, wurde es zu einem halben Lächeln und dann zu einem schwachen Leuchten in den Winkeln ihres fest zusammengepreßten Mundes, und am Ende schwand auch das, so daß jeder Ausdruck aus ihrem runden, hübschen Gesicht gewichen war, wenn ich schließlich bei ihr war. Sobald ich jedoch vorbei war und einen Augenblick lang zurückblickte, ehe ich mit aller Kraft bergauf strampelte, war das Grübchen wieder da, und das rätselhafte Leuchten spielte wieder auf ihren mir so lieben Zügen. Ich wechselte kein Wort mit ihr, doch noch lange, nachdem ich es aufgegeben hatte, zu jener Stunde vorbeizufahren, wurde unsere Augenbekanntschaft zwei oder drei Sommer lang hin und wieder aufgefrischt. Wer weiß woher tauchte sie auf, hielt sich immer ein wenig abseits, immer barfuß, rieb den linken Spann an der rechten Wade oder kratzte mit dem Ringfinger den Scheitel ihres hellbraunen Haares, und immer lehnte sie gegen irgend etwas – gegen die Stalltür, wenn mein Pferd gesattelt wurde, oder gegen einen Baumstamm, wenn das ganze Aufgebot der Dienstboten an frischen Septembermorgen unserem Aufbruch in die Stadt beiwohnte. Jedesmal schien mir ihr Busen ein wenig weicher, ihr Unterarm ein wenig stärker, und kurz bevor ich sie aus meinem Gesichtskreis verlor (mit fünfzehn heiratete sie einen Schmied in einem weit entfernten Dorf), bemerkte ich in ihren weit auseinanderliegenden nußbraunen Augen ein- oder zweimal einen Schimmer milden Spottes. Seltsam genug war sie die erste, die einfach dadurch, daß sie nicht zu lächeln aufhörte, die schmerzliche Macht besaß, ein Loch in meinen Schlaf zu brennen und mich zu klammem Bewußtsein wachzurütteln, wenn ich von ihr träumte – und das, obwohl im wirklichen Leben meine Angst, von ihren schlammüberkrusteten Füßen und muffigen Kleidern abgestoßen zu werden, noch größer war als die, sie durch die Banalität quasiseigneurialer Annäherungsversuche zu verletzen.

5

Zum Abschluß möchte ich mir zwei besonders lebhafte Bilder von ihr gleichzeitig vor Augen halten. Das erste, das ich lange Zeit mit mir herumtrug, hatte mit der Polenka der Hauseingänge und Sonnenuntergänge nichts zu tun – es war, als hätte ich eine nymphenhafte Inkarnation ihrer mitleiderregenden Schönheit erblickt, an die man besser nicht rührte. An einem Junitag des Jahres, da wir beide dreizehn waren, jagte ich am Ufer der Oredesh einige Apollofalter – *Parnassius mnemosyne*, um genau zu sein –, seltsame Schmetterlinge aus uraltem Geschlecht mit raschelnden, glasigen, halbdurchsichtigen Flügeln und kätzchenartigem, seidenweichem Hinterleib. Meine Suche hatte mich in ein dichtes Unterholz aus milchig-weißen Racemosen und dunklen Erlen hart am Ufer des kalten, blauen Flusses geführt, als ich es plötzlich spritzen und rufen hörte, und hinter einem duftenden Busch versteckt sah ich, wie Polenka und drei oder vier andere Kinder ein paar Schritte von mir entfernt von den Ruinen eines alten Badehauses aus splitternackt badeten. Naß und keuchend, mit einer Stupsnase, die ihr auf der einen Seite lief, die Rippen ihres jugendlichen Körpers unter der blassen Gänsehaut gewölbt, die Waden mit schwarzem Schlamm bespritzt, einen gebogenen Kamm im Haar, das die Feuchtigkeit dunkler machte, so floh sie vor dem Sausen und Klatschen der Wasserlilienstengel, die ein trommelbäuchiges Mädchen mit kahlgeschorenem Kopf und ein schamlos aufgeregtes grünes Bürschchen mit einer Art Schnur um die Lenden, einem örtlichen Brauch zufolge ein Mittel gegen den bösen Blick, aus dem Wasser gerissen hatten, um ihr damit zuzusetzen; und ein oder zwei Sekunden lang – bevor ich in einem elenden

Nebel von Abscheu und Begierde wegkroch – sah ich eine fremde Polenka auf den Planken einer halbverfallenen Landungsbrücke kauern und zittern, die Arme gegen den Ostwind über die Brüste gekreuzt, während sie ihren beiden eifrigen Verfolgern die Zungenspitze heraussteckte.

Das andere Bild verweist auf einen Adventssonntag im Jahre 1916. Vom stillen, schneebedeckten Bahnsteig der kleinen Station Siverskij an der Strecke nach Warschau (sie lag unserem Landsitz am nächsten) beobachtete ich ein fernes silbriges Gehölz, das sich unter dem Abendhimmel zu Blei verwandelte, und wartete darauf, daß es den stumpf violetten Rauch des Zuges ausstieß, der mich nach einem Tag auf Skiern nach St. Petersburg zurückbringen sollte. Pünktlich erschien der Rauch, und im selben Augenblick kamen sie und ein anderes Mädchen vorbei, beide mit dicken Kopftüchern, riesigen Filzstiefeln und schrecklichen, unförmigen, langen wattierten Jacken, deren Füllung an den aufgerissenen Stellen des groben schwarzen Tuchs hervorquoll, und im Vorbeigehen sagte Polenka – sie hatte einen blauen Fleck unter dem Auge und eine aufgeschwollene Lippe (wurde sie sonnabends von ihrem Mann verprügelt?) – mit wehmütiger und melodiöser Stimme zu niemand besonderem: «*A bartschuk-to menja ne prisnal* (Sieh, der junge Herr erkennt mich nicht) ...», und das war das einzige Mal, daß ich je ihre Stimme hörte.

6

Die Sommerabende meiner Knabenzeit, an denen ich an ihrer Hütte vorbeifuhr, sprechen heute mit dieser ihrer Stimme zu mir. Dort, wo ein Feldweg auf die öde Landstraße stieß, stieg ich ab und lehnte mein Rad an eine Telegraphenstange. Ein Sonnenuntergang, fast beängstigend in seiner Herrlichkeit, verweilte am rundum bloßgelegten, nackten Himmel. Unter seinen sich unmerklich verändernden Massen konnte man die hellgefärbten Strukturelemente himmlischer Organismen, glühende Spalten in dunklen Dämmen oder flache, ätherische Gestade erkennen, die wie die Luftspiegelungen

Der Autor, neunzehnjährig, im November 1918 mit seinen Geschwistern in Jalta. Kirill ist sieben; Sergej (unglücklicherweise von Flecken auf dem Photo entstellt) mit einem randlosen Pincenez und der Uniform des Gymnasiums von Jalta achtzehn; Olga fünfzehn; Elena (mit Box II. fest im Griff) zwölf.

unbewohnter Inseln aussahen. Damals wußte ich nicht, was ich heute sehr wohl weiß, nämlich was mit derlei Dingen anzufangen ist – wie man sich ihrer entledigt, wie man sie in Druckbuchstaben umsetzen kann, damit der Leser mit dem seligen Schauer fertig werden muß –, und diese Unfähigkeit steigerte meine Bedrückung noch. Ein kolossaler Schatten begann über die Felder herzufallen, die Telegraphenmasten summten in der Stille, und die Raupen, die in der Nacht fressen, kletterten die Stiele ihrer Pflanzen hinan. Knabber, knabber, knabber – machte eine hübsche, gestreifte, bei Spuler nicht abgebildete Raupe an einem Glockenblumenstengel, als sich die Kauwerkzeuge am Rand des nächsten Blattes entlangarbeiteten, aus dem sie säuberlich einen Halbkreis fraß; dann streckte sie den Hals und krümmte ihn langsam wieder, während sie die saubere Einbuchtung vertiefte. Automatisch steckte ich sie mit einem Stück ihrer kleinen Pflanze in eine Streichholzschachtel, um sie mit nach Hause zu nehmen und im nächsten Jahr einen herrlichen Überraschungsfalter hervorbringen zu lassen, doch meine Gedanken waren anderswo: Sina und Colette, meine Strandgespielinnen; Louise, die Tänzerin; all die geröteten kleinen Mädchen mit Seidenschärpen und lockerem Haar auf festlichen Parties; die schmachtende Gräfin G., die Dame meines Cousins; Polenka, lächelnd in der Qual meiner neuen Träume – sie alle verschmolzen zu einem Wesen, das ich noch nicht kannte, bald jedoch kennenlernen mußte.

Ich erinnere mich an einen bestimmten Sonnenuntergang. Er überzog meine Fahrradglocke mit Glut. Droben, über der schwarzen Musik von Telegraphendrähten, hingen unbeweglich und fächerartig mehrere lange, dunkelviolette, flamingorot durchzogene Wolken; das Ganze war wie eine gewaltige Ovation aus Farbe und Form! Es verlosch jedoch, und auch alles andere dunkelte; doch dicht über dem Horizont fand das Auge in einem leuchtenden, türkisfarbenen Raum unter einer schwarzen Stratuswolke einen Anblick, den nur ein Narr für die übriggebliebenen Teile dieses oder irgendeines anderen Sonnenuntergangs halten konnte. Er nahm nur einen ganz kleinen Ausschnitt des gewaltigen Himmels ein und war so zierlich wie etwas, das man durch ein umgedrehtes Teleskop anschaut. Dort lag sie und wartete, eine Familie heiterer Miniaturwolken, eine Anhäufung strahlender Wölbungen, anachronistisch in ihrer sahnigen Helle und überaus fern; fern, doch in allen Einzelheiten vollkommen; phantastisch verkleinert, doch völlig fertig; meine wunderbare Zukunft, bereit, mir dargebracht zu werden.

KAPITEL ELF

I

Um den Sommer 1914 zu rekonstruieren, als mich zum ersten Male die benommene Wut des Versemachens überkam, brauche ich mir eigentlich nur einen bestimmten Pavillon vorzustellen. In ihm suchte der schlanke, fünfzehnjährige Junge, der ich damals war, während der Gewitter Schutz, die es in jenem Juli in ungewöhnlicher Zahl gab. Wenigstens zweimal im Jahr träume ich von meinem Pavillon.

In der Regel erscheint er in meinen Träumen ganz unabhängig von ihrem eigentlichen Inhalt, der natürlich alles mögliche umfassen kann, von Abalienation bis Zoolatrie. Er ist sozusagen so unaufdringlich vorhanden wie eine Künstlersignatur. Ich sehe ihn an einer Ecke der Traumleinwand haften oder raffiniert in eine ornamentale Partie des Bildes verarbeitet. Zuweilen jedoch scheint er in einiger Entfernung zu schweben, ein wenig barock und doch in Einklang mit den schönen Bäumen, dunkler Tanne und heller Birke, deren Saft einmal durch sein Holz sickerte. Weinrote und flaschengrüne und dunkelblaue Rhomben aus farbigem Glas verleihen dem Gitterwerk seiner Fenster ein wenig das Aussehen einer Kapelle. Er ist genau, was er in meiner Jugend war – ein robustes altes Holzgebäude über einer Schlucht voller Farnkraut in dem älteren, zum Fluß hin gelegenen Teil unseres Parks in Wyra. Genau was er war, oder vielleicht doch ein wenig vollkommener. In der Wirklichkeit fehlte hier und da ein Stück Glas, und der Wind hatte zerknüllte Blätter hineingetrieben. Die schmale kleine Brücke, die sich an der tiefsten Stelle über die waldige Schlucht wölbte und in deren Mitte sich der Pavillon wie ein geronnener Regenbogen erhob, war nach einem Regenguß so schlüpfrig, als wäre ihr eine dunkle und in gewissem Sinne magische Salbung zuteil geworden. Etymologisch sind «Pavillon» und «papilio» eng verwandt. Drinnen befand sich als Mobiliar nur ein Klapptisch, der an rostigen Scharnieren an der Wand unter dem Ostfenster hing, durch dessen zwei oder drei glaslose oder farblose verglaste Karrees unter all den angeberisch blauen und betrunkenen roten man einen Blick auf den Fluß werfen konnte. Zu meinen Füßen lag eine tote Pferdebremse auf dem Rücken neben den braunen Überresten eines Birkenkätzchens. Und die Flecken abbröckelnder weißer Tünche an der Innenseite der Tür waren von verschiedenen Eindringlingen für Vermerke wie «Dascha, Tamara und Lena waren hier» oder «Nieder mit Österreich!» benutzt worden.

Das Gewitter zog schnell vorüber. Der Regen, eben noch ein ungestümer Guß, in dem die Bäume wogten und sich krümmten, wurde mit einemmal zu schrägen Linien stillen Golds, die vor dem Hintergrund nachlassenden pflanzlichen Aufruhrs zu kurzen und längeren Strichen zerfielen. Buchten üppigen Blaus breiteten sich zwischen großen Wolken aus – ein Ballen aus reinem Weiß und violettem Grau auf dem anderen, *lepota* (ein altrussisches Wort für «majestätische Schönheit»), ziehende Mythen, Gouache und Guano –, zwischen deren Wölbungen man Anspielungen auf Brustformen oder die Totenmaske eines Dichters erkennen konnte.

Der Tennisplatz war eine große Seenplatte.

Über den dampfenden Feldern jenseits des Parks wurde ein Regenbogen sichtbar; die Felder endeten vor dem schartigen dunklen Rand eines fernen Tannenwaldes; ein Teil des Regenbogens spannte sich darüber, und dieser Teil des Waldsaums schimmerte höchst märchenhaft durch das Blaßgrün und Rosa des irisierenden Schleiers hindurch, der darüber herabgelassen war: eine Zärtlichkeit und eine Pracht, die aus den rautenförmigen bunten Lichtspielen, die die wiedergekehrte Sonne auf dem Boden des Pavillons trieb, arme Verwandte machte.

Einen Augenblick später begann mein erstes Gedicht. Was hatte es ausgelöst? Ich glaube es zu wissen. Bei völliger Windstille brachte das bloße Gewicht eines Regentropfens, der in parasitischem Luxus auf einem herzförmigen Blatt glänzte, dessen Spitze dazu, sich zu neigen; was aussah wie eine kleine Quecksilberkugel, vollführte ein plötzliches Glissando die Mittelader entlang, und das Blatt, seiner hellen Last ledig, schnellte erleichtert wieder hoch. Tropfen, Schwere, Glissando, Leere – der Augenblick, den das alles währte, schien mir nicht so sehr ein Bruchteil der Zeit als vielmehr ein Riß in ihr, ein übersprungener Herzschlag, der sogleich durch ein Geprassel von Reimen wettgemacht wurde: Ich sage mit Absicht «Geprassel», denn als jetzt ein Windstoß kam, begannen die Bäume alle zusammen ihre Tropfen abzuschütteln, und das Getropfe ahmte den vorangegangenen Regenguß ebenso grob nach, wie die Strophe, die ich bereits murmelte, an das selige Staunen erinnerte, das ich gefühlt hatte, als Herz und Blatt einen Augenblick lang eins waren.

2

In der lechzenden Hitze des frühen Nachmittags trockneten Bänke, Brücken und Baumstämme (alles, nur nicht der Tennisplatz) mit unglaublicher Geschwindigkeit, und bald war nur noch wenig von meiner ursprünglichen Inspiration verblieben. Obwohl sich der helle Riß zugetan hatte, dichtete ich verbissen weiter. Meine Sprache war zufällig Russisch, aber ebensogut hätte es Ukrainisch oder Englisch für Anfänger oder Volapük sein können. Gedichte, wie ich sie damals produzierte, waren kaum mehr als Lebenszeichen, Zeichen dafür, daß ich gewisse starke menschliche Empfindungen erlebte oder erlebt hatte oder zu erleben hoffte. Sie waren mehr ein Phänomen des Sichzurechtfindens als eins der Kunst und darum den Farbstreifen auf einem Felsblock am Wegrand vergleichbar oder dem säulenförmigen Steinhaufen, der einen Bergpfad bezeichnet.

Aber in gewissem Sinn ist schließlich alle Kunst eine Sache der

Orientierung: Der Versuch, die eigene Position in dem vom Bewußtsein umfaßten Universum auszudrücken, ist ein unvordenkliches Bedürfnis. Die Arme des Bewußtseins greifen aus und tasten umher, und je länger sie sind, desto besser. Fühler, nicht Flügel sind die natürlichen Gliedmaßen Apolls. Vivian Bloodmark, ein philosophisch veranlagter Freund, pflegte in späteren Jahren zu sagen, daß der Wissenschaftler alles, was geschieht, in einem Punkt des Raumes sieht, der Dichter aber alles in einem Punkt der Zeit fühlt. Gedankenverloren klopft er mit dem zauberstabartigen Bleistift auf sein Knie, und im gleichen Augenblick fährt ein Wagen (New Yorker Nummernschild) auf der Straße vorbei, ein Kind schlägt die Drahtgazetür eines Hauses in der Nachbarschaft zu, ein Greis gähnt in einem dunstigen Obstgarten in Turkestan, auf der Venus bewegt der Wind ein Körnchen aschgrauen Sandes, ein Doctor Jacques Hirsch in Grenoble setzt sich die Lesebrille auf, und Trillionen anderer Bagatellen dieser Art ereignen sich – und sie alle bilden einen gleichzeitigen und durchsichtigen Organismus aus Ereignissen, dessen Kern der Dichter (etwa in einem Liegestuhl in Ithaca, N.Y.) ist.

In jenem Sommer war ich noch viel zu jung, um irgendeinen Reichtum an «kosmischer Synchronisierung» (um noch einmal mit meinem Philosophen zu reden) hervorzubringen. Doch wenigstens entdeckte ich, daß ein Mensch, der Dichter werden will, die Fähigkeit besitzen muß, gleichzeitig an verschiedene Dinge zu denken. Während der gemächlichen Spaziergänge, die das Entstehen meines ersten Gedichts begleiteten, traf ich den Dorfschulmeister, einen leidenschaftlichen Sozialisten, einen guten Kerl, meinem Vater aus ganzer Seele ergeben (ich begrüße dies Bild aufs neue), immer mit einem dichten Feldblumenstrauß in der Hand, immer lächelnd, immer schwitzend. Während ich mit ihm höflich über die plötzliche Abreise meines Vaters in die Stadt plauderte, registrierte ich gleichzeitig und mit gleicher Klarheit nicht nur seine welkenden Blumen, seinen wehenden Binder und die schwarzen Mitesser auf den fleischigen Voluten seiner Nasenflügel, sondern auch die stumpfen leisen Rufe eines Kuckucks in der Ferne und das Aufblitzen eines Kleinen Perlmutterfalters, der sich auf dem Weg niederließ, und den erinnerten Eindruck der Bilder (vergrößerte Ackerschädlinge und bärtige russische Schriftsteller) in den gut durchlüfteten Klassenzimmern der Dorfschule, die ich ein- oder zweimal aufgesucht hatte; und um die Aufzählung fortzusetzen, die der ätherischen Einfachheit des ganzen Vorgangs kaum gerecht wird: eine benachbarte Gehirnzelle löste eine blitzartige und völlig irrelevante Erinnerung aus (an einen Schrittzähler, den ich verloren hatte), der Geschmack des Grashalms, an dem ich kaute, vermischte sich mit dem Kuckucksruf und dem Start des Perlmutterfalters, und die ganze Zeit über war ich mir meiner vielfältigen Bewußtheit voll und heiter-gelassen bewußt.

Er strahlte, er verbeugte sich (überschwenglich wie alle radikal gesonnenen Russen), machte ein paar Schritte rückwärts, drehte sich um, ging munter seines Wegs, und ich nahm den Faden meines Poems wieder auf. Während der kurzen Zeit, in der ich abgelenkt war, war den Worten, die ich bereits aneinandergeknüpft hatte, anscheinend etwas zugestoßen: Sie sahen nicht ganz so leuchtend mehr aus wie vor der Unterbrechung. Mir kam der Verdacht, daß ich es möglicherweise mit Attrappen zu tun hatte. Glücklicherweise war dieser kalte Augenblick kritischer Erkenntnis nicht von Dauer. Die glühende Begeisterung, die ich auszudrücken versucht hatte, war wieder zur Stelle und erweckte ihr Medium von neuem zu trügerischem Leben. Die Wortreihen, die ich musterte, waren mit ihren vorgewölbten kleinen Brüsten und ihren schmucken Uniformen wieder so strahlend, daß ich das Zusammensinken, welches ich aus dem Augenwinkel wahrgenommen hatte, nur noch für bloße Einbildung hielt.

3

Nicht nur mit seiner leichtgläubigen Unerfahrenheit, auch mit einem Handikap eigener Art hatte ein junger russischer Dichter fertig zu werden. Im Gegensatz zu dem reichen Wortschatz satirischer oder epischer Dichtung litt die russische Elegie an einem schlimmen Fall verbaler Blutarmut. Nur in sehr geübten Händen konnte sie ihren bescheidenen Ursprung verleugnen – die bläßliche Poesie des französischen achtzehnten Jahrhunderts. Zwar war zu meiner Zeit eine neue Schule im Begriff, die alten Rhythmen zu zerfetzen, doch auf der Suche nach einem neutralen Werkzeug kam der konservative Anfänger immer noch auf sie zurück – vielleicht weil er nicht wünschte, daß ihn riskante formale Abenteuer vom simplen Ausdruck simpler Empfindungen ablenkten. Die Form jedoch rächte sich. Die ziemlich monotonen Muster, zu denen die russischen Dichter des frühen neunzehnten Jahrhunderts die gefügige Elegie verbogen hatten, führten dazu, daß bestimmte Wörter oder Wortarten (etwa die russischen Gegenstücke zu *fol amour* oder *langoureux et rêvant*) immer wieder zusammengestellt wurden, und das vermochten spätere Lyriker ein ganzes Jahrhundert lang nicht mehr abzuschütteln.

Ein besonders hartnäckiges, dem vier- bis sechshebigen Jambus eigentümliches Schema war jenes, bei dem ein langes, geschlängeltes Adjektiv die ersten vier oder fünf Silben der letzten drei Versfüße einer Zeile beanspruchte. Ein gutes vierhebiges Beispiel wäre etwa *sabudj obmantschiwyje rjetschi* (vergiß betrügerische Reden). Der junge russische Dichter neigte dazu, mit verhängnisvoller Leichtigkeit in diesen Abgrund von Silben zu gleiten, für dessen Illustration ich nur deshalb *obmantschiwyj* gewählt habe, weil es sich gut übersetzen läßt; die eigentlichen Lieblingswörter waren typisch elegische Bausteine wie *tainstwennyj* (geheimnisvoll), *sadumtschiwyj* (nachdenklich), *utratschennyj* (verloren) und so weiter. Trotz seiner Länge hatte ein solches Wort nur eine einzige Hebung, und so fiel die vorletzte Hebung des Verses auf eine gewöhnlich unbetonte Silbe (*wy* im russischen Beispiel, «ri» im deutschen). Das führte zu einer angenehmen Beschleunigung, die jedoch ein viel zu vertrauter Effekt war, um die Banalität des Inhalts wettzumachen.

Als naiver Anfänger ging ich in alle Fallen des wohlklingenden Epithetons. Nicht, daß ich nicht auch kämpfte. Im Gegenteil, ich plagte mich sehr ab mit meiner Elegie, wandte endlose Mühe auf jede Zeile, wählte und verwarf, nahm die Worte mit dem glasigen Blick und der Feierlichkeit eines Teeschmeckers auf die Zunge, und dennoch verhinderte ich ihn nicht, den unerhörten Betrug. Der Rahmen bestimmte das Bild, die Schale formte das Fruchtfleisch. Die abgedroschene Wortfolge (kurzes Verb oder Pronomen – langes

Adjektiv – kurzes Substantiv) brachte die abgedroschene Gedankenschluderei mit sich, und auf einen Vers wie *poeta gorestnyje grjosy* (des Dichters wehmutsvolle Träume) folgte etwas, das mit *rosy* (Rosen) oder *berjosy* (Birken) oder *grosy* (Gewitter) endete, so daß nicht der freie Wille, sondern das verblichene Band der Tradition bestimmte Gefühle an bestimmte Umgebungen knüpfte. Dennoch, je näher mein Gedicht der Vollendung kam, desto gewisser war ich, daß auch andere erblicken würden, was mir dabei vor Augen schwebte. Während ich meinen Blick auf ein nierenförmiges Blumenbeet richtete (und auf dem Lehm ein rosa Blütenblatt sah, dessen vermoderten Rand eine kleine Ameise inspizierte) oder den gebräunten Leib eines Birkenstammes betrachtete, wo irgendein junger Rowdy die papierene Pfeffer-und-Salz-Rinde abgerissen hatte, meinte ich wirklich, daß der Leser all dies durch den Zauberschleier meiner Worte hindurch – *utratschennyje rosy* oder *sadumtschiwoj berjosy* – wahrnehmen würde. Es kam mir damals nicht in den Sinn, daß jene armseligen Worte keineswegs ein Schleier, sondern vielmehr so undurchsichtig waren, daß sie eine Mauer bildeten, an der nichts weiter zu erkennen war als die abgenutzten Textstellen der größeren und geringeren Dichter, die ich nachmachte. Ich entsinne mich, daß ich Jahre später im schmutzigen Vorort einer Stadt im Ausland einen Lattenzaun sah, dessen Bretter offenbar woanders schon als Einzäunung eines Wanderzirkus gedient hatten. Ein vielseitiger Ausrufer hatte Tiere darauf gemalt; doch derjenige, der die Bretter abgenommen und wieder zusammengehämmert hatte, muß blind oder geisteskrank gewesen sein, denn der Zaun zeigte nur noch unzusammenhängende Körperteile (einige von ihnen obendrein verkehrt herum) – eine goldbraune Hüfte, einen Zebrakopf, ein Elefantenbein.

4

Auf physischer Ebene begleiteten eine Anzahl undeutlicher Tätigkeiten und Stellungen meine intensiven Anstrengungen – ich ging umher, saß oder lag. Jede von ihnen zerfiel wiederum in Bruchstücke ohne räumliche Bedeutung: Im Gehstadium etwa streifte ich jetzt durch die Tiefen des Parks, und im nächsten Augenblick ging ich durch die Zimmer des Hauses. Oder im Sitzstadium bemerkte ich plötzlich, daß irgendein Gericht, von dem ich mich nicht erinnern konnte auch nur gekostet zu haben, weggetragen wurde und daß meine Mutter, deren linke Wange zuckte, wie immer, wenn sie sich Sorgen machte, meine üble Laune und meine Appetitlosigkeit von ihrem Platz ganz oben an dem langen Tisch aus genau beobachtete. Ich hob den Kopf, um alles zu erklären – doch der Tisch war verschwunden, ich saß allein auf einem Baumstumpf am Straßenrand und zeichnete mit dem Stock meines Schmetterlingsnetzes wie ein Metronom Bogen auf Bogen in den bräunlichen Sand; irdene Regenbögen, bei denen die wechselnde Tiefe der Striche die Farben darstellte.

Als es mir unwiderruflich auferlegt war, entweder mein Gedicht zu beenden oder zu sterben, geriet ich in den Zustand größter Entrückung. Ohne sonderliche Überraschung fand ich mich ausgerechnet auf einem Ledersofa in dem kalten, dumpfen, wenig benutzten Zimmer, das einst das Arbeitszimmer meines Großvaters gewesen war. Dort lag ich in einer Art Reptilienstarre auf dem Bauch, und ein Arm hing herunter, so daß meine Fingergelenke lose die Blumenmuster des Teppichs streiften. Als ich wenig später aus dieser Trance erwachte, war die grünliche Flora immer noch um mich, und immer noch hing mein Arm herunter, doch jetzt lag ich am Rand eines wackligen Bootsstegs, die Wasserlilien, die ich berührte, waren echt, und die sich mit den Wellen hebenden und senkenden schwerfälligen Schatten des Erlenlaubes auf dem Wasser – verklärte Tintenkleckse, überdimensionale Amöben – zuckten rhythmisch, streckten dunkle Pseudopodien aus und zogen sie wieder ein, ihre abgerundeten Ränder zerfielen zu flüchtigen und fließenden Makeln, und diese fanden wieder zusammen, um von neuem tastende Spitzen zu bilden. Dann verlor ich mich in meinem privaten Nebel, und als ich wieder auftauchte, ruhte mein Körper ausgestreckt auf einer niedrigen Bank im Park; die lebendigen Schatten, unter die meine Hand herabsank, bewegten sich jetzt auf der Erde, unter violetten Farbtönen und nicht mehr unter wässerigem Schwarz und Grün. So bedeutungslos waren die gewöhnlichen Maßstäbe des Lebens in diesem Zustand, daß es mich nicht erstaunt hätte, wäre ich aus seinem Tunnel direkt in den Park von Versailles, den Tiergarten oder den Sequoia-Nationalforst gelangt; und wenn die alte Trance heute wiederkehrt, bin ich umgekehrt gewärtig, mich beim Erwachen hoch oben auf einem bestimmten Baum über der schattengesprenkelten Bank meiner Knabenzeit wiederzufinden, den Leib gegen einen dicken, behaglichen Ast gepreßt, einen Arm lose unter die Blätter hängen lassend, auf denen sich die Schatten anderer Blätter bewegen.

Verschiedene Laute drangen in den verschiedenen Positionen an mein Ohr. Es konnte der Essensgong sein oder etwas Ungewöhnlicheres, etwa das vulgäre Spiel einer Drehorgel. Irgendwo in der Nähe der Stallungen leierte der alte Landstreicher seine Weisen, und kraft direkterer Eindrücke, die ich in früheren Jahren in mich aufgenommen hatte, sah ich ihn von meinem Sitz aus im Geiste. Auf die Vorderseite seines Instrumentes waren Gestalten gemalt, die Balkanbauern vorstellen sollten und unter palmoiden Weiden tanzten. Hin und wieder nahm er die Kurbel von der einen Hand in die andere. Ich sah die Trikotjacke und den Rock seines kahlen kleinen weiblichen Affen, seinen Kragen, die offene Wunde an seinem Hals, die Kette, an die er immer wieder faßte, wenn der Mann daran zog und ihm weh tat, und ich sah die verschiedenen Dienstboten gaffend und grinsend herumstehen – einfache Leute, denen die «Possen» eines Affen schrecklich komisch vorkamen. Neulich gerade begegnete ich in der Nähe des Ortes, wo ich dies niederschreibe, einem Farmer und seinem Sohn (einem hellen, gesunden Bengel, wie man ihn auf amerikanischen Frühstücksreklamen sieht), die ähnlich belustigt mitansahen, wie eine junge Katze einen winzigen Chipmunk quälte – kaum hatte sie ihn ein paar Zoll weit laufen lassen, da fing sie ihn wieder ein. Sein Schwanz fehlte zum größten Teil, der Stumpf blutete. Da es nicht davonlaufen konnte, versuchte das mutige kleine Tier ein letztes Mittel: Es blieb stehen und legte sich auf die Seite, um mit einem bißchen Licht und Schatten auf dem Boden zu verschmelzen, doch das zu heftige Beben seiner Flanke verriet es.

Das Familiengrammophon, das der hereinbrechende Abend in Betrieb setzte, war ein anderes Musikgerät, das ich durch meine

Verse hindurch vernehmen konnte. Auf der Veranda, wo sich unsere Verwandten und Bekannten einfanden, erklangen aus seinem Schalltrichter die sogenannten *zyganskije romanssy*, für die meine Generation eine Vorliebe hegte. Es waren mehr oder minder anonyme Nachahmungen von Zigeunerweisen – oder Nachahmungen solcher Nachahmungen. Ihre Zigeunerhaftigkeit bestand in einem tiefen monotonen Stöhnen, das von einer Art Schluckauf unterbrochen wurde, dem hörbaren Brechen eines liebeskranken Herzens. Im besten Falle waren sie für den rauhen Klang verantwortlich, der hier und da in den Werken echter Dichter mitschwang (ich denke vor allem an Alexander Blok). Im schlimmsten Fall waren sie dem Apachenzeug vergleichbar, das, von milden *hommes de lettres* zu Papier gebracht, in Pariser Nachtclubs von dicklichen Damen vorgetragen wurde. Ihre natürliche Umgebung war von weinenden Nachtigallen, blühendem Flieder und wispernden Baumalleen gekennzeichnet, wie sie die Parks des Landadels zierten. Diese Nachtigallen trillerten, und im Kiefernwäldchen versah die untergehende Sonne die Stämme in verschiedenen Höhen mit Streifen feurigen Rots. Ein noch vibrierendes Tamburin schien im dunkelnden Moos zu liegen. Eine Zeitlang noch verfolgten mich die letzten Töne der Altstimme der Sängerin durch die Dämmerung. Als wieder Stille herrschte, war mein erstes Gedicht fertig.

5

Es war eine wahrhaft klägliche Ausgeburt, die neben ihren pseudopuschkinschen Modulationen noch manche andere Anleihe enthielt. Einzig ein Echo von Tjuttschews Donner und ein gebrochener Sonnenstrahl von Fet waren entschuldbar. Im übrigen erinnere ich mich dunkel an die Erwähnung des «Stachels der Erinnerung» – *wospominanija shalo* (in Wirklichkeit hatte ich ihn als den Legstachel einer Schlupfwespe gesehen, die rittlings auf einer Kohlraupe sitzt, doch hatte ich nicht gewagt, es zu sagen) – sowie an eine Bemerkung über den altertümlichen Charme eines fernen Leierkastens. Am schlimmsten waren die schmachvollen Entlehnungen aus den *zygan-*

skij-Versen Apuchtins und des Großfürsten Konstantin. Unaufhörlich wurden sie mir von einer jüngeren und recht attraktiven Tante aufgedrängt, die ebenfalls Louis Bouilhets berühmtes Gedicht (*A une femme*) zum besten zu geben wußte, in dem widersinnigerweise mit einem metaphorischen Geigenbogen auf einer metaphorischen Gitarre gespielt wird, sowie allerlei von Ella Wheeler Wilcox – die Kaiserin und ihre Hofdamen fanden es hinreißend. Es scheint kaum der Mühe wert, hinzuzufügen, daß meine Elegie von einem gängigen Thema handelte, dem Verlust einer Geliebten – Delia, Tamara oder Leonore –, die ich niemals verloren, niemals geliebt, niemals gefunden hatte, die ich jedoch zu finden, zu lieben und zu verlieren bereit war.

In meiner törichten Unschuld glaubte ich, etwas Schönes und Wunderbares vollbracht zu haben. Während ich es nach Hause trug, noch ungeschrieben, aber so vollständig, daß sich mir selbst seine Satzzeichen eingeprägt hatten wie eine Kissenfalte der Haut des Schläfers, zweifelte ich nicht daran, daß meine Mutter das Werk mit Tränen stolzer Freude aufnehmen würde. Die Möglichkeit, daß sie an jenem Abend von anderen Dingen viel zu sehr in Anspruch genommen sein könnte, um sich Verse anzuhören, kam mir überhaupt nicht in den Sinn. Nie in meinem Leben lag mir mehr an ihrem Lob. Niemals war ich verletzlicher. Meine Nerven waren gespannt – es lag an der Dunkelheit der Erde, deren Vermummung ich nicht bemerkt hatte, und der Nacktheit des Firmaments, dessen Entblößung mir ebenfalls entgangen war. Über mir, zwischen den formlosen Bäumen am Rande meines zerrinnenden Pfads, war der Himmel sternenbleich. In jenen Jahren verursachte mir jenes wunderbare Durcheinander von Sternbildern, Spiralnebeln, Himmelslücken und der Rest des furchterregenden Schauspiels eine unbeschreibliche Übelkeit, eine grenzenlose Panik, so als hinge ich verkehrtherum am Rande der Unendlichkeit an der Erde, deren Anziehungskraft mich noch an den Absätzen hielt, mich aber jeden Augenblick loslassen konnte.

Bis auf die beiden Eckfenster im Obergeschoß (das Boudoir meiner Mutter) war das Haus bereits dunkel. Der Nachtpförtner ließ

Der Autor im Frühjahr 1920 in Cambridge. Es war nicht unnatürlich, daß ein Russe, der allmählich die Freuden des Cam entdeckte, anfangs ein Ruderboot dem angemesseneren Kanu oder Stechkahn vorzog.

mich ein, und langsam und vorsichtig, damit das Wortgebilde in meinem schmerzenden Kopf nicht in Unordnung geriete, stieg ich die Treppe hinauf. Meine Mutter ruhte auf dem Sofa, in der Hand die Petersburger *Rjetsch* und auf dem Schoß eine ungeöffnete Londoner *Times*. Auf der Glasplatte eines Tisches neben ihr schimmerte ein weißes Telephon. Selbst zu so später Stunde erwartete sie aus St. Petersburg immer noch den Anruf meines Vaters, den die Spannung des näherrückenden Krieges dort zurückhielt. Neben dem Sofa stand ein Sessel, den ich seines goldenen Satinbezuges wegen mied; der bloße Anblick jagte mir von der Wirbelsäule aus einen verzweigten Schauder wie Wetterleuchten über den Rücken. Leise hüstelnd ließ ich mich auf einen Schemel nieder und begann mit meiner Rezitation. Während ich sprach, starrte ich auf die gegenüberliegende Wand, auf der ich in der Rückschau deutlich einige kleine Daguerreotypien und Silhouetten in ovalen Rahmen sehe, ein Aquarell von Somow (junge Birken, die Hälfte eines Regenbogens – alles sehr zerfließend und feucht), eine prächtige Versailler Herbstlandschaft von Alexandre Benois sowie eine Kreidezeichnung, die die Mutter meiner Mutter in ihrer Jugend angefertigt hatte – noch einmal jener Parkpavillon, die hübschen Fenster teilweise von verflochtenem Zweigwerk bedeckt. Der Somow und der Benois sind jetzt im Sowjetischen Museum, aber jener Pavillon wird niemals verstaatlicht werden.

Während mein Gedächtnis einen Augenblick lang an der Schwelle zur letzten Strophe zögerte, wo ich so viele Eingangsworte versucht hatte, daß jenes, für das ich mich schließlich entschieden hatte, verdeckt war von einer ganzen Reihe falscher Anfänge, hörte ich, wie sich meine Mutter die Nase schneuzte. Ich sprach zu Ende und blickte zu ihr auf. Durch die Tränen hindurch, die ihr das Gesicht herabströmten, lächelte sie entzückt. «Wie wunderbar, wie schön», sagte sie, und während ihr Lächeln noch zärtlicher wurde, reichte sie mir einen Handspiegel, damit ich den blutigen Fleck auf meinem Backenknochen sehen konnte, wo ich zu einer unbestimmbaren Zeit eine vollgesaugte Mücke zerdrückt hatte, indem ich unbewußt die Wange auf meine Faust stützte. Doch ich sah noch mehr.

Als ich mir selber in die Augen blickte, hatte ich das erschreckende Gefühl, nur noch die Reste meines normalen Ichs vorzufinden, die Überbleibsel einer verflogenen Identität, die mein Verstand nur mit erheblicher Anstrengung im Spiegel wieder zusammenzusetzen vermochte.

KAPITEL ZWÖLF

I

Als ich Tamara – um ihr einen Namen zu geben, der die gleiche Farbe hat wie ihr wirklicher – zum erstenmal begegnete, war sie fünfzehn und ich ein Jahr älter. Es war in der rauhen, aber anmutigen Gegend (schwarze Tannen, weiße Birken, Torfmoore, Heuwiesen und Ödland) nicht weit im Süden von St. Petersburg. Ein ferner Krieg schleppte sich dahin. Zwei Jahre später sollte jener abgeschmackte *deus ex machina*, die russische Revolution, erscheinen und meine Entfernung aus jener unvergeßlichen Landschaft veranlassen. Ja, damals schon, im Juli 1915, beeinflußten undeutliche Vorboten und das Gepolter hinter den Kulissen, der heiße Atem unvorstellbarer Umwälzungen, die sogenannte symbolistische Schule der russischen Poesie – vor allem die Dichtungen Alexander Bloks.

Zu Beginn jenes Sommers und schon den ganzen vorangegangenen hindurch war Tamaras Name (mit jener vorgetäuschten Naivität, die dem Schicksal eigen ist, wenn es wirklich zur Sache kommt) an verschiedenen Stellen unseres Landgutes (Betreten verboten) und auf der Besitzung meines Onkels jenseits der Oredesh (Betreten streng verboten) wiederholt aufgetaucht. Ich fand ihn mit einem Stock in den rötlichen Sand eines Parks gekritzelt, mit Bleistift auf eine weißgetünchte Pforte geschrieben oder frisch (aber unvollständig) in das Holz irgendeiner alten Bank geritzt, so als wollte mich

Mutter Natur mit geheimnisvollen Fingerzeigen schon im voraus auf Tamaras Dasein aufmerksam machen. An dem stillen Julinachmittag, als ich sie reglos in einem Birkenwäldchen erblickte (nur ihre Augen bewegten sich), schien sie dort unter den wachsamen Bäumen mit der lautlosen Vollkommenheit einer mythologischen Erscheinung aus dem Boden gewachsen zu sein.

Sie schlug die Bremse tot, auf deren Hinsetzen sie gewartet hatte, und schickte sich an, die beiden anderen, weniger hübschen Mädchen einzuholen, die ihr etwas zuriefen. Kurz darauf sah ich von einem Beobachtungsposten über dem Fluß alle drei mit munteren hohen Absätzen über die Brücke klappern; die Hände steckten in den Taschen ihrer marineblauen Jacken, und hin und wieder warfen sie ihre bebänderten und blumengeschmückten Köpfe hoch, um die Fliegen zu verscheuchen. Sehr bald hatte ich Tamara in der bescheidenen *datscha* aufgespürt, die ihre Familie im Dorf gemietet hatte. Auf dem Fahrrad oder dem Pferd trieb ich mich in der Nachbarschaft herum, und mit dem jähen Gefühl einer blendenden Explosion (nach der mein Herz eine ganze Zeit brauchte, um von der Stelle, wo es gelandet war, zurückzugelangen) begegnete ich Tamara an dieser oder jener sanften Biegung der Straße. Mutter Natur beseitigte erst die eine ihrer Freundinnen, dann die andere, doch erst im August – am 9. August 1915, um petrarkisch genau zu sein, um halb fünf am schönsten Nachmittag der Saison im Pavillon mit den Regenbogenfenstern, den ich meine Unbefugte betreten gesehen hatte – faßte ich mir ein Herz und sprach sie an.

Durch die sorgsam gereinigten Linsen der Zeit gesehen, ist die Schönheit ihres Gesichts so nahe und glühend wie je. Sie war klein und neigte ein wenig zur Rundlichkeit, doch ihre schmalen Fesseln und ihre biegsame Taille machten, daß sie dennoch sehr zierlich wirkte. Ein Tropfen Tataren- oder Tscherkessenblut mochte der Grund sein für die leichte Schräge ihrer fröhlichen dunklen Augen und den bräunlichen Teint ihrer blühenden Wangen. Ein leichter Flaum, wie man ihn auf den Früchten der Mandelfamilie findet, faßte ihr Profil in einen feinen glänzenden Rand. Sie beschuldigte ihr schwarzbraunes Haar der Unfügsamkeit und Schwere und drohte, es kurz schneiden zu lassen, und ein Jahr später ließ sie es wirklich kurz schneiden, doch immer habe ich vor Augen, wie es am Anfang aussah, trotzig zu einem dicken Zopf geflochten, der am Hinterkopf hochgeschlungen und dort mit einer großen schwarzen Seidenschleife festgebunden war. Ihr schöner Hals war immer unbedeckt, selbst im Winter in St. Petersburg, denn sie hatte sich die Erlaubnis erwirkt, den würgenden Kragen der russischen Schülerinnen-Uniform nicht zu tragen. Immer wenn sie eine komische Bemerkung machte oder aus ihrem unerschöpflichen Schatz zweitrangiger Dichtung irgendein Wortgeklingel hervorholte, hatte sie eine höchst gewinnende Art, mit einem leisen, erheiterten Atemholen die Nasenlöcher zu weiten. Dennoch war ich mir niemals ganz sicher, wann sie es ernst meinte und wann nicht. Das leise Lachen, zu dem sie stets aufgelegt war, ihr schneller Redefluß, das Rollen ihres sehr kehligen r, der zarte feuchte Schimmer gleich unter ihrem Auge – ja, alle ihre Züge wirkten hinreißend faszinierend auf mich, aber irgendwie gaben sie ihre Person nicht preis, sondern bildeten eher einen strahlenden Schleier, in dem ich mich jedesmal verfing, wenn ich sie genauer kennenzulernen wünschte. Als ich ihr sagte, daß wir gegen Ende 1917, wenn ich mit dem Gymnasium fertig wäre, heiraten würden, nannte sie mich ohne viel Aufhebens einen Dummkopf. Von ihrem Elternhaus hatte ich nur eine ungefähre Vorstellung. Vor- und Vatersname ihrer Mutter (mehr wußte ich nicht von der Frau) deuteten auf Kaufmannskreise oder Geistlichkeit. Ihr Vater, der sich, soviel ich erfuhr, kaum um die Familie kümmerte, war irgendwo im Süden Verwalter auf einem großen Gut.

Der Herbst kam früh in jenem Jahr. Ende August schon häuften sich knöcheltief Schichten gefallener Blätter. Samtschwarze Trauermäntel mit hellgelbem Saum segelten über die Lichtungen. Der Hauslehrer, dessen erratischer Obhut mein Bruder und ich damals anvertraut waren, versteckte sich in den Büschen, um mit Hilfe eines alten Teleskops, das er auf dem Boden aufgestöbert hatte, hinter Tamara und mir herzuspionieren; doch eines Tages wurde der Späher seinerseits von Apostolskij, dem rotnasigen alten Gärtner meines Onkels beobachtet (übrigens einem großen Fäller jätender Mädchen), der es meiner Mutter sehr gutartig mitteilte. Sie konnte Schnüffelei nicht ausstehen, und im übrigen wußte sie (obwohl ich ihr nie von Tamara erzählte) alles, was sie über meine Liebesaffaire wissen wollte, aus meinen Gedichten, die ich ihr im Geiste lobenswerter Objektivität rezitierte und die sie liebevoll in ein eigens dafür angelegtes Album abschrieb. Mein Vater war bei seinem Regiment; als er einen Monat später von der Front zurückkam und das Zeug zur Kenntnis genommen hatte, hielt er es jedoch für seine Pflicht, mir einige recht peinliche Fragen zu stellen; doch die Reinheit ihres Herzens half meiner Mutter jetzt und auch in Zukunft über schlimmere Schwierigkeiten hinweg. Sie begnügte sich damit, skeptisch, doch nicht lieblos den Kopf zu schütteln und den Butler anzuweisen, für mich jeden Abend ein Stück Obst auf die erleuchtete Veranda zu stellen.

Ich nahm meine Allerliebste mit an die geheimen Orte im Wald, wo ich sie in meinen glühenden Tagträumen so oft getroffen, so oft erschaffen hatte. In einem bestimmten Fichtengehölz kam alles ins Lot, teilte ich das Fadenwerk der Phantasie, kostete ich von der Wirklichkeit. Da mein Onkel in jenem Jahr nicht da war, konnten wir auch in dem gewaltigen, dichten, zwei Jahrhunderte alten Park mit seinen klassischen Krüppeln aus grüngeflecktem Stein in der Hauptallee und den labyrinthischen Pfaden, die strahlenförmig von einem zentral gelegenen Brunnen ausgingen, ungehindert umherstreifen. Wir hielten beim Gehen die Hände und schwangen sie, wie auf dem Lande üblich. Ich pflückte ihr am Rand des kiesbestreuten Fahrwegs unter dem fernen wohlwollenden Blick des alten Priapostolskij Dahlien. Weniger sicher fühlten wir uns, wenn ich sie nach Hause brachte, oder fast nach Hause, oder doch wenigstens bis zur Dorfbrücke. Ich erinnere mich an das grobe Sgraffito auf einer gewissen weißen Pforte, das unsere beiden Vornamen in seltsamen Diminutiven verknüpfte, und in einiger Entfernung von diesem dorftrottelhaften Gekritzel stand das Sprichwort «Vorsicht ist die Freundin der Leidenschaft» in einer stacheligen Handschrift, die mir wohlbekannt war. Einmal verbeugte sich bei Sonnenuntergang am orangefarbenen und schwarzen Fluß ein junger *datschnik* (Sommerfrischler) mit einer Reitpeitsche in der Hand im Vorübergehen vor ihr; woraufhin sie errötete wie ein Mädchen in einem Roman, doch mit sprühendem Spott sagte sie lediglich, daß er nie im Leben auf einem Pferd gesessen habe. Und als wir ein anderes Mal auf eine Biegung der Landstraße hinaustraten, fielen meine beiden kleinen Schwestern vor maßloser Neugier fast aus dem roten Familien-«Torpedo», der zur Brücke abbog.

An dunklen Regenabenden lud ich die Lampe meines Fahrrads mit magischen Karbidklumpen, schirmte ein Streichholz gegen den böigen Wind, sperrte eine weiße Flamme hinter das Glas und fuhr vorsichtig in die Dunkelheit hinein. Der Lichtkreis, den meine Lampe warf, suchte sich zwischen dem Pfützennetz in der Mitte und den langen Gräsern an der Seite das feuchte, glatte Bankett des Wegs. Wie ein taumelndes Gespenst schwankte ein blasser Lichtstrahl über das Lehmufer, wenn ich um die Kurve und dann zum Fluß hinunterfuhr. Hinter der Brücke stieg der Weg an, bis er auf die Landstraße von Roshestweno nach Luga traf, und kurz oberhalb jener Kreuzung kletterte ein Fußweg unter triefenden Jasminbüschen eine steile Böschung empor. Ich mußte absteigen und mein Rad schieben. Wenn ich oben angekommen war, huschte mein fahles Licht über die sechs weißen Säulen der Halle auf der Rückseite des stummen Hauses meines Onkels, dessen Fensterläden verriegelt waren – heute, ein halbes Jahrhundert später, mag es ebenso stumm und verriegelt sein. In einer Ecke unter jenen Bögen, von der aus sie den Zickzackkurs meines heraufkommenden Lichts verfolgt hatte, wartete Tamara auf der hellen Brüstung, den Rücken an eine Säule gelehnt. Ich löschte meine Lampe und tastete mich zu ihr hin. Man möchte gern beredter von diesen Dingen sprechen, von vielen anderen Dingen, die, wie man immerzu hofft, die Gefangenschaft im Zoo der Worte überleben sollten – doch die alten Linden, die das Haus dicht umstanden, übertönen Mnemosynes Monolog in der ruhelosen Nacht mit ihrem Ächzen und Rauschen. Ihr Seufzen ließ nach. Die Regenrinne an der einen Seite des Portals rieselte in einem fort, wichtigtuerisch und emsig. Bisweilen ließ ein anderes Rascheln, das den Rhythmus des Regens im Laub störte, Tamara den Kopf in die Richtung eingebildeter Schritte wenden, und dann vermochte ich, kraft eines schwachen Lichtscheins – der jetzt trotz all dem Regen über dem Horizont meiner Erinnerung sichtbar wird – die Konturen ihres Gesichts zu erkennen; doch nichts und niemand war zu fürchten, und gleich atmete sie sanft die Luft aus, die sie einen Augenblick lang angehalten hatte, und von neuem schlossen sich ihre Augen.

2

Mit dem Herannahen des Winters wurde unsere leichtfertige Liebschaft ins grimmige St. Petersburg verpflanzt. Die Waldessicherheit, an die wir uns gewöhnt hatten, entbehrten wir sehr. Für Hotels, die zweifelhaft genug waren, uns aufzunehmen, reichte unser Wagemut nicht aus, und das große Zeitalter geparkter Amouren war noch fern. Die Heimlichkeit, die auf dem Land so angenehm gewesen war, wurde jetzt eine Last, doch keiner von uns konnte sich mit der Vorstellung beaufsichtigter Zusammenkünfte bei ihr oder bei uns zu Hause abfinden. So blieb uns nichts anderes übrig, als viel in der Stadt herumzuwandern (sie in ihrem kurzen Mantel mit grauem Pelzbesatz, ich mit weißen Gamaschen und Karakulkragen und einem Schlagring in der samtgefütterten Tasche), und diese ständige Suche nach irgendeinem Zufluchtsort brachte ein seltsames Gefühl der Heimatlosigkeit mit sich, das seinerseits ein Vorbote viel späterer und einsamerer Wanderungen war.

Wir schwänzten die Schule: Ich habe vergessen, wie Tamara es machte; meine Methode bestand darin, einen der beiden Chauffeure zu überreden, mich an dieser oder jener Ecke auf dem Weg zur Schule aussteigen zu lassen (beide waren keine Spielverderber und weigerten sich sogar, mein Geld anzunehmen – handliche Fünfrubelstücke, die in appetitlichen, gewichtigen Würsten von zehn oder zwanzig glänzenden Münzen von der Bank bezogen wurden und deren ästhetischer Erinnerung ich mich heute, da meine stolze Emigrantenarmut der Vergangenheit angehört, ungehindert hingeben kann). Auch hatte ich keine Probleme mit unserem wundervollen, höchst bestechlichen Ustin, der die Anrufe an unserem Telephon im Erdgeschoß entgegennahm, dessen Nummer 24-43 war, *dwadzatj tschetyre sorok tri*; er erwiderte kurz und bündig, ich hätte Halsschmerzen. Ich frage mich übrigens, was passierte, wenn ich jetzt sofort von meinem Schreibtisch aus ein Ferngespräch anmeldete. Keine Antwort? Kein Anschluß unter dieser Nummer? Kein solches Land? Oder Ustins Stimme, die *«mojo potschtenijeze!»* sagte (der gewinnende Diminutiv von «habe die Ehre»)? Schließlich gibt es sehr publik gemachte Slawen und Kurden, die über hundertfünfzig sind. Der Anschluß im Arbeitszimmer meines Vaters (584-51) stand nicht im Telephonbuch, und die Versuche meines Klassenlehrers, die Wahrheit über meine nachlassende Gesundheit in Erfahrung zu bringen, führten nirgendwohin, obwohl ich manchmal drei Tage hintereinander fehlte.

Wir gingen unter dem weißen Spitzenwerk bedichteter Boulevards in öffentlichen Parks spazieren. Wir schmiegten uns auf kalten Bänken aneinander – nachdem wir erst ihre unversehrte Schneedecke abgestreift und dann unsere schneeverkrusteten Handschuhe ausgezogen hatten. Wir suchten Museen heim. An Wochenvormittagen waren sie verschlafen und verlassen und sehr warm, ganz im Gegensatz zu dem eisigen Dunst und seiner roten Sonne, die wie ein schamerfüllter Mond in den Ostfenstern hing. Dort suchten wir uns die stillen hinteren Räume, die Lückenbüßermythologien, die kein Mensch eines Blickes würdigte, die Stiche, die Medaillen, die paläographischen Ausstellungsstücke, die Geschichte des Buchdrucks – und ähnliche Armseligkeiten. Unser bester Fund, glaube ich, war eine Besen- und Leiterkammer; doch ein Stapel leerer Rahmen, die in der Dunkelheit plötzlich zu rutschen und zu kippen begannen, lockte einen wißbegierigen Kunstliebhaber an, und wir ergriffen die Flucht. Die Eremitage, St. Petersburgs Louvre, hatte vor allem in einem bestimmten Saal im Erdgeschoß nette Winkel zu bieten, zwischen Glasschränken mit Skarabäen, hinter dem Sarkophag des Nana, Ptahs Oberpriester. Im Russischen Museum Kaiser Alexanders III. boten zwei Säle (Nr. 30 und 31 in der Nordostecke), die widerwärtig akademische Gemälde von Schischkin (*Föhrenlichtung*) und Charlamow (*Kopf eines Zigeunerknaben*) beherbergten, dank einigen hohen Gestellen mit Zeichnungen ein wenig Schutz – bis ein fluchender Veteran des Türkenfeldzugs mit der Polizei drohte. So stiegen wir von diesen großen Museen nach und nach zu kleineren hinab, dem Ssuworow-Museum zum Beispiel, wo ich einen überaus stillen Raum voller alter Rüstungen, Wandbehänge und zerfetzter Seidenbanner in Erinnerung habe, in dem uns mehrere Figuren mit Perücken, schweren Stiefeln und grünen Uniformen bewachten. Aber wohin wir auch gingen, nach ein paar Besuchen schöpfte unweigerlich der eine oder andere weißhaarige, triefäugige, auf Filzsohlen herumgehende Wächter Verdacht, und wir mußten unsere verstohlene Leidenschaft woandershin verlegen – ins Pädagogische Museum, ins Museum der Kaiserlichen Wagen oder in ein winziges Museum alter Landkarten, das Reiseführer nicht einmal erwähnen – und dann wieder hinaus in die Kälte, in eine Gasse mit großen Toren und grünen Löwen mit Ringen im Maul, in die stilisierte Schneelandschaft der «Kunstwelt», *Mir Isskusstwa* – Dobushinskij, Alexandre Benois –, an der in jenen Tagen mein Herz hing.

Spät am Nachmittag setzten wir uns in die letzte Reihe eines der beiden Filmtheater («Parisiana» und «Piccadilly») auf dem Newskij-Prospekt. Die Kunst machte Fortschritte. Die Meereswellen waren kränklich blau gefärbt, und wenn sie hoch aufgebäumt herannahten und an einer schwarzen, mir bekannt vorkommenden Klippe (Rocher de la Vierge in Biarritz – seltsam, dachte ich, den Strand meiner kosmopolitischen Kindheit wiederzusehen) zerschäumten, imitierte ein Spezialgerät das Geräusch der Brandung, eine Art verwaschenes schwächliches Brausen, dem es niemals gelang, mit der Szene abzubrechen, und das so das nächste Bild immer noch zwei oder drei Sekunden lang begleitete – eine flotte Beerdigung etwa oder schäbige Kriegsgefangene mit ihren schmucken Besiegern. Nicht selten war der Titel des Hauptfilms ein Zitat aus irgendeinem bekannten Gedicht oder Lied und zuweilen ziemlich langatmig, wie «Die Chrysanthemen im Garten sind längst verblüht» oder «Ihr Herz war ein Spielzeug in seinen Händen, und ganz wie ein Spielzeug zerbrach's». Die weiblichen Hauptdarstellerinnen hatten niedrige Stirnen, prachtvolle Augenbrauen und üppige Lidschatten. Der Liebling des Publikums war Mosshuchin. Ein berühmter Regisseur hatte in der Gegend von Moskau ein Herrenhaus mit weißen Säulen erworben (dem meines Onkels nicht unähnlich), und es war in allen seinen Filmen zu sehen. Mosshuchin fuhr in einem eleganten Pferdeschlitten vor und richtete seinen stählernen Blick auf das Licht in einem Fenster, während unter der straffen Haut seines Kiefers ein gefeierter kleiner Muskel zuckte.

Wenn uns Museen und Kinos im Stich ließen und die Nacht gerade erst angefangen hatte, blieb uns nichts anderes übrig, als die Wildnis der unheimlichsten und rätselhaftesten Stadt der Welt zu erforschen. Die eisige Feuchtigkeit auf unseren Wimpern verwandelte einsame Straßenlampen in Seewesen mit prismatischen Wirbelsäulen. Wenn wir die weiten Plätze überquerten, ragten verschiedene Architekturphantome mit stiller Plötzlichkeit dicht vor uns auf. Wir fühlten einen kalten Schauder, wie er im allgemeinen nicht von der Höhe, sondern der Tiefe ausgeht – von einem Abgrund, der sich einem zu Füßen öffnet –, als große, monolithische Säulen aus geschliffenem Granit (Sklaven hatten sie zum ersten-, der Mond zum zweitenmal geschliffen, und gleichmäßig rotierten sie im geschliffenen Vakuum der Nacht) über uns aufschossen, die geheimnisvollen Rundungen der Isaaks-Kathedrale zu tragen. Wir blieben am Rand dieser gefahrvollen Massive aus Stein und Metall mit verschlungenen Händen in gleichsam lilliputanischem Entsetzen stehen und reckten die Köpfe, um neue kolossale Visionen auf unserem Weg emporwachsen zu sehen – die zehn glänzend grauen Atlanten einer Palastsäulenhalle, eine riesige Porphyrvase neben einem eisernen Gartentor oder die gewaltige Säule mit einem schwarzen Engel auf der Spitze, die den Schloßplatz eher bedrückte als zierte und in einem vergeblichen Versuch, die unterste Basis von Puschkins Gedicht *Exegi monumentum* zu erreichen, aufwärts strebte.

Später, in den seltenen Augenblicken schlechter Laune, behauptete sie, daß unsere Liebe dem Druck des Winters nicht standgehalten habe; ein Sprung sei damals entstanden. Während all dieser Monate hatte ich Gedichte an sie, für sie und über sie geschrieben, zwei oder drei jede Woche; im Frühling 1916 ließ ich eine Auswahl davon drucken – und war entsetzt, als sie mich auf einen Umstand aufmerksam machte, der mir völlig entgangen war, als ich das Buch ausheckte. Da war er, der gleiche ominöse Sprung, der banale hohle Ton, der geschwätzige Hinweis darauf, daß unsere Liebe zum Tode verurteilt war, da sie niemals das Wunder ihrer ersten Augenblicke wiedereinfangen könne, das Rascheln und Rauschen jener Linden im Regen, das Mitgefühl der wilden Landschaft. Überdies – nur bemerkte es keiner von uns damals – waren meine Gedichte dilettantische, jugendliche Machwerke und hätten niemals zum Verkauf gelangen sollen. Das Buch (von dem es im «Giftschrank» der Lenin-Bibliothek, Moskau, leider noch ein Exemplar gibt) hatte die Behandlung verdient, welche ihm die reißenden Pranken der wenigen Kritiker, die in obskuren Zeitschriften Notiz von ihm nahmen, angedeihen ließen. Der Lehrer, der uns in der Schule in russischer Literatur unterrichtete, Wladimir Hippius, selber ein erstklassiger obwohl etwas esoterischer Dichter, den ich überaus bewunderte (er war meiner Ansicht nach talentierter als seine viel bekanntere Cousine, die Dichterin und Kritikerin Sinayda Hippius), brachte ein Exemplar mit in die Schule und rief bei den meisten meiner Klassenkameraden unbändige Heiterkeitsausbrüche hervor, als er meine romantischsten Verse mit seinen feurigen Sarkasmen bedachte (er war ein grimmiger und heftiger Mann mit rotem Haar). Auf einer Sitzung des Literaturfonds bat seine berühmte Cousine meinen Vater, der den Vorsitz hatte, mir doch bitte auszurichten, daß aus mir nie im Leben ein Schriftsteller würde. Ein wohlmeinender, bedürftiger und unbegabter Journalist, der Gründe hatte, meinem Vater dankbar zu sein, verfaßte einen unmöglich enthusiastischen Artikel über mich, an die fünfhundert Zeilen, triefend von widerlichem Lob; noch rechtzeitig wurde er von meinem Vater abgefangen, und ich entsinne mich, wie er und ich bei der Lektüre des Manuskriptes mit den Zähnen knirschten und stöhnten – ein Ritual, das sich in unserer Familie eingebürgert hatte, wenn sie sich einer Geschmacklosigkeit gegenübersah oder jemand eine Taktlosigkeit begangen hatte. Die ganze Angelegenheit kurierte mich für immer von allem Interesse an literarischem Ruhm und war wahrscheinlich die Ursache für meine fast krankhafte und nicht immer gerechtfertigte Gleichgültigkeit gegenüber Kritiken, welche mir in späteren Jahren die angeblich den meisten Schriftstellern bekannten Gefühle versagte.

Jener Frühling 1916 ist derjenige, den ich geradezu als das Muster eines Petersburger Frühlings sehe, wenn ich mir bestimmte Bilder ins Gedächtnis rufe: Tamara mit einem mir neuen weißen Hut unter den Zuschauern eines harten Fußballspiels zwischen zwei Schulen, bei dem mir an jenem Sonntag das funkelnde Glück half, einen Torschuß nach dem anderen abzuwehren; einen Trauermantel, genauso alt wie unsere Liebe, der seine zerrissenen schwarzen Flügel mit den durch die Überwinterung ausgebleichten Rändern auf der Lehne einer Bank im Alexandergarten sonnte; die dröhnenden Kathedralenglocken in der herzhaften Luft über dem welligen, wollüstig eisfreien Dunkelblau der Newa und den Jahrmarkt auf dem konfettiübersäten Schlamm des Boulevards der Garde zu Pferde während der Weidenkätzchenwoche mit ihrem quietschenden und knallenden Lärm, ihren Holzspielsachen und den lauten Rufen der Händler, die türkischen Honig und *amerikanskije shiteli* («amerikanische Einwohner») genannte kartesianische Taucher feilboten – winzige Glaskobolde, die in Glasröhren mit rosa oder lila Alkohol auf- und niederstiegen, ganz wie richtige Amerikaner (obwohl das Epitheton nur «ausländisch» bedeutete) in den Schäften durchsichtiger Wolkenkratzer, während die Bürolichter im grünlichen Himmel ausgehen. Der Wirbel in den Straßen machte einen trunken vor Sehnsucht nach Feldern und Wäldern. Tamara und mich trieb es zurück zu unseren alten Spielgründen, doch den ganzen April hindurch schwankte ihre Mutter, ob sie wieder das gleiche Sommerhaus mieten oder sparsamerweise in der Stadt bleiben sollte. Unter einer gewissen Bedingung (die Tamara mit der Seelenstärke der Andersenschen Meerjungfrau annahm) wurde das Haus schließlich gemietet, und sogleich waren wir inmitten eines herrlichen Sommers; da war sie, meine glückliche Tamara: Auf Zehenspitzen versuchte sie, einen Traubenkirschenzweig herabzuziehen, um seine runzligen Früchte zu pflücken, die ganze Welt samt ihren Bäumen kreiste in ihren lachenden Augen, und von ihren Anstrengungen in der Sonne bildete sich unter der Achselhöhle auf der Schantungseide ihres gelben Kleides ein dunkler Fleck. Wir verliefen uns in moosigen Wäldern, badeten in einer Märchenhöhle, schwuren uns bei den Kronen der Blumen, die sie wie alle russischen Nixen so gerne zu Kränzen wand, ewige Liebe, und im Frühherbst fuhr sie zurück in die Stadt, um eine Stellung anzutreten (das war die Bedingung, die ihre Mutter gestellt hatte); während der folgenden Monate sah ich sie gar nicht mehr, so in Anspruch genommen war ich von den abwechslungsreichen Erlebnissen, die ein eleganter *littérateur* meiner Meinung nach zu suchen hatte. Für mich hatte bereits eine extravagante Phase aus Sentiment und Sinnlichkeit begonnen, die etwa zehn Jahre lang andauern sollte. Wenn ich sie von meinem gegenwärtigen Turm aus ins Auge fasse, sehe ich mich als hundert verschiedene junge Männer auf einmal, die alle einem einzigen wechselhaften Mädchen nachstellen, verwickelt in eine Serie gleichzeitiger oder sich überschneidender, teils erfreulicher, teils greulicher Liebesaffairen, die von Abenteuern einer Nacht bis zu lange sich hinziehenden Verwicklungen und Heucheleien mit sehr mageren künstlerischen Ergebnissen reichten. Nicht nur sind die fraglichen Erlebnisse und Schatten der charmanten Damen, die dabei im Spiele waren, völlig unbrauchbar, wenn ich heute meine Vergangenheit zusammenzusetzen suche, sie führen darüber hinaus zu einer störenden Unschärfe, und so kräftig ich auch die Schrauben der Erinnerung anziehe, ich kann mich nicht entsinnen, wie Tamara und ich auseinandergingen. Vielleicht hat diese Verschwommenheit auch noch einen anderen Grund: Wir waren davor schon zu viele Male auseinandergegangen. Jenen letzten Sommer auf dem Land trennten wir uns nach jedem heimlichen Treffen auf immer und ewig, wenn ich in der fließenden Schwärze der Nacht auf jener alten Holzbrücke zwischen maskiertem Mond und nebligem Fluß ihre warmen nassen Lider und ihr regenkühles Gesicht küßte und gleich darauf zu einem weiteren Abschied zu ihr zurückkehrte – und dann die lange dunkle schwankende Fahrt mit dem Rad bergauf, bei der meine langsamen, mühsam tretenden Füße versuchten, die ungeheuer starke und elastische Dunkelheit niederzudrücken, die nicht unten bleiben wollte.

Ich erinnere mich jedoch mit herzzerreißender Deutlichkeit an einen Abend im Sommer 1917, als ich nach einem Winter unbegreiflicher Trennung Tamara zufällig in einem Vorortzug traf. Im Gang am Ende eines schlingernden und schleifenden Wagens standen wir zwischen zwei Bahnhöfen einige Minuten lang nebeneinander; ich in würgender Reue und größter Verlegenheit, während sie eine Tafel Schokolade aß, von der sie mit Bedacht kleine, harte Stückchen abbrach, und mir von dem Büro erzählte, in dem sie arbeitete. Auf der anderen Seite der Gleise vermischte sich über bläulichen Mooren der dunkle Rauch brennenden Torfs mit den schwelenden Trümmern eines gewaltigen Ambrasonnenuntergangs. An Hand vorliegender Publikationen läßt sich meines Wissens nachweisen, daß Alexander Blok zur gleichen Zeit in seinem Tagebuch genau denselben Torfgeruch vermerkte, denselben zertrümmerten Himmel. Es gab eine spätere Zeit in meinem Leben, da ich dem eine Bedeutung für meinen letzten Eindruck von Tamara beigemessen hätte – sie wandte sich auf den Stufen noch einmal nach mir um, bevor sie in die jasminduftende, grillenlärmende Dämmerung eines kleinen Bahnhofs hinabstieg; heute jedoch vermögen keine fremden Marginalien die Reinheit des Schmerzes zu trüben.

3

Als am Ende des Jahres Lenin an die Macht gelangte, wurde von den Bolschewiki sogleich alles der Erhaltung dieser Macht untergeordnet, und ein Regime des Blutvergießens, der Konzentrationslager und der Geiselnahmen begann seine stupende Karriere. Damals glaubten viele, daß man gegen Lenins Bandc kämpfen und die Errungenschaften der Märzrevolution retten könne. Mein Vater, der in die Konstituierende Versammlung gewählt worden war, die in ihrer ersten Phase die Sowjets daran zu hindern suchte, sich festzusetzen, beschloß, selber so lange wie möglich in St. Petersburg zu bleiben, seine große Familie jedoch auf die Krim zu schicken, die immer noch frei war (diese Freiheit sollte allerdings nur noch einige Wochen dauern). Wir reisten in zwei Gruppen; die eine bestand aus meinem Bruder und mir, die andere aus meiner Mutter und den drei jüngeren Kindern. Die Sowjetära war gerade eine öde Woche alt; noch erschienen liberale Zeitungen; und als er uns zum Nikolajewskij-Bahnhof brachte und mit uns wartete, setzte sich mein unerschütterlicher Vater an einen Tisch in der Ecke der Bahnhofsgaststätte, um in seiner flüssigen, «himmlischen» Handschrift (wie die Setzer sagten, die sich über das Fehlen von Korrekturen wunderten) auf jenen langen Streifen liniierten Papiers, die im Verhältnis einzelnen Druckkolumnen entsprachen, einen Leitartikel für die todgeweihte

Rjetsch (oder vielleicht auch für irgendeine andere Notveröffentlichung) zu schreiben. Soweit ich mich erinnere, war der Hauptgrund dafür, daß mein Bruder und ich so prompt weggeschickt wurden, die Wahrscheinlichkeit, daß wir in die neue «rote» Armee eingezogen werden konnten, wenn wir in der Stadt blieben. Es ärgerte mich, mitten im November in eine faszinierende Gegend zu fahren, lange nachdem die Sammelsaison vorbei war, denn die Puppensuche war niemals meine Stärke gewesen (obwohl ich unter einer großen Eiche in unserem Garten auf der Krim schließlich doch ein paar auftreiben sollte). Ärger wandelte sich in Kummer, als mein Vater über dem Gesicht eines jeden von uns erst ein genaues kleines Kreuz machte und dann recht beiläufig hinzufügte, daß er uns sehr wahrscheinlich, *wessjma wosmoshno*, nie wiedersehen würde; woraufhin er mit Trenchcoat und Khakimütze und der Aktentasche unterm Arm in den dampfenden Nebel davonging.

Die lange Reise in den Süden ließ sich leidlich an, denn im Erster-Klasse-Schlafwagen des D-Zugs von Petrograd nach Simferopol summte noch die Heizung, brannten die Lampen noch, und eine recht berühmte Sängerin stand dramatisch geschminkt auf dem Gang, drückte einen Chrysanthemenstrauß in Packpapier an den Busen und klopfte an die Scheibe, mit der jemand winkend Schritt hielt, als der Zug sich in Bewegung setzte, und das ohne den geringsten Ruck, der angezeigt hätte, daß wir jene graue Stadt für alle Zeit verließen. Bald hinter Moskau jedoch hatte aller Komfort ein Ende. Mehrmals während unserer langsamen trostlosen Fahrt drangen mehr oder weniger bolschewisierte Soldaten, die von der Front nach Hause zurückkehrten (man nannte sie entweder «Deserteure» oder «rote Helden», je nach politischem Standort), in den Zug und auch in unseren Schlafwagen. Meinem Bruder und mir machte es Spaß, uns in unserem Abteil einzuschließen und alle Störungsversuche zu vereiteln. Mehrere Soldaten, die auf dem Dach des Wagens reisten, trugen zur Belustigung bei, indem sie nicht ohne Erfolg versuchten, den Ventilator unseres Abteils als Toilette zu benutzen. Mein Bruder, ein erstklassiger Schauspieler, simulierte alle Symptome einer schlimmen Typhuserkrankung, und das half uns, als die Tür schließlich nachgab. Während eines vagen Halts früh am dritten

Morgen machte ich mir eine Ruhepause in jenem fröhlichen Treiben zunutze, um einmal kurz frische Luft zu schöpfen. Behutsam stieg ich im überfüllten Gang über die Körper schnarchender Männer hinweg und trat ins Freie. Ein milchiger Nebel hing über dem Perron eines anonymen Bahnhofs – wir waren irgendwo in der Gegend von Charkow. Ich trug Schuhgamaschen und einen steifen Hut. Der Spazierstock, den ich bei mir hatte, ein Sammlerstück aus dem Besitz meines Onkels Ruka, war aus hellem, wunderschön gesprenkeltem Holz, und der Knauf war eine glatte, rötliche, in eine Goldkrone gebettete Korallenkugel. Wäre ich einer der düsteren Strolche gewesen, die im Dunst jenes Bahnsteigs herumlungerten, wo ein schwächlicher junger Geck auf und ab stolzierte, ich hätte der Versuchung nicht widerstanden und ihn zusammengeschlagen. Gerade als ich wieder einsteigen wollte, ruckte der Zug an; mein Fuß glitt aus, und der Spazierstock wurde unter die Räder geschleudert. Ich machte mir nicht besonders viel aus ihm (ja, ein paar Jahre später verlor ich ihn achtlos), doch man beobachtete mich, und das Feuer jugendlicher *amour propre* trieb mich zu einer Tat, die ich heute niemals übers Herz brächte. Ich wartete, bis ein, zwei, drei, vier Wagen vorbei waren (russische Züge gewannen notorisch langsam an Geschwindigkeit), und als schließlich die Schienen frei lagen, hob ich meinen Stock zwischen ihnen auf und rannte den albtraumhaft davongleitenden Puffern nach. Ein kräftiger proletarischer Arm hielt sich an die Regeln sentimentaler Romane (und nicht an die des Marxismus) und half mir hinauf. Wäre ich zurückgeblieben, so hätten jene Regeln immer noch Gültigkeit behalten, denn ich wäre in Tamaras Nähe verschlagen gewesen; sie war damals ebenfalls südwärts gezogen und wohnte in einem kleinen ukrainischen Flecken knappe hundertfünfzig Kilometer von dem Schauplatz jenes lächerlichen Zwischenfalls.

4

Ihren Aufenthaltsort erfuhr ich unerwartet etwa einen Monat nach meiner Ankunft im Süden der Krim. Meine Familie ließ sich in der Nähe Jaltas, in Gaspra bei dem Dorf Koreis nieder. Der Ort nahm sich völlig fremdartig aus; die Gerüche waren nicht russisch, die Leute waren es nicht, und der Esel, der jeden Abend schrie, wenn gerade der Muezzin vom Dorfminarett herab zu rufen begann (einem schmalen blauen Turm, dessen Silhouette sich von einem pfirsichfarbenen Himmel abhob), erinnerte entschieden an Bagdad. Dort stand ich auf einem kalkigen Saumpfad neben einem kalkigen Flußbett, wo verschiedene gewundene Rinnsale seicht über ovale Steine flossen – dort stand ich und hielt einen Brief von Tamara in der Hand. Ich blickte zu den schroffen Jaila-Bergen hin, die bis zu ihrer felsigen Stirn mit dem Karakulfell der dunklen taurischen Fichte bedeckt waren; zu dem maquisartigen Streifen immergrüner Vegetation zwischen Gebirge und Meer; zu dem durchscheinenden rosa Himmel, an dem eine befangene Mondsichel mit einem einzigen feuchten Stern in ihrer Nähe leuchtete, und die ganze künstliche Szenerie kam mir vor wie aus einer hübsch illustrierten, wenngleich betrüblich gekürzten Ausgabe von *Tausendundeiner Nacht*. Plötzlich fühlte ich den ganzen stechenden Schmerz des Exils. Es gab natürlich den Fall Puschkin – Puschkin, der in der Verbannung hier zwischen eben diesen naturalisierten Zypressen und Lorbeerbäumen herumgestreift war –, aber obwohl seine Elegien ein wenig nachgeholfen haben mögen, glaube ich nicht, daß meine Gemütsbewegung eine Pose war. Bis mich die Niederschrift eines Romans von jenem fruchtbaren Gefühl befreite, setzte ich von da an mehrere Jahre lang den Verlust meiner Heimat mit dem Verlust meiner Geliebten gleich.

Inzwischen hatte sich das Leben meiner Familie völlig verändert. Bis auf ein paar klugerweise in der normalen Füllung einer Talkumpuderdose versteckte Edelsteine waren wir vollkommen ruiniert. Doch das war von untergeordneter Bedeutung. Die lokale Tatarenregierung war von einem nagelneuen Sowjet hinweggefegt worden, und wir waren dem absurden und erniedrigenden Gefühl absoluter Unsicherheit preisgegeben. Während des Winters 1917/18 und bis weit in den windigen und strahlenden Krimfrühling hinein schlenderte ein idiotischer Tod neben uns einher. Tag um Tag wurden auf der weißen Mole von Jalta (wo die Dame aus Tschechows *Dame mit dem Hündchen*, wie man sich erinnern wird, im Gedränge der Touristen ihre Lorgnette verlor) mehrere harmlose Leute, denen im voraus Gewichte an die Füße gebunden worden waren, von hartgesottenen, eigens zu diesem Zweck aus Sewastopol herangeholten bolschewistischen Matrosen erschossen. Mein Vater, der nicht harmlos war, war inzwischen nach einer Reihe gefahrvoller Abenteuer zu uns gestoßen und gab sich in jener Gegend der Lungenspezialisten für einen Arzt aus, ohne seinen Namen zu ändern («einfach und elegant», so hätte ein Schachkommentator den entsprechenden Zug auf dem Brett genannt). Wir wohnten in einer unauffälligen Villa, die uns eine Freundin, die Gräfin Sophie Panin, zur Verfügung gestellt hatte. Wenn sich in manchen Nächten die Gerüchte von nahenden Mördern besonders verdichteten, patrouillierten die Männer abwechselnd um das Haus. Die schmalen Schatten von Oleanderblättern bewegten sich in der vom Meer wehenden Brise vorsichtig an der Mauer entlang, als wollten sie mit einem großen Aufwand an Heimlichkeit auf irgend etwas aufmerksam machen. Wir hatten eine Schrotflinte und einen belgischen Revolver und taten unser Bestes, den Erlaß herunterzuspielen, demzufolge jeder, der illegalerweise Feuerwaffen besaß, auf der Stelle erschossen würde.

Das Glück war uns günstig; nichts geschah, bis auf den Schrekken, den es uns eines Nachts mitten im Januar versetzte, als sich eine brigantenhafte, ganz in Leder und Pelz gehüllte Gestalt in unsere Mitte schlich – doch wie sich herausstellte, war es nur unser ehemaliger Chauffeur Ziganow, dem es nichts ausgemacht hatte, auf Puffern und in Güterwagen den ganzen Weg von St. Petersburg durch die ungeheure, frostige und wilde Weite Rußlands zurückzulegen, nur um uns einen höchst willkommenen Geldbetrag zu überbringen, den uns ein guter Bekannter unerwartet geschickt hatte. Er brachte auch einige Post, die an unsere Petersburger Adresse gegangen war; darunter war der Brief von Tamara. Nach einem Monat erklärte Ziganow, daß die Krim ihn langweile, und brach wieder auf – nach dem Norden, einen großen Sack auf dem Buckel, in dem sich verschiedene Gegenstände befanden, die wir ihm gern geschenkt hätten, wären wir auf den Gedanken gekommen, daß ihm daran gelegen war (ein Hosenstrecker, Tennisschuhe, Nachthemden, ein Wecker, ein Plätteisen und einige andere lächerliche Sachen, die mir entfallen sind), und die hier und dort eine bescheidene Leere hinterließen; allmählich kam eine nach der anderen an den Tag oder wurde mit rachsüchtigem Eifer von einem anämischen Dienstmädchen aufgedeckt, dessen bleiche Reize er ebenfalls angetastet hatte. Seltsamerweise hatte er uns gedrängt, den Schmuck meiner Mutter aus der Puderdose (die er sofort aufgespürt hatte) zu nehmen und im Garten unter einer vielseitigen Eiche zu vergraben – und dort lag er wohlbehalten auch noch nach seiner Abreise.

An einem Frühlingstag im Jahre 1918 dann, als die rosa Bäusche blühender Mandelbäume Leben in die dunklen Berghänge brachten, verschwanden die Bolschewisten, und eine ungemein stille Armee von Deutschen trat an ihre Stelle. Patriotische Russen waren zwischen der kreatürlichen Erleichterung, ihren einheimischen Henkern entgangen zu sein, und der Notwendigkeit, für diesen Aufschub einem ausländischen Eindringling – und ausgerechnet den Deutschen – danken zu müssen, hin und her gerissen. Diese jedoch waren im Begriff, ihren Krieg im Westen zu verlieren, und kamen auf Zehenspitzen, mit verzagtem Lächeln und mäuschenstill nach Jalta. Einem Patrioten war es ein leichtes, diese Armee grauer Gespenster zu übersehen, und sie wurde übersehen, nur daß sich einige undankbare Leute über die Schilder mit der Aufschrift «Betreten des Rasens verboten» mokierten, die in den Parks erschienen. Ein paar Monate später, nachdem sie in mehreren von den Kommissaren geräumten Villen säuberlich die Wasserleitungen repariert hatten, verschwanden die Deutschen ihrerseits; die Weißen sickerten vom Osten herein und stellten sich bald den Roten, die die Krim vom Norden aus angriffen, zum Kampf. Mein Vater wurde Justizminister in der Regionalregierung in Simferopol, und seine Familie wurde in der Nähe von Jalta auf der einstmals kaiserlichen Domäne Liwadia untergebracht. Die überstürzte, hektische Ausgelassenheit in den Städten, die die Weißen besetzt hielten, ließ die Annehmlichkeiten friedlicher Jahre in vulgarisierter Form wieder aufleben. Cafés machten große Geschäfte. Alle möglichen Theater gediehen. Eines Morgens begegnete ich auf einem Bergpfad unversehens einem seltsamen Reiter in tscherkessischer Kleidung mit einem angespannten, schwitzenden Gesicht, das phantastisch gelb geschminkt war. Wütend versuchte er, sein Pferd zurückzureißen, das, ohne seiner zu achten, sonderbar zielstrebig den steilen Pfad hinabschritt, wie jemand, der beleidigt eine Gesellschaft verläßt. Ich hatte durchgegangene Pferde gesehen, die davongaloppierten, aber niemals eins, das langsam davonschritt, und mein Erstaunen wurde noch angenehmer, als ich in dem unglücklichen Reiter Mosshuchin erkannte, den Tamara und ich so oft auf der Leinwand bewundert hatten. Auf den alpinen Weiden der Bergkette fanden die Proben zu dem Film *Hadschi Murad* statt (nach Tolstojs Erzählung von dem ritterlichen, verwegenen Reiter und Berghäuptling). «Halten Sie das verfluchte Biest (*dershitje prokljatoje shiwotnoje*)», sagte er durch die Zähne, als er meiner ansichtig wurde, doch im gleichen Augenblick kamen unter dem lauten Gepolter und Gerumpel von Steinen zwei echte Tataren ihm zu Hilfe herabgestürmt, und ich machte mich mit meinem Schmetterlingsnetz auf zu den höhergelegenen Felsen, wo mich die Euxiner Rasse des Sierra-Nevada-Samtfalters erwartete.

In jenem Sommer 1918, einer ärmlichen kleinen Oase in einer Fata Morgana der Jugend, hielten sich mein Bruder und ich oft bei der liebenswürdigen und exzentrischen Familie auf, der an der Küste das Gut Oljeis gehörte. Ein freundschaftliches Genecke entwikkelte sich bald zwischen mir und Lidia T., die in meinem Alter war. Es waren immer viele junge Leute da, braungliedrige junge Schönheiten mit Armreifen, ein bekannter Maler namens Sorin, Schauspieler, ein Ballettänzer, fröhliche Offiziere der Weißen Armee, von denen einige sehr bald sterben sollten, und bei Strandparties, Dekkenparties, Freudenfeuern, einem mondgetüpfelten Meer und einem reichlichen Vorrat an Krimwein (Muscat Lunel) gab es eine Menge amourösen Spaß; und vor diesem frivolen, dekadenten und irgendwie unwirklichen Hintergrund (der, wie ich mir wohlgefällig einbildete, die Atmosphäre von Puschkins Besuch auf der Krim ein Jahrhundert vorher heraufbeschwor) spielten Lidia und ich die ganze Zeit über ein kleines Oasenspiel eigener Erfindung. Die Idee bestand darin, eine sozusagen in die Zukunft projizierte biographische Haltung zu parodieren und damit eine höchst trügerische Gegenwart in eine Art paralysierter Vergangenheit zu verwandeln, wie ein tatteriger Memoirenschreiber sie wahrnähme, der sich durch einen Nebel der Hilflosigkeit hindurch an seine Bekanntschaft mit einem großen Schriftsteller in ihrer beider Jugend erinnerte. So sagte zum Beispiel Lidia oder ich (es war eine Sache zufälliger Eingebung) nach dem Abendessen auf der Terrasse: «Der Schriftsteller hielt sich nach dem Abendessen gern auf der Terrasse auf»; oder: «Ich werde nie vergessen, was V.V. in einer warmen Nacht bemerkte: ‹Es ist›, bemerkte er, ‹eine warme Nacht›»; oder noch alberner: «Er hatte die Angewohnheit, sich die Zigarette anzuzünden, ehe er sie rauchte» – all dies mit einer nachdenklichen, erinnerungsschweren Inbrunst vorgebracht, die uns damals lachhaft und harmlos vorkam; doch heute ertappe ich mich bei dem Gedanken, ob wir nicht unwissentlich irgendeinen perversen und gehässigen Dämon aufstörten.

Während all dieser Monate war jedesmal, wenn ein Postsack aus der Ukraine nach Jalta kam, ein Brief für mich dabei. Nichts ist okkulter als die Art und Weise, in der Briefe unter dem Schutz unvorstellbarer Boten durch die unheimlichen Wirren von Bürgerkriegen reisen; doch immer, wenn dieser Wirren wegen unsere Korrespondenz unterbrochen wurde, benahm sich Tamara, als wären Postzustellungen gewöhnliche Naturerscheinungen wie Wetter und Gezeiten, die von menschlichen Angelegenheiten nicht berührt werden konnten, und warf mir vor, daß meine Antworten ausblieben, während ich doch all jene Monate hindurch nichts anderes tat, als ihr zu schreiben und an sie zu denken – trotz meiner vielen Treuebrüche.

5

Glücklich der Romancier, dem es gelingt, einen richtigen Liebesbrief aus seiner Jugend in einem Roman aufzubewahren, wo er wie eine saubere Kugel in schlaffem Fleisch eingebettet und zwischen den fiktiven Existenzen völlig sicher ist. Ich wünschte, ich hätte auf diese Art und Weise unsere gesamte Korrespondenz aufgehoben. Tamaras Briefe waren eine unaufhörliche Beschwörung der ländlichen Gegend, die wir beide so genau kannten. In gewissem Sinne waren sie eine ferne, aber wunderbar klare antiphonische Antwort auf die viel ausdrucksloseren Verse, die ich ihr einst gewidmet hatte. In schlichten Worten, deren Geheimnis ich nicht zu enträtseln vermag, konnte ihre Schulmädchenprosa mit volltönender Gewalt jedes leise Rascheln feuchten Laubes, jeden vom Herbst mit Rost überzogenen Farnwedel in der Landschaft um St. Petersburg heraufbeschwören. «Warum waren wir so glücklich, als es regnete?» fragte sie in einem ihrer letzten Briefe und kehrte damit sozusagen zur reinen Quelle der Rhetorik zurück. «*Boshe moj* (mein Gott), wo ist es geblieben, all das Ferne, Lichte, Liebliche» (*Wsjo eto daljokoje, swetloje, miloje* – auch im Russischen ist hier kein Subjekt mehr vonnöten, da diese neutralen Adjektive die Rollen abstrakter Substantive spielen, auf kahler Bühne, in gedämpftem Licht).

Tamara, Rußland, der unmerklich in alte Gärten übergehende Naturwald, meine nördlichen Birken und Tannen, der Anblick meiner Mutter, die sich jedesmal, wenn wir für den Sommer aus der Stadt aufs Land zurückkehrten, auf Hände und Knie niederließ, die Erde zu küssen, *et la montagne et le grand chêne* – indem das Schicksal eines Tages all das blindlings zusammenraffte und ins Meer warf, trennte es mich ganz und gar von meiner Knabenzeit. Allerdings frage ich mich, ob wirklich viel für ein anästhetischeres Leben spricht, etwa für einen reibungslosen, sicheren, kleinstädtischen Gang der Dinge mit seinem primitiven Mangel an Perspektive, bei dem man mit fünfzig immer noch in der Holzvilla wohnt, in der man die Kindheit verbrachte, so daß man jedesmal, wenn man den Dachboden aufräumt, auf den gleichen Stapel vergilbter alter Schulbücher stößt, der zwischen späteren Ansammlungen toten Gerümpels beisammen geblieben ist, für einen Lebenslauf, bei dem die Gemahlin an Sonntagmorgenden im Sommer auf dem Bürgersteig stehenbleibt, um für ein Weilchen die fürchterliche, geschwätzige, auf dem Weg zur Kirche befindliche Mrs. McGee mit ihren gefärbten Haaren zu erdulden, die damals, im Jahre 1915, die hübsche ungezogene Margaret Ann mit dem pfefferminzenen Mund und den behenden Fingern war.

Der Bruch in meinem eigenen Leben gewährt mir in der Rückschau ein synkopisches Vergnügen, das ich um keinen Preis missen möchte. Seit jenem Briefwechsel mit Tamara ist das Heimweh für mich eine sinnliche und ganz eigene Sache gewesen. Heute berührt das geistige Bild der Grasmatten im Jailagebirge, einer Schlucht im

Ural oder der salzigen Ebenen um den Aralsee meine Sehnsucht und meinen Patriotismus nicht mehr oder weniger als zum Beispiel Utah; aber man gebe mir nur irgend etwas auf irgendeinem Kontinent, das der Landschaft um St. Petersburg gleicht, und mein Herz schmilzt dahin. Wie es wäre, meine einstige Umwelt tatsächlich wiederzusehen, vermag ich kaum auszudenken. Zuweilen stelle ich mir vor, daß ich sie mit falschem Paß und unter falschem Namen wieder aufsuche. Es ließe sich bewerkstelligen.

Doch ich glaube, ich werde es niemals tun. Zu vergeblich und zu lange habe ich davon geträumt. Ähnlich trug ich mich während der zweiten Hälfte meines sechzehnmonatigen Aufenthalts auf der Krim so lange mit dem Gedanken, in Denikins Armee einzutreten – nicht so sehr, um im Sattel eines federbuschgeschmückten Schlachtrosses über das Kopfsteinpflaster in den Vororten von St. Petersburg zu klappern (davon hatte der arme Jurij geträumt), sondern um Tamara in ihrem ukrainischen Flecken zu finden –, daß die Armee nicht mehr existierte, als ich mich endlich entschlossen hatte. Im März 1919 gelang den Roten im Norden der Krim der Durchbruch, und in mehreren Häfen begannen sich antibolschewistische Gruppen Hals über Kopf einzuschiffen. Über das glasige Wasser der Bucht von Sewastopol und unter wildem Maschinengewehrfeuer von der Küste (die bolschewistischen Truppen hatten gerade den Hafen erobert) trat meine Familie auf einem kleinen und schäbigen griechischen Schiff namens *Nadeshda* (Hoffnung), das Dörrobst geladen hatte, die Reise nach Konstantinopel und Piräus an. Ich entsinne mich, daß ich versuchte, mich auf eine Partie Schach mit meinem Vater zu konzentrieren, während wir im Zickzackkurs aus der Bucht heraussteuerten – einer der Springer hatte den Kopf verloren, und eine Pokerspielmarke ersetzte einen fehlenden Turm –, und das Bewußtsein, Rußland zu verlassen, wurde gänzlich von dem qualvollen Gedanken verdunkelt, daß – ganz abgesehen von den Roten – Tamaras Briefe nach wie vor wunderbarer- und unnötigerweise in den Süden der Krim gelangen, dort nach einem geflüchteten Empfänger suchen und wie verwirrte Schmetterlinge herumflattern würden, die man in einer fremden Zone in der falschen Höhe und unter einer unbekannten Flora ausgesetzt hat.

KAPITEL DREIZEHN

I

Im Jahre 1919 floh ein ganzer Trupp von Nabokovs – drei Familien alles in allem – über die Krim und Griechenland nach Westeuropa. Es wurde so eingerichtet, daß mein Bruder und ich die Universität Cambridge besuchen konnten, mit einem Stipendium, das mehr zur Linderung erlittener politischer Unbilden als in Anerkennung intellektueller Verdienste vergeben wurde. Der Rest der Familie wollte für einige Zeit in London bleiben. Für den Lebensunterhalt mußte eine Handvoll Edelsteine aufkommen, die Natascha, eine vorausschauende alte Dienerin, vom Toilettentisch gerafft und in ein Nécessaire gesteckt hatte und die in einem Garten auf der Krim für kurze Zeit eingesperrt gewesen waren oder vielleicht auch einen geheimnisvollen Reifeprozeß durchgemacht hatten. Wir hatten geglaubt, unser Haus im Norden nur für kurze Zeit zu verlassen, für eine Pause vorsichtiger Beobachtung an Rußlands südlicher Brüstung; doch das Wüten des neuen Regimes hatte nicht nachgelassen. Dem dauernden Unwillen unduldsamer Schäferhunde zum Trotz jagte ich in Griechenland zwei Frühlingsmonate lang vergebens Gruners Aurorafalter, Heldreichs Heufalter, Krüpers Weißling: Ich war im falschen Teil des Landes. Auf dem Cunard-Dampfer *Pannonia*, der am 18. Mai 1919 (was mich betraf, zwanzig Jahre zu früh) nach New York auslief, uns jedoch in Marseille schon wieder absetzte, lernte ich Foxtrott. In kohlschwarzer Nacht ratterte Frankreich vorüber. Der bleiche Ärmelkanal schwankte noch in uns, als der Zug Dover–London ruhig zum Stillstand kam. Immer wieder die gleichen Bilder grauer Birnen warben auf den rußigen Wänden des Victoria-Bahnhofs für die Badeseife, mit der mich englische Gouvernanten in meiner Kindheit gewaschen hatten. Eine Woche später schlurrte ich bereits bei einem Wohltätigkeitsball Wange an Wange mit meinem ersten englischen Schatz über den Tanzboden, einem wetterwendischen, geschmeidigen Mädchen, das fünf Jahre älter war als ich.

Mein Vater war schon vorher in London gewesen – das letzte Mal im Februar 1916, als er zusammen mit fünf anderen prominenten Vertretern der russischen Presse von der britischen Regierung eingeladen war, Englands Kriegsanstrengungen in Augenschein zu nehmen (wie man ihnen zu verstehen gab, wurden diese von der öffentlichen Meinung in Rußland nicht gebührend gewürdigt). Auf der Hinreise hatten mein Vater und Kornej Tschukowskij den Dichter und Romancier Alexej Tolstoj (nicht verwandt mit Graf Lew Nikolajewitsch) herausgefordert, einen Reim auf Afrika zu finden, und obwohl seekrank, hatte der mit dem charmanten Couplet

Wishu paljmu i Kafrika.
Eto – Afrika.

(Ich sehe eine Palme und ein Käfferchen. Das ist Afrika.) aufgewartet. In England hatte man ihnen die Flotte gezeigt. Sie hatten einer noblen Folge von Diners und Reden beigewohnt. Die gelegen kommende Einnahme Erzurums durch die Russen und die bevorstehende Einführung der allgemeinen Wehrpflicht in England (*«Will you march too or wait till March 2?»*, wie die Plakate kalauerten) hatten die Redner mit leichten Themen versorgt. Sir Edward Grey hatte einem offiziellen Bankett präsidiert, und in einem erheiternden Interview mit Georg V. hatte Tschukowskij, das *enfant terrible* der Gruppe, es sich nicht verdrießen lassen, den König zu fragen, ob ihm die Werke Oscar Wildes zusagten – «dse uarks of Uald». Der König, befremdet von dem Akzent des Fragestellers und ohnehin niemals ein eifriger Leser, hatte die Frage geschickt gekontert, indem er sich erkundigte, wie seinen Gästen der Londoner Nebel gefiele (Tschukowskij pflegte dies später triumphierend als ein Beispiel britischer Scheinheiligkeit zu zitieren – die einen Schriftsteller um seines Lebenswandels willen für tabu erkläre).

Bei einem Besuch der New Yorker Public Library konnte ich kürzlich feststellen, daß mein Vater diesen Vorfall in seinem Buch *Is Wojujuschtschej Anglii*, Petrograd 1916 (*Bericht aus dem kriegführenden England*) nicht erwähnt – und überhaupt enthält es nicht viele Beispiele seines gewohnten Humors (vielleicht mit Ausnahme der Beschreibung eines Badminton-Spiels – oder war es Fives? – mit H. G. Wells und eines amüsanten Berichts über den Besuch, den man einigen der vordersten Schützengräben in Flandern abgestattet hatte; die Gastfreundschaft war dabei so weit gegangen, daß eine deutsche Granate ein paar Meter von den Besuchern entfernt explodieren durfte). Vor seiner Veröffentlichung in Buchform erschien dieser Bericht in mehreren Fortsetzungen in einer russischen Tageszeitung. Mit einer gewissen altväterlichen Naivität hatte mein Vater erwähnt, daß er dem Admiral Jellicoe seinen Swan-Füllfederhalter verehrt hätte, als sich dieser ihn ausbat, um eine Speisekarte mit seinem Autogramm zu versehen, und dabei seine flüssige und angenehm weiche Feder lobte. Diese unselige Enthüllung der Federhaltermarke wurde in den Londoner Zeitungen prompt von einem Inserat der Firma Mabie, Todd & Co., Ltd., aufgegriffen, das die betreffende Stelle in Übersetzung zitierte und dazu auf einem Bild demonstrierte, wie mein Vater unter dem chaotischen Himmel einer Seeschlacht das Produkt der Firma dem Oberbefehlshaber der *Grand Fleet* überreicht.

Jetzt jedoch gab es keine Banketts mehr, keine Festreden und auch kein Fives mit Wells, der sich nicht davon überzeugen ließ, daß der Bolschewismus lediglich eine besonders brutale und gründliche Abart barbarischer Unterdrückung war – und damit so alt wie der Wüstensand –, keineswegs aber das verlockend neue revolutionäre Experiment, für das mancher ausländische Beobachter ihn hielt. Nach mehreren kostspieligen Monaten in einem gemieteten Haus in Elm Park Gardens zogen meine Eltern und die drei jüngeren Kinder von

London nach Berlin (wo mein Vater bis zu seinem Tod im Jahre 1922 mit Iossif Hessen zusammen, wie er ein Mitglied der Partei der Volksfreiheit, eine russische Emigrantenzeitung herausgab), während mein Bruder und ich nach Cambridge gingen – er aufs Christ, ich aufs Trinity College.

2

Ich hatte zwei Brüder, Sergej und Kirill. Kirill, das jüngste Kind (1911–1964), war auch mein Patensohn, wie das in russischen Familien vorkommen konnte. In einer bestimmten Phase der Taufzeremonie in unserem Salon in Wyra hielt ich ihn behutsam im Arm, ehe ich ihn seiner Patin aushändigte, Jekaterina Dmitrijewna Dansas (die Cousine meines Vaters und Großnichte von Oberst K. K. Dansas, Puschkins Sekundant bei dem tödlichen Duell). In seiner Kindheit gehörte Kirill zusammen mit meinen beiden Schwestern den entlegenen Kinderzimmern, die im Stadt- wie im Landhaus von den Räumen seiner älteren Brüder so deutlich getrennt waren. Während der zwei Jahrzehnte meines europäischen Exils, von 1919 bis 1940, sah ich ihn sehr wenig und danach bis zu meinem nächsten Besuch in Europa im Jahre 1960 gar nicht mehr; damals ergab sich eine kurze Periode sehr freundlicher und fröhlicher Begegnungen.

Kirill ging in London, Berlin und Prag zur Schule und studierte in Leuven. Er heiratete Gilberte Barbanson, eine junge Belgierin, leitete (wie zum Spaß, aber nicht ohne Erfolg) ein Reisebüro in Brüssel und starb in München an einem Herzanfall.

Er schätzte Badeorte am Meer und gutes Essen. Er verabscheute Stierkämpfe so sehr wie ich. Er sprach fünf Sprachen. Er spielte mit Hingabe Streiche. Seine eine große Realität im Leben war Literatur, vor allem russische Lyrik. Seine eigenen Gedichte reflektieren den Einfluß von Gumiljow und Chodassewitsch. Er veröffentlichte wenig und umgab seine Schriftstellerei mit der gleichen Verschwiegenheit wie sein in Persiflage eingenebeltes Innenleben.

Aus mehreren Gründen fällt es mir ungewöhnlich schwer, von meinem anderen Bruder zu sprechen. Die verschlungene Suche

Unbemerkt machte meine Frau dieses ungestellte Bild von mir; es zeigt mich in unserem Hotelzimmer beim Schreiben eines Romans. Das Hotel ist das Établissement Thermal in Le Boulou in den Ost-Pyrenäen. Das Datum (erkennbar auf dem miterfaßten Kalender) ist der 27. Februar 1929. Der Roman, *Saschtschita Lushina* (*Luschins Verteidigung*) handelt von der Verteidigung, die sich ein wahnsinniger Schachspieler erfindet. Man bemerke das passende Muster des Tischtuchs. Zwischen dem Tintenfaß und einem überfüllten Aschenbecher ist ein halbleeres Päckchen Gauloises zu erkennen. Familienphotos lehnen an den vier Bänden von Dahls russischem Wörterbuch. Das Ende meines robusten, dunkelbraunen Federhalters (ein liebes Werkzeug aus jungem Eichenholz, das ich während all der zwanzig Jahre meiner literarischen Arbeiten in Europa benutzte und eines Tages vielleicht in einem der Koffer wiederfinde, die in Dean's, Ithaca, N. Y., lagern) ist bereits reichlich zerkaut. Meine schreibende Hand verdeckt zum Teil einen Stapel Spannbretter. Frühlingsnachtfalter kamen in bedeckten Nächten durch das offene Fenster herein und setzten sich auf die erleuchtete Wand zu meiner Linken. Auf diese Weise sammelten wir eine Anzahl seltener Blütenspanner in vollkommenem Zustand und spannten sie auf der Stelle (heute befinden sie sich in einem amerikanischen Museum). Selten bildet ein Zufallsschnappschuß ein so genaues Kompendium eines Lebens.

Vor vielen Jahren amüsierten mich in St. Petersburg die Gesammelten Gedichte eines Straßenbahnschaffners und vor allem sein Bild, das ihn in Uniform, mit derben Stiefeln, einem Paar neuer Galoschen neben sich auf dem Fußboden und den Kriegsauszeichnungen seines Vaters auf der Konsole des Photographen zeigte, neben der der Dichter stramm stand. Weiser Straßenbahnschaffner, vorausschauender Photograph!

Ein Photo, das meine Frau von unserem dreijährigen Sohn Dmitri (geboren am 10. Mai 1934) gemacht hat, wie er mit mir im Dezember 1937 vor unserer Pension Les Hesperides in Menton steht. Zweiundzwanzig Jahre später statteten wir ihr aufs neue einen Besuch ab. Nichts hatte sich verändert, ausgenommen das Management und die Möbel auf der Veranda. Immer natürlich rührt es einen auf ganz selbstverständliche Art, wenn man eine Zeit wiederfindet; darüber hinaus jedoch finde ich keinen besonderen Spaß daran, alte Emigrantenorte in jenen zufälligen Ländern wiederzusehen. Die Mücken im Winter waren schrecklich, weiß ich noch. Kaum hatte ich in meinem Zimmer das Licht gelöscht, da kam es auch schon, jenes ominöse Gesumm, dessen gelassener, klagender und achtsamer Rhythmus zu der tatsächlichen verrückten Geschwindigkeit der Kreisbewegungen des teuflischen Insekts in so sonderbarem Gegensatz stand. Man wartete im Dunkel auf die Berührung, man holte einen wachsamen Arm unter dem Bettzeug hervor – und gab sich selber eine mächtige Ohrfeige, so daß sich das plötzliche Summen im Ohr mit dem der fliehenden Mücke mischte. Aber wie begierig langte man am nächsten Morgen dann nach einem Schmetterlingsnetz, wenn man seinen gesättigten Folterer ausfindig gemacht hatte – ein dicker dunkler kleiner Strich auf dem Weiß der Zimmerdecke!

nach Sebastian Knight (1940) mit ihren Glorietten und Selbstmattkombinationen ist gar nichts im Vergleich zu der Aufgabe, um die ich mich in der ersten Fassung drückte und vor der ich hier nunmehr stehe. Von den zwei oder drei armseligen kleinen Abenteuern abgesehen, die ich in früheren Kapiteln skizziert habe, hatten unsere Kindheiten nur selten miteinander zu tun. Er ist ein bloßer Schatten auf dem Hintergrund meiner reichsten und detailliertesten Erinnerungen. Ich war der Verhätschelte; er der Zeuge der Verhätschelung. Am 12. März 1900 zehneinhalb Monate nach mir geboren, wurde er früher erwachsen und wirkte körperlich älter. Wir spielten selten miteinander, und das meiste, was mir am Herzen lag, war ihm gleichgültig – Spielzeugeisenbahnen, Spielzeugpistolen, Rothäute, Rote Admirabelfalter. Mit sechs oder sieben packte ihn eine von Mademoiselle gutgeheißene leidenschaftliche Verehrung für Napoleon, und er nahm eine kleine Bronzebüste von ihm mit ins Bett. Als Kind war ich ein Rowdy, suchte Abenteuer und kommandierte andere herum. Er war still und ohne Schwung und verbrachte viel mehr Zeit mit unseren Hauslehrern als ich. Mit zehn begann er sich für Musik zu interessieren, und in der Folge nahm er unzählige Musiklektionen, ging mit unserem Vater in Konzerte und verbrachte Stunden über Stunden damit, auf einem Klavier im Obergeschoß, das sehr wohl noch in Hörweite war, Stücke aus Opern zu spielen. Ich schlich mich hinter ihn und piekte ihn in die Rippen – eine elende Erinnerung.

Wir besuchten verschiedene Schulen; er ging auf das *gimnasija* meines Vaters und trug die vorgeschriebene schwarze Uniform, der er mit fünfzehn einen illegalen Touch beigab: mausgraue Schuhgamaschen. Etwa zu jener Zeit führte eine Seite aus seinem Tagebuch, die ich auf seinem Schreibtisch gefunden und in dümmlicher Verwunderung meinem Hauslehrer gezeigt hatte, der sie seinerseits prompt meinem Vater zeigte, abrupt zu einer rückwirkenden Aufklärung gewisser Seltsamkeiten seines Verhaltens.

Der einzige Sport, den wir beide mochten, war Tennis. Wir spielten des öfteren zusammen, vor allem in England, auf einem unebenen Grasplatz in Kensington, auf einem guten Hartplatz in Cambridge. Er war Linkshänder. Er stotterte stark, und das behinderte

Diskussionen um zweifelhafte Punkte. Obwohl sein Aufschlag schwach war und ihm eine wirkliche Rückhand fehlte, war er nicht leicht zu schlagen, denn er gehörte zu jenen Spielern, die keinen Doppelfehler machen und alles mit der Gleichmäßigkeit einer Übungswand zurückschlagen. In Cambridge sahen wir uns mehr denn je zuvor und hatten sogar einige gemeinsame Freunde. Die Abschlußprüfungen legten wir in den gleichen Fächern mit der gleichen ausgezeichneten Note ab, woraufhin er nach Paris übersiedelte, wo er in den Jahren darauf genau wie ich in Berlin Englisch- und Russischstunden gab.

Wir sahen uns in den dreißiger Jahren wieder und standen von 1938 bis 1940 in Paris recht freundschaftlich miteinander. Oft kam er auf ein kurzes Gespräch in der rue Boileau vorbei, wo ich mit Dir und unserem Sohn zwei schäbige Zimmer bewohnte, doch es traf sich so (er war eine Weile fort gewesen), daß er von unserer Abreise nach Amerika erst erfuhr, als wir schon weg waren. Mit Paris sind meine allertrübsten Erinnerungen verbunden, und übergroß war die Erleichterung, der Stadt den Rücken zu kehren, doch es tut mir leid, daß er sein Erstaunen einer gleichgültigen Concierge vorstottern mußte. Von seinem Leben während des Krieges weiß ich wenig. Eine Zeitlang arbeitete er als Übersetzer in einem Berliner Büro. Ein offener und furchtloser Mann, kritisierte er das Regime vor Kollegen, die ihn denunzierten. Er wurde verhaftet, beschuldigt, ein «britischer Spion» zu sein, und in ein Konzentrationslager in Hamburg geschickt, wo er am 10. Januar 1945 an Entkräftung starb. Es ist dies eines jener Leben, die hoffnungslos ein verspätetes Etwas beanspruchen – Mitleid, Verständnis, egal was –, welches die bloße Anerkennung eines solchen Bedürfnisses weder zu ersetzen noch aufzuwiegen vermag.

3

Mein Studium in Cambridge begann nicht eben verheißungsvoll. Mit dem Gefühl, eine absonderliche Bühnenrolle zu spielen, legte ich spät am Nachmittag eines trüben und feuchten Oktobertags meinen neuerworbenen, dunkelbläulichen Umhang und die schwarze viereckige Mütze an, um E. Harrison, meinem Tutor, in aller Form den Antrittsbesuch abzustatten. Ich ging einen Treppenabsatz hinauf und klopfte an eine massive Tür, die einen Spaltweit offenstand. «Herein», sagte eine ferne Stimme mit hohler Abruptheit. Ich durchquerte eine Art Wartezimmer und betrat die Arbeitsstube meines Tutors. Die braune Dämmerung war mir zuvorgekommen. Es war kein Licht im Zimmer, bis auf den Schein eines großen Kamins, vor dem eine undeutliche Gestalt in einem noch undeutlicheren Sessel saß. Mit den Worten «Mein Name ist...» trat ich näher – und in das Teegeschirr, das auf dem Teppich neben Mr. Harrisons niedrigem Korbsessel stand. Grunzend bückte er sich zur Seite, um die Kanne wieder hinzustellen, scharrte das nasse schwarze Teekraut zusammen, das sie von sich gegeben hatte, und stopfte es wieder in sie hinein. So begann die Studentenepoche in meinem Leben mit einem Ton der Verlegenheit, einem Ton, der sich in den drei Jahren, die ich in Cambridge zubrachte, mit ziemlicher Beharrlichkeit wiederholen sollte.

Mr. Harrison hielt es für angezeigt, zwei «weiße Russen» zusammen unterzubringen, und so teilte ich meine Wohnung in der Trinity Lane zunächst mit einem befremdeten Landsmann. Nach einigen Monaten verließ er die Universität, und ich blieb der alleinige Bewohner jener Räumlichkeiten. Im Vergleich zu meinem fernen und inzwischen nicht mehr existenten elterlichen Haus schienen sie mir unerträglich erbärmlich. Ich erinnere mich genau an den Schmuck auf dem Kaminsims (einen gläsernen Aschenbecher mit dem Trinity-Wappen, den ein früherer Bewohner zurückgelassen hatte; eine Muschel, in der ich das eingeschlossene Summen eines meiner eigenen Sommer am Meer wiederfand) und an das alte mechanische Klavier meiner Wirtin, eine rührende Apparatur voller zerrissener, zerdrückter, verknoteter Musik, die man einmal und nie wieder probierte. Die enge Trinity Lane war eine gesetzte und ziemlich traurige kleine Straße, fast ohne Verkehr, dafür aber mit einer langen, düsteren Vergangenheit, die mit dem sechzehnten Jahrhundert anfing, als sie Findsilver Lane hieß, obwohl man ihr gewöhnlich, des damals schauderhaften Zustands ihrer Gossen wegen, einen gröberen Namen gab. Ich litt beträchtlich unter der Kälte, aber es ist unrichtig, daß die polare Temperatur in Cambridger Schlafzimmern das Wasser im Waschkrug zu einem Klumpen Eis gefrieren ließ, wie manche Leute behaupten. In Wirklichkeit entstand selten mehr als eine dünne Eisschicht an der Oberfläche, und die ließ sich mit Hilfe der Zahnbürste in hell klirrende Stücke zerschlagen – ein Klang, der für mein amerikanisiertes Ohr in der Erinnerung sogar einen gewissen festlichen Reiz besitzt. Aber sonst war das Aufstehen keine Freude. Noch immer kann ich die Trostlosigkeit des morgendlichen Gangs die Trinity Lane hinunter zu den «Bädern» in meinen Knochen spüren; in einem dünnen Morgenrock über dem Pyjama, einen kalten, fetten Waschbeutel unter dem Arm, bleiche Atemwölkchen vor dem Mund, schlurfte man seines Wegs. Nichts in der Welt konnte mich dazu bringen, auf der Haut die Wollsachen zu tragen, von denen die Engländer insgeheim warm gehalten wurden. Mäntel galten als weichlich. Die normale Kleidung des durchschnittlichen *undergraduate*-Studenten in Cambridge, ob Sportler oder linksintellektueller Lyriker, hatte eine derbe und griese Note: Die Schuhe hatten dicke Gummisohlen, die Flanellhose war dunkelgrau, und der als *jumper* bezeichnete zugeknöpfte Pullover unter der Norfolk-Jacke war von einem konservativen Braun. Was man vielleicht die Lebewelt nennen könnte, trug alte Lackschuhe, sehr helle graue Flanellhosen, einen leuchtend gelben *jumper* und das Jackett eines guten Anzugs. Mein jugendliches Interesse für Kleidung war damals zwar bereits im Abnehmen, dennoch kam es mir nach den steifen russischen Moden ganz angenehm vor, in Pantoffeln herumzulaufen, Sockenhalter zu verschmähen und den Kragen ans Hemd genäht zu tragen – eine gewagte Neuerung in jenen Tagen.

Die harmlose Maskerade, an der ich gleichgültig teilnahm, hat mir so geringfügige Eindrücke hinterlassen, daß es langweilig wäre, in dieser Art fortzufahren. Die Geschichte meiner Universitätsjahre in England ist in Wahrheit die Geschichte meines Versuchs, ein russischer Schriftsteller zu werden. Ich hatte das Gefühl, daß Cambridge und alle seine berühmten Wahrzeichen – ehrwürdige Ulmen, heraldisch verzierte Fenster, geschwätzige Turmuhren – für sich selbst genommen bedeutungslos waren und nur existierten, um meiner tiefen Sehnsucht einen Rahmen und einen Halt zu geben. Was meine Gefühle anging, war ich in der Lage eines Mannes, der gerade eine geliebte Verwandte verloren hat und – zu spät – einsieht, daß er infolge der Trägheit seiner von der täglichen Routine abgestumpften Seele versäumt hat, sie nach Gebühr kennenzulernen oder ihr seine damals nicht ganz bewußte, aber jetzt hoffnungslos gewordene Zuneigung zu beweisen. Während ich mit brennenden Augen neben dem Kaminfeuer meines Cambridger Zimmers saß und grübelte, bedrängte mich die ganze mächtige Banalität der glühenden Asche, der Einsamkeit und der fernen Glocken, ja, sie verzerrte geradezu die Falten meines Gesichts, wie die phantastische Geschwindigkeit des Flugs das Gesicht eines Piloten entstellt. Und ich dachte an all das, was mir in meiner Heimat entgangen war, an die Dinge, die ich unbedingt bemerkt und bewahrt hätte, hätte ich nur rechtzeitig geahnt, daß mein Leben eine so brüske Wendung nehmen würde.

Einigen der anderen russischen Emigranten, denen ich in Cambridge begegnete, war der allgemeine Hang meiner Gefühle so selbstverständlich und vertraut, daß es keinen Eindruck gemacht, ja fast ungehörig geschienen hätte, darüber zu sprechen. Bei den weißeren jener «weißen Russen» jedoch waren Patriotismus und Politik, wie ich bald herausfand, zu einem mürrischen Unwillen zusammengeschrumpft, der sich mehr gegen Kerenskij als gegen Lenin richtete und einzig und allein materiellen Unbequemlichkeiten und Einbußen entsprang. Außerdem ergaben sich einige gänzlich unerwartete Schwierigkeiten mit jenen meiner englischen Bekannten, die zwar als gebildet und feinsinnig und human galten, aber bei aller Anständigkeit und Kultiviertheit die erstaunlichsten Dummheiten von sich gaben, wenn von Rußland die Rede war. Insbesondere habe ich hier einen jungen Sozialisten im Sinn, groß und schlank, dessen langsame und mannigfaltige Manipulationen mit seiner Pfeife höchst aufreizend wirkten, wenn man ihm nicht beipflichtete, sonst jedoch höchst besänftigend. Mit ihm hatte ich viele politische Reibereien, deren Bitterkeit jedesmal verflog, wenn wir auf die Dichter zu sprechen kamen, die uns beiden am Herzen lagen. Er ist heute unter seinesgleichen nicht unbekannt, eine ziemlich sinnlose Feststellung, wie ich bereitwillig zugebe, doch tue ich nur mein bestes, seine Identität zu verbergen; hier mag er

«Nesbit» heißen, wie ich ihn für mich nannte (oder jetzt behaupte, ihn genannt zu haben), nicht nur seiner auffallenden Ähnlichkeit mit frühen Gorkij-Portraits wegen, eine dessen früher Erzählungen (*Mein Reisegefährte* – noch so ein passender Ton) von einem gewissen R. Nesbit Bain übersetzt worden war, sondern auch weil «Nesbit» den Vorzug hat, in einer wollüstigen palindromischen Beziehung zu «Ibsen» zu stehen, einem Namen, auf den ich gleich noch zu sprechen kommen muß.

Wahrscheinlich ist es so, wie wiederholt behauptet wurde: Die Sympathie, welche liberal gesonnene Engländer und Amerikaner in den zwanziger Jahren dem Leninismus entgegenbrachten, entsprang innenpolitischen Erwägungen. Sie beruhte aber auch einfach auf falscher Unterrichtung. Mein Bekannter wußte wenig von Rußlands Vergangenheit, und dieses Wenige war durch verunreinigte kommunistische Kanäle zu ihm gedrungen. Forderte man ihn auf, den bestialischen Terror zu rechtfertigen, den Lenin zugelassen hatte – die Folterkammer, die blutbespritzte Mauer –, so klopfte er am Knauf des Kaminschirms die Asche aus seiner Pfeife, schlug seine gewaltigen, schwer beschuhten, nach rechts gekreuzten Beine in die andere Richtung übereinander und brummelte etwas über die «alliierte Blockade». Russische Emigranten aller Schattierungen, vom sozialistischen Kleinbauern bis zum weißen General, warf er als «zaristische Elemente» in einen Topf – etwa in der gleichen Weise, in der heutige sowjetische Schriftsteller das Wort «Faschist» gebrauchen. Es kam ihm niemals in den Sinn, daß er und andere ausländische Idealisten als Russen in Rußland von Lenins Regime ebenso selbstverständlich ausgelöscht worden wären wie Kaninchen von Frettchen und Farmern. Seiner Ansicht nach war die Ursache für die im Vergleich zu den finstersten Tagen des Zarentums «geringere Meinungsvielfalt», wie er es nachsichtig nannte, «das Fehlen jeder russischen Tradition der Redefreiheit», eine Behauptung, die er wohl aus den einfältigen Elaboraten bezog, in denen beredte englische und amerikanische Leninisten damals die «Morgenröte in Rußland» feierten. Aber was mich wohl am meisten aufbrachte, war Nesbits Einstellung Lenin selber gegenüber. Alle gebildeten und urteilsfähigen Russen wußten, daß dieser gerissene Politiker in künstlerischen Dingen ebensoviel Geschmack und Interesse hatte wie ein gewöhnlicher russischer Spießer vom Schlag des Flaubertschen *épicier* (der Typ, der Puschkin auf Grund von Tschaikowskijs elenden Libretti bewundert, von italienischen Opern zu Tränen gerührt wird und sich von jedem Gemälde, das eine Geschichte erzählt, angezogen fühlt); Nesbit jedoch und seine schöngeistigen Freunde sahen in ihm eine Art sensiblen, für alle Poesie empfänglichen Gönner und Förderer der neuesten künstlerischen Richtungen und verzogen den Mund zu einem überlegenen Lächeln, wenn ich zu erklären versuchte, daß die Verbindung zwischen avantgardistischer Politik und avantgardistischer Kunst rein verbaler Natur war (aber gern von der sowjetischen Propaganda ausgenutzt wurde) und daß ein Russe künstlerisch um so konservativer wäre, je radikaler er sich in der Politik gebärdete.

Mir standen eine ganze Anzahl derartiger Wahrheiten zur Verfügung, die ich anzubringen liebte, die Nesbit jedoch, fest verschanzt hinter seiner Unwissenheit, für pure Hirngespinste hielt. Die Geschichte Rußlands (so verkündete ich zum Beispiel) könnte unter zwei Gesichtspunkten betrachtet werden (aus irgendeinem Grund mißfielen Nesbit beide gleichermaßen): einmal als die Evolution der Polizei (eine sonderbar unpersönliche und abseits stehende Macht, die manchmal in einer Art Vakuum arbeitete, manchmal hilflos war und dann wieder die Regierung in brutalen Verfolgungen übertraf); und zweitens als die Entwicklung einer bewundernswürdigen Kultur. Unter den Zaren (so fuhr ich etwa fort) hatte ein freiheitliebender Russe trotz ihrer letztlich unzulänglichen und grausamen Herrschaft unvergleichlich mehr Möglichkeiten, sich auszudrücken, als unter Lenin, und es war unvergleichlich weniger riskant für ihn. Seit den Reformen der sechziger Jahre sei das Land im Besitz einer Gesetzgebung gewesen (auch wenn es sich nicht immer daran hielt), auf die jede westliche Demokratie hätte stolz sein können, einer kräftigen öffentlichen Meinung, welche Despoten in Schach hielt, weitverbreiteter Zeitschriften in allen Spielarten des Liberalismus und, besonders auffallend, im Besitz furchtloser und unabhängiger Richter («Ach was ...», warf Nesbit ein). Wurde ein Revolutionär ertappt, so war die Verbannung nach Tomsk oder Omsk ein erholsamer Urlaub im Vergleich zu den von Lenin eingeführten Konzentrationslagern. Die politischen Verbannten flohen mit grotesker Leichtigkeit aus Sibirien, wie die berühmte Flucht bezeugt, bei der Trotzkij wie Sankt Nikolaus in seinem weihnachtlichen Renschlitten zurückfuhr: Hü Flitzer, hü Simpel, hü Fleischer und Blitzer!

Ich merkte bald, daß meine Ansichten, die nicht ungewöhnlichen Ansichten exilierter russischer Demokraten, von eingesessenen englischen Demokraten mit verlegener Überraschung oder höflichem Hohn aufgenommen wurden, daß sich dafür aber eine andere Gruppe, die englischen Erzkonservativen, um so eifriger auf meine Seite schlug, jedoch aus so unverhohlen reaktionären Gründen, daß mir ihre verächtliche Unterstützung nur peinlich war. Ja, ich halte mir etwas darauf zugute, schon damals die Symptome dessen erkannt zu haben, was heute so klar zutage liegt, da sich allmählich eine Art Familienkreis gebildet hat, der Vertreter aller Nationen vereint, wackere Empire-Erbauer auf ihren Dschungel-Lichtungen, französische Polizisten, das unsägliche deutsche Produkt, den guten, alten, treu zur Kirche gehenden russischen oder polnischen *pogromtschik*, den hageren amerikanischen Lyncher, den Mann mit den schlechten Zähnen, der in Bars oder Toiletten gegen Minderheiten hetzt, und an einer anderen Stelle des gleichen untermenschlichen Zirkels jene unbarmherzigen Roboter mit ihren Pappmachégesichtern, weiten Hosenbeinen und hochschultrigen Röcken, jene Sitzriesen, die sich an allen unseren Konferenztischen auftürmen und die der Sowjetstaat um 1945 nach über zwei Jahrzehnten selektiver Züchtung und Schneiderei zu exportieren begann, während deren die Herrenmode im Ausland Zeit gehabt hatte, sich zu ändern, so daß das Symbol unbegrenzt verfügbaren Stoffes nur grausamen Spott ernten konnte (so wie es sich im Nachkriegs-England zutrug, als eine berühmte Profi-Fußballmannschaft aus Sowjetrußland einmal in Zivilkleidung vorbeidefilierte).

4

Sehr bald wandte ich mich von der Politik ab und konzentrierte mich auf die Literatur. Ich lud in meine Cambridger Zimmer die zinnoberroten Schilde und blauen Blitze des Lieds von *Igors Feldzug* (jenes unvergleichlichen und geheimnisvollen Epos aus dem späten zwölften oder späten achtzehnten Jahrhundert), die Dichtung Puschkins und Tjuttschews, die Prosa Gogols und Tolstojs und auch die herrlichen Werke der großen russischen Naturforscher, die die Wildnis Innerasiens erkundet und beschrieben hatten. An einem Bücherstand auf dem Marktplatz fiel mir unverhofft ein russisches Werk in die Hände, ein antiquarisches Exemplar von Dahls *Erklärendem Wörterbuch der lebenden russischen Sprache* in vier Bänden. Ich kaufte es und beschloß, jeden Tag mindestens zehn Seiten darin zu lesen und mir alle farbigen Wörter und Ausdrücke, die mir besonders gefielen, zu notieren, und eine ganze Zeitlang hielt ich es auch durch. Meine Angst, durch den Einfluß der Fremde das einzige, was ich aus Rußland gerettet hatte – seine Sprache –, zu verlieren oder zu verderben, wurde nachgerade krankhaft und beunruhigte mich viel mehr als die andere Angst, die ich zwei Jahrzehnte später verspürte: meine englische Prosa nie auch nur entfernt dem Niveau meiner russischen angleichen zu können. Ich blieb bis spät in die Nacht auf, umgeben von einer fast donquichottesken Ansammlung unhandlicher Bände, und verfertigte glatte und ziemlich sterile russische Gedichte, nicht so sehr aus den lebenden Zellen irgendeines zwingenden Gefühls als vielmehr um ein bildhaftes Wort oder eine Metapher herum, die ich um ihrer selbst willen gebrauchen wollte. Damals wäre ich entsetzt gewesen, hätte ich entdeckt, was mir heute sonnenklar ist, nämlich den direkten Einfluß, den verschiedene zeitgenössische («georgianische») englische Versmuster, welche wie zahme Mäuse in meinem Zimmer herum- und über mich hinwegliefen, auf meine russischen Gebilde ausübten. Und welche Mühe ich aufwandte! Plötzlich, in den frühen Stunden eines Novembermorgens, wurde ich der Stille und Kälte um mich gewahr (mein zweiter Winter in Cambridge scheint der kälteste und produktivste gewesen zu sein). Die roten und blauen Flammen, in denen ich eine epische Schlacht gesehen hatte, waren zu dem tristen Licht eines arktischen Sonnenuntergangs unter flechtenbefransten Tannen zusammengesunken. Dennoch konnte ich mich immer noch nicht überwinden, zu Bett zu gehen; die Schlaflosigkeit fürchtete ich weniger als die unvermeidliche doppelte Systole, die von der Kälte der Bettwäsche ausgelöst werden würde, und als einen Anfall jener seltsamen, *Anxietas tibiarum* genannten Krankheit, eines schmerzhaften Zustands der Unruhe, einer qualvollen Zunahme des Muskelgefühls, die einen keinen Augenblick still liegen läßt. Also schüttete ich noch mehr Kohlen auf und half, die Flammen von neuem zu entfachen, indem ich einen Bogen der Londoner *Times* über den qualmenden schwarzen Rachen des Kamins breitete und so seine offene Feuerstätte völlig abdeckte. Hinter dem straff gespannten Papier, das so glatt wurde wie ein Trommelfell und so schön wie leuchtendes Pergament, begann es zu summen. Kurz darauf, während das Summen in Getöse überging, erschien in der Mitte des Bogens ein orangefarbener Fleck, und die Textstelle, die sich zufällig dort befand (zum Beispiel: «Der Völkerbund verfügt über kein Geld und kein Gewehr», oder: «... die Rache, die Nemesis an dem Zögern und der Unentschlossenheit der Alliierten in Ost- und Mitteleuropa genommen hat ...»), leuchtete mit unheildrohender Deutlichkeit auf – bis plötzlich der orangene Fleck zerbarst. Dann flog der flammende Bogen mit dem Rauschen eines befreiten Phönix auf in den Schornstein, um sich zu den Sternen zu gesellen. Es kostete zwölf Shilling Strafe, wenn jemand diesen Feuervogel bemerkte.

Der literarische Clan, Nesbit und seine Freunde, lobte zwar meine nächtlichen Bemühungen, mißbilligte jedoch etliche andere Dinge, denen ich mich widmete, so etwa die Entomologie, Foppereien, Mädchen und besonders meine sportliche Betätigung. Von den Sportarten, die ich in Cambridge betrieb, ist mir Fußball eine windige Lichtung inmitten einer ziemlich wirr-nutzlosen Zeit geblieben. Mit Begeisterung war ich Torwart. In Rußland und den romanischen Ländern ist jene edle Kunst immer von der Aura eines beispiellosen Glanzes umgeben gewesen. Erhaben, einsam, unbeteiligt, so schreitet der Held des Fußballtors durch die Straßen, verfolgt von hingerissenen kleinen Jungen. Er wetteifert mit dem Matador und Flieger-As als ein Gegenstand verzückter Verehrung. Sein Pullover, seine Schirmmütze, seine Knieschoner, die Handschuhe, die aus der Gesäßtasche seiner kurzen Hose ragen, heben ihn von der übrigen Mannschaft ab. Er ist der einsame Adler, der Geheimnisvolle, der letzte Verteidiger. Photographen, ein Knie ehrwürdig gebeugt, knipsen ihn, wenn er sich mit einem spektakulären Kopfsprung quer über die Öffnung des Tores wirft, um mit den Fingerspitzen einen niedrigen, blitzartigen Schuß abzuwehren, und beifällig brüllt das ganze Stadion, während er in dem unversehrten Tor noch einen Augenblick der Länge lang liegenbleibt, wie er fiel.

In England hingegen, zumindest in dem England meiner Jugend, waren der nationale Horror vor aller Angeberei und eine zu humorlose Vorliebe für solide Team-Arbeit der Entwicklung der exzentrischen Kunst des Torwarts immer abträglich. Auf diese These jedenfalls verfiel ich, um zu erklären, warum ich auf den Sportplätzen von Cambridge nicht besonders erfolgreich war. Gewiß, ich hatte auch meine hellen, heldischen Tage – wohltuender Rasengeruch, der berühmte Stürmer der gegnerischen College-Mannschaft dribbelt den neuen, gelbbraunen Ball vor seiner flink zustoßenden Fußspitze immer dichter heran, dann der stechende Schuß, die geglückte Abwehr, ihr lange anhaltendes Prickeln ... Doch es gab andere, denkwürdigere, esoterischere Tage unter trostlosem Himmel, wenn der Boden um das Tor herum zu schwarzem Schlamm aufgeweicht war, der Ball fettig wie ein Plumpudding und mein Kopf nach einer Nacht des Versemachens von Neuralgie zermürbt. Ich verfehlte den Ball glücklos – und holte ihn aus den Maschen. Gnädig verlagerte sich das Spiel zum anderen Ende des durchweichten Feldes. Ein leichter, matter Nieselregen setzte ein, zögerte und begann von neuem. Mit einer beinahe gurrenden Zärtlichkeit in ihrem gedämpften Gekrächz flatterten ramponierte Krähen um eine entblätterte Ulme. Nebel bildete sich. Jetzt war das Spiel nur noch ein vages Auf und Ab von Köpfen vor dem fernen Tor der College-Mannschaft, gegen die wir gerade spielten, St. John oder Christ oder irgendeine andere. Der entfernte, verschwommene Lärm, ein Ruf, eine Trillerpfeife, der dumpfe Laut des Kickens, all das war ohne jede Bedeutung und ging mich nichts an. Ich war weniger Hüter eines Fußballtores als Hüter eines Geheimnisses. Während ich mich mit verschränkten Armen an den linken Torpfosten lehnte, genoß ich den Luxus, meine Augen zu schließen, und so lauschte ich dem Pochen meines Herzens, fühlte den blinden Nieselregen auf meinem Gesicht, hörte in der Ferne den gebrochenen Lärm des Spiels und dachte an mich wie an ein sagenhaftes exotisches Wesen, das, verkleidet als englischer Fußballspieler, in einer Sprache, die niemand verstand, Verse über ein entlegenes Land dichtete, das niemand kannte. Kein Wunder, daß ich bei den anderen Spielern meiner Mannschaft nicht sonderlich beliebt war.

Kein einziges Mal während meiner drei Jahre in Cambridge – ich wiederhole: kein einziges Mal – war ich in der Universitätsbibliothek oder erkundigte mich auch nur, wo sie lag (ihr neues Gebäude ist mir heute wohlvertraut) oder ob es irgendeine College-Bibliothek gab, in der man Bücher ausleihen konnte, um sie mit auf die Bude zu nehmen. Ich schwänzte Vorlesungen. Ich stahl mich fort nach London und anderswohin. Ich widmete mich mehreren Liebesaffairen gleichzeitig. Ich hatte fürchterliche Gespräche mit Mr. Harrison. Ich übersetzte eine Handvoll Gedichte von Rupert Brooke, *Alice im Wunderland* und Romain Rollands *Colas Breugnon* ins Russische. Was die Wissenschaft anging, hätte ich ebensogut auf das Inst. M. M. in Tirana gehen können.

Dinge wie das Gebäck – heiße *muffins* und *crumpets* –, das man nach dem Spiel zum Tee aß, oder die wie «peiper, peiper!» klingenden cockneyischen Rufe der Zeitungsjungen, die sich in den dunkelnden Straßen mit den Fahrradglocken mischten, schienen mir damals typischer für Cambridge als heute. Ich kann mich der Einsicht nicht verschließen, daß – abgesehen von den auffallenden, aber mehr oder minder vergänglichen Bräuchen und über alles Ritual oder Reglement hinaus – Cambridge etwas eigen war, was schon so mancher feierliche Alumnus zu definieren versucht hat. Für mich liegt diese Grundeigenschaft in dem ständigen Bewußtsein einer uneingeschränkten Ausdehnung der Zeit. Ich habe keine Ahnung, ob je irgendwer nach Cambridge kommen wird, um die Abdrücke zu suchen, die die Warzennägel meiner Fußballstiefel im schwarzen Matsch vor dem klaffenden Tor zurückgelassen haben, oder um dem Schatten meiner Kopfbedeckung durch den Quadrangle zur Treppe meines Tutors zu folgen; ich weiß jedoch, daß ich mit mehr als touristischem Interesse an Milton und Marvell und Marlowe dachte, wenn ich an den ehrwürdigen Mauern vorüberkam. Nichts, worauf der Blick fiel, war zeitlich abgeriegelt, alles war eine natürliche Öffnung zur Zeit hin, so daß sich der Geist daran gewöhnte, in einer besonders reinen und weitläufigen Umgebung zu arbeiten, und gerade weil einen die enge Gasse, der klösterliche Rasen, der dunkle Bogengang räumlich einengten, war diese nachgebende durchscheinende Textur der Zeit dem Geist um so willkommener, genau wie man seine helle Freude daran haben kann, vom Fenster aus auf das Meer zu blicken, auch wenn man sich aus Bootsfahrten gar nichts macht. An der Geschichte des Ortes hatte ich keinerlei Interesse, und ich war sicher, daß er meine Seele nicht im geringsten berührte, obwohl Cambridge in Wahrheit nicht nur den zufälligen Rahmen, sondern selbst die Farben und inneren Rhythmen meiner höchst privaten russischen Gedanken beisteuerte. Die Umwelt wirkt vermutlich auf einen Menschen ein, sobald irgend etwas in ihm, ein winziges Teilchen seiner selbst, eine geringe Beimischung, ihn dafür empfänglich macht (in meinem Fall die englische Sprache, die ich in meiner Kindheit in mich aufgenommen hatte). Dunkel ahnte ich das zum ersten Male, kurz bevor ich Cambridge verließ, im letzten Frühling, den ich dort zubrachte, als ich plötzlich fühlte, daß irgend etwas in mir ebenso selbstverständlichen Kontakt zu meiner unmittelbaren Umgebung fand wie zu meiner russischen Vergangenheit und daß dieser Zustand der Harmonie in genau dem Augenblick erreicht war, da ich die sorgsame Rekonstruktion meiner künstlichen, aber wunderbar genauen russischen Welt endlich abgeschlossen hatte. Ich glaube, eine der sehr wenigen «praktischen» Handlungen, die ich mir jemals zuschulden kommen ließ, war, einen Teil jenes kristallklaren Materials zur Ablegung der akademischen Abschlußprüfung zu benutzen.

5

Ich denke an das verträumte Aufundabgleiten der Stechkähne und Kanus auf dem Cam, an das hawaiische Geplärr der Grammophone, die gemächlich durch Sonne und Schatten trieben, und an eine Mädchenhand, die den Griff ihres pfauenbunten Sonnenschirms sacht hin und her dreht, indes sie sich auf die Kissen des Stechkahns zurücklehnt, den ich träumerisch steuere. Die Kastanien mit ihren rosa Spindeln standen in voller Blüte; die Ufer entlang bildeten sie überhängende Massen, verdrängten den Himmel aus dem Fluß, und ihr eigentümliches Muster von Blüten und Blättern rief eine Art *en-escalier*-Effekt hervor, die Eckenornamente einer prächtigen grünen und blaßrosa Tapisserie. Die Luft war so warm wie auf der Krim und voll von dem gleichen süßen, flockigen Geruch eines blühenden Busches, den ich niemals ganz identifizieren konnte (einen Hauch davon nahm ich später in den Gärten der amerikanischen Südstaaten wahr). Die drei Bögen einer italienisch wirkenden Brücke, die sich über den schmalen Fluß spannte, verbanden sich mit ihren fast vollkommenen, von keiner Welle gestörten Spiegelbildern im Wasser zu drei wunderschönen Ovalen. Das Wasser wiederum warf einen Widerschein klöppelspitzenfeinen Lichts auf den Stein der Gewölbe, unter denen das Boot dahinglitt. Dann und wann löste sich ein Blütenblatt von einem der blühenden Bäume, es fiel und fiel und fiel, und mit dem seltsamen Gefühl, etwas zu sehen, was weder für das Auge des Andächtigen noch für das des zufälligen Zeugen bestimmt war, erhaschte man einen Blick seines Spiegelbildes, welches schnell aufstieg, schneller, als das Blütenblatt fiel – um sich mit ihm zu vereinen; und den Bruchteil einer Sekunde lang fürchtete man, das Kunststück würde mißlingen, das geweihte Öl sich nicht entzünden, das Spiegelbild würde das Blütenblatt verfehlen, und dieses müßte allein wegtreiben. Aber jedesmal fand die zarte Vereinigung statt, magisch genau wie das Wort eines Dichters, das seiner eigenen Erinnerung oder der eines Lesers auf halbem Wege entgegenkommt.

Als ich nach fast siebzehn Jahren wieder nach England kam, beging ich den schrecklichen Fehler, Cambridge nicht in seiner Herrlichkeit am Ende des Ostertrimesters aufzusuchen, sondern an einem naßkalten Februartag, der mich nur an mein altes wirres Heimweh erinnerte. Hoffnungslos versuchte ich, in England eine akademische Anstellung zu finden (die Leichtigkeit, mit der ich in den USA solche Jobs fand, erscheint mir nachträglich als eine beständige Quelle dankbarer Verwunderung). In jeder Hinsicht war der Besuch ein Mißerfolg. Den Lunch nahm ich mit Nesbit in einer kleinen Wirtschaft ein, die voller Erinnerungen hätte sein sollen, es jedoch infolge verschiedener Veränderungen nicht war. Er hatte das Rauchen aufgegeben. Die Zeit hatte seine Züge gemildert, und mit Gorkij oder Gorkijs Übersetzer hatte er keine Ähnlichkeit mehr; dafür sah er ein wenig wie Ibsen aus, abzüglich die Affenvegetation. Ein zufälliger Kummer (die Cousine oder unverheiratete Schwester, die seinen Haushalt besorgte, war gerade in Binets Klinik oder sonstwohin gebracht worden) schien ihn daran zu hindern, sich auf jene sehr persönliche und dringliche Angelegenheit zu konzentrieren, über die ich mit ihm zu sprechen vorhatte. Auf einem Tisch in einer Art kleinem Flur, wo früher ein rundes Gefäß mit Goldfischen gestanden hatte, lag jetzt ein Haufen gebundener Jahrgänge der Zeitschrift *Punch* – und alles sah so anders aus. Anders waren auch die grellen Uniformen der Kellnerinnen, von denen keine so hübsch war wie die eine, die ich so klar in Erinnerung hatte. Einigermaßen verzweifelt, als hätte er gegen Langeweile anzukämpfen, begann Ibsen über Politik zu reden. Ich wußte genau, was mir bevorstand – eine Verurteilung des Stalinismus. In den frühen zwanziger Jahren hatte Nesbit seinen eigenen aufwallenden Idealismus fälschlich für ein romantisches und humanes Etwas in Lenins gräßlicher Herrschaft gehalten. Jetzt, zur Zeit des nicht weniger gräßlichen Stalin, hielt er eine quantitative Erweiterung seines Wissens für einen qualitativen Wandel des Sowjetregimes. Der Donnerschlag der Säuberungen, denen «Alte Bolschewisten», die Helden seiner Jugend, zum Opfer gefallen waren, hatte ihm einen heilsamen Schock versetzt, etwas, was in Lenins Tagen alles Stöhnen aus dem Zwangsarbeitslager Solowki und den Kerkern der Lubjanka nicht vermocht hatte. Mit Abscheu brachte er die Namen Jeshow und Jagoda über die Lippen – aber ihre Vorgänger, Urizkij und Dsershinskij, hatte er völlig vergessen. Während die Zeit sein Urteil über die zeitgenössische Politik der Sowjets geschärft hatte, machte er sich keine Mühe, die vorgefaßten Ansichten seiner Jugend zu revidieren, und immer noch sah er in Lenins kurzer Herrschaft eine Art ruhmvolles *quinquennium Neronis.*

Er blickte auf seine Uhr und ich auf meine, dann verabschiedeten

Der kleine Schmetterling – an der Oberseite hellblau, grau an der Unterseite –, von dem die beiden Typenexemplare (männlicher Holotypus links, beide Seiten, ein Hinterflügel leicht beschädigt; und männlicher Paratypus rechts, beide Seiten) im Amerikanischen Museum der Naturgeschichte aufbewahrt werden und hier nach Photos jener Institution erstmals abgebildet sind, ist *Plebeius (Lysandra) cormion* Nabokov. Der erste Name ist der der Gattung (Bläulinge), der zweite der der Untergattung, der dritte der der Art und der vierte der des Autors der ersten Beschreibung, die ich im September 1941 veröffentlichte (*Journal of the New Entomological Society*, Band 49, Seite 265); später bildete ich auch die Genitalien des Paratypus ab (*Psyche*, Band 52, 26. Oktober 1945, Abb. 1). Möglicherweise, so erklärte ich, verdankte mein Schmetterling seine Entstehung einer Hybridisierung zwischen *Plebeius (Lysandra) coridon* Poda (im weiten Sinn) und *Plebeius (Meleageria) daphnis* Schiffermüller. Lebende Wesen sind sich der Unterschiede zwischen Arten und Untergattungen weniger bewußt als der Systematiker. Ich fing die beiden abgebildeten Männchen in etwa 1300 Meter Höhe bei dem Dorf Moulinet in den Seealpen, wo ich mindestens noch zwei weitere sah (aber keine Weibchen), und zwar am 20. (Paratypus) und 22. (Holotypus) Juli 1938. Vielleicht rangiert er nicht hoch genug, um einen eigenen Namen zu verdienen, doch was immer er auch ist – eine in der Entstehung begriffene neue Art, ein frappierender Scherz, eine zufällige Kreuzung –, er bleibt eine große und entzückende Seltenheit.

wir uns, und ich wanderte im Regen umher, besuchte die *backs* und beobachtete eine Zeitlang die Krähen in dem schwarzen Netzwerk der kahlen Ulmen und die ersten Krokusse auf dem Rasen, der voller perlengleicher Nebeltröpfchen hing. Während ich unter jenen besungenen Bäumen umherschlenderte, versuchte ich, in mir die gleiche verzückte Erinnerungsseligkeit im Hinblick auf meine Studentenjahre hervorzurufen, die ich dereinst im Hinblick auf meine Knabenjahre verspürt hatte, allein, ich konnte nur bruchstückhafte kleine Bilder heraufbeschwören: M. K., einen dyspeptischen Russen, der die Folgeerscheinungen eines College-Hall-Essens verwünscht; N. R., einen anderen Russen, der wie ein Kind auf dem Fußboden umherkrabbelt; P. M., der mit einem Exemplar des *Ulysses*, das er heimlich aus Paris mitgebracht hat, in mein Zimmer stürmt; J. C., der still hereinschaut, um mir zu sagen, daß auch er gerade seinen Vater verloren habe; R. C., der mich liebenswürdig einlädt, mit ihm in die Schweizer Alpen zu reisen; Christopher Soundso, der sich aus einem geplanten Tennisdoppel herauswindet, als er erfährt, daß sein Partner ein Hindu sein soll; T., einen sehr alten und gebrechlichen Kellner, der in der Mensa die Suppe auf Professor A. E. Housman verschüttet, worauf dieser wie aus einer Trance hochfährt und aufspringt; S. S., der nicht das geringste mit Cambridge zu tun hatte, aber ebenfalls aufsprang, als er während einer literarischen Gesellschaft (in Berlin) eingeschlummert war und von seinem Nachbarn einen Rippenstoß erhielt – mitten in einer Geschichte, die jemand vorlas; Lewis Carrolls Haselmaus, die unerwartet anfängt, eine Geschichte zu erzählen; E. Harrison, der mir unerwartet *The Shropshire Lad* schenkt, einen kleinen Band mit Gedichten über junge Mannsbilder und den Tod.

Der trübe Tag war zu einem hellgelben Streifen im grauen Westen geschrumpft, als ich einer plötzlichen Eingebung folgend beschloß, meinen alten Tutor zu besuchen. Wie ein Schlafwandler ging ich die vertraute Treppe hinauf und klopfte automatisch an eine halb geöffnete Tür, an der sein Name stand. Mit einer Stimme, die um eine Kleinigkeit weniger abrupt und um ein geringes hohler klang, bat er mich, einzutreten. «Ich weiß nicht, ob Sie sich an mich erinnern ...», begann ich, während ich durch das dunkle Zimmer auf das gemütliche Kaminfeuer zuging, vor dem er saß. «Warten Sie», sagte er und wandte sich in seinem niedrigen Stuhl langsam herum, «anscheinend kann ich mich nicht mehr so ganz ...» Es knirschte schrecklich, klapperte unheilvoll: Ich war in das Teegeschirr getreten, das zu Füßen seines Korbstuhls stand. «Ach natürlich», sagte er, «ich weiß, wer Sie sind.»

KAPITEL VIERZEHN

1

Die Spirale ist ein vergeistigter Kreis. In der Form der Spirale hat der Kreis, gelöst und entrollt, alles Teuflische eingebüßt; er ist befreit. Das dachte ich mir als Schüler aus, und ich entdeckte gleichfalls, daß Hegels triadische Serie lediglich die fundamentale Spiralität aller Dinge in ihrem Verhältnis zur Zeit ausdrückt. Windung folgt auf Windung, und jede Synthese ist die These der nächsten Gruppe. Wenn wir die einfachste Spirale nehmen, lassen sich drei Phasen unterscheiden, die denen der Triade entsprechen: Die kleine Kurve, mit der die Spirale in der Mitte beginnt, wäre die «These»; die «Antithese» der größere Bogen, der dem ersten gegenüberliegt und ihn fortsetzt; und die «Synthese» dann der noch weitere Bogen, der den zweiten fortsetzt, indem er sich außen um den ersten legt. Und so weiter.

Eine farbige Spirale in einer kleinen Glaskugel, so sehe ich mein eigenes Leben. Die zwanzig Jahre, die ich in meiner russischen Heimat verbracht habe (1899 bis 1919), wären dann der thetische Bogen. Einundzwanzig Jahre freiwilligen Exils in England, Deutschland und Frankreich (1919 bis 1940) bilden dazu die offensichtliche Antithese. Die Periode, die ich in meiner Wahlheimat verbracht habe (1940 bis 1960), bildet eine Synthese – und eine neue These. Im Augenblick habe ich es mit meinen antithetischen Jahren zu tun, genauer mit meinem Leben in Mittel- und Westeuropa, nachdem ich mein Studium in Cambridge 1922 zum Abschluß gebracht hatte.

Wenn ich auf jene Jahre des Exils zurückschaue, sehe ich mich und Tausende anderer Russen ein seltsames, aber keineswegs unangenehmes Leben in materieller Armut und intellektuellem Luxus führen, ein Leben unter völlig belanglosen Fremden, geisterhaften Deutschen und Franzosen, in deren mehr oder minder unwirklichen Städten wir, die Emigranten, zufällig unser Domizil genommen hatten. Diese Einheimischen schienen genauso flach und durchsichtig wie aus Zellophanpapier geschnittene Figuren, und obwohl wir ihre Einrichtungen benutzten, ihren Clowns Beifall klatschten und am Straßenrand ihre Pflaumen und Äpfel pflückten, bestand zwischen uns und ihnen keine wirkliche Beziehung von der herzlichen, menschlichen Art, wie sie in unserer eigenen Mitte so verbreitet war. Zuzeiten schien es, als ignorierten wir sie so, wie ein entweder arroganter oder aber sehr dummer Eroberer eine form- und gesichtslose Menge von Eingeborenen ignoriert; doch gelegentlich, recht häufig sogar, überkam ein schrecklicher Krampf diese Geisterwelt, durch die wir in heiterer Gelassenheit unsere Kümmernisse und Künste trugen, und sie zeigte uns, wer der immaterielle Gefangene war und wer der wahre Herr. Unsere völlige physische Abhängigkeit von dieser oder jener Nation, die uns kühl politisches Asyl gewährt hatte, wurde schmerzlich offenbar, wenn irgendein erbärmliches «Visum», irgendein teuflischer «Personalausweis» beantragt oder verlängert werden mußte, denn dann versuchte die gierige bürokratische Hölle, sich um den Bittsteller zu schließen, und er mochte alt und grau werden, während seine Akte in den Schreibtischen von Konsuln und Polizeibeamten mit Rattenbärten praller und praller anschwoll. *Dokumenty*, hat man gesagt, seien die Plazenta des Russen. Der Völkerbund rüstete Emigranten, die ihre russische Staatsangehörigkeit verloren hatten, mit dem sogenannten Nansenpaß aus, einem höchst minderwertigen Dokument von kränklich grüner Farbe. Sein Inhaber war wenig mehr als ein auf Bewährung entlassener Verbrecher und hatte die größten Strapazen auf sich zu nehmen, wenn er etwa ins Ausland reisen wollte – je kleiner die Länder, desto mehr Umstände machten sie. Irgendwo an der Rückseite ihrer Drüsen sekretierten die Behörden die Vorstellung, daß, so übel ein Staat – zum Beispiel Sowjetrußland – auch sein mochte, jeder Flüchtling von vornherein zu verachten war, da er außerhalb einer nationalen Verwaltung lebte; und so begegnete man ihm mit der hanebüchenen Mißbilligung, die gewisse religiöse Kreise einem unehelichen Kind entgegenbringen. Nicht alle von uns waren willens, Bastarde oder Gespenster zu sein. Manche russische Emigranten erinnern sich mit süßer Genugtuung, wie sie hohe Beamte in verschiedenen Ministerien, *Préfectures* und Polizeipräsidien beschimpften und beschummelten.

In Berlin und Paris, den beiden Hauptstädten des Exils, bildeten die Russen kompakte Kolonien mit einem Kulturkoeffizienten, der den kulturellen Durchschnitt der notwendigerweise verdünnteren ausländischen Bevölkerungen, in die es sie verschlagen hatte, bei weitem übertraf. Innerhalb dieser Kolonien blieben sie unter sich. Ich habe natürlich russische Intellektuelle im Sinn, zumeist Angehörige demokratischer Gruppen, und nicht jene pompöseren «Berater des Zaren oder so ähnlich», an die amerikanische Klubdamen denken, wenn von einem «weißen Russen» die Rede ist. Das Leben in jenen Siedlungen war so reichhaltig und intensiv, daß diese russischen *intelligenty* (ein Wort, das eine mehr gesellschaftlich-idealistische und eine weniger schöngeistig-hochmütige Bedeutung hat als «Intellektueller») weder Zeit noch Grund hatten, Kontakte außerhalb ihres eigenen Kreises zu suchen. Erzähle ich heute in einer neuen Welt, die ich liebe und in der ich mich so leicht heimisch zu fühlen gelernt habe, wie ich aufhörte, meine Sieben mit einem Querstrich zu versehen, kosmopolitischen und weltläufigen Menschen von dieser Vergangenheit, so glauben sie, ich scherze, oder aber sie werfen mir umgekehrten Snobismus vor, wenn ich versichere, daß ich im Laufe von nahezu einem Fünfteljahrhundert, das ich in Westeuropa zubrachte, unter den wenigen deutschen und französischen Bekannten (meistens Zimmervermieterinnen und Literaten) alles in allem nicht mehr als zwei gute Freunde hatte.

Aus irgendeinem Grund begegnete ich während meiner abgeschiedenen Jahre in Deutschland nie jenen sanftmütigen Musikern von einst, die in Turgenjews Romanen ihre Rhapsodien bis spät in die Sommernacht hinein spielen; oder jenem trödeligen, altmodischen Schmetterlingssammler, der sich seine Beute an den Strohhut steckt und über den sich die Zeit der Aufklärung so lustig machte: La Bruyères Herrn, der Tränen ob einer parasitierten Raupe vergießt, Gays «Philosophen, eher ernst denn weise», die, bittesehr, «die Wissenschaft in Schmetterlingen jagen», und, weniger beleidigend, Popes «wißbegierigem Deutschen», der «holde Kerbetiere» so «innig aestimiere»; oder einfach den sogenannten gesunden und schlichten Menschen, die heimwehkranke Soldaten aus dem Mittelwesten im letzten Weltkrieg dem reservierten französischen Bauern und der schnippischen Madelon II. offenbar bei weitem vorgezogen haben. Im Gegenteil, das deutlichste Bild, das ich finde, wenn ich im Gedächtnis den mageren Vorrat meiner nicht russischen und nicht jüdischen Bekannten in den Jahren zwischen den beiden Weltkriegen durchgehe, ist das eines jungen deutschen Studenten, wohlerzogen, still und bebrillt, dessen Steckenpferd die Todesstrafe war. Bei unserem zweiten Zusammentreffen zeigte er mir eine Sammlung von Photographien, unter ihnen eine fertig gekaufte Serie («ein bißchen retuschiert», sagte er und rümpfte seine sommersprossige Nase), welche die aufeinanderfolgenden Stadien einer Routinehinrichtung in China zeigte; er äußerte sich höchst fachmännisch über die edle Schönheit des todbringenden Schwertes und den Geist vollkommener Zusammenarbeit zwischen Scharfrichter und Opfer, die in einem wahren Geysir von nebelgrauem Blut gipfelte, das aus dem sehr deutlich photographierten Hals des Geköpften hervorschoß. Da er einigermaßen begütert war, konnte dieser junge Sammler es sich leisten, zu reisen, und so war er unterwegs, solange er sich nicht gerade den geisteswissenschaftlichen Studien widmete, mit deren Hilfe er den Doktorgrad zu erwerben gedachte. Er beklagte jedoch sein dauerndes Pech und fügte hinzu, daß er vielleicht den Druck nicht aushalten würde, wenn er nicht bald etwas Ordentliches zu sehen bekäme. Auf dem Balkan wohnte er einigen passablen Hinrichtungen durch den Strang bei und auf dem Boulevard Arago in Paris einer groß angekündigten, aber ziemlich öden und mechanischen *guillotinade* (mit Vorliebe gebrauchte er, was er für umgangssprachliches Französisch hielt); aus dem einen oder anderen Grund jedoch war er niemals nahe genug, um alle Einzelheiten beobachten zu können, und der sündhaft teure klitzekleine Photoapparat im Ärmel seines Regenmantels funktionierte nicht so wie erhofft. Einer starken Erkältung zum Trotz war er nach Regensburg gefahren, wo die Enthauptung gewalttätig mit Hilfe einer Axt durchgeführt wurde; von diesem Schauspiel hatte er sich eine Menge versprochen; doch zu seiner großen Enttäuschung war das Opfer offenbar vorher betäubt worden und hatte kaum reagiert, sondern nur ein paar matte Zuckungen auf dem Boden vollführt, während der maskierte Scharfrichter und sein ungeschickter Gehilfe über ihn herstürzten. Dietrich (so hieß mein Bekannter mit Vornamen) hoffte, eines Tages nach Amerika fahren zu können, um ein paar Elektrokutionen beizuwohnen; von diesem Wort leitete er in seiner Unschuld das Adjektiv *cute* (niedlich) ab, das er von einem Cousin gelernt hatte, der drüben gewesen war – und mit einem leichten, sehnsüchtiger Besorgnis entspringenden Stirnrunzeln fragte er sich, ob während des Vorgangs tatsächlich sensationelle Rauchwölkchen aus den Körperöffnungen entwichen. Bei unserem dritten und letzten Zusammentreffen (es waren noch einige Kleinigkeiten an ihm übrig, die ich im Hinblick auf eine etwaige spätere Verwendung zu registrieren wünschte) erzählte er mir mehr bekümmert als ärgerlich, daß er einmal eine ganze Nacht damit verbracht habe, geduldig einen guten Freund zu beobachten, der beschlossen hatte, sich zu erschießen, und bereit gewesen war, bei guter Beleuchtung im Beisein des Amateurs die Waffe auf den Gaumen zu richten, sich jedoch – da ihm aller Ehrgeiz und alles Ehrgefühl abgingen – statt dessen sinnlos betrunken hatte. Obschon ich Dietrich seit langem aus den Augen verloren habe, kann ich mir gut den Blick stiller Genugtuung in seinen fischblauen Augen vorstellen, wenn er heutzutage (vielleicht in eben der Minute, da ich dies niederschreibe) seinen Koveteranen, die sich unter brüllendem Gelächter auf die Schenkel klatschen, eine unverhoffte Fülle von Schätzen vorweist – die absolut wunderbaren Bilder, die ihm die Hitler-Zeit bescherte.

2

In meinen russischen Romanen, und vor allem im besten von ihnen, *Dar* (Die Gabe), habe ich genug gesagt über Glanz und Elend des Exils; doch vielleicht ist eine rasche Rekapitulation angebracht. Mit ganz wenigen Ausnahmen hatten alle liberal gesinnten schöpferischen Kräfte – Lyriker, Romanciers, Kritiker, Historiker, Philosophen und so weiter – Lenins und Stalins Rußland verlassen. Die geblieben waren, kümmerten entweder dahin oder ruinierten ihr Talent, indem sie sich den politischen Forderungen des Staates anpaßten. Was den Zaren niemals gelungen war, nämlich die Geister völlig an die Kandare zu legen und dem Willen der Regierung gefügig zu machen, erreichten die Bolschewisten in kürzester Frist, nachdem die Hauptmasse der Intellektuellen ins Ausland geflohen oder liquidiert war. Die glücklich ins Exil Entronnenen konnten ihren Interessen jetzt so gänzlich ungestraft nachgehen, daß sie sich manchmal fragten, ob das Gefühl, völlige geistige Freiheit zu genießen, nicht darauf zurückzuführen war, daß sie in einem absoluten Vakuum arbeiteten. Gewiß, unter den Emigranten waren gute Leser in genügender Zahl, um in Berlin, Paris und anderen Städten die Veröffentlichung russischer Bücher in verhältnismäßig großem Umfang zu gewährleisten; doch da keine dieser Schriften in der Sowjetunion verbreitet werden konnte, hatte das alles in gewisser Weise den Anschein einer hinfälligen Unwirklichkeit. Die Zahl der Titel war eindrucksvoller als die Zahl der Exemplare, die von irgendeinem dieser Werke verkauft wurden, und die Namen der Verlagshäuser – Orion, Kosmos, Logos und so weiter – wirkten hektisch, labil und leicht illegal, wie die von Firmen, die astrologische Traktate ode erotische Aufklärungsliteratur herausbringen. In heiter-gelassener Rückschau jedoch und allein an künstlerischen und wissenschaftlichen Maßstäben gemessen, scheinen heute die von Emigrantenschriftstellern im luftleeren Raum geschaffenen Bücher bei allen ihren individuellen Mängeln dauerhafter und dem menschlichen Bedarf angemessener als die sklavischen, beispiellos provinziellen und konventionellen politischen Bewußtseinsströme, die in derselben Zeit aus den Federn junger sowjetischer Schriftsteller flossen, denen Vater Staat Tinte, Pfeifen und Pullover zur Verfügung stellte.

Der Herausgeber der Tageszeitung *Rulj* (er war auch Verleger meiner ersten Bücher), Iossif Wladimirowitsch Hessen, gestattete mir mit großer Nachsicht, seinen Lyrikteil mit meinen unreifen Reimen zu füllen. Blaue Abende in Berlin, der blühende Kastanienbaum an der Ecke, Verwirrungen, Armut, Liebe, der Mandarinenschimmer frühreifer Ladenbeleuchtungen und eine geradezu physisch schmerzende Sehnsucht nach dem noch frischen Geruch Rußlands – all dies wurde in gebundene Rede gebracht, mit der Hand abgeschrieben und ins Büro des Herausgebers geschleppt, wo der kurzsichtige I. W. sich das neue Poem dicht vor die Augen hielt und es nach diesem kurzen, mehr oder minder taktilen Akt der Wahrnehmung auf seinen Schreibtisch plazierte. Ab 1928 brachten mir deutsche Übersetzungen meiner Romane ein wenig Geld, und im Frühjahr 1929 fuhren Du und ich zur Schmetterlingsjagd in die Pyrenäen. Doch erst Ende der dreißiger Jahre verließen wir Berlin endgültig, obwohl ich schon lange davor zu öffentlichen Lesungen meiner Schreibereien des öfteren nach Paris gefahren war.

Ein hervorstechendes Merkmal des Emigrantendaseins, das mit seiner Vagantenhaftigkeit und Theatralik ganz in Einklang stand, war die ungewöhnliche Häufigkeit dieser literarischen Lesungen bei Privatleuten oder in gemieteten Sälen. Die verschiedenen Kategorien der Vortragenden heben sich in dem Puppentheater, das sich in meinem Geist abspielt, deutlich voneinander ab. Etwa die welke Schauspielerin mit den Edelsteinaugen, die einen Augenblick lang ein zusammengeknülltes Taschentuch an ihren fiebernden Mund drückte und dann anfing, sehnsüchtige Echos des Moskauer Künstler-Theaters heraufzurufen, indem sie irgendeine berühmte Dichtung mit ihrer langsamen, klaren Stimme halb sezierte und halb liebkoste. Oder der hoffnungslos zweitrangige Schriftsteller, dessen Stimme sich durch einen Nebel rhythmischer Prosa schleppte und dessen arme, plumpe, aber behutsame Finger man zittern sehen konnte, wenn er ein beendetes Blatt unter die noch bevorstehenden schob, so daß sein Manuskript während des ganzen Vortrags seine erschreckende und mitleiderregende Dicke behielt. Oder der junge

Dichter, in dem seine neidischen Ordensbrüder einen beunruhigenden Anflug von Genie erkennen mußten, ebenso augenfällig wie der Streifen eines Skunks; aufrecht auf der Bühne, bleich, glasigen Blicks und nichts in der Hand, was ihn in dieser Welt verankerte, warf er den Kopf zurück, rezitierte sein Gedicht in einem höchst irritierenden, wogenden Singsang und kam brüsk zum Ende, als werfe er die Tür der letzten Zeile ins Schloß und warte darauf, daß Applaus die Stille fülle. Und schließlich der alte *cher maître*, der Perle um Perle eine bewundernswerte Erzählung fallenließ, die er schon ungezählte Male und immer auf die gleiche Weise vorgelesen hatte; auf dem Frontispiz seiner Gesammelten Werke wies sein vornehm gefurchtes Gesicht genau den gleichen Ausdruck blasierten Widerwillens auf.

Vermutlich fiele es einem unbeteiligten Beobachter leicht, sich über alle diese beinahe immateriellen Leute lustig zu machen, die sich da in fremden Städten eine tote Kultur vorspielten, die fernen, fast sagenhaften, fast sumerischen Luftspiegelungen von St. Petersburg und Moskau zwischen 1900 und 1916 (was auch damals schon, in den zwanziger und dreißiger Jahren, wie 1916 bis 1900 vor Christus klang). Aber wenigstens waren sie Rebellen, wie die meisten bedeutenderen russischen Schriftsteller seit dem Bestehen einer russischen Literatur, und dieser aufsässigen Natur getreu, nach der ihr Sinn für Gerechtigkeit und Freiheit ebenso stark verlangte wie einst unter der zaristischen Gewaltherrschaft, hielten die Emigranten das Verhalten der verwöhnten sowjetrussischen Autoren, die servile Eilfertigkeit, mit der diese auf jede Nuance eines regierungsamtlichen Erlasses reagierten, für haarsträubend unrussisch und menschenunwürdig; denn in der Sowjetunion wuchs die Kunst der Unterwerfung genau in dem Maß, in dem erst Lenins und dann Stalins politische Polizei tüchtiger wurde, und Erfolg hatte derjenige Sowjetschriftsteller, dessen feines Ohr das leise Wispern einer offiziellen Anregung auffing, lange bevor sie lauthals verkündet wurde.

Da ihre Werke im Ausland nur einen beschränkten Leserkreis hatten, konnten selbst die Emigrantenschriftsteller der älteren Generation, deren Ruhm im vorrevolutionären Rußland fest begründet war, nicht daran denken, von ihren Büchern zu leben. Eine wöchentliche Kolumne für eine Emigrantenzeitung zu schreiben reichte niemals ganz aus, Leib und Feder zusammenzuhalten. Hin und wieder brachten Übersetzungen in andere Sprachen einen unverhofften Verdienst; im übrigen aber waren ältere Autoren, um ihr Leben zu fristen, auf die Unterstützung durch verschiedene Emigrantenorganisationen, auf die Einnahmen aus öffentlichen Vorträgen und auf private Freigebigkeit angewiesen. Jüngere, weniger bekannte, aber anpassungsfähigere Schriftsteller ergänzten zufällige Geldzuwendungen durch irgendeine andere Arbeit. Ich entsinne mich, Englisch- und Tennisunterricht gegeben zu haben. Geduldig ging ich gegen den hartnäckigen Hang Berliner Geschäftsleute an, *«business»* so auszusprechen, als reimte es sich auf *«dizziness»*; und unter den langsam dahinziehenden Wolken eines langen Sommertags spielte ich wie ein flotter Roboter ihren sonnengebräunten, bubiköpfigen Töchtern auf staubigen Plätzen einen Ball nach dem anderen zu. Fünf Dollar (eine beträchtliche Summe während der deutschen Inflation) bekam ich für meine russische *Alice im Wunderland*. Ich half bei der Zusammenstellung eines russischen Lehrbuchs für Ausländer, dessen erste Übung mit den Worten *Madam, ja doktor, wot banan* (Gnädige Frau, ich bin der Arzt, hier ist eine Banane) begann. Vor allem aber habe ich für eine Emigranten-Tageszeitung, den Berliner *Rulj*, die ersten russischen Kreuzworträtsel angefertigt, die ich *krestoslowizy* taufte. Es ist seltsam, an jenes absonderliche Leben zurückzudenken. Klappentextschreiber hegen eine tiefe Vorliebe für die Liste der mehr oder minder erdverbundenen Berufe, die ein junger Autor (der über Leben und Ideen schreibt – was natürlich sehr viel wichtiger ist als bloße «Kunst») ausgeübt hat: Zeitungsjunge, Kellner, Mönch, Ringer, Vorarbeiter in einem Stahlwerk, Autobusfahrer und so weiter. Ach, keinen dieser Berufe habe ich je mein genannt.

Meine Leidenschaft für gute Literatur brachte mich mit verschiedenen Exilschriftstellern in engen Kontakt. Ich war jung damals und hatte an der Literatur ein viel lebhafteres Interesse als heute. Die Prosa und die Poesie der Zeitgenossen, helle Planeten und blasse Milchstraßensysteme, zogen Nacht auf Nacht vor meinem Mansardenfenster vorbei. Es gab unabhängige Schriftsteller von unterschiedlichem Alter und Talent, und es gab Konventikel und Cliquen, in denen sich eine Zahl junger oder jüngerer, teilweise sehr begabter Schriftsteller um einen philosophierenden Kritiker scharte. Der wichtigste dieser Mystagogen verband intellektuelles Talent und moralische Mittelmäßigkeit, einen unheimlich sicheren Geschmack in moderner russischer Poesie mit einer lückenhaften Kenntnis der russischen Klassiker. Seine Gruppe war des Glaubens, daß weder eine bloße Ablehnung des Bolschewismus noch die Alltagsideale der westlichen Demokratien ausreichten, um darauf eine Philosophie zu bauen, an die sich die Emigrantenliteratur halten könne. Sie sehnten sich nach einem Glaubensbekenntnis, wie ein ins Gefängnis gesperrter Rauschgiftsüchtiger sich in seinen Freudenhimmel sehnt. Auf recht rührende Art beneideten sie Pariser Katholikenkreise um die würzigen Feinheiten, deren der russische Mystizismus ganz offenbar entriet. Dostojewskijscher Nieselnebel konnte sich nicht mit neu-thomistischem Denken messen; aber gab es denn keine anderen Möglichkeiten? Die Sehnsucht nach einem Glaubenssystem, ihr unablässiges Herumbalancieren am Rand irgendeiner allgemein akzeptierten Religion verschaffte ihnen eine Befriedigung eigener Art. Erst sehr viel später, in den vierziger Jahren, entdeckten einige dieser Schriftsteller endlich einen ganz bestimmten Abhang, den sie mit mehr oder weniger gebeugten Knien hinuntergleiten konnten. Es war der überschwengliche Nationalismus, der einen Staat (in diesem Fall das stalinistische Rußland) gutheißen und liebenswert finden konnte, nur weil seine Armee einen Krieg gewonnen hatte. In den frühen dreißiger Jahren jedoch war dieser nationalistische Abgrund vorerst nur undeutlich erkennbar, und die Mystagogen genossen immer noch die Aufregungen ihres schlüpfrigen Schwebezustandes. In ihrer Einstellung zur Literatur waren sie merkwürdig konservativ; für sie war die Rettung der Seelen die Hauptsache, dann kam die gegenseitige Reklame und ganz zum Schluß die Kunst. Wirft man heute den Blick zurück, so bemerkt man mit Überraschung, daß diese freien Belletristen im Exil das unfreie Denken in ihrer Heimat nachäfften, indem sie verkündeten, daß es wichtiger wäre, der Vertreter einer Gruppe oder Epoche zu sein, als ein unabhängiger Schriftsteller.

Wladislaw Chodassewitsch pflegte sich in den zwanziger und dreißiger Jahren darüber zu beklagen, daß junge Emigrantenlyriker die Form ihrer Kunst von ihm entliehen hätten, während sie den tonangebenden Konventikeln in ihrer modischen *angoisse* und dem Bestreben nach seelischer Erneuerung folgten. Ich fand großen Gefallen an diesem bitteren Mann, der aus Ironie und metallischem Genie gemacht war und dessen Lyrik ein ebenso komplexes Wunder darstellte wie die von Tjuttschew oder Blok. Körperlich wirkte er kränklich, hatte verächtliche Nasenlöcher und dichte Augenbrauen, und wenn ich ihn in meinem Geist heraufbeschwöre, erhebt er sich nie von dem harten Stuhl, auf dem er mit übereinandergeschlagenen dünnen Beinen und vor Bosheit und Witz funkelnden Augen sitzt und mit langen Fingern die Hälfte einer Caporal-Vert-Zigarette in eine Zigarettenspitze schraubt. Es gibt wenig in der modernen Lyrik der Welt, das den Gedichten seiner *Schweren Lyra* vergleichbar wäre, aber es schadete seinem Ruhm, daß er aus seinen Abneigungen nicht das geringste Hehl machte und sich damit einige furchtbare Feinde in den mächtigsten kritischen Klüngeln schuf. Nicht alle Mystagogen waren Dostojewskijsche Aljoschas; in ihrem Troß gab es auch einige Smerdjakows, und Chodassewitschs Dichtungen wurden so gründlich wie von einer rachsüchtigen Gangsterbande boykottiert.

Ein anderer unabhängiger Schriftsteller war Iwan Bunin. Ich hatte seine wenig bekannten Gedichte immer seiner gefeierten Prosa vorgezogen (ihre Stellung im Rahmen seines Gesamtwerkes erinnert an den Fall Thomas Hardy). Zu jener Zeit fand ich ihn furchtbar bedrängt vom persönlichen Problem des Alterns. Als erstes sagte er mir mit Genugtuung, daß seine Körperhaltung besser wäre als meine, obgleich er doch etwa dreißig Jahre älter sei als ich. Er sonnte sich im Nobelpreis, den er gerade erhalten hatte, und lud mich zu einem freundschaftlich-vertraulichen Gespräch in irgendein teures und mondänes Pariser Restaurant ein. Unglücklicherweise habe ich eine krankhafte Abneigung gegen Restaurants und Kaffeehäuser, besonders gegen solche in Paris – Menschenmengen, gehetzte Kellner, Bohemiens, Wermutmixturen, Kaffee, *sakuski*, Revuedarbietungen und so weiter sind mir ein Greuel. Ich esse und trinke gerne im Liegen (wenn möglich auf einer Couch) und in Ruhe. Auch vertrauliche Aussprachen, Geständnisse in dostojewskijscher Manier sind mein Fall nicht. Bunin, ein lebhafter alter Herr mit einem reichen und unzüchtigen Wortschatz, war verwundert, daß mich das Haselhuhn gleichgültig ließ, das ich als Kind schon satt bekommen hatte, und es erbitterte ihn, daß ich mich weigerte, eschatologische Gespräche mit ihm zu führen. Gegen Ende der Mahlzeit langweilten wir uns gegenseitig höchlichst. «Sie werden unter schrecklichen Qualen und völlig einsam sterben», bemerkte Bunin bitter, als wir zur Garderobe gingen. Ein attraktives, graziles Mädchen nahm die Marke für unsere schweren Mäntel entgegen und fiel mit ihnen im Arm über den niedrigen Tisch. Ich wollte Bunin in seinen Raglan helfen, doch mit einer stolzen Bewegung seiner geöffneten Hand wehrte er ab. Während wir uns immer noch mechanisch abplagten – jetzt war er es, der mir zu helfen versuchte –, traten wir in die fahle Trostlosigkeit eines Pariser Wintertags. Mein Begleiter war eben im Begriff, seinen Kragen zuzuknöpfen, als ein Ausdruck der Überraschung und Bedrängnis seine gewinnenden Züge verzog. Behutsam öffnete er seinen Mantel und begann, unter der Achselhöhle zu zerren. Ich kam ihm zu Hilfe, und gemeinsam zogen wir aus seinem Ärmel schließlich meinen langen Wollschal, den das Mädchen in den falschen Mantel gesteckt hatte. Er kam zentimeterweise zum Vorschein; es war, als wickelte man eine Mumie auf, und wir drehten uns dabei zur anzüglichen Belustigung dreier Straßenhuren langsam umeinander. Als die Operation beendet war, gingen wir wortlos zu einer Straßenecke, gaben uns die Hand und trennten uns. In der folgenden Zeit begegneten wir uns ziemlich häufig, aber immer in Gegenwart anderer Leute, gewöhnlich im Hause I. I. Fondaminskijs (eines edlen und heldenmütigen Mannes, der mehr als irgend jemand sonst für die russische Emigrantenliteratur getan hat und der in einem deutschen Gefängnis starb). Irgendwie bürgerte sich zwischen Bunin und mir ein scherzhafter und ziemlich deprimierender Ton ein, eine amerikanische Abart des amerikanischen *«kidding»*, und dies schloß jeden wirklichen Verkehr zwischen uns aus.

Ich lernte viele andere Emigrantenschriftsteller kennen. Nicht kennen lernte ich Poplawskij, der jung starb, eine ferne Violine unter nahen Balalaikas.

Geh du schlafen, o Morella, wie furchtbar doch sind Adlerleben. Nie werde ich seine trauervollen Tonfälle vergessen, noch werde ich mir je die übellaunige Besprechung verzeihen, in der ich ihn wegen trivialer Mängel in seinen Jugendgedichten angriff. Ich lernte den weisen, steifen, bezaubernden Aldanow kennen; den hinfälligen Kuprin, der sorgsam eine Flasche *vin ordinaire* durch regennasse Straßen trug; Ajchenwald – eine russische Ausgabe von Walter Pater –, der später auf dem Kurfürstendamm von einer Straßenbahn überfahren wurde; Marina Zwetajew, die Frau eines Doppelagenten und eine sehr begabte Dichterin, die in den späten dreißiger Jahren nach Rußland zurückkehrte und dort umkam. Aber der Autor, der mich am meisten interessierte, war natürlich Sirin. Er gehörte meiner Generation an. Unter den jungen Schriftstellern, die das Exil hervorbrachte, war er der einsamste und arroganteste. Seit dem Erscheinen seines ersten Romans im Jahre 1925 erregte sein Werk fünfzehn Jahre lang – bis er ebenso seltsam verschwand, wie er gekommen war – das lebhafte und ziemlich krankhafte Interesse der Kritiker. Genau wie marxistische Publizisten der achtziger Jahre im alten Rußland sein mangelhaftes Interesse für die wirtschaftliche Struktur der Gesellschaft gerügt hätten, so beklagten die Mystagogen der Exilliteratur, daß er der religiösen Einsicht entbehre und sich nicht vor allem mit moralischen Fragen auseinandersetze. Alles an ihm mußte russische Konventionen verletzen, besonders jenen russischen Sinn für Dekorum, dem heute etwa ein Amerikaner einen so gefährlichen Schock versetzt, wenn er in Gegenwart hoher sowjetischer Militärs die Hände lässig in die Taschen steckt. Umgekehrt machten Sirins Bewunderer viel, vielleicht zuviel Wesens um seinen außergewöhnlichen Stil, seine brillante Präzision, seine funktionelle Bildersprache und was dergleichen mehr ist. Russische Leser, die mit der robusten Geradlinigkeit des russischen Realismus aufgewachsen waren und den Bluff dekadenter Schwindler durchschaut hatten, waren von den spiegelartigen Winkeln seiner klaren, aber sonderbar irreführenden Sätze beeindruckt und ebenso von der Tatsache, daß das wahre Leben seiner Bücher in deren Redefiguren strömte, die ein Kritiker mit «Fenstern, die sich auf eine benachbarte Welt hin öffnen ... einem rollenden Korollar, dem Schatten einer Gedankenreihe» verglich. Über den dunklen Himmel des Exils zog Sirin wie ein Meteor, um einen konservativeren Vergleich zu gebrauchen, und als er verschwand, ließ er wenig mehr als ein vages Gefühl der Beunruhigung zurück.

3

Im Laufe meiner zwanzig Emigrantenjahre verwandte ich eine Unmenge Zeit auf die Komposition von Schachproblemen. Auf dem Brett wird eine bestimmte Position ausgearbeitet, und die Aufgabe besteht darin, Schwarz in einer bestimmten Zahl von Zügen, im allgemeinen zwei oder drei, mattzusetzen. Es ist eine schöne, komplizierte und sterile Kunst, die mit der gewöhnlichen Form des Spiels nur insoweit zu tun hat, als sich etwa ein Jongleur, der eine neue Nummer erarbeitet, oder ein Tennisspieler, der ein Turnier gewinnt, beide die spezifischen Eigenschaften einer Kugel zunutze machen. Die meisten Schachspieler, Amateure wie Meister, haben nur geringes Interesse an diesen hochspezialisierten, phantasievollen und eleganten Rätseln, und obwohl sie ein kniffliges Problem durchaus zu schätzen wüßten, wären sie völlig hilflos, wenn sie selber eins komponieren sollten.

Die Inspiration, die den Entwurf einer solchen Schachaufgabe begleitet, ist von quasimusikalischer, quasipoetischer oder, um ganz genau zu sein, von poetisch-mathematischer Art. Häufig spürte ich in einem günstigen Augenblick mitten am Tag, am Rande irgendeiner trivialen Beschäftigung, im müßigen Gefolge eines flüchtigen Gedankens, wie ich vor lebhaftem geistigen Vergnügen zusammenzuckte, während sich unversehens die Knospe eines Schachproblems in meinem Kopf öffnete und mir eine Nacht der Mühsal und Glückseligkeit versprach. Vielleicht war es eine neue Art und Weise, einen ungewöhnlichen strategischen Kunstgriff mit einer ungewöhnlichen Verteidigung zu kombinieren; vielleicht war es ein seltsam stilisierter und darum unvollständiger Eindruck von der tatsächlichen Figurenstellung, die endlich und mit Humor und Anmut einen schwierigen Grundgedanken ausdrücken würde, an dem ich vorher gescheitert war; oder es war eine bloße Bewegung der verschiedenen, von Schachfiguren dargestellten Kräfteeinheiten im Nebel meines Gehirns – eine Art schneller Pantomime, die neue Harmonien und neue Konflikte in Aussicht stellte; was es auch war, es war jedenfalls ein besonders anregendes Gefühl, und das einzige, was ich heute bedaure, ist, daß das besessene Hantieren mit geschnitzten Figuren oder ihren geistigen Gegenstücken während meiner überschwenglichsten und fruchtbarsten Jahre so viel Zeit verschlang, die ich besser auf sprachliche Abenteuer hätte verwenden können.

Die Fachleute unterscheiden mehrere Schulen der Problemkunst: die anglo-amerikanische, die genaue Konstruktion mit überraschenden inhaltlichen Mustern vereint und sich nicht an konventionelle Regeln binden läßt; die wilde Pracht der neudeutschen Schule; die höchst vollendeten, aber unangenehmen glatten und faden Produkte des Böhmischen Stils mit seiner strengen Beachtung gewisser künstlicher Bedingungen; die alten russischen Endspielstudien, die funkelnde Gipfel der Kunst erreichen, und das mechanische sowjetische Problem vom Task-Typ, das an Stelle von künstlerischer Strategie die Themen plump bis zum Rande ihrer Kapazität erweitert. Themen, sollte man hinzusetzen, sind beim Schachspiel etwa Kunstgriffe wie Weglenkung, Abfangen, Fesselung, Entfesselung und so weiter; aber nur wenn sie in einer bestimmten Art und Weise kombiniert werden, ist ein Schachproblem befriedigend. Täuschungsmanöver bis zur Grenze des Diabolischen und eine Originalität, die ans Groteske grenzte, waren mein strategisches Ideal, und obwohl ich versuchte, mich bei der Komposition wo irgend möglich an die klassischen Regeln wie Ökonomie, Einheitlichkeit und Beseitigung alles überflüssigen Materials zu halten, war ich jederzeit bereit, die Reinheit der Form den Erfordernissen eines phantastischen Inhalts zu opfern, so daß die Form sich auswölbte und platzte wie ein Waschbeutel, in dem ein kleiner wilder Kobold steckt.

Es ist nicht dasselbe, den Hauptgedanken eines Schachproblems zu ersinnen und es im einzelnen zu konstruieren. Eine gewaltige geistige Anstrengung ist nötig; das Element der Zeit schwindet völlig aus dem Bewußtsein: Die Hand des Konstrukteurs langt nach einem Bauern im Kasten, schließt sich um ihn, während der Geist noch darüber nachdenkt, ob ein Zug pariert, ein Loch gestopft werden muß, und wenn sich die Faust wieder öffnet, ist vielleicht eine geschlagene Stunde verstrichen, in der glühenden Gehirntätigkeit des Tüftlers zu Asche verbrannt. Das Schachbrett vor ihm ist ein Magnetfeld, ein System von Kräften und Abgründen, ein Sternenfirmament. Die Läufer streichen wie Scheinwerfer darüber hin. Dieser oder jener Springer ist ein Hebelarm, der angelegt und versucht wird, und noch einmal und besser angelegt, und noch einmal versucht, bis die Aufgabe den notwendigen Grad an Schönheit und Überraschung erreicht hat. Wie oft habe ich darum gerungen, die schreckliche Macht der weißen Königin so zu fesseln, daß es kein Mattdual geben konnte! Man muß sich darüber im klaren sein, daß der Kampf bei Schachproblemen nicht eigentlich zwischen Weiß und Schwarz stattfindet, sondern zwischen dem Problemautor und dem hypothetischen Löser (genau wie in einem erstklassigen Roman der wirkliche Zusammenstoß nicht zwischen den Figuren, sondern zwischen dem Verfasser und der Welt stattfindet), so daß der Wert eines Problems zu einem großen Teil von der Zahl der Versuche abhängt – täuschende Eröffnungen, falsche Fährten, trügerische Lösungswege, mit Scharfsinn und Liebe entworfen, um den Löser in die Irre zu führen. Doch was ich auch über diesen Gegenstand sage, es will mir nicht recht gelingen, das Vergnügen deutlich zu machen, welches der Kern dieses Vorgangs ist, seine Berührungspunkte mit verschiedenen anderen, offenkundigeren und produktiveren Tätigkeiten des schöpferischen Geistes, vom Kartographieren gefährlicher Meere bis zur Niederschrift eines jener unglaublichen Romane, bei denen sich der Autor in einem Anfall klarsichtigen Wahnsinns gewisse nur für ihn allein geltende Regeln gesetzt hat, an die er sich nun hält, gewisse albtraumhafte Hindernisse, die er jetzt überwindet, freudig wie eine Gottheit, die aus den unwahrscheinlichsten Bestandteilen eine lebende Welt errichtet – Felsen und Kohlenstoff und blinden Zuckungen. Mit der Komposition von Schachproblemen geht eine gelinde körperliche Befriedigung einher, besonders wenn die Figuren bei einer Generalprobe beginnen, den Traum des Verfassers angemessen zu verwirklichen. Man fühlt sich geborgen (ein Gefühl, das auf die Kindheit zurückgeht, auf das Planen von Spielen im Bett, wobei einzelne Spielzeugteile in die Winkel des Gehirns paßten); es gibt eine angenehme Art, mitten in der Sorglosigkeit und Wärme eines entlegenen Feldes eine Figur hinter einer anderen zu verstecken und aus dem Hinterhalt überfallen zu lassen; und man hat das Gefühl, es mit dem weichen Lauf einer gut geölten und glänzenden Maschine zu tun zu haben, die angenehm auf die Berührung zweier gespreizter Finger reagiert, welche einen Stein sacht anheben und sacht wieder senken.

Ich erinnere mich an ein bestimmtes Problem, dessen Komposition ich monatelang versucht hatte. Es kam eine Nacht, als es mir endlich gelang, jenen besonderen Grundgedanken darzustellen. Die Aufgabe war zur Erbauung sehr fachkundiger Löser bestimmt. Es war nicht ausgeschlossen, daß arglosen Leuten die Pointe des Problems völlig entgehen würde, daß sie seine ziemlich einfache, «thetische» Lösung finden würden, ohne durch die angenehmen Qualen zu gehen, die für den Kenner bereitet waren. Dieser würde zunächst auf ein täuschendes Spielmuster hereinfallen, das auf einem modischen avantgardistischen Gedanken beruhte (den weißen König dem Schach auszusetzen), welches der Problemkomponist unter größten Mühen als Falle eingeführt hatte (und das durch einen obskuren kleinen Zug eines unscheinbaren Bauern über den Haufen geworfen werden konnte). Hat er dieses «antithetische» Inferno durchschritten, so findet der nunmehr mit allen Wassern gewaschene Löser den einfachen Schlüsselzug (Läufer auf c2) wie jemand, der über Vancouver, Eurasien und die Azoren von New York nach Albany fährt. Das angenehme Erlebnis des Umwegs (seltsame Landschaften, Gongs, Tiger, exotische Sitten, ein Hochzeitspaar, das das heilige Feuer einer irdenen Feuerschale auf einem Dreifuß dreimal umschreitet) belohnte ihn reichlich für das Elend der Täuschung, und wenn er darauf den einfachen Schlüsselzug fand, so wurde ihm eine Synthese tiefer künstlerischer Freude zuteil.

Ich erinnere mich, wie ich langsam aus einer Ohnmacht konzentrierter Schachgrübelei erwachte, und vor mir auf dem großen englischen Schachbrett aus hellgelbem und scharlachrotem Leder war endlich die makellose Stellung wie ein Sternbild ins Gleichgewicht gebracht. Sie funktionierte. Sie lebte. Meine Staunton-Schachfiguren (ein zwanzig Jahre alter Satz, den mir der anglisierte Bruder meines Vaters, Konstantin, geschenkt hatte), herrlich massive Steine aus gelbbraunem oder schwarzem Holz und teils über zehn, elf Zentimeter hoch, zeigten ihre glänzenden Umrisse, als wären sie sich ihrer Rolle bewußt. Bei genauem Hinsehen mußte man allerdings leider feststellen, daß einige Figuren abgeplatzt waren (nachdem sie fünfzig oder sechzig Umzüge von einer Behausung in die andere mitgemacht hatten), doch oben auf dem Königsturm und auf der Stirn des Königsspringers war noch eine aufgemalte kleine karmesinrote Krone erkennbar, die an das runde Zeichen auf der Stirn eines glücklichen Hindus erinnerte.

Ein kleiner Zeitbach im Vergleich zu ihrem zugefrorenen See auf dem Schachbrett, zeigte meine Uhr halb vier. Es war Mai – Mitte Mai 1940. Nach einem Monat des Bettelns und Schimpfens war einen Tag zuvor der richtigen Ratte in der richtigen Dienststelle ein Emetikum in Form einer Bestechung verabfolgt worden und hatte endlich zu einem Ausreisevisum geführt, das wiederum die Voraussetzung für die Genehmigung war, den Atlantik zu überqueren. Plötzlich hatte ich das Gefühl, daß mit der Vollendung meines Schachproblems eine ganze Periode meines Lebens zu einem befriedigenden Abschluß gekommen war. Um mich her herrschte tiefe Stille, nur meine Erleichterung verursachte sozusagen einen leichten Wellengang. Im Nebenzimmer schliefst Du und unser Sohn. Die Lampe auf meinem Tisch trug eine Haube aus blauem Zuckerhutpapier (eine erheiternde militärische Vorsichtsmaßnahme), und ihr Licht verlieh den Voluten der von Tabakrauch schweren Luft eine mondscheinhafte Färbung. Undurchsichtige Vorhänge trennten mich vom verdunkelten Paris. Die Schlagzeile einer Zeitung, die von dem Sitz eines Stuhles hinabhing, verkündete Hitlers Überfall auf die Niederlande.

Vor mir habe ich das Blatt Papier, auf das ich in jener Nacht in Paris das Diagramm des Problems zeichnete. Weiß: König auf a7 (das heißt erste Linie, siebente Reihe), Königin auf b6, Türme auf f4 und h5, Läufer auf e4 und h8, Springer auf d8 und e6, Bauern auf b7 und g3; Schwarz: König auf e5, Turm auf g7, Läufer auf h6, Springer auf e2 und g5, Bauern auf c3, c6 und d7. Weiß zieht an und setzt in zwei Zügen matt. Die falsche Fährte, der unwiderstehliche Versuch ist: Bauer auf b8, um ihn in einen Springer zu verwandeln, und drei schöne Mattbilder als Antwort auf das Abzugsschach von Schwarz sind die Folge; doch Schwarz kann die ganze brillante Rechnung über den Haufen werfen, indem er Weiß nicht Schach bietet und statt dessen irgendwo anders auf dem Brett einen bescheidenen Wartezug ausführt. In der einen Ecke des Blattes mit dem Diagramm befindet sich ein Stempel, der auch andere Papiere und Bücher schmückt, die ich im Mai 1940 aus Frankreich mit nach Amerika nahm. Es ist ein kreisförmiger Abdruck in der letzten Farbe des Spektrums – *violet de bureau*. In seiner Mitte stehen zwei Ciceroversalien, *R. F.*, natürlich eine Abkürzung für *République Française*. Andere Buchstaben in einem kleineren Schriftgrad, die kreisförmig darumlaufen, ergeben: *Contrôle des Informations*. Jedoch erst heute, viele Jahre später, kann die Information, die in meinen Schachsymbolen versteckt war und die jene Kontrolle durchgehen ließ, verraten werden – und erst heute wird sie verraten.

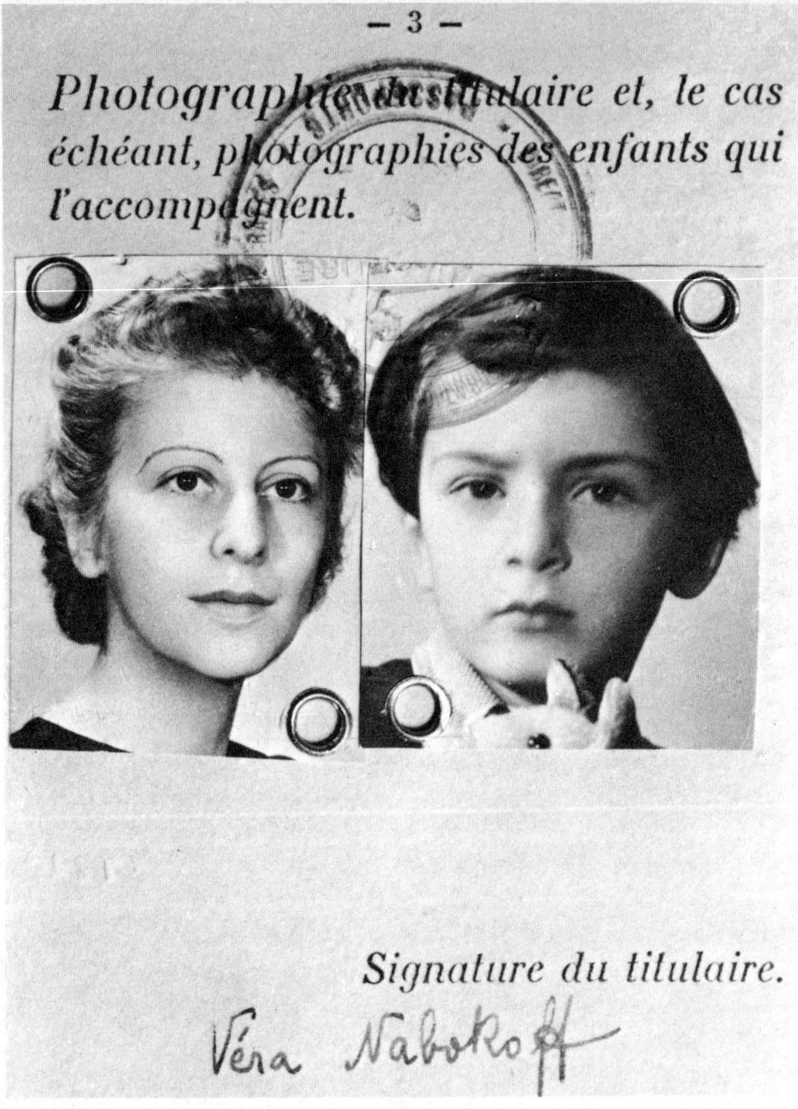

Ein im April 1940 in Paris aufgenommenes Nansen-Paß-Bild von Véra, der Frau des Autors, und seinem fünfjährigen Sohn Dmitri. Ein paar Wochen später, im Mai, ging das letzte Kapitel unserer europäischen Periode zu Ende, wie es in diesem Buch endet.

KAPITEL FÜNFZEHN

I

Sie entgleiten, Postume, Postume, die fliehenden Jahre – um eine herzzerreißende horazische Modulation zu gebrauchen. Die Jahre vergehen, Liebe, und sehr bald wird niemand mehr wissen, was wir beide wissen. Unser Kind wächst heran; die Rosen von Paestum, vom nebligen Paestum, sind dahin; Schwachköpfe mit einer Vorliebe für Mechanik spielen und stümpern mit Naturgewalten, die offenbar von sanftmütigen Mathematikern zu ihrer eigenen geheimen Überraschung herbeigeahnt wurden; so ist es vielleicht an der Zeit, alte Aufnahmen in Augenschein zu nehmen, Höhlenzeichnungen von Zügen und Flügen, Sedimentschichten von Spielzeug in der hölzernen Kleiderkammer.

Wir wollen noch weiter zurückgehen, zu einem Morgen im Mai 1934, und im Hinblick auf diesen Fixpunkt den Plan eines Stadtteils von Berlin aufzeichnen. Um fünf Uhr früh war ich auf dem Nachhauseweg von der Entbindungsklinik in der Nähe des Bayerischen Platzes, in die ich Dich ein paar Stunden vorher gebracht hatte. Frühlingsblumen schmückten die Portraits von Hindenburg und Hitler im Schaufenster eines Ladens, in dem Bilderrahmen und kolorierte Photographien verkauft wurden. In den Fliederbüschen und Linden hielten linksorientierte Spatzengruppen laute Morgensitzungen ab. Das klare Morgenlicht hatte die eine Seite der leeren

Straße völlig entblößt. Auf der anderen Seite sahen die Häuser noch blau aus vor Kälte, und verschiedene lange Schatten wurden nach und nach teleskopartig zusammengeschoben, nüchtern, wie es die Art eines jungen Tages ist, wenn er in einer gepflegten, reichlich bewässerten Stadt die Nacht ablöst, in einer Stadt, wo unter den kräftigen Düften der Schattenbäume der durchdringende Geruch geteerter Straßendecken liegt; mir jedoch schien die visuelle Seite der Sache ganz neu, wie irgendeine neue Art und Weise, den Tisch zu decken, da ich jene Straße nie zuvor im Morgengrauen gesehen hatte, obwohl ich doch – kinderlos – an sonnigen Abenden oftmals dort vorübergekommen war.

In der Reinheit und Leere der weniger vertrauten Tageszeit befanden sich die Schatten auf der falschen Seite der Straße und verliehen ihr das Aussehen nicht uneleganter Umkehrung, wie wenn man im Spiegel eines Friseurladens das Schaufenster sieht, zu dem der melancholische Friseur beim Abziehen des Rasiermessers hinblickt (wie sie es in solchen Augenblicken alle tun), und eingerahmt von jenem gespiegelten Fenster ein Stück Gehsteig, der eine Prozession unbeteiligter Fußgänger in die falsche Richtung schiebt, in eine abstrakte Welt, die unversehens aufhört, lustig zu sein, und einen Sturzbach des Schreckens entfesselt.

Immer wenn ich beginne, an meine Liebe zu einem Menschen zu denken, habe ich die Gewohnheit, von dieser Liebe aus – von meinem Herzen aus, vom zarten Kern privater Materie aus – Radien zu ungeheuerlich entfernten Punkten des Weltalls zu ziehen. Etwas zwingt mich, das Bewußtsein meiner Liebe an so unvorstellbaren und unberechenbaren Dingen wie dem Verhalten von Spiralnebeln zu messen (deren Entfernung allein schon eine Form des Wahnsinns ist), an den furchtbaren Fallgruben der Ewigkeit, dem Unerkennbaren hinter dem Unbekannten, der Hilflosigkeit, den kalten, Übelkeit bereitenden Involutionen und Durchdringungen von Zeit und Raum. Es ist eine schlimme Gewohnheit, aber ich bin machtlos dagegen. Sie ist der unwillkürlichen Zungenbewegung eines Schlaflosen vergleichbar, der in der Nacht seines Mundes einen hohlen Zahn abtastet, sich weh tut dabei und dennoch fortfährt. Ich habe Menschen gekannt, die, wenn sie aus Versehen bestimmte Dinge – einen

Türpfosten, eine Wand – berührt hatten, sehr schnell und nach einem bestimmten System eine Reihe anderer Dinge anfassen mußten, ehe ihr seelisches Gleichgewicht wiederhergestellt war. Ich kann dem nicht abhelfen; ich muß wissen, wo ich stehe, wo Du stehst und wo mein Sohn. Wenn jene lautlose Zeitlupenexplosion der Liebe in mir stattfindet, ihre zart zerfließenden Ränder entfaltet und mich mit dem Gefühl von etwas viel Weiterem, viel Dauerhafterem und Mächtigerem überwältigt, als es die Anhäufung von Materie und Energie in irgendeinem denkbaren Kosmos sein kann, dann kann mein Geist nichts anderes tun, als sich zu kneifen, um zu sehen, ob er auch wirklich wach ist. Ich muß eine schnelle Inventur des Universums machen, genau wie ein Mensch im Traum die Absurdität seiner Lage entschuldigt, indem er sich vergewissert, daß er träumt. Der ganze Weltraum, die ganze Zeit muß an meinem Gefühl teilhaben, an meiner sterblichen Liebe, so daß ihrer Vergänglichkeit die Spitze genommen wird und ich eher imstande bin, gegen die tiefe Erniedrigung, gegen die Lächerlichkeit und Entsetzlichkeit der Einsicht anzukämpfen, in einem endlichen Leben eine Unendlichkeit an Fühlen und Denken hervorgebracht zu haben.

Da ich in meiner Metaphysik ein eingefleischter Nicht-Gewerkschafter bin und keinerlei Bedürfnis nach organisierten Besichtigungsfahrten durch anthropomorphe Paradiese verspüre, bin ich auf mich selbst, auf meine eigenen nicht unbeträchtlichen Einfälle angewiesen, wenn ich mich auf die besten Dinge des Lebens besinne; wenn ich wie jetzt an mein fast *couvade*-artiges Verhältnis zu unserem Kind zurückdenke. Du erinnerst Dich an unsere Entdeckungen (die angeblich alle Eltern machen): die vollkommene Gestalt der Miniaturfingernägel an der Hand, die Du mir schweigend zeigtest, während sie wie ein gestrandeter Seestern in Deiner Handfläche ruhte; die Textur der Haut der Gliedmaßen und der Wangen, auf die Du mit gedämpfter, von weit her kommender Stimme aufmerksam machtest, als könne nur die Zartheit der Entfernung die Zartheit der Berührung ausdrücken; jenes schwebende, schräge, schwer faßbare Etwas in der dunkelblauen Färbung der Iris, die immer noch die Schatten zu enthalten schien, welche sie in alten, sagenhaften Wäldern in sich aufgenommen hatte, wo es mehr Vögel als Tiger und mehr

Früchte als Dornen gab und wo in einem schattigen Versteck der Geist des Menschen geboren worden war; und vor allem den ersten Ausflug des kleinen Wesens in die nächste Dimension, die neu geknüpfte Verbindung zwischen Auge und erreichbarem Gegenstand, die die geschäftstüchtigen Herren der Biometrik oder des Rattenlabyrinth-Syndikats glauben erklären zu können. Es kommt mir der Gedanke, daß die genaueste Entsprechung zur Geburt des Geistes, der man habhaft werden kann, jene jähe verwunderte Überraschung ist, die der Mensch empfindet, wenn er ein Gewirr von Zweigen und Blättern anschaut und plötzlich merkt, daß ein anscheinend ganz natürlicher Teil dieses Gewirrs in Wahrheit ein wunderbar getarntes Insekt oder ein Vogel ist.

Auch gewährt es ein inniges Vergnügen (und was sollte wissenschaftliche Bemühung schließlich anderes gewähren?), wenn man sich das Rätsel der Entstehung des menschlichen Geistes erklärt, indem man eine sinnenfrohe Pause im Wachstum der übrigen Natur annimmt, eine Ruhe und Muße, die erst die Bildung des *Homo poeticus* erlaubte – ohne den der *sapiens* niemals entstanden wäre. «Kampf ums Dasein», ach was! Der Fluch des Kampfs und der Plackerei läßt den Menschen wieder zum wilden Eber werden, wirft ihn zurück auf die besessene Futtersuche des grunzenden Viehs. Du und ich, wir haben oft Bemerkungen über den irrsinnigen Glanz im Blick einer ränkevollen Hausfrau getauscht, der über die Waren in einem Lebensmittelladen oder die Morgue einer Schlachterei hinschweift. Proletarier aller Länder, geht auseinander! Die alten Bücher irren. An einem Sonntag wurde die Welt geschaffen.

2

In den ersten Lebensjahren unseres Sohnes, im Hitler-Deutschland wie im Maginot-Frankreich, ging es uns meist ziemlich schlecht, doch großzügige Freunde sorgten dafür, daß er die besten Sachen bekam, die es gab. Obwohl es nicht in unserer Macht stand, viel dagegen zu tun, hatten wir beide gemeinsam ein wachsames Auge auf jeden möglichen Riß zwischen seiner Kindheit und unserem eigenen Wiegendasein in der opulenten Vergangenheit, und hier kommen jene freundlichen Genien ins Spiel, die den Riß jedesmal heilten, wenn er sich zu öffnen drohte. Außerdem hatte die Wissenschaft der Säuglingspflege den gleichen phänomenalen, stromlinienförmigen Fortschritt gemacht wie die Luftfahrt und der Ackerbau – als *ich* neun Monate alt war, gab es nicht ein Pfund durchgeseihten Spinat zu einer Mahlzeit oder am Tag den Saft von zwölf Apfelsinen; und die pädiatrische Hygiene, die Du einführtest, war unvergleichlich künstlerischer und gewissenhafter als alles, was Kinderfrauen in unseren Tagen erdachten.

Ich glaube, bürgerliche Väter – Arbeiter mit Eckenkragen in Nadelstreifenhosen, würdige, an den Bürostuhl gefesselte Väter im Unterschied zu den jungen amerikanischen Veteranen von heute oder zu einem glücklichen, arbeitslosen russischen Emigranten vor fünfzehn Jahren – werden kein Verständnis für mein Verhältnis zu unserem Kind haben. Immer wenn Du es hochhieltest, gesättigt von seiner warmen Babynahrung und so ernst wie ein Götze, und auf das postlaktische Fertigsignal wartetest, ehe Du aus dem senkrechten Säugling einen waagerechten machtest, nahm ich sowohl an Deinem Warten als auch an dem bedrängenden Gefühl seiner Sattheit teil, das ich noch übertrieb – so daß ich Deinen fröhlichen Glauben an die schleunige Beseitigung eines für mein Gefühl quälenden Druckes ziemlich unpassend fand; und wenn am Ende die unverblümte kleine Blase aufstieg und in seinem ernsten Mund barst, war ich angenehm erleichtert, während Du einen Glückwunsch murmeltest und Dich tief hinunterbeugtest, um das Kind in das weißgerandete Zwielicht seines Bettchens zu legen.

Weißt Du, daß ich in meinen Handgelenken immer noch gewisse Echos der Kunst des Kinderwagenschiebens spüre, zum Beispiel den weichen Druck nach unten, den man auf den Griff ausübte, damit sich der Wagen auf die Hinterräder stellte und den Bordstein erklomm? Der erste war ein kompliziertes mausgraues Vehikel belgischen Ursprungs mit fetten autoiden Reifen und luxuriöser Federung, so groß, daß er nicht in unseren winzigen Fahrstuhl paßte. Als langsames, würdevolles Geheimnis rollte er die Bürgersteige entlang, und das gefangene Baby lag auf dem Rücken, mit Daunen,

Seide und Pelzwerk gut zugedeckt; nur seine Augen bewegten sich achtsam, und manchmal richteten sie sich mit einer raschen Bewegung ihrer langen Wimpern nach oben, um das Zurückweichen der zweiggemusterten Bläue zu verfolgen, die vom Rand des halb hochgeklappten Verdecks des Wagens wegströmte, und gleich darauf warf er meinem Gesicht einen mißtrauischen Blick zu, um sich zu überzeugen, ob nicht vielleicht Himmel und Bäume, die foppend über ihm dahinstrichen, von derselben Art waren wie Klappern und väterlicher Humor. Darauf folgte ein leichterer Wagen, und in ihm versuchte er, im Fahren aufzustehen; er zerrte an den Riemen; klammerte sich an den Seiten fest; stand aufrecht – weniger ein schwankender Passagier auf einem Vergnügungsdampfer als ein trunkener Wissenschaftler in einem Raumschiff; musterte das bunte Durcheinander einer lebenden, warmen Welt; beäugte mit philosophischem Interesse das Kissen, das er glücklich über Bord geworfen hatte; und fiel selber hinaus, als eines Tages ein Gurt riß. Später fuhr er in einem jener kleinen Vehikel, Sportwagen genannt; von den anfänglichen federnden und sicheren Höhen kam er dem Erdboden immer näher, bis er im Alter von etwa anderthalb Jahren den Boden berührte, indem er von seinem Sitz aus nach vorn rutschte und mit den Absätzen auf den Gehsteig trommelte, in der Erwartung, in irgendeinem Park freigelassen zu werden. Eine neue Welle der Evolution begann anzuschwellen und ihn nach und nach wieder emporzutragen, als er zu seinem zweiten Geburtstag einen ein Meter zwanzig langen silbernen Mercedes-Rennwagen erhielt, der wie ein Harmonium mittels innen angebrachter Pedalen angetrieben wurde und in dem er pumpend und rasselnd den Bürgersteig des Kurfürstendamms auf und ab fuhr, während aus den offenen Fenstern das vervielfältigte Gebrüll eines Diktators drang, der sich immer noch in jenem Neandertal an die Brust schlug, das wir weit hinter uns gelassen hatten.

Vielleicht wäre es lohnend, sich in die entwicklungsgeschichtlichen Aspekte der Leidenschaft zu vertiefen, die kleine Jungen allem, was auf Rädern rollt, entgegenbringen, insbesondere Eisenbahnzügen. Natürlich, wir wissen, was der Wiener Quacksalber davon hielt. Sollen er und seine Reisegenossen in ihrem Gedankenwagen dritter Klasse durch den Polizeistaat des Sexualmythos schuckeln (was für ein großer Irrtum übrigens von den Diktatoren, die Psychoanalyse zu ignorieren – wie leicht ließe sich eine ganze Generation durch sie verderben!). Das schnelle Wachstum, das quantenschnelle Denken, die Berg-und-Talbahn des Kreislaufsystems – alle Formen der Vitalität sind Formen der Geschwindigkeit, und es nimmt nicht wunder, daß ein heranwachsendes Kind die Natur zu übertreffen sucht, indem es eine minimale Spanne der Zeit mit einem maximalen Genuß des Raumes füllt. Die Möglichkeiten, stärker und schneller zu sein als die Schwerkraft, die Anziehungskraft der Erde zu überwinden oder es ihr im Spiel gleichzutun, gewähren ein geistiges Vergnügen, das im Grunde seines Herzens jeder sucht. Das wunderbare Paradox glatter runder Gegenstände, die den Raum besiegen, indem sie sich selbst immer und immer wieder überschlagen, anstatt zur Fortbewegung mühsam schwere Gliedmaßen zu heben, muß der jungen Menschheit einen höchst heilsamen Schock versetzt haben. Das Freudenfeuer, in das der träumerische, kleine, auf seinen nackten Schenkeln kauernde Wilde starrte, oder das unerbittliche Vorrücken eines Waldbrandes – auch das, vermute ich, hat das eine oder andere Chromosom hinter Lamarcks Rücken beeinflußt, auf jene geheimnisvolle Weise, die die abendländischen Genetiker ebenso ungern erhellen, wie sich Berufsphysiker darüber unterhalten, was außerhalb des Universums liegt, wo genau sich die Krümmung befindet; denn jede Dimension setzt ein Medium voraus, in dem sie wirksam werden kann, und wenn sich bei der spiralförmigen Aufwicklung der Dinge der Raum so krümmt, daß er der Zeit verwandt wird, und die Zeit ihrerseits dem Denken, dann gesellt sich gewiß eine neue Dimension den anderen hinzu – ein besonderer Raum vielleicht, nicht der alte, möchten wir hoffen, sofern die Spiralen nicht wieder zu Teufelskreisen werden.

Doch wie dem auch sei – die Brücken, auf denen wir mit unserem kleinen Sohn zwischen seinem zweiten und seinem sechsten Lebensjahr stundenlang warteten, bis unten endlich ein Zug kam, sie werden wir niemals vergessen, Du und ich, und immer werden wir sie verteidigen, auf diesem oder sonst einem Schlachtfeld. Ich habe gesehen, wie ältere und weniger glückliche Kinder einen Augenblick stehen blieben und sich über das Geländer beugten, um in den asthmatischen Schornstein einer Lokomotive zu spucken, die unten zufällig vorüberkam, aber Du bist genausowenig bereit wie ich, zuzugeben, daß das normalere Kind dasjenige ist, welches die ziellose Begeisterung einer obskuren Ekstase pragmatisch auflöst. Du tatest nichts, die stundenlangen Aufenthalte auf windigen Brücken zu verkürzen oder vernünftig zu begründen, bei denen unser Kind mit grenzenlosem Optimismus und grenzenloser Geduld darauf hoffte, daß ein Signal ruckte und dort, wo all die vielen Gleise in der Ferne zwischen kahlen Hausrückwänden zusammenliefen, eine Lokomotive Gestalt annahm und langsam größer wurde. An kalten Tagen trug er einen Lammfellmantel und eine dazugehörige Mütze, beide bräunlich und mit einem rauhreifartigen Grau gesprenkelt, und zusammen mit seinen Fausthandschuhen und der Glut seiner Hoffnungsfreudigkeit hielten sie ihn warm, und auch Dich wärmten sie, denn um zu verhindern, daß Deine zarten Finger kalt wurden, brauchtest Du nichts weiter zu tun, als eine seiner Hände abwechselnd in Deiner rechten und Deiner linken zu halten; ungefähr jede Minute einmal wechseltest Du sie und stauntest über das unglaubliche Wärmequantum, das der Körper eines großen Babys abzugeben vermag.

3

Außer den Geschwindigkeitsträumen oder in Verbindung mit ihnen liegt in jedem Kind der nur dem Menschen eigene Trieb, die Erde neu zu formen, eine bröcklige Umwelt zu bearbeiten (es sei denn, es ist ein geborener Marxist oder ein Leichnam und wartete ergeben, daß die Umwelt ihn formt). Darum macht es einem Kind soviel Spaß, im Sand zu buddeln und für seine Lieblingsspielsachen Straßen und Tunnel zu bauen. Unser Sohn besaß ein winziges Modell von Sir Malcolm Campbells «Bluebird» aus lackiertem Stahl und mit abnehmbaren Reifen, damit spielte er endlos auf dem Boden, und die Sonne machte eine Art Nimbus aus seinem langen hellen Haar und ließ seinen bloßen Rücken, über den kreuzweise die Träger seines marineblauen Strickhöschens liefen, sahnebonbonfarben erscheinen (wenn er ausgezogen war, sah man unter dieser Hose einen Hosenboden und Gurte von natürlichem Weiß). Niemals in meinem Leben habe ich auf so vielen Bänken und Parkstühlen, Steinplatten und Steinstufen, Terrassenbrüstungen und Bassinrändern gesessen wie in jenen Tagen. Die überlaufenen Kiefernwälder um den Berliner Grunewaldsee suchten wir nur selten auf. Du bezweifeltest, daß ein Ort sich Wald nennen dürfe, der so voller Abfall ist, so übersät mit Gerümpel, ganz im Gegensatz zu den sauberen, befangenen Straßen der benachbarten Stadt. Kuriose Sachen tauchten in diesem Grunewald auf. Der Anblick eines eisernen Bettgestells, das mitten auf einer Lichtung die Anatomie seiner Federn zur Schau stellte, oder die Gegenwart einer schwarzen Schneiderbüste unter einem blühenden Weißdornbusch warf die Frage auf, wer sich wohl die Mühe gemacht hatte, diese und andere überall verstreuten Gegenstände an so entlegene Stellen eines weglosen Waldes zu transportieren. Einmal stieß ich auf einen übel zugerichteten, aber immer noch wachsamen Spiegel voller Waldreflexe – er hatte sich sozusagen an einer Mischung von Bier und Chartreuse betrunken –, der mit surrealistischer Keckheit an einem Baumstamm lehnte. Vielleicht waren solche störenden Fremdkörper auf den bürgerlichen Lustgefilden eine bruchstückhafte Vision des kommenden Durcheinanders, ein prophetischer Angsttraum von zerstörerischen Explosionen, so etwas wie der Haufen toter Köpfe, den der Seher Cagliostro im Grenzgraben eines königlichen Gartens erblickte. Und näher am See war der Wald im Sommer, besonders an Sonntagen, von menschlichen Körpern in verschiedenen Stadien der Nacktheit und der Sonnenbräune übersät. Nur die Eichhörnchen und manche Raupen behielten ihre Kleidung an. Graufüßige Hausfrauen saßen in Unterwäsche auf schmierigem grauem Sand; widerwärtige Männer mit Seehundstimmen hüpften in schlammigen Badehosen umher; bemerkenswert hübschen, aber ungepflegten Mädchen, bestimmt, ein paar Jahre später – Anfang 1946, um genau zu sein – eine unzeitige Brut von Kindern mit turkmenischem oder mongolischem Blut in den unschuldigen Adern zur Welt zu bringen, lief man nach und gab ihnen einen Klaps auf die Hinterpartie (worauf sie «Auaa!» schrien); und die Ausdünstungen dieser unglückseligen, ausgelassenen Ausflügler und ihrer abgelegten Kleidungsstücke (die ordentlich hier und da auf dem Boden ausgebreitet waren) vermischten sich mit dem Gestank stagnierenden Wassers zu einem Inferno von Gerüchen, wie ich es nirgendwo sonst wiedergefunden habe. In den öffentlichen Anlagen und Stadtparks durften sich die Berliner nicht ausziehen; doch immerhin durften die Hemden aufgeknöpft werden, und Reihen junger Männer von betont nordischem Aussehen saßen mit geschlossenen Augen auf Bänken und setzten die Pickel auf Stirn und Brust der national anerkannten Wirkung der Sonne aus. Der zimperliche und vielleicht übertriebene Schauder, der aus diesen Bemerkungen spricht, mag auf unsere stetige Furcht zurückzuführen sein, unser Kind irgendwie angesteckt oder beschmutzt zu sehen. Die Ansicht, kleine Jungen müßten sich ungern waschen und Spaß am Töten haben, hieltest Du immer für entsetzlich banal und nicht bar eines besonderen Anflugs von Spießigkeit.

Gerne würde ich mich an jeden kleinen Park, den wir aufsuchten, erinnern; gerne verfügte ich über die Fähigkeit, die Professor Jack von der Harvard University und dem Arnold Arboretum seinen Studenten eingestand, Zweige mit geschlossenen Augen zu identifizieren, einfach an dem Geräusch, das sie machten, wenn sie durch die Luft geschwungen wurden («Weißbuche, Geißblatt, lombardische Pappel, ah – ein gefaltetes *Transcript*»). Recht häufig natürlich kann ich die geographische Lage dieses oder jenes Parks auf Grund irgendeines besonderen Merkmals oder einer Reihe von Merkmalen bestimmen: Zwergbuchsbaumhecken als Einfassung schmaler Kieswege, die alle zusammentreffen wie Leute in Theaterstücken; eine niedrige blaue Bank vor einer kuboiden Taxushecke; ein quadratisches Rosenbeet, darum ein Saum aus Heliotropen – das weist selbstverständlich auf die kleinen Parkanlagen an Straßenkreuzungen in den Vororten von Berlin. Genauso unmißverständlich deutet ein Stuhl aus dünnen Eisenstangen, unter dem ein wenig seitlich sein spinnengleicher Schatten liegt, oder ein angenehm hochmütiger, obwohl eindeutig psychopathischer kreisender Rasensprenger mit einem privaten Regenbogen in seinem sprühenden Staub über dem edelsteingeschmückten Gras auf einen Pariser Park; aber wie Du gewiß verstehen wirst, ist das Auge des Gedächtnisses so fest auf eine kleine, auf dem Boden kauernde Figur gerichtet (sie lädt gerade einen Spielzeuglastwagen voll mit kleinen Steinchen oder betrachtet den hellen, nassen Gummi eines Gartenschlauches, an dem etwas von dem Kies, über den er gerade geschleift wurde, hängengeblieben ist), daß die verschiedenen Orte – Berlin, Prag, Franzensbad, Paris, die Riviera, wieder Paris, Cap d'Antibes und so weiter – alle Selbständigkeit einbüßen, ihre versteinerten Generale und dürren Blätter zusammentun, die Freundschaft ihrer verschränkten Pfade festigen und sich zu einer Föderation von Licht und Schatten verbünden, durch die anmutige Kinder mit bloßen Knien auf schwirrenden Rollschuhen gleiten.

Hin und wieder hilft ein wiedererkanntes Stück historischen Hintergrunds, einen Ort zu identifizieren – und setzt andere Verknüpfungen an die Stelle derer, die eine persönliche Schau nahelegt. Unser Sohn muß an jenem windigen Tag in Berlin (wo natürlich niemand der Bekanntschaft mit dem allgegenwärtigen Bild des Führers entgehen konnte) fast drei Jahre alt gewesen sein, als wir, er und ich, vor einem Beet mit bläßlichen Stiefmütterchen stehenblieben, deren jedes auf dem nach oben gewandten Gesicht einen schnurrbartartigen Fleck hatte, und auf meine ziemlich alberne Anregung hin Bemerkungen über ihre Ähnlichkeit mit einer Schar nickender kleiner Hitlers machten. Gleichermaßen kann ich einen blühenden Garten in Paris als den Ort angeben, wo ich 1938 oder 1939 ein stilles, etwa zehnjähriges Mädchen mit einem weißen Sphinxgesicht erblickte, das in seinen dunklen, schäbigen, der Jahreszeit nicht gemäßen Kleidern aussah, als sei es aus einem Waisenhaus geflohen (im Einklang damit sah ich später, wie zwei wehende Nonnen es mit sich zogen); es hatte einen lebendigen Schmetterling geschickt an einen Faden gebunden und führte das hübsche, schwach flatternde, ein wenig verkrüppelte Insekt an dieser elfischen Leine spazieren (vielleicht dem Nebenprodukt einer Menge zierlicher Näharbeit in jenem Waisenhaus). Bei meinen nüchternen entomologischen Untersuchungen auf unseren Reisen in die Pyrenäen oder Alpen hast Du mir oft unnötige Gefühllosigkeit vorgeworfen; wenn ich also die

Aufmerksamkeit unseres Kindes von jener verhinderten Titania ablenkte, so nicht, weil ich Mitleid mit ihrem Roten Admirabel verspürte (im vulgären Sprachgebrauch ein Admiral), sondern weil ihrem tristen Zeitvertreib irgendein vage abstoßender Symbolismus eigen war. Es mag sein, daß er mich an den einfachen, altmodischen – und zweifellos immer noch üblichen – Trick französischer Polizisten erinnerte, Arbeiter mit geröteter Nase, die an Sonntagen krakeelen, mittels einer Art kleinen Angelhakens ins Gefängnis abzuführen, den sie in das ungepflegte, aber zarte und empfindliche Fleisch des Mannes stecken, um diesen so in einen fügsamen und sogar bereitwilligen Satelliten zu verwandeln. Du und ich, wir taten unser Bestes, die vertrauensvolle Liebe unseres Kindes mit wachsamer Liebe zu umgeben, aber unvermeidlich standen wir vor der Tatsache, daß der Schmutz, den Rowdies in einem Sandkasten auf dem Spielplatz zurückgelassen hatten, das geringste der denkbaren Ärgernisse war, und daß die Schrecken, die frühere Generationen im Geiste als Anachronismen abgetan hatten oder als Dinge, die sich nur in fernen Chanaten und Mandarinaten ereignen, uns allerorten umringten.

Als die Zeit fortschritt und der Schatten der von Narren gemachten Geschichte selbst die Genauigkeit der Sonnenuhren beeinträchtigte, zogen wir ruhelos durch Europa, und es hatte den Anschein, als reisten nicht wir, sondern jene Gärten und Parks. Le Nôtres radiale Alleen und komplizierte Blumenbeete wurden wie Züge auf Abstellgleisen zurückgelassen. In Prag, wohin wir im Frühjahr 1937 fuhren, um meiner Mutter unser Kind zu zeigen, gab es den Stromovka-Park mit seiner Atmosphäre freier, hügeliger Ferne hinter den von Menschenhand gepflegten Lauben. Du wirst dich auch an die Steingärten mit alpinen Pflanzen erinnern – Fetthennekraut und Steinbrech –, die uns gewissermaßen in die Savoyer Alpen geleiteten, um uns auf einer Ferienreise Gesellschaft zu leisten (bestritten von dem Erlös aus einer Sache, die meine Übersetzer verkauft hatten), und uns dann wieder zurück in die Städte des Flachlands folgten. Hölzerne, an Baumstämme genagelte Hände mit Manschetten in den alten Parkanlagen von Kurorten zeigten in die Richtung, aus der die dumpfen Schläge der Kurkonzerte kamen. Ein intelligenter Weg begleitete die Fahrstraße; nicht immer lief er parallel zu ihr, aber zwanglos fügte er sich ihrer Führung, und vom Ententeich oder Wasserlilientümpel schwang er sich spielerisch zurück, um sich an dieser oder jener Stelle, wo der Park einen Stadtvater-Komplex bekommen und sich ein Denkmal erträumt hatte, in die Platanenprozession einzureihen. Wurzeln, die Wurzeln unvergessenen Grüns, die Wurzeln der Erinnerung und die von stark riechenden Pflanzen, Wurzeln mit einem Wort sind imstande, lange Entfernungen zu überbrücken, indem sie über manche Hindernisse hinwegwachsen, andere durchdringen und sich in enge Spalten zwängen. So durchquerten jene Gärten und Parks mit uns Mitteleuropa. Kieswege versammelten sich an einem *rond-point* und blieben stehen, um zuzusehen, wie Du oder ich uns bückten und zusammenzuckten, wenn wir unter einer Ligusterhecke nach einem Ball suchten und auf dem dunklen, feuchten Boden nichts als einen gelochten malvenfarbenen O-Bus-Fahrschein oder ein Stückchen schmutziger Gaze finden konnten. Eine kreisförmige Bank lief um einen dicken Eichenstamm herum, um nachzusehen, wer auf der anderen Seite saß, und fand dort einen trübseligen Alten, der eine ausländische Zeitung las und in der Nase bohrte. Immergrün mit glänzenden Blättern um einen Rasen, wo unser Kind seinen ersten lebenden Frosch entdeckte, zerteilte sich in ein gestutztes Labyrinth der Baumschneidekunst, und Du sagtest baldigen Regen voraus. In einem weiteren Stadium unter weniger bleiernem Himmel gab es ein ansehnliches Aufgebot von dichten Rosengärten und verflochtenen Alleen, von Lattenwerk, das seine Rankengewächse schwingen ließ, bereit, sich bei gebotener Gelegenheit in die rankenden Reben säulengetragener Laubengänge zu verwandeln oder aber den Blick auf die altmodischste aller altmodischen öffentlichen Bedürfnisanstalten freizugeben, eine Art schäbiges Sommerhäuschen von zweifelhafter Sauberkeit mit einer schwarzgekleideten Wärterin, die auf seiner Schwelle schwarze Wollsachen strickte.

Ein mit Steinplatten belegter Pfad stieg vorsichtig bergab, jedesmal den gleichen Fuß voraussetzend; erst durch einen Schwertliliengarten; dann unter Buchen entlang; und schließlich in einen schnellen Weg verwandelt, der gemustert war von den groben Eindrücken von Pferdehufen. Die Gärten und Parks schienen sich immer schneller zu bewegen, als die Beine unseres Sohnes länger wurden, und als er etwa vier Jahre alt war, wandten sich die Bäume und blühenden Sträucher entschlossen zum Meer. Wie ein gelangweilter Bahnhofsvorsteher, den man einsam auf dem von der Geschwindigkeit gerafften Bahnsteig einer kleinen Station stehen sieht, wo der Zug, in dem man sitzt, nicht hält, entschwand dieser oder jener graue Parkwächter, während der Park weiter und weiter eilte und uns südwärts trug, hin zu den Orangen- und Erdbeerbäumen und dem Kükenflaum der Mimosen und der *pâte tendre* eines makellosen Himmels.

Stufenförmig angelegte Gärten an Hängen, eine Folge von Terrassen, auf denen von jeder Stufe ein grellgrüner Grashüpfer aufsprang, fielen von Kante zu Kante hinab zum Meer, und ihre Olivenbäume und Oleandersträucher stürzten geradezu übereinander, so eilig hatten sie es, endlich des Strands ansichtig zu werden. Dort kniete unser Kind reglos, um sich im bebenden Dunst der Sonne vor dem Geflimmer des Meeres photographieren zu lassen, das auf den Aufnahmen, die wir aufbewahrt haben, ein milchiger Schleier ist, in Wahrheit jedoch von silbrigem Blau war, mit großen violetten Flekken weiter draußen, hervorgerufen von warmen Meeresströmungen in Zusammenarbeit mit und zur Bestätigung von beredten alten Dichtern (hörst Du die Steine, die die zurückflutende Welle mit sich wälzt?) und ihren heiteren Vergleichen. Und unter den zuckerzeugartigen Klümpchen meergeglätteten Glases – Zitrone, Kirsche, Pfefferminz –, den gestreiften Steinchen und den gerillten, inwendig glänzenden kleinen Muscheln tauchten manchmal kleine Scherben von Tongefäßen auf, deren Glasur und Farbe immer noch gut erhalten waren. Sie wurden Dir oder mir zur Ansicht gebracht, und wenn sie indigoblaue Zickzackleisten hatten oder Streifen von Blattornamenten oder andere lustige Embleme und für wertvoll gehalten wurden, so fielen sie mit einem Klappern in den Spielzeugeimer; wenn nicht, dann bezeichneten ein kurzes Aufleuchten und ein Plumpsen ihre Rückkehr ins Meer. Ich bezweifle nicht, daß unter diesen ein wenig ausgehöhlten Majolikascherben, die unser Kind fand, auch diejenige war, deren schnörkelverzierter Rand genau in das Muster des Stückes paßte und es fortsetzte, das ich 1903 an der gleichen Küste gefunden hatte, und daß die beiden mit einem dritten übereinstimmten, das meine Mutter im Jahre 1882 an jenem Strand von Menton gefunden hatte, und mit einem vierten Stück des gleichen Gefäßes, vor hundert Jahren von *ihrer* Mutter aufgelesen – und so weiter, bis diese Sammlung der einzelnen Scherben, wären sie alle aufgehoben worden, zusammengesetzt werden könnte, um die vollständige, die ganz und gar vollständige Schale zu bilden, die irgendein italienisches Kind Gott weiß wann und wo zerbrochen hatte und die nunmehr von *diesen* bronzenen Nieten zusammengehalten wird.

Im Herbst 1939 kehrten wir nach Paris zurück, und um den 20. Mai des darauffolgenden Jahres herum waren wir wiederum am Meer, dieses Mal an der Westküste Frankreichs, in St. Nazaire. Ein letzter kleiner Garten umgab uns, als Du und ich und zwischen uns unser inzwischen sechsjähriges Kind auf dem Weg zu den Hafenanlagen waren, wo hinter den Gebäuden, die uns den Blick verstellten, der Passagierdampfer *Champlain* bereitlag, uns nach New York zu bringen. Die Franzosen nennen einen Garten wie jenen phonetisch *skwarr* und die Russen *skwer*, vielleicht, weil man seinesgleichen auf oder bei öffentlichen *squares* in England findet. Angelegt an der letzten Grenze der Vergangenheit auf der Schwelle zur Gegenwart, ist er mir nur als ein geometrisches Muster im Gedächtnis, das ich zweifellos ohne Schwierigkeit mit den Farben plausibler Blumen auffüllen könnte, wäre ich unvorsichtig genug, das Schweigen der reinen Erinnerung zu brechen, das ich (abgesehen vielleicht von einem zufälligen Ohrenklingen, an dem der Druck meines müden Blutes schuld ist) nicht gestört und dem ich von Anfang an demütig gelauscht habe. Was ich von diesem neutral blühenden Muster wirklich in Erinnerung habe, ist seine gefällige Beziehung zu transatlantischen Gärten und Parks; denn plötzlich, als wir das Ende des Weges erreichten, erblickten Du und ich etwas, das wir unserem Kind nicht sogleich zeigten, um den seligen Schock, das Entzücken und die Freude ganz auszukosten, die es verspüren würde, wenn es vor sich das unwahrscheinlich gigantische, über allen Realismus hinaus reale Urbild der verschiedenen Spielzeugschiffe erblickte, mit denen es in der Badewanne herumgeplanscht hatte. Dort vorne, wo eine unterbrochene Häuserreihe zwischen uns und dem Hafen stand und das Auge vielerlei irreführende Dinge entdeckte, etwa die hellblaue und rosarote Unterwäsche, welche an einer Wäscheleine einen Eiertanz vollführte, oder ein Damenfahrrad und eine gestreifte Katze, welche sich bizarrerweise in einen rudimentären Gußeisenbalkon teilten, konnte man mit größter Befriedigung zwischen den wirren Winkeln der Dächer und Mauern einen prachtvollen Schiffsschornstein ausmachen, der hinter der Wäscheleine wie ein Gegenstand in einem Vexierbild sichtbar wurde – Such, was der Matrose versteckt hat – und den man, hatte man ihn einmal gefunden, nicht mehr ungesehen machen konnte.

Anhang

Register

Die kursiv gesetzten Zahlen verweisen auf die Bildlegenden